现代法学
试题系列

3

高校法学专业
核心课程配套测试

依宪法核心课程教材
最新版本体例组编

第十版

宪法
配套测试

依据最新立法及学术动态修订升级
新增考试习题、2020～2021年考研真题

教学辅导中心 / 组编

中国法制出版社
CHINA LEGAL PUBLISHING HOUSE

第十版出版说明

《宪法配套测试》是我社教学辅导中心组织著名法学院校的优秀教师编写的《高校法学专业核心课程配套测试丛书》中的一本。该丛书专为法学院校学生掌握法律专业知识、提升法学应试能力而精心设计，分册设置涵盖教育部规定的法学专业所有核心课程，因考点全面、题量充足、解答详尽、应试性强等优点，受到广大师生及法学应试人员的普遍欢迎，其中大多分册都再版重印，历久不衰。该丛书已成为法学教辅图书中的实力品牌。

《宪法配套测试》为上述丛书中的一本，自2005年出版后，历经多次改版重印，深受广大读者的喜爱，很多读者还来电、来信向我们表达感谢和期待。正是基于这种信赖，为及时体现宪法学科最新动态，在承继该书原有优点基础上，我们对其全面修订。特点如下：

一、配套主流教材

本书结构上分为二十二章，与主流宪法学核心课程教材基本一致，便于随学随练。

二、内容及时更新

1. 根据宪法研究和实践最新动态进行改编，尤其是根据《宪法》《法官法》《检察官法》《人民法院组织法》《村民委员会组织法》等宪法性法律文件的修改。

2. 题目最新，新增2020~2021年考研真题，并对陈旧题目进行替换。

三、加工精细考究

1. 重点章节前面设置“基础知识图解”，归纳每章的基本概念和知识体系。

2. 本书对重点知识以脚注的形式提醒注意要点，拓展解题思路。

3. 在正文之后，本书设置了两套期末试题，便于读者进行整体复习和预演自测。

四、附录全面实用

1. 附录全国部分高校宪法学专业近年研究生入学考试部分真题，为计划考研的读者提供更多的帮助。

2. 附录宪法学习所涉及的主要法律文件，便于读者对宪法学的了解。

3. 随书赠送课程相关法律单行本一册，方便读者随时查阅我国现行法律规定。

教学辅导中心

2021年7月

目　录

绪　论 …… 1
基础知识图解 …… 1
配套测试 …… 1
参考答案 …… 3

第一编　宪法基本理论

第一章　宪法的概念 …… 6
基础知识图解 …… 6
配套测试 …… 6
参考答案 …… 9
第二章　宪法的历史发展 …… 14
基础知识图解 …… 14
配套测试 …… 14
参考答案 …… 17
第三章　宪法的制定 …… 23
基础知识图解 …… 23
配套测试 …… 23
参考答案 …… 25
第四章　宪法的基本原则 …… 28
基础知识图解 …… 28
配套测试 …… 28
参考答案 …… 30
第五章　宪法渊源、宪法形式与宪法结构 …… 35
基础知识图解 …… 35
配套测试 …… 35
参考答案 …… 37
第六章　宪法规范 …… 41
基础知识图解 …… 41
配套测试 …… 41
参考答案 …… 43

第七章 宪法关系 …… 48
基础知识图解 …… 48
配套测试 …… 48
参考答案 …… 50
第八章 宪法的价值与作用 …… 54
基础知识图解 …… 54
配套测试 …… 54
参考答案 …… 56
第九章 宪法观念与宪法文化 …… 60
基础知识图解 …… 60
配套测试 …… 60
参考答案 …… 61

第二编 宪法基本制度

第十章 国家性质 …… 63
基础知识图解 …… 63
配套测试 …… 63
参考答案 …… 67
第十一章 国家形式（上） …… 73
基础知识图解 …… 73
配套测试 …… 73
参考答案 …… 75
第十二章 国家形式（下） …… 80
基础知识图解 …… 80
配套测试 …… 80
参考答案 …… 85
第十三章 公民的基本权利和义务（上） …… 97
基础知识图解 …… 97
配套测试 …… 97
参考答案 …… 100
第十四章 公民的基本权利和义务（下） …… 105
基础知识图解 …… 105
配套测试 …… 106
参考答案 …… 112
第十五章 选举制度 …… 122
基础知识图解 …… 122

配套测试 …… 122
参考答案 …… 127
第十六章 国家机构 …… 135
基础知识图解 …… 135
配套测试 …… 135
参考答案 …… 149
第十七章 政党制度 …… 169
基础知识图解 …… 169
配套测试 …… 169
参考答案 …… 171

第三编 宪法实施

第十八章 宪法实施及其保障 …… 175
基础知识图解 …… 175
配套测试 …… 175
参考答案 …… 178
第十九章 宪法解释 …… 185
基础知识图解 …… 185
配套测试 …… 185
参考答案 …… 187
第二十章 宪法修改 …… 190
基础知识图解 …… 190
配套测试 …… 190
参考答案 …… 193
第二十一章 合宪性审查制度 …… 197
基础知识图解 …… 197
配套测试 …… 197
参考答案 …… 200
第二十二章 宪法秩序 …… 208
基础知识图解 …… 208
配套测试 …… 208
参考答案 …… 209
期末测试题一 …… 211
参考答案 …… 213
期末测试题二 …… 217
参考答案 …… 219

附录一：名牌法学院校研究生入学考试宪法学部分历年真题……224
附录二：宪法学习所涉及的主要法律文件……239

绪　　论

基础知识图解

- 绪论
  - 宪法学的研究对象与研究范围
    - 对象
      - 宪法
      - 宪法现象
      - 宪法和宪法现象的发展规律
    - 范围 —中心环节→
      - 宪法的基本理论
      - 宪法的基本规范
      - 宪法的实施
  - 宪法学的历史发展
    - 外国
    - 中国
  - 宪法学的学科地位与学科体系
  - 学习和研究宪法学的意义和方法
    - 意见
      - 理论意义
      - 实践意义
      - 方法论意义
    - 方法
      - 根本方法：唯物辩证法
      - 基本方法：本质分析法；价值分析法；规范分析法；实证分析法
      - 具体方法：系统分析法；历史分析法；比较分析法；联系实际分析法

配套测试

一、单项选择题

1. 历史上第一个系统论述国家主权学说的思想家是（　　）

A. 柏拉图　　B. 西塞罗

C. 博丹　　D. 洛克

2. 下列有关《钦定宪法大纲》的说法，错误的是（　　）

A. 重心在于维护君主大权

B. 具有浓厚封建性质的宪法性文件

C. 略具资产阶级民主色彩

D. 确立了立法、司法、行政三权分别行使

二、不定项选择题

1. 下列属于我国宪法学学科体系的有（　　）

A. 比较宪法学　　B. 宪法政治学

C. 宪法思想史　　D. 宪法解释学

2. 古希腊客观唯心主义哲学家柏拉图首次提出划分政体的两个标志：（　　）

A. 一是根据执政人数的多少加以划分

B. 一是根据执政者的品德进行划分

C. 二是根据执政者是否依法行使权力

D. 二是根据执政者的产生方式

3. 关于现代宪法的发展趋势，下列哪些说法是正确的？（　　）（司考 2010. 1. 60）

A. 重视保障人权是宪法发展的共识

B. 重视宪法实施保障，专门宪法监督成为宪法发展的潮流

C. 通过加强司法审查弱化行政权力逐步成为宪法发展的方向

D. 寻求与国际法相结合成为宪法发展的趋势

三、名词解释

1. 宪法的基本规范
2. 宪法思想史
3. 比较宪法学
4. 宪法政治学
5. 宪法解释学

四、简答题

1. 法国古典宪法学理论学家埃斯曼对宪法学的贡献有哪些？
2. 法国宪法学家马尔佩的宪法学理论的主要内容是什么？
3. 20 世纪以来，美国宪法学的发展主要有哪些表现？
4. 简述西方宪法学萌芽和创立时期有关“基本法”思想的主要观点。

五、论述题

论宪法学的学科特点。

参考答案

一、单项选择题

1. **答案**：C。博丹是历史上第一个系统论述国家主权学说的思想家。他认为"主权是一个国家进行指挥的、绝对的和永久的权力"，又是"对公民和臣民的不受任何法律限制的最高权力"。
2. **答案**：D。《钦定宪法大纲》带有浓厚的封建性质，并没有设立责任内阁制，而且当时的立法者明确提到，立法、司法、行政三权都统一由皇帝行使，故选项D错误。

二、不定项选择题

1. **答案**：ABCD。宪法学的学科体系包括：宪法学原理、中国宪法学、外国宪法学、比较宪法学、宪法思想史、宪法制度史、宪法社会学、宪法经济学和宪法政治学、宪法解释学。
2. **答案**：AC。在古希腊客观唯心主义哲学家柏拉图看来，除理想的贤人政体外，希腊各城邦有军阀政体、寡头政体、平民政体和专制政体四种形式。而且这四种都是不符合正义的政体。同时，他首次提出划分政体的两个标志：一是根据执政人数的多少加以划分；二是根据执政者是否依法行使权力。并据此将政体划分为君主政体与暴君政体、贵族政体与财阀政体、共和政体与暴民政体。
3. **答案**：ABD。对世界各国宪法理论与实践的考察表明，宪法的基本原则主要有人民主权原则、基本人权原则、权力制约原则和法治原则。选项A体现的是基本人权原则。选项B体现的是权力制约原则，也可以从宪法实施的保障角度来理解。选项C错误。权力制约原则是通过宪法规定达到各种机关权力的平衡，而不是加强司法审查弱化行政权力。选项D正确。宪法的国际化趋势日益明显。它要求将生存权、发展权、环境权等体现终极人性关怀的人权纳入各国宪法对国民权利的保护范围。联合国、欧盟等国际组织发挥了单个国家所不能完成的推动和组织作用。故宪法基本原则的国际化是一种趋势。

三、名词解释

1. **答案**：宪法的基本规范指采用民主制形式进行统治的国家，通过立宪活动，将统治阶级管理国家和社会的意志以根本法的形式确认下来的主要的行为规范。
2. **答案**：宪法思想史是指通过阐述人类历史上人们对宪法问题的认识历史，探讨宪法思想发展规律的科学。
3. **答案**：比较宪法学是指对各国宪法从纵、横两个方面进行比较研究，并通过对其异同优劣的分析，以深化对宪法和宪法现象及其发展规律的认识的科学。在理论界有广义比较宪法学和狭义比较宪法学之分。
4. **答案**：宪法政治学是宪法学与政治学相结合而形成的一门新兴学科。宪法学本身具有很强的政治性，在有些国家，如法国，宪法学包含许多政治学课题，这是宪法政治学得以产生的前提和基础。宪法政治学的研究内容，不仅包括从政治学角度研究宪法问题，并广泛采用动态研究方法，强调宪法学理论的运用，而且还非常重视宪法学理论与政治现实之间的联系。
5. **答案**：宪法解释学是指在宪法实施过程中，对宪法条文的确切含义与界限进行研究的科学。尽管在我国学术界，人们对宪法解释学存有贬斥之意，但在宪法学学科体系中，宪法解释学却是实用性最强、普及面最广的一门分支学科。它不仅关系到人们对宪法条文的正确理解和执行，而且关系到民主法治建设的具体状况。

四、简答题

1. **答案**：埃斯曼（Adhemar Esmein，1848～1913年）是法国古典宪法学理论的集大成者，也是法国现代宪法学的创始人。埃斯曼的宪法学理论，主要体现在他于1895年出版的《法国宪法和比较宪法纲要》一书中。在该书中，他对宪法学的研究对象、国家形态和统治形态的具体内涵、对宪法学对象的限定以及宪法的基本原理、宪法学的理论体系等问题进行了分析。他认为，宪法学研究的首先是国家，但国家要生存，必须有一定的国家形态和统治形态，而规定这两种形态的只有宪法。因此，宪法学的对象就是宪法，即国家形态和统治形态。但只有保障个人权利的宪法，规定国家形态、统治形态、限制国家权力的宪法，才是埃斯曼宪法学研究的对象。因此，近代的政治自由是埃斯曼宪法学体系的目的和核心，由这个目的和核心派生的宪法基本原理，来源于英国近代宪法和法国大革命以及为大革命作准备的思想运动。在英国具体表现就是四项制度：代表制、两院制、大臣责任制和议会内阁制，它们是资产阶级民主主义宪法制度的基础；在法国就具体表现为四项理论成果：国民主权、权力分立、个人权利和成文宪法，它们构成了近代资产阶级民主主义宪法理论的基础。埃斯曼接着对这八项宪法的基本原理和制度进行了历史的、比较的阐述，从而构造出近代资产阶级宪法学的理论体系。其中最重要的是个人权利理论、国民主权理论和代表制理论。概言之，埃斯曼既继承了早期资产阶级的宪法学学说，又有自己的不少创造，从而在法国历史上最早构造了比较严密完整的资产阶级宪法学体系。

2. 答案：马尔佩（Raymond Carre de Malberg，1861～1935年）宪法理论主要体现在《国家基本原理研究》《法律一般意志的表示》《法阶段理论和法国实定法的对比》等著作中。受欧洲分析实证主义法学理论的影响，马尔佩提出了法的一般理论必须在分析法之后得出的观点，主张只有由国家制定的规范才是法律，法学是以它以及通过它形成的秩序为研究对象的理论；要求对自然法宣扬的“自然状态”进行批判等，从而变革了早期资产阶级的宪法理论。同时，他对现代资产阶级宪法学的一些基本原则和观念也都有精辟分析。比如，他认为公法是与国家有直接关系的所有人的关系或社会关系之法；认为国民主权与人民主权原理应予以区分，并提出“半代表制”理论；认为第三共和国宪法实践的不足是缺少对议会的制约力，对其进行改革是法国宪法学发展的方向；认为统治形态可分为民主政体、君主政体和代表制，国民主权是国民的社会性权力，仅存在于全体国民的利益之上，国民主权必须采用代表制等。特别是他提出的国民主权和人民主权的理论以及对议会限制的理论，成为法兰西第五共和国实行公民投票制、总统公选制以及合宪性审查①制的直接渊源。

3. 答案：20世纪以来，在美国宪法学得到了进一步发展的表现主要体现在以下两个方面：一方面，宪法修正案第16条到第27条的颁布，为宪法学研究提供了充分的素材；另一方面，一批中青年宪法学家的成长，为美国宪法学的发展注入了强劲的活力。如果说19世纪末叶以前的美国宪法学，是建立在传统的自然法思想和判例基础之上，并以研究合宪性查制度，分析、整理宪法判例等为中心内容的话，那么到20世纪初，由于社会学研究方法已广泛影响宪法学理论，学者们因而日益强调宪法与社会的相互关系。霍尔姆斯的《普通法》、卡多佐的《司法程序的性质》等著作就代表了宪法学研究的水平和趋势。随着20世纪20年代后J·弗兰克的《法和近代精神》、卢埃林的《法理学》等著作对新现实主义法学研究方法的运用，宪法学的研究重点逐渐转移到对宪法现象的解释和心理、经济原因的分析。比尔德的《美国宪法的经济观》，详细探讨了美国宪法制定过程中各种经济因素的特点及其相互关系，因而是运用“经济决定论”解释历史的代表性著作。第二次世界大战后，以行为科学理论为基础，宪法学重点研究司法行为和最高法院判决的决定过程，舒伯特的《宪法政策》就是其代表性著作。20世纪70年代以后，围绕宪法解释的基础问题，学术界形成了解释派和非解释派。此后，批判法学研究也推进了美国宪法学的发展。现代美国宪法学研究的重点主要包括美国宪法制度（体系），联邦法院和法，最高法院的法官，合宪性审查权，联邦制，战争权，对外事务和总统，各项政治、民事权利的保障，自由的宪法基础，联邦权和州权，国会、政府和宪法，宪法与经济制度，对国民的司法程序保护，等等。

4. 答案：在西方宪法学萌芽时期与创立时期，亚里士多德、霍布斯、卢梭、霍尔巴赫等人均对“基本法”问题进行过阐述。在宪法学萌芽时期，相传亚里士多德曾研究过古希腊158个城邦国家的政制，并在研究的基础上将法律分为基本法与非基本法。他说的基本法就是宪法。在他看来，宪法规定国家政权的基本结构和权限，统治者人数的多寡，以及公民在城邦中的法律地位，即基本权利和义务等内容。而非基本法则指宪法以外的其他实体法和程序法。同时他认为，一般法律必须以宪法为依据，必须从属于宪法。他指出：“政体（宪法）为城邦一切政治组织的依据，其中尤其着重于政治所由以决定的‘最高治权’的组织。”他还指出：“法律实际是，也应该是根据政体（宪法）来制定的，当然不能让政体来适应法律。”在宪法学创立时期，霍布斯将人定法分为基本法和非基本法。所谓基本法乃是建国的基础，无之则国将不国。例如，统治者之宣战、司法、任命官吏、保安权力以及人民的权利和义务等，均由基本法规定。在卢梭的思想中，所谓政治法是指调节全体对全体的关系或者说主权者对国家的关系的法律，因而也叫根本法。他认为，政治法的基本内容包括主权者与统治者的关系，统治者权威的范围和界限等。此外，法国政治思想家、哲学家霍尔巴赫提出了“根本法”的范畴等。

五、论述题

答案：宪法是国家的根本大法，是一国法律体系和法律制度赖以建立的依据，这就决定了以宪法和宪法现象及其发展规律为研究对象的宪法学，在整个法学体系中具有举足轻重的地位。

（1）宪法学属于基础理论学科。众所周知，法学体系是由诸多不同法学学科构筑起来的有机

① 又称“违宪审查”，为表述方便，本书统一使用“合宪性审查”。

整体。除了以部门法律为研究对象的部门法学，诸如刑法学、民法学、经济法学、诉讼法学等以外，还有法理学、宪法学等学科。法理学作为整个法学理论体系的基石，是对所有法律规范、法律现象的高度抽象，因此自然属于基础理论学科。尽管宪法学也主要以具体的宪法规范为研究对象，有学者因而也将其称之为部门法学，但我们认为，宪法的根本法性质决定了宪法学理应属于基础理论学科。宪法学的这一学科性质决定了学习和研究过程中的两个特点：一是注重理论。理论性强是基础理论学科的基本特征。因此，对有关宪法的基本理论以及由宪法确认的有关国家最根本、最重要问题的原则、精神等方面的基本理论都应予以分析和领会。只有这样，才能真正把握其基本内容。二是注重宪法学与其他法学学科的联系。既然宪法是根本法，宪法学是基础理论学科，那么，一方面，宪法学中的理论抽象有赖于各部门法学提供丰富的“养料”；另一方面，宪法学中的理论原则又有赖于各部门法学予以具体化。

(2) 宪法学有很强的政治性、政策性。毛泽东曾经指出：一个团体要有一个章程。一个国家也要有一个章程，宪法就是一个总章程。从世界各国的宪法规范来看，任何一部宪法无非主要由国家权力的依法行使和公民权利的有效保障两大方面组成。归根结底，就是宪法通过根本大法的形式规范国家权力，从而保障公民权利，因而人们大多习惯性地称宪法是治国安邦的总章程。正因如此，在某种意义上，我们可以把宪法学称之为治国安邦之学。此外，有学者从宪法学主要以国家政权为研究对象的角度，将宪法学概括为国家政权之学。尽管概括的角度不尽相同，但从学者们的认识，特别是从宪法和宪法学的基本内容，我们都可得出宪法学具有很强的政治性的结论。

(3) 宪法学研究的都是国家最根本、最重要的问题。宪法在一国法律体系中居于最高地位，具有最高法律效力。相应而言，宪法所规定的内容也是一个国家中最根本、最重要的问题。宪法的目的是保障人权，公民基本权利是宪法不可分割的一部分，它们可以说是宪法的宗旨，也是国家的宗旨，故而是宪法中最为根本的问题；为实现保障权利的目标，宪法需要谨慎地设立国家机构，赋予其权力，并对这些权力加以保障和制约，使之为公民权利服务而且不能侵害公民权利。而国家机构如何设置、权力如何分配等涉及一国的政治制度和政治体制，也是国家最为重要的问题之一。此外，宪法所规定的其他事项，如国旗、国徽等，同样是国家非常重要的问题。

(4) 宪法学的涉及面很广。作为国家的总章程，宪法不仅规定了国家制度和社会制度的基本原则，而且规定了有关国家生活各个方面的基本国策。也就是说，宪法规范涉及国家生活的各个方面，与政治、经济、文化、社会、科技、教育、卫生、体育等无不相关。这一特点决定了在学习和研究宪法过程中，应尽可能地具备较宽的知识面，特别是政治学、经济学、历史学和哲学方面的知识。

宪法学的这些特点不仅充分表明宪法学与其他法学学科的联系和区别，而且充分表明宪法学对于整个法学学科发展，特别是对于现代国家政治、经济、文化和社会生活的发展具有极为重要的意义。因此，宪法学不仅在法学体系中居于基础地位，在民主法治国家建设过程中，也同样居于基础地位。

第一编　宪法基本理论

第一章　宪法的概念

基础知识图解

- 宪法的概念
  - 宪法的释义
    - 词义的演变
      - 中国
      - 西方
    - 宪法的特征：国家的根本大法；公民权利的保障书；民主事实法律化的基本形式
    - 宪法的定义
  - 宪法的本质
    - 神的意志论
    - 全民意志论
    - 阶级意志论
  - 宪法的分类
    - 资产阶级学者传统的宪法分类
    - 马克思主义学者的宪法分类
    - 其他的宪法分类

配套测试

一、单项选择题

1. 宪法的最高效力表现在下列哪个选项中？(　　)

A. 宪法的内容涉及国家的根本制度

B. 宪法是普通法律制定的基础和依据

C. 宪法的制定和修改程序不同于普通法律

D. 宪法是一国政治力量对比关系的全面、集中表现

2. “宪法就是一张写着人民权利的纸”被认为是关于近现代宪法的真理性认识。首先明确提出这一观点的是(　　)

A. 马克思　　B. 毛泽东

C. 卢梭　　D. 列宁

3. 宪法的本质被认为是哪一种力量对比关系的集中表现？(　　)

A. 阶级　　B. 政治

C. 利益集团　　D. 阶层

4. 在中国，将“宪法”一词作为国家根本法始于哪一时期？(　　)

A. 18 世纪 80 年代

B. 19 世纪 80 年代

C. 辛亥革命以后

D. 中华人民共和国成立以后

5. 宪法的内容同其他法律一样，主要取决于(　　)

A. 历史传统　　B. 民族组成

C. 文化传统　　D. 社会物质生活条件

6. 修改程序与一般法律相同的宪法叫作(　　)

A. 刚性宪法　　B. 柔性宪法

C. 不成文宪法　　D. 协定宪法

7. 把宪法分为社会主义类型宪法和资本主义类型宪法之所以是科学的分类方法，是因为它(　　)

A. 揭示了宪法的内容

B. 揭示了宪法的本质属性

C. 揭示了宪法是国家的根本法

D. 总结了宪法形式的特点

8. 典型的不成文宪法的国家是(　　)
A. 英国　　B. 美国
C. 法国　　D. 德国
9. 根据宪法分类理论，下列哪一选项是正确的？(　　)(司考.2012.1.21)
A. 成文宪法也叫文书宪法，只有一个书面文件
B. 1215 年的《自由大宪章》是英国宪法的组成部分
C. 1830 年法国宪法是钦定宪法
D. 柔性宪法也具有最高法律效力
10. 成文宪法和不成文宪法是英国宪法学家提出的一种宪法分类。关于成文宪法和不成文宪法的理解，下列哪一选项是正确的？(　　)(司考.2017. 1. 21)
A. 不成文宪法的特点是其内容不见于制定法
B. 宪法典的名称中必然含有“宪法”字样
C. 美国作为典型的成文宪法国家，不存在宪法惯例
D. 在程序上，英国不成文宪法的内容可像普通法律一样被修改或者废除

二、多项选择题

1. 宪法的定义应当包含下列选项中的哪些内容？(　　)
A. 规定民主制国家的根本制度
B. 规定国家的根本任务
C. 集中表现各种政治力量对比关系
D. 保障公民基本权利
2. 根据宪法是否具有统一的法典形式，宪法可以分为以下哪几种类型？(　　)
A. 成文宪法　　B. 制定宪法
C. 文书宪法　　D. 不成文宪法
3. 刚性宪法是制定、修改的机关和程序不同于一般法律的宪法，其一般有哪些特征？(　　)
A. 制定或修改宪法的机关是特别成立的机关而非普通机关
B. 制定或修改宪法的程序严于一般立法程序
C. 不仅制定或修改宪法的机关不是普通立法机关，而且制定或修改宪法的程序也不同于普通程序
D. 具有比柔性宪法更高的法律效力
4. 下列关于宪法的分类说法正确的是(　　)
A. 按宪法的形式不同，可分为成文宪法和不成文宪法
B. 以宪法有无严格的制定制度、修改机关和程序为标准，可分为刚性宪法和柔性宪法
C. 按制定宪法的主体不同，可分为钦定宪法、民定宪法和协定宪法
D. 以上属于宪法的实质分类
5. 由君主与人民或民选议会进行协商共同制定的宪法，被称为协定宪法。根据这一定义判断，下列哪些宪法属于协定宪法？(　　)
A. 1889 年《大日本帝国宪法》
B. 1689 年英国《权利法案》
C. 1848 年《意大利宪法》
D. 1830 年《法国宪法》
6. 宪法和部门法的主要区别在于(　　)
A. 法律效力　　B. 法律内容
C. 表达形式　　D. 制定程序
7. 英国宪法作为不成文宪法，其主要特征表现为(　　)
A. 效力高于一般法律
B. 修改程序比一般法律复杂
C. 宪法规范散见于若干宪法性文件
D. 宪法习惯是宪法的组成部分
8. 宪法的根本法地位表现在(　　)
A. 宪法规定国家最根本、最重要的问题
B. 宪法是制定普通法律的依据，是一切国家机关、社会团体和公民的最高行为准则
C. 宪法所调整的社会关系与其他法律不同
D. 宪法的制定和修改程序比其他法律更加严格
9.《全国人民代表大会常务委员会关于实行宪法宣誓制度的决定》于 2016 年 1 月 1 日起实施。关于宪法宣誓制度的表述，下列哪些选项是正确的？(　　)(司考.2016. 1. 61)
A. 该制度的建立有助于树立宪法的权威
B. 宣誓场所应当悬挂中华人民共和国国旗或者国徽
C. 宣誓主体限于各级政府、法院和检察院任命的国家工作人员
D. 最高法院副院长、审判委员会委员进行宣誓的仪式由最高法院组织

三、名词解释

1. 成文宪法
2. 协定宪法
3. 柔性宪法（中国人民公安大学 2008 年考研真题）
4. 规范性宪法

四、简答题

1. 如何理解我国宪法具有最高的法律效力？
2. 简要说明宪法的效力和修改程序与一般法律的区别。
3. 简述不成文宪法的特点及构成。

4. 为什么说宪法是公民权利的保障书？
5. 如何评价关于宪法本质的全民意志论？

五、论述题

1. 为什么说宪法是根本法？
2. 试述宪法是民主制度的法律化。
3. 有学者认为，人权是宪法的出发点和归宿，宪法说到底是人权的保障法。试从宪法的特征和价值角度分析这一观点的合理性。
4. 如何认识宪法的基本特征。
5. 试比较刚性宪法和柔性宪法。

六、材料分析题

材料 1：《美国宪法》序言中写道：我们美利坚合众国人民，为了建立一个更完美的合众国、树立正义、保证国内治安、筹设国防，增进全民福利并谋吾人及子子孙孙永享自由和幸福，特制定美利坚合众国宪法。

材料 2：［德］叶林涅克在《国家通论》中做过如下论述：宪法是规定最高国家机关及其履行职能的程序，规定最高国家机关的相互关系和职权，以及个人对国家政权的原则地位和各种原则的总和。

［加］柯里在《民主政府与政治》中写道：宪法决定和规定最高的国家机关的设立。它规定这些机关与公民之间、国家与个人之间的相互关系。

材料 3：［法］邦雅曼·贡斯当在《古代人的自由与现代人的自由》中写道：我们的现行宪法正式承认人民主权的原则，那是超越任何个别意志的至高无上的普遍意志……由于贫困而永远处于依附地位的人，以及迫于贫困而不得不天天辛苦劳作的人们，对公共事务既不会比儿童们有更多的见识……凡有代议制议会的国家，至关重要的就是应该由有产者组成那些议会……

问题：

（1）材料 2 揭示了宪法的哪些特征？

（2）试分析《美国宪法》《国家通论》《古代人的自由与现代人的自由》三者对宪法本质的反映有何区别？

参考答案

一、单项选择题

1. **答案**：B。本题主要考查宪法作为根本法的基本特征及宪法性质的内容。
2. **答案**：D。这一观点由列宁于1912年首先提出。
3. **答案**：A。法律本身就是阶级力量对比的集中表现，宪法作为国家的根本法当然如此。
4. **答案**：B。自鸦片战争打开中国大门后，中国一些学者于19世纪80年代开始将“宪法”一词作为国家根本法在国内使用。
5. **答案**：D。经济基础决定上层建筑。
6. **答案**：B。本题考查宪法的分类。制定与修改的程序与一般法律相同的宪法叫作柔性宪法；制定与修改的程序严于一般法律的宪法叫作刚性宪法。
7. **答案**：B。社会主义类型宪法和资本主义类型宪法在内容上有着根本区别。社会主义类型宪法以保护人民权利为主要内容；而资本主义类型宪法以保护资产阶级的特权为主要内容。
8. **答案**：A。英国是不成文宪法的代表国家。
9. **答案**：B。选项A错误。成文宪法是指一个或几个规定国家根本制度和根本任务的宪法性法律文件所构成的宪法典，因此，其并不总是只有一个书面文件。选项C错误。所谓钦定宪法，是指由君主自上而下制定并颁布的宪法。它是封建君主迫于社会进步的压力而制定的，对民权只做了点缀式规定，而主要以宪法形式肯定至高无上的君权。其代表是1889年的日本明治宪法。而1830年法国宪法乃协定宪法，是由君主与人民或民选议会协商共同制定的宪法。实际上，在经过法国大革命洗礼后，复辟后的法国君主已经不再有制定钦定宪法的权威。选项D错误。所谓柔性宪法，是指制定和修改程序、法律效力与一般法律完全相同的宪法。因此，柔性宪法无所谓更高的效力。
10. **答案**：D。不成文宪法不具有统一法典的形式，但不是说其内容不见于制定法，而是散见于多种法律文书、宪法判例和宪法惯例之中。故选项A错误。成文宪法是指具有统一法典形式的宪法，其最显著的特征在于法律文件上既明确表述为宪法，又大多冠以国名，如《日本国宪法》《法兰西第五共和国宪法》《中华人民共和国宪法》等，但并不绝对。故选项B错误。美国是典型的成文宪法国家，但其宪法渊源不仅包括宪法典，也包括宪法惯例。故选项C错误。英国的宪法是不成文宪法，也是柔性宪法，制定、修改的机关和程序与一般法律相同。故选项D正确。

二、多项选择题

1. **答案**：ABCD。宪法作为国家根本大法，必须对国家的根本制度、根本任务、公民权利等作出明确规定。
2. **答案**：AD。本题考查宪法的分类。
3. **答案**：ABC。本题主要考查刚性宪法的法律特征。
4. **答案**：ABC。本题考查宪法的分类。
5. **答案**：BD。A项中1889年《大日本帝国宪法》属于钦定宪法，即由君主自上而下地制定并颁布实施的宪法。钦定宪法相对应的是民定宪法，即由民选议会、制宪会议或公民投票表决制定的宪法。钦定宪法还包括清末《钦定宪法大纲》、意大利1848宪法等。
6. **答案**：ABD。我国《宪法》第5条规定了宪法的最高效力性，第64条规定了修改宪法的特殊严格程序。在表达形式上，宪法和部门法都是制定法，无太大区别。
7. **答案**：CD。英国是不成文宪法的代表国家，其主要特征是宪法规范散见于若干宪法性文件，而没有统一的宪法典。
8. **答案**：ABD。本题考查我国宪法根本法地位的表现问题。宪法作为国家的根本法是宪法在法律上的特征，也是宪法区别于其他普通法的重要特征。宪法的根本法地位主要表现在：在内容上，宪法规定国家最根本、最重要的问题；在法律效力上，宪法的法律效力最高，是制定普通法律的依据，是一切公民、国家机关和社会团体的最高行为准则；在制定和修改程序上，宪法比其他法律更加严格。因此选ABD。
9. **答案**：ABD。宪法是国家的根本法，宪法宣誓制度的建立有助于彰显宪法权威，激励和教育国家工作人员忠于宪法、遵守宪法、维护宪法，加强宪法实施，故选项A正确。《全国人民代表大会常务委员会关于实行宪法宣誓制度的决定》规定，各级人民代表大会及县级以上各级人民代表大会常务委员会选举或者决定任命的国家工作人员，以及各级人民政府、监察委员会、人民法院、人民检察院任命的国家工作人员，在就职时应当公开进行宪法宣誓（第1条）。故选项C错误。“全国人民代表大会常务委员会任命或者决定任命的国家监察委员会副主任、委员，最高人民法院副院长、审判委员会委员、庭长、副庭长、审判员和军事法院院长，最高人民检察院副检察长、检察委员会委员、检察员和军事检察院检察长，中华人民共和国驻外全权代表，在依照法定程序产生后，进行宪法宣誓。宣誓仪式由国家监察委员会、最高人民法院、最高人民检察院、外交部分别组织。”（第6条）故D项正确。“宣誓场所应当庄重、严肃，悬挂中华人民共和国国旗或者国徽……”（第8条）故B项正确。

三、名词解释

1. **答案**：成文宪法与不成文宪法是英国学者蒲莱士1884年在牛津大学讲学时首先提出的分类，这种分类的依据是是否有统一的法典形式。成文宪法是指具有同一法典形式的宪法，有时也叫文书宪法或制定宪法。1787年的《美利坚合众国宪法》是世界上第一部成文宪法，1791年的法国宪法是欧洲大陆的第一部成文宪法。
2. **答案**：以制定宪法的机关为标准，宪法可分为钦定宪法、民定宪法和协定宪法。协定宪法是指君主与国民或者国民的代表机关协商制定的宪法。协定宪法是阶级妥协的产物。在新兴资产阶级尚无足够力量推翻君主统治，而封建君主又不能实行绝对专制统治的情况下，协定宪法也就成为必然。
3. **答案**：以宪法有无严格的制定或修改的机关及程序分为刚性宪法和柔性宪法，最早由蒲莱士提出，柔性宪法是指制定、修改的机关和程序与一般法律相同的宪法。实行不成文宪法的国家往往也实行柔性宪法。
4. **答案**：以宪法的实施效果对其进行分类，可分为规范宪法、名义宪法和语义宪法。其中规范性宪法是指既在规范条文上，也在实际政治生活中具有法律效力的宪法。这类宪法与国家政治生活融为一体，支配着政治权力的运行，规范着社会生活的全过程。

四、简答题

1. **答案**：（1）宪法是制定普通法律的依据，任何普通法律、法规都不得与宪法的原则和精神相违背。如有违背，普通法律就必须修改或者废除。

   （2）宪法是一切国家机关、社会团体和全体公民的最高行为准则。

2. **答案**：（1）宪法是其他一般法律的立法基础，法律的制定必须以宪法为根据。

   （2）宪法具有最高的法律效力。法律不得同宪法相抵触，如有抵触，法律即无效。

   （3）提出和通过修改宪法的程序比一般法律更为复杂。具体来说：第一，制定和修改宪法的机关，往往是依法特别成立的，而并非普通立法机关。第二，通过或批准宪法或者其修正案的程序，往往严于普通法律，一般要求由制宪机关或者国家立法机关成员的2/3以上或者3/4以上的多数表决通过，才能颁布施行，而普通法律则只要立法机关成员的过半数通过即可。

3. **答案**：根据宪法是否具有统一的法典形式，可分为成文宪法和不成文宪法，这是蒲莱士1884年在牛津大学讲学时首次提出的宪法分类。其中的不成文宪法是不具有统一的法典形式，而散见于多种法律文书、宪法判例和宪法惯例的宪法。

   （1）不成文宪法的特点：不成文宪法的最大特点在于，各种法律文件并未冠以宪法之名，却发挥着宪法的作用。

   不成文宪法的优点，一般认为有以下两个方面：第一，就不成文宪法中的习惯部分来说，因为它们是在长期社会生活中形成的，所以容易被接受；第二，就不成文宪法的其他部分来说，因为制定和修改比较容易，所以富有弹性和适应性，可以比较灵活和迅速适应不断变化的情况，应付紧急的事变，随时补救其缺点。一般认为，不成文宪法的缺点是：由于内容零乱、分散、缺乏系统，不易为人们所掌握，极易引起运用者随心所欲、各取所需、弄权玩法、窃国乱政。人民的权利难以得到确实保障。

   （2）不成文宪法的构成：第一，宪法法案，即在不同时期颁布的制定法。这又可分为两类：一是具有规约性质的重要文件，如1215年的《自由大宪章》、1259年的《人民公约》、1628年的《权利请愿书》。二是国会立法，如1679年的《人身保护法》、1689年的《权利法案》、1701年的《王位继承法》、1911年的《议会法》、1918年的《国民参政法》、1928年的《男女选举平等法》、1948年颁布1969年修正的《人民代表法》等。第二，长期形成的宪法惯例，如内阁由下院多数党组成并对下院负责，国会每年至少集会一次，两院制首相由英王任命，英王为虚位元首等。宪法惯例是在国家政治生活中长期形成的，具有连续性和稳定性，通常称为“活宪法”，它们本身不是法律，也没有成文的法律文件得以体现，即不能为法院适用。但宪法惯例属于政治道德范畴，能对政府活动进行有效约束。对政治家活动起支配作用。第三，具有宪法性质的法院判例中所宣示的宪法原则，如人身自由、言论自由、正当法律程序、法官独立等。

4. **答案**：宪法最主要、最核心的价值就在于它是公民权利的保障书。这可以从以下几个方面理解：从宪法的历史发展看，宪法或宪法性文件往往是争取公民权利斗争的产物。宪法最早是资产阶级在反对封建专制制度的斗争中，为了确认取得的权利，以巩固斗争的胜利成果而制定出来的。从宪法的基本内容来看，尽管作为国家根本法的宪法涉及国家和社会生活的各个方面，但其基本内容仍然可以分为两大部分：国家权力的依法行使和公民权利的有效保障。然而，这两大块并非地位平行的两部分，就它们之间的相互关系来说，公民权利的有效保障居于支配地位，国家权力正确行使的目的即在于保障公民的基本权利，因而可以说公民权利的保障是宪法的核心。

5. 答案：全民意志论是将宪法的本质归结为宪法体现或反映全体人民的意志。17、18 世纪资产阶级启蒙思想家倡导的社会契约论，就是宪法体现全民意志的典型理论。法国资产阶级民主主义思想家卢梭就认为，国家主权是公意的体现，主权必须属于人民。如果政权侵犯人民的利益，人民可以废除原先的契约，重新订立新的契约，组织新的政府。这种理论，在资产阶级学者中流传甚广。并且这种全民意志论的观点在一些国家的宪法性文件或者宪法中，也有明确规定。例如，美国宪法规定，美国制宪的目的是“建立一个更完美的合众国，树立正义、保证国内治安、筹设国防、增进全民福利并谋吾人及子子孙孙永享自由和幸福”。法国《人权宣言》明确规定：“法律是公共意志的表现。全国公民都有权亲身或经由其代表去参与法律的制定”。西班牙现行《宪法》序言明确规定：“西班牙国希望建立正义、自由和安全，并为所有组成西班牙国的人们谋求利益，行使自己的主权”。

然而，众所周知，法律是阶级社会的产物，宪法则是资产阶级革命和无产阶级革命的结果。因此，宪法所表现的只能是掌握国家政权的统治阶级意志，而绝对不会是全民意志。因此，尽管这一理论开创了新的宪法理念，促进了宪法发展，但其却掩盖了事实本质，麻痹了人民的思想。

五、论述题

1. 答案：宪法是根本法，主要体现在三个方面：

（1）在内容上，宪法规定国家最根本、最重要的问题。国家的性质、国家的政权组织形式和国家的结构形式、国家的基本国策、公民的基本权利和义务、国家机构的组织及其职权等最重要的问题，都在宪法中作出了明确规定。这些规定不仅反映着一个国家政治、经济、文化和社会生活等各方面的主要内容及其发展方向，而且从社会制度和国家制度的根本原则上规范着整个国家的活动，因而与其他法律所规定的内容通常只是国家生活中的一般性问题、只涉及国家生活和社会生活中某些方面或某一方面相比较，宪法具有国家总章程的意义。

（2）在法律效力上，宪法的法律效力最高。宪法的法律效力高于一般的法律，在国家法律体系中处于最高的法律地位。宪法的最高法律效力主要包括两个方面的含义：第一，宪法是制定普通法律的依据，任何普通法律、法规都不得与宪法的原则和精神相违背。第二，宪法是一切国家机关、社会团体和全体公民的最高行为准则。

（3）在制定和修改的程序上，宪法比其他法律更加严格。既然在成文宪法国家中，宪法是规定国家最根本、最重要的问题，具有最高法律效力的国家根本大法，那么必然要求宪法具有极大的权威和尊严。而严格的制定和修改程序，则是保障宪法权威和尊严的重要环节。具体来说：第一，制定和修改宪法的机关，往往是依法特别成立的，而并非普通立法机关。第二，通过或批准宪法或者其修正案的程序，往往严于普通法律，一般要求由制定机关或者国家立法机关成员的 2/3 以上或者 3/4 以上的多数表决通过，才能颁布施行，而普通法律则只要立法机关成员的过半数通过即可。

2. 答案：“民主”一词起源于希腊文 demokratia，是指“人民的权力”或“人民当家作主”，更确切地说，是指“大多数人的统治”。如果说宪法的基本出发点在于保障公民的权利和自由，那么这种对公民权利和自由的保障，则是民主最直接的表现，或者说是民主事实的必然结果。

近代意义的宪法是资产阶级革命取得胜利，有了资产阶级民主事实之后的产物，是资产阶级民主事实的法律化。伴随着资本主义生产关系的形成和资产阶级革命的胜利，资产阶级不仅夺得了国家政权，争得民主，而且也面临反对封建势力复辟、防止工农革命、培养本阶级管理国家的人才三大任务。为了反对封建势力复辟，资产阶级必须显示并用事实证明自己确立的制度确实比封建制度优越；为了防止工农革命，资产阶级必须把革命过程中提出的人民主权和天赋人权理论以及自由、平等、法治等学说至少在形式上予以实现，以缓和阶级矛盾；为了培养本阶级管理国家的人才，发挥本阶级成员在国家管理中的作用，也必须确认本阶级成员的民主权利，并通过各种形式来保障他们确能享有和行使这些民主权利。而要达到这些目的，最好的办法便是把已经争得的民主事实法律化、制度化，并且把这种规定、确认民主事实的法律提高到根本法的地位。由此可见，宪法与民主事实密不可分，是伴随着资产阶级民主事实的出现而产生出来的，是民主事实法律化的基本形式。

社会主义宪法也是如此，虽然无产阶级民主与资产阶级民主、社会主义宪法与资本主义宪法存在本质区别，但在宪法是民主事实法律化的基本形式上则是一致的。马克思和恩格斯在《共产党宣言》中明确指出："工人革命的第一步就是使无产阶级上升为统治阶级，争得民主。"毫无疑问，如果无产阶级不能推翻旧的剥削阶级政权，不能使社会成员中的绝大多数成为国家的主人，也就是说没有无产阶级民主的事实，社会主义宪法就根本无从产生。从 1918 年苏俄宪法的制定，到第二次世界大战胜利后，东欧和亚洲等一系列国家的社会主义立宪运动都可看出，无产阶级民主事实是社会主义宪法的前提条件，而社会主义宪法则是无产阶级民主事实的法律化。

由此可见，宪法与民主紧密相连，民主主体的普遍化，或者说民主事实的普遍化是宪法得以产生的前提。而且基于宪法在整个国家法律体系中的根本法地位，以及宪法确认的基本内容主要是国家权力的依法行使和公民权利的有效保障，因此可以说，宪法是民主事实法律化的基本形式。

我国宪法以法律形式确认了社会主义的民主制度，其内容是：(1) 确认国家的一切权力属于人民；(2) 确认人民行使国家权力的机关是各级人民代表大会；(3) 确认公民享有各项基本权利和自由；(4) 确认人民依法享有通过各种途径和形式管理国家事务，管理经济和文化事业，管理社会事务的权利。

3. 答案：该学者的观点是合理的。宪法最主要、最核心的价值在于，它是公民权利的保障书。

第一，从历史上看，宪法或者宪法性文件最早是资产阶级在反对封建专制制度的斗争中，为了确认取得的权利，以巩固胜利成果而制定出来的。

第二，从宪法的基本内容来看，尽管作为国家根本法的宪法涉及国家生活的各个方面，但其基本内容仍然可以分为两大块，即国家权力的依法行使和公民权利的有效保障，并且公民权利的有效保障居于支配地位。

4. 答案：宪法作为特定国家法律体系中的重要组成部分，当然具有同行政法、刑法、民法、经济法、诉讼法等一般法律相同的特征：它们都具有规范性和强制力，都以权利和义务作为其基本内容。然而，与其他法律相比，宪法又有其自身的基本特征：

(1) 宪法是国家的根本法。宪法作为国家的根本法是宪法在法律上的特征，也是宪法区别于普通法的重要区别之一。宪法的根本法地位取决于三个方面的因素：①在内容上，宪法规定国家最根本、最重要的问题。宪法不仅反映着一个国家政治、经济、文化和社会生活等各方面的主要内容及其发展方向，而且从社会制度和国家制度的根本原则上规范着整个国家的活动，因而具有国家总章程的意义。②在法律效力上，宪法的法律效力最高。具体来说表现在：第一，宪法是制定普通法的依据，任何法律、法规都不得与宪法的原则和精神相违背。第二，宪法是一切国家机关、社会团体和全体公民的最高行为准则。③在制定和修改的机关和程序上，宪法比其他法律更加严格。具体说来：首先，制定和修改宪法的机关，往往是依法特别成立的，而不是普通的立法机关。其次，通过或批准宪法或者其修正案的程序，往往严于普通法律，一般要求由制宪机关或国家立法机关成员的 2/3 以上或者 3/4 以上的多数表决通过，才能颁布施行。

(2) 宪法是公民权利的保障书。宪法最主要、最核心的价值在于，它是公民权利的保障书。从历史上看，宪法或宪法性文件最早是资产阶级在反对封建专制制度的斗争中，为了确认取得的权利，以巩固胜利成果而制定出来的。同样，社会主义宪法也是在反对资产阶级的过程中，无产阶级对已经取得的权利进行的确认。从宪法的基本内容来看，宪法的内容可以分为两大块：国家权力的依法行使和公民权利的有效保障。然而，这两大块并非地位平行的两部分，就它们之前的相互关系来说，公民权利的有效保障居于支配地位。在国家的法律体系中，宪法的基本出发点就在于保障公民的权利和自由。

(3) 宪法是民主事实法律化的基本形式。宪法与民主事实密不可分，是伴随着资产阶级民主事实的出现而产生出来的。社会主义宪法也是如此。马克思和恩格斯在《共产党宣言》中明确指出："工人阶级的第一步就是使无产阶级上升为统治阶级，争得民主。"从 1918 年苏俄宪法的制定，到"二战"胜利后东欧和亚洲系列国家的社会主义立宪运动都可以看出，无产阶级民主事实是社会主义宪法的前提条件，而社会主义宪法则是无产阶级民主事实的法律化。因此，宪法与民主紧密相连，民主主体的普遍化、民主事实的普遍化是宪法得以产生的前提。

5. 答案：按宪法的修改是否必须遵循特定的程序为标准，在理论上，可以把宪法分为刚性宪法与柔性宪法。刚性宪法是指修改程序严于普通法律的宪法。柔性宪法则相反，是指修改程序与普通法律相同的宪法。

这样的分类方法只是对宪法进行的形式意义上的区分，而忽视了宪法发展变化的真正动因——社会经济发展及其外部表现——阶级力量的对比关系，并且容易导致产生刚性宪法比柔性宪法修改的频繁程度要少一些的想法。

其实，世界上绝大多数国家的宪法都对自身的修改做出了特别严格的程序规定，因此，都可按照此分类为刚性宪法，只不过“刚”的程度不同而已。英国宪法是个例外，议会普通立法程序通过的任何宪法性法案，都自然地成为宪法的组成部分，无须特别的程序。这是“柔性宪法”的典型。①

【参考资料】焦洪昌：《宪法学》，北京大学出版社2020年版。

六、材料分析题

【参考答案】(1) 材料2中叶林涅克和柯里认为宪法是规定最高国家机关的权力、最高国家机关履行职权的程序以及国家机关和公民之间相互关系的原则的总和。他们对宪法基本特征的把握在于宪法内容的特定性，即宪法规定国家最根本、最重要的问题。也就是说，他们是立足于宪法的内容，以宪法调整的内容为依据确定宪法的内涵和外延，因此是从宪法所规定的内容角度对宪法予以定义。

(2) 材料1即美国宪法序言反映了美国制宪的目的——增进全民福利、保证人民的自由幸福，认为宪法反映了全民的意志；材料2认为宪法的基本特征在于宪法所规定的内容与普通法律不同，其内容具有根本性和重要性的特点，但并未涉及这些内容的阶级意志性；材料3则认为宪法是普遍意志的体现，但普遍意志并非全民意志，因而宪法是资产阶级（有产者）意志的体现，宪法是有阶级性的。材料1和材料2把宪法视为所有公民意志的体现，否认宪法具有阶级性；材料3则认为宪法是资产阶级意志的体现，而不是无产者意志的反映，因而宪法是有阶级性的。因此，叶林涅克和柯里以及美国宪法的规定以宪法的某些特点掩盖了宪法的阶级性，贡斯当则认为宪法只能是有产者的工具，宪法是有阶级性的。

① 编者注：刚性宪法和柔性宪法是宪法学中非常重要的两个名词。在研究生入学考试、司法考试中出现率都很高，学习时应重点记忆和理解，不仅要明白刚性宪法和柔性宪法的含义、特点，对现实中的宪法还需能准确判断。

第二章　宪法的历史发展

基础知识图解

宪法的历史发展
- 宪法的产生和发展
  - 近代意义宪法的产生：英国、美国、法国
  - 宪法的发展：近代、现代
  - 宪法的发展趋势
- 旧中国宪法的产生和演变
  - 晚清皇帝、北洋军阀政府、国民党政府的制宪活动与宪法：《钦定宪法大纲》、《十九信条》、《天坛宪草》、《中华民国约法》、贿选宪法《中华民国宪法草案》《训政时期约法》《五五宪草》“中华民国宪法”
  - 中国民族资产阶级宪法：《中华民国临时约法》
  - 新民主主义革命时期宪法性文件：《中华苏维埃共和国宪法大纲》《陕甘宁边区施政纲领》《陕甘宁边区宪法原则》
- 新中国宪法的产生和发展
  - 《中国人民政治协商会议共同纲领》
  - 1954 年《宪法》
  - 1975 年《宪法》
  - 1978 年《宪法》
  - 1982 年《宪法》：1988 年、1993 年、1999 年、2004 年、2018 年五次修正

配套测试

一、单项选择题

1. 下列哪项不属于宪法产生的思想基础？（　　）

A. 天赋人权论　　B. 社会契约论

C. 主权在民论　　D. 君权神授论

2. 下列选项中哪一项被认为是中国历史上第一部成文宪法？（　　）

A.《钦定宪法大纲》

B.《十九信条》

C.《五五宪草》

D.《中华民国临时约法》

3. 下列哪一文件属于英国于 1688 年“光荣革命”之后颁布的宪法性文件？（　　）

A.《权利请愿书》　　B.《人身保护法》

C.《权利法案》　　D.《自由大宪章》

4. 法国是欧洲大陆第一个制定成文宪法的国家，下列关于其首部成文宪法制定时间的选项哪项是正确的？（　　）

A. 1789 年　　B. 1790 年

C. 1791 年　　D. 1792 年

5. 下列哪一项被认为是近代宪法的起源地？（　　）

A. 美国　　B. 法国

C. 英国　　D. 希腊

6. 下列关于美国现行宪法制定时间的表述中哪一选项是正确的？（　　）

A. 1776 年第一届大陆会议

B. 1787 年费城会议

C. 1789 年

D. 1790 年

7. 下列关于《中国人民政治协商会议共同纲领》的性质的表述中哪一项是正确的？（　　）

A.《中国人民政治协商会议共同纲领》是新中国的第一部宪法

B.《中国人民政治协商会议共同纲领》是新中国的第一部宪法性文件

C.《中国人民政治协商会议共同纲领》是一部社

会主义性质的宪法性法律

D.《中国人民政治协商会议共同纲领》是中国第一部通过民主制定的宪法

8. 世界历史上最早的资产阶级成文宪法是哪一部？(　　)

A. 1689 年通过的英国《权利法案》

B. 1776 年通过的美国的《独立宣言》

C. 1787 年通过的美国宪法

D. 1791 年通过的法国宪法

9. 把邓小平理论载入现行宪法是根据(　　)

A. 八届全国人大四次会议的决议

B. 八届全国人大五次会议的决议

C. 九届全国人大一次会议的决议

D. 九届全国人大二次会议的决议

10. 现行宪法颁布实施以来全国人大对宪法进行了(　　)

A. 二次修正　　B. 三次修正

C. 四次修正　　D. 五次修正

11. 世界上最早立宪的国家是(　　)

A. 美国　　B. 英国

C. 法国　　D. 德国

12. 世界上第一部资本主义的成文宪法是(　　)

A. 法国宪法　　B. 英国宪法

C. 美国宪法　　D. 德国宪法

13. 世界上第一部社会主义国家的成文宪法产生于(　　)

A. 巴黎公社时期

B. 十月革命胜利后

C. 第一次世界大战前

D. 第二次世界大战后

14. 中国历史上第一部由人民代表机关正式通过并公布实施的宪法性文件是(　　)

A.《陕甘宁边区施政纲领》

B.《陕甘宁边区宪法原则》

C.《中华苏维埃共和国宪法大纲》

D.《共同纲领》

15. 旧中国反动派正式公布的第一部宪法《中华民国宪法》又称"贿选宪法"，颁布于(　　)

A. 1923 年　　B. 1947 年

C. 1914 年　　D. 1946 年

16. 中国历史上仅有的一部资产阶级性质的宪法性文件是(　　)

A.《中华民国约法》

B.《中华民国临时约法》

C.《中华民国宪法》

D.《训政时期约法》

17. (　　)是 18 世纪末资产阶级在反封建革命斗争中的著名纲领性文件，以后成为法国宪法的序言。

A.《人权宣言》　　B.《独立宣言》

C.《自由大宪章》　　D.《人身保护法》

18. 在英国，尽管 1215 年的(　　)并不是近代意义的宪法性法律，但它对英国宪法的发展与英国宪法体制的确立，产生了非常大的影响。

A.《权利法案》

B.《自由大宪章》

C.《人身保护法》

D.《王位继承法》

19. 关于《中华民国临时约法》，下列哪一选项是正确的？(　　)(司考 2011. 1. 21)

A.《临时约法》是辛亥革命后正式颁行的宪法

B.《临时约法》设立临时大总统，采行总统制

C.《临时约法》是中国历史上唯一一部具有资产阶级共和国性质的宪法性文件

D.《临时约法》确立了五权分离的原则

20. 近代意义宪法产生以来，文化制度便是宪法的内容。关于两者的关系，下列哪一选项是不正确的？(　　)(司考 2013. 1. 23)

A. 1787 年美国宪法规定了公民广泛的文化权利和国家的文化政策

B. 1919 年德国魏玛宪法规定了公民的文化权利

C. 我国现行宪法对文化制度的原则、内容等作了比较全面的规定

D. 公民的文化教育权、国家机关的文化教育管理职权和文化政策，是宪法文化制度的主要内容

21. 武昌起义爆发后，清王朝于 1911 年 11 月 3 日公布了《宪法重大信条十九条》。关于该宪法性文件，下列哪一说法是错误的？(　　)(司考 2014. 1. 19)

A. 缩小了皇帝的权力

B. 扩大了人民的权利

C. 扩大了议会的权力

D. 扩大了总理的权力

22. 关于宪法的历史发展，下列哪一选项是不正确的？(　　)(司考 2014. 1. 21)

A. 资本主义商品经济的普遍化发展，是近代宪法产生的经济基础

B. 1787 年美国宪法是世界历史上的第一部成文宪法

C. 1918 年《苏俄宪法》和 1919 年德国《魏玛宪法》的颁布，标志着现代宪法的产生

D. 行政权力的扩大是中国宪法发展的趋势

二、多项选择题

1. 当代宪法呈现出多种发展趋势，下列哪些选项体现了宪法在配置国家权力方面的发展趋势？(　　)
   A. 行政权力扩大
   B. 中央权力扩大
   C. 议会主权
   D. 地方自治
2. 下列有关我国宪法的叙述不正确的有哪些？(　　)
   A. 新中国成立后，我国共制定和颁布了5部宪法
   B.《共同纲领》是我国建国之初的临时宪法
   C.《共同纲领》是我国第一部社会主义类型的宪法
   D. 1982年宪法将县级人大代表由间接选举产生改为直接选举产生
3. 资本主义宪法产生的思想理论条件是(　　)
   A. 天赋人权学说　B. 人民主权学说
   C. 法治学说　D. 权力分立学说
4. 清朝末年，清政府为了挽救其覆灭的命运而颁布的两个宪法性文件是(　　)
   A.《钦定宪法大纲》
   B.《中华民国约法》
   C.《中华民国临时约法》
   D.《宪法重大信条十九条》
5. 下列选项中哪些是革命根据地制定的宪法性文件？(　　)
   A.《中华苏维埃共和国宪法大纲》
   B.《五五宪草》
   C.《陕甘宁边区施政纲领》
   D.《陕甘宁边区宪法原则》
6. 根据1954年宪法和现行宪法有关立法的规定，下列哪些选项是正确的？(　　)
   A. 1954年宪法规定全国人民代表大会是行使国家立法权的唯一机关
   B. 现行宪法则规定全国人民代表大会和全国人民代表大会常务委员会行使国家立法权
   C. 1954年宪法没有授予国务院制定行政法规的权力
   D. 现行宪法则明确规定了国务院有根据宪法和法律制定行政法规的权力
7. 根据宪法和法律的规定，下列哪些选项是错误的？(　　)
   A. 2004年宪法修正案明确规定“非公有制经济的从业人员”是“我国社会主义事业的建设者”
   B. 1999年宪法修正案明确规定非公有制经济是社会主义市场经济的组成部分
   C. 1999年宪法修正案将国家保障公民的合法的私有财产权神圣不可侵犯写进宪法
   D. 1988年宪法修正案明确规定集体土地所有权可以依法出租或者转让

三、名词解释

1.《训政时期约法》
2.《中国人民政治协商会议共同纲领》
3.《天坛宪草》

四、简答题

1. 简述近代意义宪法产生的条件。
2. 简要说明近代宪法的基本特点。

五、论述题

1. 试述《共同纲领》的主要内容和历史意义。
2. 试述宪法在世界历史上的发展趋势。
3. 试论我国现行宪法是具有中国特色社会主义宪法。
4. 当谈到中华人民共和国成立以后有几部宪法，有人说是四部，有人说是两部，有人说是一部，你觉得是几部，为什么？(清华大学2015年考研真题)

参考答案

一、单项选择题

1. **答案**：D。本题主要考查近代意义宪法产生的思想基础。
2. **答案**：A。《钦定宪法大纲》是清政府在20世纪初颁布的。选项B、C、D的宪法均晚于《钦定宪法大纲》。
3. **答案**：C。其他选项均是1688年以前颁布的。
4. **答案**：C。本题主要考查欧洲首部成文宪法制定的时间。
5. **答案**：C。1215年英国的《自由大宪章》是近代意义上宪法的渊源。
6. **答案**：B。本题主要考查美国现行宪法的制定时间。
7. **答案**：B。《中国人民政治协商会议共同纲领》是1949年制定的、在1954年宪法出台前起着临时宪法作用的规范性文件。它对国家的性质、领导阶级、政权组织、首都、国歌等内容都作了较为明确的规定。
8. **答案**：C。本题考查资本主义成文宪法的产生。此选项中，首先可以排除AB两项，因为它们均非成文宪法。选项D是1791年通过的法国宪法，是欧洲大陆上第一部资本主义宪法，其晚于美国宪法。
9. **答案**：D。1999年的九届全国人大二次会议通过的宪法修正案第12条将邓小平理论载入现行宪法。
10. **答案**：D。现行宪法颁布实施以来，全国人大先后于1988年、1993年、1999年、2004年、2018年五次对其进行修正。
11. **答案**：B。
12. **答案**：C。美国宪法于1787年制定，于1789年生效，是世界上第一部资本主义的成文宪法。
13. **答案**：B。十月革命胜利推翻沙皇后不久便颁布的《苏俄宪法》是第一部社会主义国家的成文宪法。
14. **答案**：C。《中华苏维埃共和国宪法大纲》是于20世纪30年代在江西瑞金由中华苏维埃共和国全国代表大会通过并公布实施的宪法性文件。
15. **答案**：A。1923年《中华民国宪法》由当时的大总统曹锟贿赂议员勉强通过。
16. **答案**：B。《中华民国临时约法》于1912年由中华民国临时参议院通过，是中国历史上仅有的一部资产阶级性质的宪法性文件。
17. **答案**：A。本题考查要点是早期资本主义国家宪法产生的问题。宪法是人权的保障书。《人权宣言》是法国资产阶级在反封建的革命斗争中颁布的著名纲领性文件，法国资产阶级革命过程中以其作为反封建专制的重要武器和旗帜，并在1791年法国的第一部宪法中将其作为序言，以强调其重要地位和作用。选项C《自由大宪章》和选项D《人身保护法》是英国早期的重要宪法性文件；选项B《独立宣言》是美国宪法史上的重要文献。本题选A。
18. **答案**：B。本题考查英国早期宪法性文件问题。英国是世界上最早产生宪法的国家，1215年的《自由大宪章》并不是近代意义的宪法性文件，但它对英国宪法的发展产生了非常大的影响。而1679年《人身保护法》、1689年《权利法案》、1701年《王位继承法》都是现代意义上的宪法性文件，标志着英国宪法的产生。此题选B。
19. **答案**：C。辛亥革命胜利后，中华民国南京临时政府于1912年3月11日颁布了《中华民国临时约法》，它是中国历史上唯一一部具有资产阶级共和国性质的宪法性文件，C选项正确。《临时约法》具有临时宪法性质，并非正式颁行的宪法，中国近代史上首部正式颁行的宪法为北洋政府于1923年10月10日公布的《中华民国宪法》，A选项错误。为了限制和制约袁世凯的权力，《中华民国临时约法》改总统制为责任内阁制，确立五权分离原则的是南京国民政府1947年公布施行的《中华民国宪法》，B、D选项错误。
20. **答案**：A。文化制度是指一国通过宪法和法律调整以社会意识形态为核心的各种基本关系的规则、原则和政策的综合。本题A选项中1787年美国宪法是早期资产阶级宪法典型代表，其中仅就联邦国家机构以及联邦和州的权力界限问题进行了规定，而没有涉及公民文化权利和国家文化政策的内容，所以A选项是错误的。B选项是正确的，作为“现代宪法”开端的魏玛宪法中规定了广泛的积极性权利，其中就包括了公民的文化权利。C选项表述也是正确的，我国现行宪法对文化制度的原则、内容等作了比较全面的规定，宪法第19条、第20条、第21条和第22条分别对教育科学文化建设作出了具体规定，第24条对思想道德建设作出了明确规定。而宪法中的文化制度实际上又可以分为两个方面：一方面是从公民权利的角度，文化制度体现为公民的文化教育权；另一方面是从国家权力的角度，文化制度体现为国家机关的文化教育管理职权和文化政策，所以D选项的表述也是正确的。

21. 答案：B。《宪法重大信条十九条》（“十九信条”）形式上被迫缩小了皇帝的权力，相对扩大了议会和总理的权力，但仍强调皇权至上，且对人民权利只字未提。故B项表述错误。

22. 答案：D。本题考查的是宪法的产生、发展和趋势。近代宪法的产生有着它深刻的经济、思想、政治和法律条件，其中就经济条件而言，资本主义商品经济发展是近代意义宪法产生的经济条件。资本主义商品经济要求所有社会成员具有最基本的人身自由，以适应市场经济对“劳动力”的需求；要求有统一的市场，打破封建社会地方割据的局面；要求平等，反对特权；要求统一而公平的规则——归根结底，市场经济要求建立民主制度，这导致了以宪法为载体的民主制度的产生，所以选项A的表述是正确的。

美国宪法是在《邦联条例》的基础上制定的，1787年2月邦联国会邀请各州代表在费城召开会议修改《邦联条例》，但与会代表起草了宪法，史称“制宪会议”。宪法草案于1787年9月通过，在邦联国会通过后送各州批准。1789年3月4日，美国第一届联邦国会开幕，正式宣布宪法生效。1787年美国宪法是世界第一部近代意义上的成文宪法，所以B选项的表述是正确的。

1918年《苏俄宪法》颁布，标志着第一部社会主义宪法诞生，其与1919年德国《魏玛宪法》的颁布，标志着现代宪法的产生。C选项的表述是正确的。

二、多项选择题

1. 答案：AB。当代宪法呈现出多种发展趋势，主要表现为：行政权力扩大和中央权力扩大；宪法内容的更加丰富完备；重视公民基本权利的保护；重视宪法保障；宪法发展国际化趋势加强；形式上逐步发展。体现了宪法在配置国家权力方面就是行政权力扩大和中央权力扩大。所以，本题答案为AB。

2. 答案：ACD。本题主要考查新中国宪法的产生与发展。中华人民共和国成立后，我国共制定和颁布了1954年宪法、1975年宪法、1978年宪法和1982年宪法四部宪法。

3. 答案：ABCD。美国宪法将以上四种学说发挥得淋漓尽致。

4. 答案：AD。清朝末年，清政府为了挽救其覆灭的命运而颁布了《钦定宪法大纲》和《宪法重大信条十九条》两个宪法性文件，但未能挽救其覆灭的命运。

5. 答案：ACD。解答此题时要注意是革命根据地制定的宪法性文件，而《中华民国宪法草案》是国民党政府于1936年颁布的，因此答案应为ACD。

6. 答案：ABCD。本题主要考察1954年宪法与现行宪法的比较。关于A，1954年宪法第22条规定，全国人民代表大会是行使国家立法权的唯一机关，故A正确。关于B，现行宪法第58条规定，全国人民代表大会和全国人民代表大会常务委员会行使国家立法权，故B正确。关于C，1954年宪法第49条规定，国务院行使下列职权：（一）根据宪法、法律和法令，规定行政措施，发布决议和命令，并且审查这些决议和命令的实施情况。可见1954年宪法没有授予国务院有根据宪法和法律制定行政法规的权力，故C正确。关于D，现行宪法第89条规定，国务院行使下列职权：（一）根据宪法和法律，规定行政措施，制定行政法规，发布决定和命令。故D正确。

7. 答案：ACD。本题主要考查宪法修正案的内容。关于A，2004年宪法修正案在宪法序言关于爱国统一战线组成结构的表述中增加“社会主义事业的建设者”，没有明确规定“非公有制经济的从业人员”是“我国社会主义事业的建设者”，故A错误。关于B，1999年宪法修正案明确规定非公有制经济是社会主义市场经济的重要组成部分，故B正确。关于C，1999年宪法修正案并没有将国家保障公民的合法的私有财产权神圣不可侵犯写进宪法，是2004年第22条宪法修正案才写入的，故C错误。关于D，1988年宪法修正案删去了不得出租土地的规定，增加了土地使用权可以依照法律的规定转让的规定，而土地所有权是不能转让的，因此，D是错误的。①

三、名词解释

1. 答案：1931年5月12日，国民党一手操办的“国民会议”通过了《训政时期约法》，共8章89条。它是国民党政府的第一部宪法性文件。其主要内容是确认国民党一党专政与个人独裁的政治制度。

2. 答案：1949年9月，在北京召开了中国人民政治协商会议第一次全体会议，通过了起临时宪法作用的《中国人民政治协商会议共同纲领》，简称《共同纲领》。该纲领包括序言和7章共60条，它总结了我国人民百年来反帝、反封建、反官僚资本主义的革命斗争经验，主要内容包括：确认国

① 编者注：宪法修正案是宪法发展最直观的体现，因此研究宪法的发展及规律，对宪法历次修正的修正案必须熟稔于心。

家性质和任务、确认政权组织和原则、赋予人民权利和义务、规定国家的大政方针。

3. 答案：1913 年 10 月 31 日由国会宪法起草委员会三读通过的《中华民国约法（草案）》，简称《天坛宪草》，因宪法起草活动在北京天坛祈年殿进行而得名，是北洋军阀统治时期的第一部宪法性法律草案。它的具体内容反映了制宪过程中国会与袁世凯的权力争夺。

四、简答题

1. 答案：英、美、法等国近代意义宪法产生的伟大事件已成为历史，从现象上看它们都直接产生于各具特色的资产阶级革命之后，因而不难发现它们是资产阶级革命的产物和结果。然而，资产阶级革命之所以会导致一种新的法现象的产生，应引起深思。一般认为，宪法是一定社会政治、经济和思想文化等因素互动的结果，具体表现为以下几个方面：

（1）比较发达的商品经济是近代意义宪法产生的经济条件。

在商品经济条件下，在商品生产和商品交换过程中必然自发产生平等观念。商品的自由竞争必然导致自由观念的产生。且只有在较为发达的商品经济条件下，平等自由的观念才会普及并为全社会所接受。只有当商品经济已处于社会经济的主导地位，伴随商品经济的平等自由观念才会成为时代精神。近代宪法正是以平等自由为思想基础和价值追求的，所以较为发达的商品经济是近代宪法产生的经济条件。

（2）比较发达的民主政治是近代意义宪法产生的政治条件。

近代以来的民主政治是较为发达和成熟的民主政治。一方面，它以平等自由为目标和追求；另一方面，它有较为完备的制度形式。最为重要的是，它以发达的商品经济为经济基础。随着商品经济的发展，作为先进生产关系代表的资产阶级逐渐在经济生活中处于支配地位，日益不满其在政治和其他社会生活中的无权地位。随着资产阶级革命的爆发和最终取得胜利，资产阶级需要将有利于自己的政治体制和政治权利及自由，以最高法律效力的宪法固定下来。正是在这种意义上，才有宪法是资产阶级革命的产物之说。

（3）民主的、大众的和科学的文化是宪法产生的思想文化条件。

近代民主的、大众的和科学的文化，对宪法的产生起了重要的作用。首先，近代资产阶级的文化革命对近代宪法的产生起到直接的促进作用。启蒙思想家高举理性的大旗，运用自然法理论的武器，用科学批判神学，用人权反对专制，使自由、平等、博爱等思想观念得以传播和普及，为宪法的产生提供了思想条件。其次，近代资本主义文化为宪法的产生提供了理论和技术条件。近代社会科学，特别是政治学、社会学、法学尤其起了重要作用。因此，近代文化是宪法产生的重要思想条件。

2. 答案：近代宪法主要有以下特点：（1）确立了主权在民的原则，民主共和是宪法的主流；（2）强调公民的自由权利，具有自由主义色彩；（3）国家权力受到限制，国家的作用主要被限制在政治生活领域，宪法具有政治法的特色；（4）从形式上看，成文宪法形式被普遍采用；（5）虽然亚洲的日本等国也出现了宪法，但在整个近代，宪法基本上仍然是西方的一种政治法律现象，局限于西方文化圈。

五、论述题

1. 答案：《共同纲领》包括序言和 7 章共 60 条，它总结了我国人民百年来反帝、反封建、反官僚资本主义的革命斗争经验，主要内容包括以下四个方面。

（一）确认国家性质和任务

在序言中，《共同纲领》规定“中国人民民主专政是中国工人阶级、农民阶级、小资产阶级、民族资产阶级及其他爱国民主分子的人民民主统一战线的政权，而以工农联盟为基础，以工人阶级为领导”。在总纲部分，《共同纲领》规定“中华人民共和国为新民主主义即人民民主主义的国家，实行工人阶级领导的、以工农联盟为基础的、团结各民主阶级和国内各民族的人民民主专政，反对帝国主义、封建主义和官僚资本主义，为中国的独立、民主、和平、统一和富强而奋斗”。

（二）确认政权组织和原则

《共同纲领》规定，我国的基本政治制度是人民代表大会制。“中华人民共和国的国家政权属于人民。人民行使国家政权的机关为各级人民代表大会和各级人民政府。各级人民代表大会由人民用普选方法产生之。”各级政权机关一律实行民主集中制。“在普选的全国人民代表大会召开以前，由中国人民政治协商会议的全体会议执行全国人民代表大会的职权，制定中华人民共和国中央人民政府组织法，选举中华人民共和国中央人民政府委员会，并付之以行使国家权力的职权”；“在普选的地方人民代表大会召开以前，由地方各界人民代表会议逐步地代行人民代表大会的职权”；

在全国人民代表大会召开之后，中国人民政治协商会议作为统一战线的组织形式而存在，可以就有关国家建设事业的根本大计及其他重要措施，向全国人大或中央人民政府提出建议。这是从当时的实际情况与具体国情出发作出的正确规定，它既确立了民主集中制的人民代表大会制是我国的基本政治制度，同时又提出了有效的过渡形式，是原则性与灵活性相结合在政权组织方面的范例。

（三）赋予人民权利和义务

《共同纲领》规定人民享有选举权和被选举权，享有思想、言论、出版、集会、结社、通信、人身、居住、迁徙、宗教信仰、示威游行的自由及男女平等权利，同时还规定国民有保卫祖国、遵守法律、爱护公共财产、应征公役兵役和缴纳赋税的义务。

（四）规定国家的大政方针

1. 经济政策。规定了五种经济成分，即国营经济、合作社经济、农民和手工业者的个体经济、私人资本主义经济、国家资本主义经济。其中，国营经济为社会主义性质的经济，合作社经济、农民和手工业者的个体经济、私人资本主义经济和国家资本主义经济都要在国营经济领导下，分工合作，各得其所，以促进整个社会经济的发展。

2. 文教政策。《共同纲领》规定，人民政府的文化教育工作，应以提高人民文化水平，培养国家建设人才，肃清封建的、买办的、法西斯主义的思想，发展为人民服务的思想为主要任务。还规定发展自然科学、奖励优秀的社会科学著作，发展文学艺术和扫盲事业，改革旧的教育制度、教育和教学法，提倡国民体育，发展卫生事业，保护新闻自由和发展新闻出版事业。

3. 民族政策。《共同纲领》宣布，我国各民族一律平等。中华人民共和国应成为各民族友爱合作的大家庭。在少数民族聚居的地区，实行民族区域自治。各少数民族有发展其语言文字，保持和改革其风俗习惯及宗教信仰的自由，人民政府应帮助各少数民族发展政治、经济、文化、教育等各项建设事业。

4. 外交政策。《共同纲领》规定，国家外交政策的原则是保障本国独立、自由和领土主权的完整，拥护国际的持久和平和各国人民间的友好合作，反对帝国主义的侵略政策和战争政策。

5. 军事制度。《共同纲领》规定，加快部队建设以巩固国防等。

《共同纲领》并没有明确提出社会主义的目标和任务。因为在新中国成立之初，国内还有大量资产阶级性质的民主革命任务有待继续彻底地完成，全国的军事行动还没有最后结束，领导建设国家的经验不足，资本主义和社会主义的矛盾尚不能立即着手解决，只能确立新中国社会制度和国家制度的基本原则，规定新中国成立初期的革命和建设目标以及一些基本政策。由此可见，《共同纲领》无疑具有明显的过渡性和临时性。

《共同纲领》的贯彻实施，对新中国成立初期国家的政治、经济、文化和社会生活起了很好的作用。它不但巩固和发展了人民民主专政，完成了民主革命的历史遗留任务，恢复和发展了长期被破坏的国民经济，为国家的社会主义改造和建设事业创造了良好的前提条件，而且推动和加强了新中国的民主法制建设。

2. 答案：近代意义宪法的产生及其发展历史表明，宪法是人类文明高度发达的产物，是特定社会政治经济和思想文化条件综合作用的结果；宪法是基于人类生存和发展的需要，即以保障基本人权为目的，对人类社会进行制度安排的基本形式，经历了由单一的政治制度安排到包括政治、经济、文化在内的全方位制度安排的过程；宪法所要解决的基本问题是政治共同体（国家）内公共权力与个人权利的关系问题，并因采取的方式不同而形成不同的宪法体制；随着人类社会的发展，人类对人权内涵认识的不断深化，宪法也会不断地发展变化，而起直接作用的是国家内部各种政治力量（主要是各阶段各阶层力量）对比关系的变化，同时也受国际关系的影响，有时国际关系的影响甚至起着主要作用。宪法的发展趋势就是在上述因素作用下有规律的发展走向。我们认为，一般而言，宪法的发展趋势主要表现在以下几个方面。

（1）国家权力日渐扩张，国家权力配置格局在一定程度上得以改变。

国家权力的配置出现了两方面明显的变化，一方面表现为加强行政权力，使行政权力呈扩大趋势；另一方面表现为国家权力向中央集中，中央集权的趋势日渐明显。在现代宪法时期，行政权出现上升趋势，综观各国，行政权的扩大表现为：a. 行政权干预立法权，如美国总统频繁使用否决权；b. 紧急命令权，如法国宪法对紧急命令权的规定；c. 委托立法权，即行政机关经委托享有一定的立法权。行政权的扩大现在还有进一步发展的态势，如俄罗斯现行《宪法》规定的总统权力就是明显的例子。所谓国家权力向中央集中的趋势主要表现在三个方面：a. 在传统中央集权的国家，国家权力的重心在中央，虽然有的国家在宪法中也有地方分权、地方自治的规定，但地方分权的程度，地方自治的范围均由中央定夺，地方分权、地方自治并不具有实际意义。b. 在奉行地方分权并以此为基础实行地方自治的国家，中央对地方的干预越来越多。c. 在联邦制国家，联邦中央的权力在理论上和宪法的规定上是有限的，但在现实的联邦与成员国或州的关系上，联邦中央的权力越来越大，这种现象在美国表现得尤为突出。

（2）宪法越来越重视公民基本权利的保护。

从公共权力与个人权利的关系来看，宪法在组织配置公共权力的同时，对公民基本权利的保护日益重视，公民基本权利的范围进一步扩大。公民基本权利范围的扩大首先表现为宪法对经济和文化权利的规定，这是对以往宪法只规定政治权利和自由权的发展。其次是宪法对社会权利的规定。社会权利一般是指公民政治经济文化权利之外的基本权利，各国宪法对社会权利的规定范围也不尽相同，但核心内容是家庭、婚姻、社会保障。再次表现为对环境权的规定。改善人类生存和发展的环境，是人类对人权内涵揭示的新的重要成果。为了有效治理工业化造成的环境问题，越来越多的国家对环境保护作了专门规定，环境权成为一项新的公民基本权利。最后，宪法强调权利的保障。现代宪法在设定公民基本权利的同时，还对权利的实现规定了保障措施。

（3）宪法保障加强，建立专门的宪法监督机关成为一种潮流。

随着宪法是法律而不仅仅是政治宣言观念的普及，加强宪法实施和保障的呼声越来越强而有力，各国纷纷建立宪法保障制度。从众多国家的宪法监督制度来看，专门机关监督宪法实施，已成为一种潮流，其中采用宪法法院的又是它的主流。

（4）宪法发展的国际化趋势进一步扩大。

近代宪法产生以来，人类社会国际交往日益频繁与密切。对于宪法的产生和发展而言，正如美国宪法和法国宪法产生所表明的，国际关系具有重要意义。两次世界大战后宪法的发展情形也进一步证实了这一点。随着“二战”以来发展迅速的全球化趋势，特别是经济的一体化，对宪法发展产生了重要影响，表现为宪法发展的国际化趋势。具体而言，有以下几个方面的表现：第一，对国际法的直接承认和接受。国际法是国家间关系的准则，各国近代宪法基于国家主权观念对国际法往往采取较为保留的态度，现代以来的宪法对国际法有了明显改变，一般采取直接接受的态度。第二，对国家主权有条件的限制。随着战后传统主权观念的变化，并基于国际合作的需要，许多发达国家，特别是欧盟国家都通过宪法对国家主权作了有条件的限制。第三，人权是国际法的一个重要领域，围绕人权问题签署了许多公约，其中主要有《公民权利和政治权利国际公约》《经济、社会及文化权利国际公约》等。许多国家加入国际人权公约，体现了在公民基本权利领域的国际化趋势。第四，从宪法国际化趋势的方式上看，过去主要通过政治手段，如战争后对战败国家进行强制性的改造，使其直接接受国际化。现在则主要是在经济一体化的进程中，由国家采取有关措施来顺应国际化趋势。

（5）宪法形式上的发展趋势。

近代意义的宪法有较为完备的法律形式，宪法典是最重要的渊源。现代宪法在形式上的发展表现为：第一，宪法渊源的多样化趋势。一方面国际法成为宪法的重要渊源；另一方面在成文宪法的国家，其他法律渊源，如宪法性法律、宪法惯例、宪法判例也受到了广泛重视。第二，宪法修改较为频繁。一方面，是因为社会发展较快，社会关系活跃，从而导致宪法修改频繁；另一方面，现代社会的人们基于共同利益的需要，对许多问题较容易达成共识。此外，宪法修改程序较之以往的宪法规定有了简化的趋势，在程序上为宪法修改提供了方便。

3. 答案：我国是社会主义国家，我们当前所走的道路是有中国特色社会主义道路，我们的宪法是有中国特色社会主义宪法。具体表现在以下几个方面：

（1）确认我国社会主义初级阶段的基本路线，即“一个中心，两个基本点”，以经济建设为中心，坚持四项基本原则，坚持改革开放的总方针，为国家在新时期的根本任务，具有最高法律效力。成为根本法律保障。

现行宪法于序言中规定，我国将长期处于社会主义初级阶段。国家的根本任务是，沿着中国特色社会主义道路，集中力量进行社会主义现代化建设。中国各族人民将继续在中国共产党领导下，在马克思列宁主义、毛泽东思想、邓小平理论、“三个代表”重要思想、科学发展观、习近平新时代中国特色社会主义思想指引下，坚持人民民主专政，坚持社会主义道路，坚持改革开放，不断完善社会主义的各项制度，发展社会主义市场经济，发展社会主义民主，健全社会主义法治，贯彻新发展理念，自力更生，艰苦奋斗，逐步实现工业、农业、国防和科学技术的现代化，推动物质文明、政治文明、精神文明、社会文明、生态文明协调发展，把我国建设成为富强民主文明和谐美丽的社会主义现代化强国，实现中华民族伟大复兴。

(2) 首先，规定人民民主专政的国体，人民代表大会制的政体，统一多民族国家结构三部分所组成的国家根本制度，并各具特色。其次，宪法还在序言中对人民民主专政的政权基础作了规定。指出将进一步继续巩固和发展爱国统一战线，进一步发挥人民政协的重要作用。最后，现行宪法通过宪法修正案，强调中国共产党领导的多党合作和政治协商制度将长期存在和发展。

在政权组织形式层面上的人民代表大会制度，是指依据宪法和有关法律的规定，由人民按照一定的原则和程序，选举人民代表组成全国人民代表大会和地方各级人民代表大会作为国家的权力机关，再由各级权力机关产生同级其他国家机关，这些国家机关要对人民代表大会负责，并接受其监督的一种国家政权组织形式。

在国家结构形式中，特别行政区是最具中国特色的。特别行政区是我国的特别地方。它是指根据我国宪法和有关特别行政区基本法规定，在我国领土范围内设立的，具有特殊法律地位，实行特别的政治、经济和社会制度的地方，它的“特殊的法律地位”主要表现在：①特别行政区作为国家一个不可分割的地方行政区域，直辖于中央人民政府。②特别行政区作为一个具有相对独立性的政治主体，享有高度的自治权。③特别行政区所实行的各种制度，由全国人民代表大会以专门制定的基本法律确定，这种基本法具有特别法的性质。所谓“实行特别的政治、经济和社会制度”主要是针对中国现行的各种制度而言的。

(3) 首先，国家的根本任务是，沿着建设有中国特色社会主义的道路，集中力量进行社会主义现代化建设。其目的在于促进经济持续、快速、协调发展，保障经济建设的顺利进行。其次，以公有制为主体，多种所有制经济共同发展，是我国现阶段的一项基本经济制度。最后，实行社会主义市场经济体制后，我国现阶段的分配制度是以按劳分配为主体，多种分配方式并存，这是由我国社会主义初级阶段以公有制为主体，多种所有制经济并存的所有制结构决定的。

(4) 规定建设社会主义精神文明，包括科学与思想道德两个主要内容及其相互关系。现行宪法对精神文明建设的规定主要表现在两个方面：第一，在宪法序言中把精神文明建设作为国家根本任务进行了规定。第二，《宪法》第24条对加强精神文明建设的形式和内容作出了规定。

(5) 赋予公民广泛真实的权利自由与必要义务。以上特色表明：现行宪法在性质上不同于资本主义宪法，国情上不同于其他社会主义国家的宪法，阶段上不同于以往的我国各部宪法。所以，宪法的特色取决于国家的特色，这种特色也会随着国家在各历史时期的形势发展而有所变化。

4. 答案：我国先后颁布了《共同纲领》、1954年《宪法》、1975年《宪法》、1978年《宪法》和1982年《宪法》（即现行《宪法》）。1949年9月29日，中国人民政治协商会议第一届全体会议通过了《中国人民政治协商会议共同纲领》，简称《共同纲领》，总计7章60条。

1954年9月20日，中华人民共和国第一届全国人民代表大会第一次会议通过了中国历史上第一部社会主义类型的宪法——《中华人民共和国宪法》，由序言和4章共106条组成。它肯定了人民民主和社会主义的原则，用根本法的形式巩固了人民革命的成果和新中国成立以来政治、经济上的新成就。

随着社会主义改造的完成，中国的政治、经济、文化及阶级关系都发生了深刻的变化，“文化大革命”使中国的政治生活和社会生活陷入长期混乱之中，在此背景下，1975年第四届全国人民代表大会通过了存在着严重缺点和错误的1975宪法。

1978年3月5日，第五届全国人民代表大会第一次通过了1978宪法。它确定了新时期社会主义现代化建设的总任务，在国家机关的机构和职能方面做了许多新规定。但是没有完全摆脱“左”的思想的影响。此后，虽在1979年和1980年两次进行修改，但仍存在较多的缺陷。

1982年12月4日，第五届全国人民代表大会第五次会议通过了1982宪法。这是新中国颁布的第四部宪法，是我国现行宪法，全文共计4章138条。它继承和发展了1954宪法的基本原则，是一部具有中国特色社会主义宪法，此后，随着我国改革开放和社会主义现代化建设事业的发展，全国人大于1988年、1993年、1999年、2000年、2004年、2018年先后以修正案的方式对1982宪法的个别条款和部分内容进行修改和补充，既保证了宪法的稳定性，又使我国宪法规范同我国的政治、经济、文化、教育、科学等实际保持一致。

第三章　宪法的制定

基础知识图解

宪法的制定
- 制定权
  - 性质
  - 基本特征：正当性、阶级性与公共性、统一性、自律性
  - 界限：受制宪目的、法的理念、自然法、国际法等的制约
- 制定机关
  - 主体⟶国民
  - 机关⟶具体行使制宪权
- 制定程序
  - 制宪机构的设立
  - 宪法草案的提出
  - 宪法草案的通过
  - 公布

配套测试

一、单项选择题

1. 按照宪法的理论，制宪主体不同于制宪机关。下列关于我国宪法的制宪主体或制宪机关的哪一表述是正确的？（　　）

A. 全国人民代表大会和地方各级人民代表大会是我国的制宪主体

B. 全国人民代表大会是我国的制宪主体，全国人民代表大会常务委员会是我国的制宪机关

C. 全国人民代表大会是我国的制宪机关，宪法起草委员会是它的具体工作机关

D. 第一届全国人民代表大会第一次全体会议是我国的制宪机关

2. 根据宪法制定的机关不同，可以把宪法分为民定宪法、钦定宪法和协定宪法。下列哪一部宪法是协定宪法？（　　）

A. 1830 年法国宪法

B. 1779 年美国《邦联条例》

C. 1889 年日本宪法

D. 1919 年德国魏玛宪法

3. 与制宪权属于同一范畴的是（　　）

A. 质询权

B. 修宪权

C. 立法权

D. 合宪性审查权

4. 下列选项中曾受国际法制约宪法制定权的是（　　）

A. 1946 年日本宪法

B. 1982 年中国宪法

C. 1918 年苏俄宪法

D. 1919 年魏玛宪法

二、多项选择题

1. 下列关于制宪权的论述正确的是（　　）

A. 制宪权不能游离于国家权力活动以外

B. 制宪权不以任何国家权力或任何意义上的实定法存在为其条件

C. 制宪权决定立法、司法和行政权的组织和活动原则

D. 制宪权的特征只在于其阶级性

2. 宪法的制定程序包括（　　）

A. 制宪机构的设立

B. 宪法草案的提出

C. 宪法草案的通过

D. 公布

3. 制宪权的界限有（　　）

A. 制宪目的的限制

B. 法的理念的限制

C. 自然法的制约
D. 国际法的制约

三、名词解释

1. 制宪权（中国人民大学2009年考研真题）
2. 宪法制定程序

四、简答题

1. 法国大革命时期的学者西耶斯对宪法制定权是如何定义的？
2. 比较制宪机关与宪法起草机构的区别。
3. 简述宪法制定的程序。

五、论述题

1. 论制宪权与立法权的关系。
2. 论制宪权的性质及其主要特征。

参考答案

一、单项选择题

1. **答案**：D。制宪主体是指拥有制定宪法权力的主体，由于制宪行为是一种主权行为，因此制宪主体是国家主权的所有者。我国主权在民，所以我国人民是我国的制宪主体。故 AB 项不正确。人民作为制宪主体总是通过特定机构进行制宪，这种为了宪法的制定而专门成立的机关就是制宪机关。制宪机关不同于宪法起草机构，后者只是负责起草宪法文本的具体工作机构，不能独立行使制宪权，也无权批准通过宪法。1954 年 9 月 20 日，中华人民共和国第一届全国人民代表大会第一次全体会议通过了《中华人民共和国宪法》，以后于 1975 年、1978 年、1982 年、2004 年、2018 年进行了五次全面修改，由此产生的宪法是修宪活动的结果，而不是制宪活动的结果，因此全国人民代表大会第一次全体会议是我国的制宪机关。故 D 项正确。对于 C 项，根据宪法的规定，全国人民代表大会是我国的权力机关，具有修宪权，因此该选项错误。
2. **答案**：A。根据宪法制定的机关不同，可以把宪法分为民定宪法、钦定宪法和协定宪法。所谓民定宪法是指由民意机关或者全民公决制定的宪法。钦定宪法是指由君主或以君主名义制定和颁布的宪法。协定宪法是指由君主与国民或者与国民代表机关协商制定的宪法。根据外国宪法的历史知识，1830 年法国宪法是由法国人民代表与君主协商制定的宪法，是协定宪法。1779 年美国《邦联条例》、1919 年德国魏玛宪法是由人民或人民代表机关制定的，属于民定宪法。1889 年日本宪法是以日本天皇名义颁布的宪法，属于钦定宪法。故，本题答案为 A。
3. **答案**：B。修宪权是依据制宪权而产生的一种权力，可以理解为制度化的制宪权。而制宪权与立法权属于不同层次的权力形态。
4. **答案**：A。1946 年宪法为日本战后制定的宪法，其基本原则受波茨坦宣言的制约与美国宪法的影响。

二、多项选择题

1. **答案**：AC。制宪权不能游离于国家权力活动以外，所以 B 项显然错误。制宪权的特点有正当性、阶级性与公共性的统一、统一性、自律性等，因此 D 项说法错误。
2. **答案**：ABCD。宪法的制定程序较一般法律的制定程序更为严格，本题全选。
3. **答案**：ABCD。四个方面都从不同程度上制约着国家制宪权的运用过程与程序，以保证制宪权与制宪目的的一致性。

三、名词解释

1. **答案**：制宪权又称宪法制定权，是制宪主体按照一定原则创造作为国家根本法的宪法的一种权力。制宪权是一种价值体系，既包括制宪事实的力量，也包括把宪法加以正当化的权威与价值。
2. **答案**：宪法制度程序是指制宪机关制定宪法时所经过的阶段和具体步骤。为了保证制宪工作的权威性与严肃性，它一般包括制宪机构的设立、宪法草案的提出、宪法草案的通过及公布四个步骤。

四、简答题

1. **答案**：制宪权概念是在社会变迁过程中产生和发展的，它标志着宪法制定行为的规范化与自我完善程度。制宪权理论源于古希腊、罗马的法治思想以及中世纪的根本法思想，但最早系统提出宪法制定权概念及其理论体系的学者是法国大革命时期的著名学者西耶斯。他在《第三等级是什么?》一书中提出了制宪权主体、制宪权性质等理论。他指出："在所有自由国家中——所有的国家均应当自由，结束有关宪法的种种分歧的方法只有一种。那就是要求助于国民自己，而不是求助于那些显贵。如果我们没有宪法，那就必须制定一部：唯有国民拥有制宪权。"他在解释制宪权的特点时，强调国民意志的权威性，提出国民不仅不受制于宪法，而且不能受制于宪法，也不应受制于宪法。

   西耶斯的制宪权理论与他的宪法观有着密切的联系。在他看来，宪法是既规定立法机构的组织与作用，又规定执行机构的组织与作用的根本法，从根本上说宪法从属于国民，只有国民才有权改变宪法，判断由宪法引起的争端，国民意志永远是最高法律。
2. **答案**：制宪机关与宪法起草机构是不同的，主要区别在于：制宪机关是行使制宪权的国家机关，宪法起草机构是具体工作机关，不能独立地行使制宪权；制宪机关一般是常设的，而宪法起草机构是临时性的机关，起草任务结束后便解散；制宪机关有权批准通过宪法，而宪法起草机构则并无权批准宪法；制宪机关由公民选举产生，具有广泛的民意基础，宪法起草机构则主要通过任命的方式产生，注重来源的广泛性。

3. **答案**：宪法制定程序是指制宪机关制定宪法时所经过的阶段和具体步骤。由于宪法是国家的根本法，其制定程序不同于普通法律，程序比较严格。在具体制定程序的设计上，各国宪法的规定不尽相同，从而形成了行使制宪权的不同方式。例如，国民可以通过国民投票方式直接行使制宪权；也可通过国民选出的代议机关制定宪法；有些国家则把代议机关的制宪权行使与国民投票方式结合起来确定具体的制宪程序等。为了保证制宪工作的权威性与严肃性，制定宪法一般包括如下程序：（1）制宪机构的设立；（2）宪法草案的提出；（3）宪法草案的通过；（4）公布。

五、论述题

1. **答案**：（1）宪法制定权（简称制宪权）是制宪主体按照一定原则创造作为国家根本法的宪法的一种权力。制宪权是一种价值体系，既包括制宪的事实的力量，也包括把宪法加以正当化的权威与价值。立法权是指有权的国家机关，按照一定的程序，制定、修改和废止法律的权力。在近代国家，哪些国家机关有权立法，以及享有多大的立法权，即立法权的划分，一般都是由该国宪法加以确定的。

（2）从宪法学上来看，宪法制定权与立法权是两个不同概念，制宪权和立法权在近现代民主社会是被区分开来的。

有学者认为，如果把制宪权看作国家权力体系中的组成部分的话，那么，其与立法权并不存在根本的区别，实质上他们都是创制法律规范、确认人民意志的国家权力，甚至可以认为制宪权是立法权的一部分，是立法权中的特殊部分。其特殊性仅仅在于它们所创制的法律规范不同，从而导致了其行使主体、行使程序以及它们在国家权力体系中的地位不同。

在现代法治社会中，创制宪法与创制法律在宪法学上是性质截然不同的立法活动。创制宪法的活动是人民意志的直接体现，而创制法律的活动是人民意志的间接体现，表现为立法机关自身的意志。国家机关的立法权限可以通过创制宪法的活动来确定，但却不能由立法机关自己规定自己的立法权限。否则，就违背了宪法赖以存在的最基本的人民主权原则，立法机关就成了国家权力的来源了。这种理念与人民主权的理念不相符合。制宪权与立法权的分离使得制宪权更直接、更准确地表达主权的意志，进而使立法权表现形式受到制宪权的规制，以防止国家立法权的异化，保证国家立法权的国民自治性质。

宪法制定权与立法权的区别在于：

首先，享有主体不同。制宪权的所有者应当且只能是人民。立法权则往往由宪法设立的议会等民意代表机关行使。民意代表机关与人民显然是不同主体。

其次，制宪权具有“至高性，独立性”，制宪权本身是宪法与法律的合法性基础。

再次，制宪权要受人类理性认识能力等客观因素限制，但不受实定法约束。而立法权只能依宪法而存在，受宪法约束，从来都是有限的。

最后，立法权的行使是国家政治生活的常态；而行使制宪权的社会基础是特定的。社会内部蕴含着的处于不断变化状态的经济政治因素是推动宪法变革的主要根源，社会基本矛盾的运动和发展是决定宪法制定的终极原因。总的来看，社会革命、社会剧变、社会变革都会导致社会的转型，也都可能为制宪权的行使提供契机。当然，由于制宪权是对国家的政治生活作根本而整体决定的最高权力，这种权力运行的结果往往意味着一个国家的总体政治格局在相当长时期内的定型；制宪权的再度启动也就意味着这种格局彻底地打破或调整，其间必然伴随着激烈的社会震荡和利益关系的重新安排。因此，制宪权的启动应当非常慎重，不能像其他国家权力那样简单地反复行使，只有当各种社会矛盾积聚到无法在现有法律秩序内得到解决且通过对宪法的文字条款作适当的伸缩或修补已实在无法满足现实的合理需要时，才有发动制宪权的必要。

（3）宪法制定权与立法权也是密切联系的。制宪权是一种“前宪法现象”，正是由于制宪权的这种性质，使得人民亲自或者通过一定的组织形式来行使制宪权，以建立或改变一种宪法秩序成为可能。而立法权、行政权与司法权三权的组织与活动原则由制宪权决定，它是一种制度化的权力形态。因此：

首先，制宪权是立法权的正当性基础与合法性源泉。只有通过制宪权解决宪法的正当性才能解决由宪法产生的权力，包括立法权的合法性问题。

其次，制宪权是宪法与法律的合法性基础，立法权则是宪法所创设的一种国家权力，要受宪法约束。立法权活动要从属于制宪权宗旨，不能脱离制宪的目的与原则。

有学者认为，制宪权本质上是一种具有法的创造效力的“始原的创造性权力”，是一切权利的总的依据。制宪权作为“始原的创造性权力”，在国家和宪法存在以前，作为制宪权主体的国民就在特定的"自然状态"中已存在，即制宪权是不以国家权力或任何实定法存在为其条件的。从这个意义上讲，制宪权是一种创造的权力，不同于国家权力，国家权力是依据制宪权而产生的"形成的权力"，制宪权是国家权力存在的前提。这种观点是不准确的，它实际上混淆了制宪权的理论形态和实践形态的界限，把制宪权理解为纯粹自然法意义上的权力。

事实上，制宪权是一个国家统治的最高决定权，制宪权本身不能成为游离于国家权力活动的权力，它实际上是最高决定权的具体表现，即有权决定国家统治形态的阶级运用制宪权具体创造宪法，以巩固统治关系。通过制宪权的运用反映主权者根本意志的同时，制宪权也可起到决定具体权力活动方式与界限的功能，有助于强化宪法规范的效力，建立以宪法为基础的权力制约机制。

在理解制宪权与国家权力相互关系时，应注意区分根源意义上的国家权力与具体组织化的国家权力，不能简单地把制宪权表述为始原性的权力，否则会导致制宪权与国家权力的相互冲突。即在认识制宪权本质之前首先应区分作为制宪权产生前提的国家权力和由制宪权产生的国家权力这两种不同层次的国家权力。①

2. **答案**：制宪权作为一种创造宪法的力量或权限，它的产生需要一种合理基础，而且应具有合法性与权威性。

围绕制宪权的性质与来源问题，学者们提出了不同的学术主张。有的学者认为，制宪权是自然法中存在的一种"始原的创造性"权力，在国家和宪法存在以前，作为制宪权主体的国民就在特定的"自然状态"中存在，即制宪权是不以国家权力或任何意义上的实定法存在为其条件的。从这种意义上讲，制宪权是一种创造的权力，它不同于国家权力，国家权力是依据制宪权而产生的"形成的权力"，制宪权是国家权力存在的前提。这种观点是不准确的，它实际上混淆了制宪权的理论形态与实践形态的界限，把制宪权理解为纯粹自然法意义上的权力。如果我们把制宪权看成一个国家统治的最高决定权的话，那么制宪权本身不能成为游离于国家权力活动以外的权力，它实际上是最高决定权的具体表现，即有权决定国家统治形态的阶级运用制宪权，具体创造宪法，以巩固统治关系。在通过制宪权的运用反映主权者根本意志的同时，制宪权也可起到决定具体权力活动方式与界限的功能，从而有助于强化宪法规范的效力，建立以宪法为基础的权力制约机制。这样，由于立法权、行政权与司法权三权的组织与活动原则由制宪权决定，它是一种制度化的权力形态，因此在理解制宪权与国家权力之间的相互关系时，应注意区分根源意义上的国家权力与具体组织化的国家权力，不能简单地把制宪权表述为始原性的权力，否则会导致制宪权与国家权力的相互冲突。

从对制宪权性质的分析我们可以归纳出制宪权的基本特征，即第一，制宪权的正当性。制宪权的行使要服从一定的制宪目的，遵循宪法发展的客观规律。第二，制宪权是阶级性与公共性的统一。一方面，在特定社会发展中，制宪权反映特定阶级的根本意志，具有阶级性，另一方面，制宪作为人类治理国家经验的总结与升华，又在客观上反映着社会公共职能，具有公共性。第三，制宪权的统一性。制宪权作为一种权限，其存在形态具有完整性和统一性，不可分割和转让。第四，制宪权的自律性。制宪权是主权国家独立意志的体现，它的具体运用过程与制宪内容，体现特定民族意志的自律性，不受除本民族意志外的其他意志制约。从某种意义上说，制宪权的自律性是国家权力独立性价值的必然要求。

---

① 编者注："制宪权"是中国人民大学研究生入学考试较青睐的考点，从名词解释到简答再到论述，各种题型均出现过，备考人大宪行研究生的同学应予以重视。

第四章　宪法的基本原则

基础知识图解

宪法的基本原则
- 人民主权原则
  - 学说的提出——→让·博丹
  - 马克思主义的人民主权思想
  - 各国宪法中的体现
- 基本人权原则
  - 理论的发展
  - 各国宪法中的体现
- 权力制约原则
  - 思想的历史发展
  - 各国宪法中的体现
- 法治原则
  - 含义其及发展
  - 各国宪法中的体现

配套测试

一、单项选择题

1. 在宪法中体现分权、制衡原则的典型国家是(　　)。

A. 英国　　B. 法国

C. 美国　　D. 瑞士

2. 洛克是近代分权学说的倡导者，他的国家权力观点不包括(　　)

A. 对外权　　B. 行政权

C. 立法权　　D. 司法权

3. 最早将资产阶级人权理论予以规范化的是(　　)

A. 1789 年法国《人权宣言》

B. 1776 年美国的《独立宣言》

C. 1787 年美国宪法

D. 1689 年英国的《权利法案》

4. 根据我国宪法的规定，下列哪一种说法不正确？(　　)

A. 城市的土地属于国家所有。农村和城市郊区的土地，除由法律规定属于国家所有的以外，属于集体所有

B. 宅基地、自留地、自留山属于集体所有

C. 国家为了公共利益的需要，可以对土地实行征收或征用

D. 土地的所有权可以依照法律的规定转让

5. 全面依法治国，必须坚持人民的主体地位。对此，下列哪一理解是错误的？(　　)(司考 2016. 1. 1)

A. 法律既是保障人民自身权利的有力武器，也是人民必须遵守的行为规范

B. 人民依法享有广泛的权利和自由，同时也承担应尽的义务

C. 人民通过各种途径直接行使立法、执法和司法的权力

D. 人民根本权益是法治建设的出发点和落脚点，法律要为人民所掌握、所遵守、所运用

6. 相传，清朝大学士张英的族人与邻人争宅基，两家因之成讼。族人驰书求助，张英却回诗一首：“一纸书来只为墙，让他三尺又何妨？万里长城今犹在，不见当年秦始皇。”族人大惭，遂后移宅基三尺。邻人见状亦将宅基后移三尺，两家重归于好。根据上述故事，关于依法治国和以德治国的关系，下列哪一理解是正确的？(　　)(司考 2016. 1. 2)

A. 在法治国家，道德通过内在信念影响外部行为，法律的有效实施总是依赖于道德

B. 以德治国应大力弘扬“和为贵、忍为高”的传统美德，不应借诉讼对利益斤斤计较

C. 道德能够令人知廉耻、懂礼让、有底线，良好的道德氛围是依法治国的重要基础

D. 通过立法将“礼让为先”“勤俭节约”“见义勇为”等道德义务全部转化为法律义务，有助于发挥道德在依法治国中的作用

二、多项选择题

1. 宪法的基本原则主要有(　　)

A. 议会主权原则　　B. 法治原则

C. 基本人权原则　　D. 权力制约原则

2. 日本国宪法中和平主义原则主要体现在(　　)

A. 放弃作为主权国家发动战争

B. 放弃武力威胁或使用武力

C. 不保持陆、海、空军和其他战争力量

D. 不承认国家的交战权

3. 下列关于宪法的基本原则的论述正确的为(　　)

A. 资产阶级宪法的最一般的原则为基本人权原则

B. 法国1791年宪法首次以国家根本大法的形式确认了法治原则

C. 当代资本主义国家的宪法均不同形式地确认了分权原则，主要包括典型的美国形式、以立法为重点的英国形式和以行政为重点的法国形式三种模式

D. 苏俄首创了社会主义国家的监督原则

4. 下列属于卢梭法治思想的是(　　)

A. 人民拥有立法权

B. 法治与共和政体相结合

C. 法治意味着平等

D. 法律具有至上权威

5. 我国宪法明确规定：“中华人民共和国的一切权力属于人民”，执法为民是社会主义法治的本质要求。关于执法为民，下列哪些理解是正确的？(　　)（司考2014. 1. 59）

A. 要求执法机关及其工作人员理性执法、文明执法，冷静处置各种复杂问题

B. 要求科学合理地设置执法流程，减少不必要环节，减轻当事人负担

C. 要围绕“个人权利至上”理念，引导公民从容自如、有尊严地生活在社会主义法治社会

D. 是“立党为公、执政为民”执政理念在法治领域的具体贯彻

三、名词解释

1. 宪法基本原则

2. 权力制约原则

3. 法治

四、简答题

1. 简述资本主义各国宪法中法治原则的表现形式。

2. 社会主义国家法治理念具有哪些基本内容？

五、论述题

1. 试述宪法基本原则。

2. 试论权力制约原则在资本主义国家宪法中的体现。（武汉大学2006年考研真题）

六、材料分析题

材料一：平等是社会主义法律的基本属性。任何组织和个人都必须尊重宪法法律权威，都必须在宪法法律范围内活动，都必须依照宪法法律行使权力或权利、履行职责或义务，都不得有超越宪法法律的特权。必须维护国家法制统一、尊严、权威，切实保证宪法法律有效实施，绝不允许任何人以任何借口、任何形式以言代法、以权压法、徇私枉法。必须以规范和约束公权力为重点，加大监督力度，做到有权必有责、用权受监督、违法必追究，坚决纠正有法不依、执法不严、违法不究行为。（摘自《中共中央关于全面推进依法治国若干重大问题的决定》）

材料二：全面推进依法治国，必须坚持公正司法。公正司法是维护社会公平正义的最后一道防线。所谓公正司法，就是受到侵害的权利一定会得到保护和救济，违法犯罪活动一定要受到制裁和惩罚。如果人民群众通过司法程序不能保证自己的合法权利，那司法就没有公信力，人民群众也不会相信司法。法律本来应该具有定分止争的功能，司法审判本来应该具有终局性的作用，如果司法不公、人心不服，这些功能就难以实现。（摘自习近平：《在十八届中央政治局第四次集体学习时的讲话》）

问题：

根据以上材料，结合依宪治国、依宪执政的总体要求，谈谈法律面前人人平等的原则对于推进严格司法的意义。

答题要求：

1. 无观点或论述、照搬材料原文的不得分；
2. 观点正确，表述完整、准确；
3. 总字数不得少于400字。

参考答案

一、单项选择题

1. **答案**：C。美国是运用分权制衡原则最典型的资本主义国家，其分权与制衡的关系极为明确、具体。

2. **答案**：D。洛克的分权学说为立法权、行政权与对外权。而到孟德斯鸠才将司法权提出并最终完成分权学说。

3. **答案**：B。《独立宣言》被马克思誉为“世界上第一个人权宣言”。《独立宣言》明确宣布“我们认为这些真理是不言而喻的：人人生而平等，他们都从他们的造物主那里被赋予了某些不可能转让的权利，其中包括生命权、自由权和追求幸福的权利”。

4. **答案**：D。《宪法》第10条规定，城市的土地属于国家所有。农村和城市郊区的土地，除由法律规定属于国家所有的以外，属于集体所有；宅基地和自留地、自留山，也属于集体所有。国家为了公共利益的需要，可以依照法律规定对土地实行征收或者征用并给予补偿。任何组织或者个人不得侵占、买卖或者以其他形式非法转让土地。土地的使用权可以依照法律的规定转让。D项错误，应选。

   应当注意，在我国，土地的所有权归国家或集体所有，公民和单位只有土地的使用权。土地的所有权不能转让，土体的使用权可以依法转让。

5. **答案**：C。《宪法》第2条规定：“中华人民共和国的一切权力属于人民。人民行使国家权力的机关是全国人民代表大会和地方各级人民代表大会。人民依照法律规定，通过各种途径和形式，管理国家事务，管理经济和文化事业，管理社会事务。”可见，人民并非直接行使立法、执法和司法的权力，故C项错误。ABD正确。

6. **答案**：C。道德有助于法律的有效实施，但法律的有效实施从根本上依靠的是国家强制力，并非总是依赖于道德，故A项错误。“忍为高”并非以德治国应大力弘扬的传统美德，故B项错误。依法治国需要法律和道德共同发挥作用，而不必也不可能将道德义务全部转化为法律义务，故D项错误。C项正确。

二、多项选择题

1. **答案**：BCD。本题考点为宪法的基本原则。

2. **答案**：ABCD。放弃战争、奉行和平主义是日本国宪法的基本特点之一，其宪法也因此被称为“和平宪法”。日本国宪法第9条具体体现了和平主义原则，规定永远放弃作为主权国家发动战争、武力胁迫或使用武力作为解决国际争端的手段。为达到前项目的，不保持海陆空军及其他战争力量，不承认国家的交战权。

3. **答案**：BC。本题考查的是宪法的基本原则。宪法的基本原则又称宪法原则，是指宪法中蕴含的涉及国家根本制度的指导思想和基本要求。目前，通常认为宪法原则主要包括人民主权原则、基本人权原则、法治原则和权力制约原则等内容。本题中，A项论述错误在于，人民主权原则为资本主义宪法的最一般的原则。D项论述错误在于，世界上第一个无产阶级专政政权——巴黎公社首创了社会主义国家的监督原则，并为后来的社会主义国家奉为一条重要的民主原则。

4. **答案**：ACD。

5. **答案**：ABD。本题考查的是对社会主义法治理念中“执法为民”的理解。执法为民要求倡导和注重理性文明执法。理性文明执法是人民群众对于执法活动的强烈要求。执法机关及其工作人员要从有利于人民群众出发实施执法行为，冷静应对处置各种矛盾和冲突，遵守执法程序，讲究执法方式，改善执法态度，注重执法艺术，始终做到仪容整洁、言行文明、举止得当、尊重他人，使各种执法活动真正为广大人民群众所充分理解和接受。所以，A选项的表述是正确的。

   执法为民也要求切实做到便民利民。便民利民是我们党的优良作风和传统在法治实践活动中的具体体现。要在不损害实质性法律利益和不违反法定程序的前提下，尽可能为人民群众行使权利和履行义务提供各种便利，不断改革和完善各种执法程序和执法手续，科学、合理地设置执法流程，减少当事人的成本和诉累。执法人员要牢固树立服务意识，寓管理于服务之中，用主动、热情和高效的服务，赢得人民群众对执法活动的配合和尊重。所以，B选项的表述是正确的。

   社会主义法治高度重视和强调人民利益，倡导和要求执法为民，但并不意味着认同个人权利的绝对化。执法为民理念明确地寓含着引导和教育人民群众遵纪守法的要求。要引导和教育人民群众正确对待和行使自己的各项权利与自由，妥善、合理地处理个人与其他主体之间的利益矛盾与冲突，自觉履行法律义务、道德义务和社会责任，在行使个人权利、享受个人自由的同时，不得损害他人合法利益和社会利益。社会主义法治执法为民的理念，与资本主义法治理论中以自由资本主义为实践背景的“个人权利至上”的主张存在着重要区别。所以，C选项的表述是错误的。

执法为民是中国共产党始终坚持立党为公、执政为民宗旨的必然要求，是“一切权力属于人民”的宪法原则的具体体现，也是党的执政理念在法治领域的具体贯彻，保证社会主义法治始终保持的正确方向。所以，D选项的表述是正确的。

三、名词解释

1. **答案**：宪法基本原则是指人们在制定和实施宪法过程中必须遵循的最基本的准则，是贯穿立宪和行宪的基本精神。它是对一国当时的政治指导思想、社会经济条件和历史文化传统的集中反映。其一般必须具有普遍性、特殊性、最高性和抽象性四个基本特征。

2. **答案**：权力制约原则是指国家权力的各部分之间相互监督、彼此牵制，以保障公民权利的原则。

3. **答案**：法治也称“法的统治”，是指统治阶级按照民主原则把国家事务法律化、制度化，并严格依法进行管理的一种治国理论、制度体系和运行状态。

四、简答题

1. **答案**：从资本主义各国宪法对法治原则的体现方式来看，主要有以下两种形式：(1) 在宪法序言或者宪法条文中明确宣布为法治国家，如《葡萄牙宪法》《土耳其宪法》。(2) 虽不直接运用法治一词，但其他文字或有关内容却清楚地表明该宪法以法治为基本原则，如法国宪法、美国宪法和日本宪法。

2. **答案**：社会主义法治理念是体现社会主义法治内在要求的一系列观念、信念、理想和价值的集合体，是指导和调整社会主义立法、执法、司法、守法和法律监督的方针和原则。把握社会主义法治理念，必须从中国社会主义国体和政体出发，立足于社会主义市场经济和民主政治发展的时代要求，以科学发展观和社会主义和谐社会思想为指导，深刻地认识社会主义法治的内在要求、精神实质和基本规律，系统地反映符合中国国情和人类法治文明发展方向的核心观念、基本信念和价值取向。

   社会主义法治理念，是马克思列宁主义关于国家与法的理论同中国国情和现代化建设实际相结合的产物，是中国社会主义民主与法治实践经验的总结。其内容可以概括为依法治国、执法为民、公平正义、服务大局、党的领导五个方面。

五、论述题

1. **答案**：宪法基本原则，是指人们在制定和实施宪法过程中必须遵循的最基本的准则，是贯穿立宪和行宪的基本精神。任何一部宪法都不可能凭空产生，都必须反映一国当时的政治指导思想、社会经济条件和历史文化传统，宪法基本原则则是对这些方面的集中反映。就世界各国宪法的共性而言，通常认为宪法原则主要包括人民主权原则、基本人权原则、权力制约原则和法治原则等。但具体说来，各国宪法原则又有各自的特色。下面就我国宪法的基本原则作详细论述：

   (1) 人民主权原则

   也称主权在民原则，它源于资产阶级启蒙思想家率先倡导的“主权在民”学说。根据这一学说，认为国家是由人民根据自由意志缔结契约的产物，所以国家的最高权力应属于人民，而不属于君主。无论是国王还是政府，其权力都是人民授予的，如果不按人民的授权办事，则人民有权将其打倒。

   我国宪法实际上也采用人民主权原则，即不承认“主权在君”“君权神授”，而坚持人民是国家和社会的主人。我国宪法在确认人民主权这一原则时，并不只是停留在抽象的概念表述上，而是公开地申明自己的阶级立场，解释“人民”这一概念的政治内容，明确地规定全体人民享有当家作主、管理国家事务的各项民主权利。

   我国现行《宪法》明确规定：中华人民共和国是工人阶级领导的、以工农联盟为基础的人民民主专政的社会主义国家。中华人民共和国的一切权力属于人民。人民行使国家权力的机关是全国人民代表大会和地方各级人民代表大会。全国人民代表大会和地方各级人民代表大会都由民主选举产生，对人民负责，受人民监督。人民依照法律规定，通过各种途径和形式，管理国家事务，管理经济和文化事业，管理社会事务。除此之外，国家还通过完善各项法律制度来保障宪法和法律的实施，使全体人民的各项民主权利得以充分实现。这些都是人民主权原则的充分体现。

   (2) 基本人权原则

   关于人权的思想和理论源于资产阶级启蒙思想家的“天赋人权”说。作为资产阶级反封建革命斗争的有力武器，其产生的经济基础是资本主义的商品关系、等价交换、自由贸易和自由竞争。

其基本精神反映了新兴资产阶级争取人身的自由、平等和对基本政治经济权利的要求，也论证了资产阶级剥夺封建王权的合理性。

我国是发展中的社会主义国家，我们的党和国家一贯致力于维护和保障人权。国家不仅在宪法中专列一章来规定公民的基本权利和义务，而且在实践中始终把生存权和发展权放在首位。在财产权方面，宪法既宣告社会主义的公共财产神圣不可侵犯，规定国家保护社会主义的公共财产，禁止任何组织或者个人用任何手段侵占或者破坏国家的和集体的财产，又明确规定国家保护公民的合法收入、储蓄、房屋和其他合法财产的所有权。所有这些都说明我国公民真正享有宪法规定的各项基本权利，从而使保障公民基本人权这一宪法原则得到了充分的体现。诚然，在我国坚持宪法原则，继续促进人权的发展，努力达到社会主义所要求的充分实现人权的崇高目标，仍然是中国人民和政府的一项长期的历史任务。

（3）权力制约原则

权力制约原则是指国家权力的各部分之间相互监督，彼此牵制，以保障公民权利的原则。权力制约机制的原理是一种普遍的客观规律，权力制约原则源于资产阶级启蒙思想家关于分权和制衡的理论。

我国《宪法》明确规定，中华人民共和国的一切权力属于人民。人民行使国家权力的机关是全国人民代表大会和地方各级人民代表大会。同时又规定，中华人民共和国的国家机构实行民主集中制的原则。全国人民代表大会和地方各级人民代表大会都由民主选举产生，对人民负责，受人民监督。国家行政机关、监察机关、审判机关、检察机关都由人民代表大会产生，对它负责，受它监督。这里权力制约关系是十分明确的，从人民到人民代表机关，再到其他国家机关的一种“单向制约”。

（4）法治原则

法治原则也是社会主义宪法的基本原则。法治也称“法的统治”，是指统治阶级按照民主原则把国家事务法律化、制度化，并严格依法进行管理的一种治国理论、制度体系和运行状态。其核心内容是：依法治理国家，法律面前人人平等，反对任何组织和个人享有法律之外的特权。在我国，随着依法治国、建设社会主义法治国家的不断推进，社会主义法治理论也日益丰富和发展。

宪法在《序言》的最后一段明确要求全国各族人民、一切国家机关和武装力量、各政党和各社会团体、各企业事业组织，都必须以宪法为根本的活动准则，并且负有维护宪法尊严、保证宪法实施的职责。宪法在《总纲》第5条又规定，国家维护社会主义法制的统一和尊严。一切国家机关和武装力量、各政党和各社会团体、各企业事业组织都必须遵守宪法和法律。任何组织或者个人都不得有超越宪法和法律的特权。在公民的基本权利和义务一章中规定，中华人民共和国公民在法律面前一律平等。所有这些规定都体现了我国社会主义法治原则。

（5）党的领导原则

中国共产党的领导不仅是我国的根本政治原则，也是我国宪法的基本原则。与资本主义国家不同，我国是工人阶级领导的（通过中国共产党）、人民民主专政的社会主义国家。中国共产党领导是中国特色社会主义最本质的特征，也是我国政党政治最本质的特征和我国民主政治的基石。作为我国宪法的基本原则，现行宪法对党的领导从四个方面予以开展。第一，对党的领导的过程进行历史陈述；第二，将党的领导作为宪法原则和政治原则予以政治决断①；第三，将党的领导作为宪法规范中的法律原则予以明确规定；第四，确定党的领导的方式。

2. 答案：权力制约原则是资本主义国家的分权与制衡原则和社会主义国家的权力监督原则的总称，其存在的历史基础和现实前提是国家与社会的分离。资本主义宪法体现权力制约原则除了通过宪法规范公开或隐蔽地确认“权力分立与制衡”的精神以外，更因各国历史传统、民族状况、政治力量对比等因素的差异，造成了反映分权学说的不同政体模式，概括起来主要有三种：

（1）典型的美国式分权制衡形式。美国是运用分权制衡原则最典型的资本主义国家，其分权与制衡的关系极为明确、具体。在分权方面，立法权属于由参众两院组成的国会，因而经民主选举产生的代表有权决定全国政策，掌握财政支出等大权；行政权由民选的总统统一执掌；司法权属于法官，他们受到终身任命，并只能因重罪或不端行为才被解职，从而使之能不受报复、没有恐惧地决定案件。在制衡方面，为了保护公民和防止专制政府的出现，美国宪法设计了一个不允许任何权力分支部门掌握全部政府权力，同时又能整体而有效地推进政府工作的权力关系模式。

① 参见陈端洪：《论宪法作为国家的根本法与高级法》，载《中外法学》2008年第4期。

美国式的分权模式对其他国家产生过重要影响，当今许多国家如委内瑞拉就沿袭了美国的这种模式。

（2）英国式的以议会为重点的分权模式。英国资产阶级曾经以下议院为阵地，同以国王为代表的封建王权进行过激烈的斗争。斗争的一个重要结果是确立了所谓“议会至上”的原则，即议会（实际上指下议院）拥有不受限制的制定或者修改任何法律的权力。之后随着政党制度的发展，议会至上原则与责任内阁制产生结合，从而导致在下议院占多数席位的政党不仅控制了下议院的主导权，而且也获得了行政组阁权。行政权对立法权的负责制转化为多数党的一种内部控制与反控制。但由于内阁行使权力形式上是以对立法机关尤其是对下议院负责为前提的，而行政权力的总代表国王只沦为一个名义的国家元首，因此我们可以说英国宪制对分权原则的体现是以“立法为重点的”。现在世界上实行君主立宪制的国家和实行议会共和制的国家都采用英国式的分权原则，如日本、意大利、德国等。

（3）法国式的以行政为重点的分权模式。法国早在《人权和公民权宣言》中就依据孟德斯鸠的见解规定了：“任何社会，如果在其中不能使权利获得保障或者不能确立权力分立，即无宪法可言。”这一精神为法国现行宪法（1958 年）所忠实地继承。法国 1958 年宪法在序言中明确宣布“忠于 1789 年人权宣言所肯定的、为 1946 年宪法序言所确认并加以补充的各项人权和关于国家主权的原则”，可见法国是实行分权原则的国家。法国现行宪法已将分权制衡的权力中心由议会转移到以总统为代表的行政系统，从而塑造了一个“共和君主”。

【参考资料】秦前红主编：《新宪法学》，武汉大学出版社 2015 年版。

六、材料分析题

【参考答案】（一）坚持依法治国首先要坚持依宪治国，坚持依法执政首先要坚持依宪执政。宪法是国家的根本大法，是党和人民意志的集中体现，全国各族人民、一切国家机关和武装力量、各政党和各社会团体、各企业事业组织，都必须以宪法为根本活动准则。依宪治国、依宪执政必须贯彻法律面前人人平等的原则：一方面，宪法法律对所有公民和组织的合法权利予以平等保护，对受侵害的权利予以平等救济；另一方面，任何个人都不得有超越宪法法律的特权，一切违反宪法法律的行为都必须予以纠正和追究。

（二）平等是社会主义法律的基本属性，是社会主义法治的根本要求，严格司法是法律面前人人平等原则在司法环节的具体表现。公正是法治的生命线，司法公正对社会公平正义具有重要引领作用。正如习近平总书记所说，司法不公、司法不严对社会公平正义和司法公信力具有致命破坏作用。坚持法律面前人人平等，意味着人民群众的诉讼权利在司法程序中应得到平等对待，人民群众的实体权利在司法裁判中得到平等保护。只有让人民群众在每一个司法案件中感受到公平正义，人民群众才会相信司法，司法才具有公信力。

（三）坚持法律面前人人平等的原则，对于严格司法提出了更高的要求：首先，司法机关及其工作人员在司法过程中必须坚持以事实为根据、以法律为准绳，坚持事实认定符合客观真相、办案结果符合实体公正、办案过程符合程序公正，统一法律适用的标准，避免同案不同判，实现对权利的平等保护和对责任的平等追究。其次，推进以审判为中心的诉讼制度改革，全面贯彻证据裁判规则，确保案件事实证据经得起法律检验，确保诉讼当事人受到平等对待，绝不允许法外开恩和法外施刑。最后，司法人员工作职责、工作流程、工作标准必须明确，办案要严格遵循法律面前人人平等的原则，杜绝对司法活动的违法干预，办案结果要经得住法律和历史的检验。

【考点】坚持法律面前人人平等；保证公正司法，提高司法公信力（推进严格司法）。

【详解】从回答思路看，本题主要需回答三个问题。一是依宪治国、依宪执政的总体要求，主要是维护宪法权威，坚持宪法的根本性和最高性，坚持法律面前人人平等（需包括含义解释）。二是法律面前人人平等原则对于推进严格司法的意义，主要是有利于维护司法公正和司法公信力。三是结合十八届四中全会《决定》“推进严格司法”的有关内容，谈谈贯彻法律面前人人平等原则的要求。

从回答内容看，本题兼具简答和论述的特点，有的内容有标准答案，如法律面前人人平等原则的内容；有的内容没有标准答案，如平等原则对于推进严格司法的意义，这时候的回答不必拘泥于参考答案的解法，可以使用其他的逻辑框架展开（如平等原则为推进严格司法提供了原则和方向指引，提出了评判标准等），但是需要包含司法公正、司法公信力的内容，因为公正是司法的生命线。另，十八届四中全会《决定》“推进严格司法”的内容考前未必去记，这时也可以借用法理学“当代中国司法的要求和原则”相关内容，因为平等原则要求的，不外乎平等保护权利、平等承担义务、平等追究责任，反对特权，维护司法公正，反对司法腐败，杜绝关系案、人情案、金钱案等。

从回答技巧看，注意观点鲜明，逻辑清晰(如可以分成几个小段落，一个段落回答一个重点)，简明扼要。回答角度可以丰富一些，涉及知识点可以宽一些，但只需点到为止，不必过多展开。

第五章　宪法渊源、宪法形式与宪法结构

基础知识图解

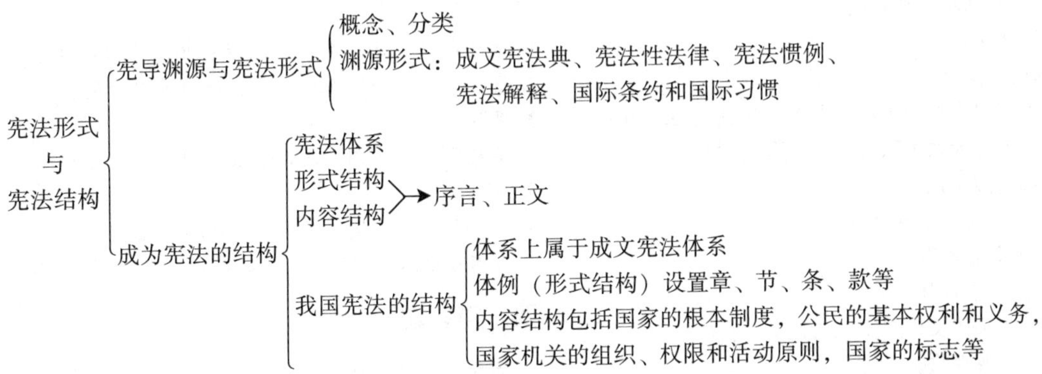

配套测试

一、单项选择题

1. 下列关于宪法结构的说法哪一项正确？（　　）

A. 各国的宪法典在总体结构上一般包括序言、正文和附则三个部分

B. 我国 1982 年宪法把国旗、国徽和首都规定在附则当中

C. 附则是宪法的特别规定，其效力比一般条文高

D. 我国 1982 年宪法把国歌规定在正文当中

2. 综观世界各国宪法，下列关于宪法的总体结构方面的表述哪一选项是恰当的？（　　）

A. 总纲、正文、附则和修正案四个部分

B. 序言、正文、附则三个部分

C. 序言、总纲、正文、附则四个部分

D. 序言、总纲、正文、附则、修正案五个部分

3. 宪法附则是指宪法对于特定事项需要特殊规定而作出的附加条款。下列关于宪法附则的表述哪一项是错误的？（　　）

A. 附则是宪法的一部分，因而其法律效力当然应与一般条款相同

B. 附则是宪法的特定条款，因而仅对特定事项具有法律效力

C. 附则是宪法的临时条款，因而仅在特定的时限内具有法律效力

D. 附则是宪法的特别条款，根据特别法优于普通法的原则，其法律效力高于宪法一般条款

4. 宪法结构指宪法内容的组织和排列形式。关于我国宪法结构，下列哪一选项是不正确的？（　　）（司考 2011. 1. 22）

A. 宪法序言规定了宪法的根本法地位和最高法律效力

B. 现行宪法正文的排列顺序是：总纲、公民的基本权利和义务、国家机构以及国旗、国歌、国徽、首都

C. 宪法附则没有法律效力

D. 宪法没有附则

5. 宪法的渊源即宪法的表现形式。关于宪法渊源，下列哪一表述是错误的？（　　）（司考 2015. 1. 21）

A. 一国宪法究竟采取哪些表现形式，取决于历史传统和现实状况等多种因素

B. 宪法惯例实质上是一种宪法和法律条文无明确规定，但被普遍遵循的政治行为规范

C. 宪法性法律是指国家立法机关为实施宪法典而制定的调整宪法关系的法律

D. 有些成文宪法国家的法院基于对宪法的解释而形成的判例也构成该国的宪法渊源

二、多项选择题

1. 从宪法的结构上而言，我国现行宪法包括下列选项的哪几项内容？(　　)

A. 序言　　B. 修正案

C. 正文　　D. 附则

2. 宪法的正文是宪法的重要内容，也是宪法的核心，具体包括下列选项中的哪些内容？(　　)

A. 社会制度和国家制度的基本原则

B. 公民的基本权利和义务

C. 国家机构

D. 国旗、国徽、首都和国歌

3. 作为国家根本法的宪法涉及国家生活的各个方面，其基本内容大致可以分为下列哪几项？(　　)

A. 国家权力的依法行使

B. 公民权利的有效保障

C. 宪法指导思想

D. 宪法实施及其保障

4. 下列哪些法律文件属于宪法性文件？(　　)

A.《义务教育法》

B.《未成年人保护法》

C.《国籍法》

D.《关于授权国务院在经济体制改革和对外开放方面可以制定暂行的规定或者条例的决定》

5. 关于宪法表现形式的说法，下列哪些选项是正确的？(　　)（司考 2010. 1. 62）

A. 宪法典是所有国家宪法结构体系的核心，均具有内容完整、逻辑严谨的特征

B. 宪法判例主要存在于普通法系国家，这些国家具有“遵从先例”的司法传统

C. 宪法判例在美国只能通过联邦最高法院新的宪法判例才能推翻

D. 宪法判例在英国有着调整英王、议会、内阁之间关系的决定性作用

三、名词解释

1. 宪法形式（武汉大学 2010 年、2012 年考研真题）

2. 宪法结构（中国人民大学 2015 年考研真题）

3. 宪法惯例

4. 宪法解释（中国人民大学 2011 年考研真题）

5. 宪法体系

6. 宪法渊源（中国人民大学 2006 年、2013 年、2015 年考研真题、中国人民公安大学 2008 年考研真题）

四、简答题

宪法典的结构有哪两种形式？并简述其内容。

五、论述题

1. 简析宪法的结构及其要素。

2. 论宪法内容与宪法形式的关系。

3. 比较宪法结构与宪法形式的不同。

4. 论宪法序言。

参考答案

一、单项选择题

1. **答案**：A。本题考查的是对宪法结构的理解。附则是宪法的组成部分，其效力与一般条文相同，我国1982年宪法没有附则，另外，我国1982年宪法没有规定国歌。
2. **答案**：B。本题考查的是各国宪法通行的总体结构。
3. **答案**：D。本题考查宪法的附则的效力问题。宪法的附则是指宪法对于特定事项需要特殊规定而作出的附加条款，是宪法的一部分，因而其法律效力当然应该与一般条文相同。而且其效力还有两大特点：一是特定性，即附则只对特定的条文或者事件适用，有一定的范围，超出范围则无效力；二是临时性，即只对特定的时间或者情况适用，有时间限制，一旦时间届满或者情况发生变化，其法律效力自然应该终止。因此，选项D正确。
4. **答案**：C。我国现行宪法序言最后自然段规定，“本宪法以法律的形式确认了中国各族人民奋斗的成果，规定了国家的根本制度和根本任务，是国家的根本法，具有最高的法律效力”，A选项正确。我国现行宪法正文的排列顺序是：第一章“总纲”、第二章“公民的基本权利和义务”、第三章“国家机构”、第四章“国旗、国歌、国徽、首都”，B选项正确。我国现行宪法没有附则，D选项正确。由于附则是宪法的一部分，因而其法律效力当然应该与一般条文相同，其法律效力还有特定性和临时性，C选项不正确，是本题答案。
5. **答案**：C。综观世界各国宪法，宪法的渊源主要有宪法典、宪法性法律、宪法惯例、宪法判例、国际条约和国际习惯等。但一国或一国不同历史时期的宪法究竟采取哪些渊源形式，则取决于其本国的历史传统和现实政治状况等综合因素。故A项正确。宪法惯例是指宪法条文无明确规定，但在实际政治生活中已经存在，并为国家机关、政党及公众所普遍遵循，且与宪法具有同等效力的习惯或传统。故B项正确。宪法性法律是从部门法意义上按法律规定的内容、调整的社会关系进行分类所得出的结论。它是指一国宪法的基本内容不是统一规定在一部法律文书之中，而是由多部法律文书表现出来的宪法。主要有两种情况：一是指在不成文宪法国家中，国家最根本、最重要的问题不采用宪法典的形式，而由多部单行法律文书予以规定。宪法性法律制定和修改的机关、程序通常与普通法律制定和修改的机关和程序相同。二是指在成文宪法国家中，由国家立法机关为实施宪法而制定的有关规定宪法内容的法律，即部门法意义上的宪法，如组织法、选举法、代表法、代议机关议事规则等。故C项错误。宪法判例是指宪法条文明文规定，而由司法机关在审判实践中逐渐形成并具有实质性宪法效力的判例。宪法判例在普通法系国家的宪法渊源中占有重要地位。在成文宪法国家，尽管法院的判决必须符合宪法的规定，因而不能创造宪法规范，但有些国家的法院享有宪法解释权，因而法院在具体案件中基于对宪法的解释而作出的判决对下级法院也有约束力。故D项正确。

二、多项选择题

1. **答案**：AC。《宪法》目录：序言，第一章总纲；第二章公民的基本权利和义务；第三章国家机构；第四章国旗、国徽、首都。
2. **答案**：ABCD。宪法的正文部分应该对以上内容作出明确规定。
3. **答案**：AB。任何现代意义上的宪法都必须包含国家权力的依法行使和公民权利的有效保障这两个方面的内容，否则就不成为真正的宪法。
4. **答案**：ABCD。《宪法》这一部门法里面，还包括下列宪法性文件：主要国家机关组织法、选举法、民族区域自治法、特别行政区基本法、国籍法和其他公民权利法，如《义务教育法》《未成年人保护法》《妇女权益保障法》等，但不包括根据全国人大及其常委会授权而制定的规范性文件。因此，本题中ABCD都是正确答案。
5. **答案**：BD。选项A错误。宪法典是绝大多数国家采用的形式，考虑不成文宪法国家的因素，不能说宪法典是所有国家宪法结构体系的核心。选项B正确。宪法判例是指宪法条文无明文规定，而由司法机关在审判实践中逐渐形成并具有宪法效力的判例，主要存在于普通法系国家。选项C错误。宪法判例在美国联邦最高法院和其他联邦上诉法院都可以用新的宪法判例进行推翻。选项D正确。宪法判例作为英国的不成文宪法的组成部分，主要就是调整英王、议会、内阁之间关系，并且起决定性作用。

三、名词解释

1. **答案**：宪法形式是宪法的外部表现形式，包括宪法的渊源形式和宪法的结构形式。宪法的渊源形式是指宪法基于不同的效力来源所形成的外部表现形式；宪法的结构形式包括宪法体系和成文宪法典的结构形式。

2. **答案**：宪法结构指构筑宪法的各个组成部分的有机组合和有序排列。从宪法渊源形式的角度理解，宪法结构是指宪法体系；从成文宪法典的角度理解，宪法结构是指一国宪法典各组成部分的外部排列和内部组合，包括形式结构和内容结构两个方面。

3. **答案**：宪法惯例指宪法条文无明确规定，但在实际政治生活中存在和通行并经国家认可、具有宪法效力的习惯和传统。

4. **答案**：宪法解释是指在制定和修改宪法的过程中，对宪法条文、规范、原则、结构、功能及其相关法律关系所作的释义和说明、补充。

5. **答案**：宪法体系是指一国宪法由不同渊源形式的宪法规范所组成的有逻辑、有系统的结构形态。构筑宪法体系的要素包括宪法典、宪法性法律、宪法惯例、宪法判例和宪法解释等。

6. **答案**：宪法渊源指一个国家中宪法规范所赖以存在的法律形式，既包括明示的宪法规范，也包括默示的宪法规范，被宪法制定者确认为可以承载宪法规范的法律形式才能成为宪法渊源。在世界范围内主要包括：宪法典、宪法性法律、宪法惯例、宪法判例、欧盟宪章。在我国主要是指宪法典、宪法修正案、全国人大常委会的宪法解释，其中最重要的是宪法典。

【参考资料】许崇德、胡锦光主编：《宪法》（第五版），中国人民大学出版社2014年版。

四、简答题

答案：宪法典的结构可分为形式结构与内容结构：

（1）宪法典的形式结构是指构筑一国成文宪法典的各个要素的外部组合，具体包括宪法典的体例和宪法典的格式两个方面。①宪法典的体例是指构筑宪法典的全部条文，划分为大小不同、层次各异的部分，分别由相应的文字符号排列而成的形式结构。这些文字符号有篇、章、节、条、款、项、目等。当今世界各国宪法典的体例没有固定模式，各国宪法的制定者根据需要进行设定和编排。②宪法典的格式是指宪法典的整体布局，具体是指由名称、目录、序言、正文（总则、分则、附则）、附件以及制定机构、制定时间和公布令等所组成的形式结构。就宪法的格式而言，各国宪法没有统一标准，由各国制宪者根据情况而定。

（2）宪法典的内容结构是指宪法典的整体内容，由于调整对象的性质和调整方式不同，因而划分为若干部分，并由此形成的有机组合和有序排列。宪法典的内容根据调整对象的性质不同，可划分为国家的根本制度、公民的基本权利与义务、国家机关的组织、权限和活动原则等；按照调整对象的方式不同，可以划分为目的性条款、纲领性条款、基本原则条款、规则模式条款、效力条款、修订条款和过渡性条款等。尽管世界各国宪法典编排的体例、格式不完全统一，以及各部分内容的顺序安排不完全一样，但构筑内容结构的要素基本一致。

五、论述题

1. **答案**：从宪法渊源形式的角度理解，宪法结构是指宪法体系；从成文宪法典的角度理解，宪法结构是指一国宪法典各组成部分的外部排列和内部组合，包括形式结构和内容结构两个方面。

宪法体系是指一国宪法由不同渊源形式的宪法规范所组成的有逻辑、有系统的结构形态。构筑宪法体系的要素包括宪法典、宪法性法律、宪法惯例、宪法判例和宪法解释等。当今世界主要有成文宪法体系和不成文宪法体系两种宪法体系。成文宪法体系是指一国宪法是以成文宪法典为主体，以宪法惯例、宪法判例、宪法解释等为补充的结构体系。其中宪法典规定的一国的根本制度，具有最高法律效力，是成文宪法体系的轴心。而不成文宪法体系则指一国宪法是由一系列宪法性法律、宪法惯例、宪法判例、宪法解释等组成的结构体系，没有形成核心层。

宪法典的形式结构是指构筑一国成文宪法典各个要素的外部组合，具体包括宪法典的体例和宪法典的格式两个方面。宪法典的体例是指构筑宪法典的全部条文，划分为大小不同、层次各异的部分，分别由相应的文字符号排列而成的形式结构。宪法典的格式是指宪法典的整体布局。

宪法典的内容结构是指宪法典的整体内容，由于调整对象的性质和调整方式的不同，因而划分为若干部分，并由此形成的有机组合和有序排列。

2. **答案**：宪法内容与宪法形式之间的相互关系，主要包括两点：

（1）宪法内容决定宪法形式。宪法内容决定宪法形式，首先，主要指宪法的本质内容决定宪法作为一种规范性文件形式的产生。通常说，宪法是民主事实的法律化和制度化，也就是说宪法是基于民主事实的产生而出现的。资产阶级革命胜利后，推翻了封建专制的独裁统治，建立了形式上的平等自由关系，因此出现了近代意义的资产阶级宪法；无产阶级革命取得胜利后，建立了广大劳动者阶级实质上的平等自由关系，创制了社会主义宪法。其次，宪法内容决定宪法形式，又指宪法内容的根本性、全面性和宏观性，决定了宪法规范结构形式的最高性和原则性。宪法调整的对象是民主社会中最一般的社会关系。它是民主制国家存在的前提，是其他社会关系得以存在的基础，而它自身又具有综合性、宏观性和根本性的特点。这就决定了作为宪法形式在规范上的特点就是，多为原则性规定，而且宪法规范的要素多为行为模式，没有具体规定法律后果。最后，宪法内容的发展变化决定宪法形式的发展变化。

（2）宪法形式服务于宪法内容，并具有相对的独立性。宪法形式服务于宪法内容主要是指宪法形式是宪法内容的存在方式，任何形式的宪法始终是反映一定内容的宪法；反过来说，任何内容的宪法都必须通过一定的形式表现出来。宪法形式依赖于宪法内容，同时又为宪法内容服务。宪法形式又具有相对的独立性。这种独立性具体表现为同一内容的宪法在不同国家或同一国家的不同时期，由于文化传统、政治习惯、社会环境和法治水平的不同，采取的形式也不一样。

3. 答案：宪法形式是指宪法内容的外部表现形式，而宪法结构则指构筑宪法的各要素的组合和排列。从广义上说，宪法结构属于宪法形式范畴，因而可以将宪法结构归并为宪法形式的一个方面。但从严格意义上说，宪法结构与宪法形式并非等同的概念，两者之间存在显著区别。

首先，二者的内涵和外延不同。宪法结构和宪法形式都是宪法内容的表征状态。但宪法结构内涵包括宪法的内容要素、形式要素及其排列组合的方式和方法等问题，这是“宪法形式”难以涵盖的，而宪法形式不仅包括宪法的结构形式，还包括宪法的渊源形式。也就是说，宪法结构侧重于宪法内容的内部组合方式，而宪法形式侧重于宪法内容的外部表现形式。

其次，二者的作用和功能不同。既然宪法结构侧重于宪法内容要素之间的组合方式和方法，因而内容要素相同的宪法，由于组合方式、方法不同，宪法的表现形式也不一样，宪法规范的地位和效力等级自然存在差别。各国宪法在形式上的差别，在一定程度上决定于各国宪法构成要素及其组合方式的不同。

4. 答案：（一）宪法序言的含义和分类

宪法序言是指独立于宪法正文之外的一部分叙述性文字。从表述上看，有明示序言和非明示序言两种。前者以“序言”为明示标题，后者无“序言”的明确标题，根据宪法序言繁简程度和表现形式的不同，可将其作如下分类：

1. 目的性序言。从内容上说，这类序言仅陈述制定宪法的目的，而且字数不多。2. 原则性序言。这类序言主要表述宪法的基本原则，字数一般在 100 ~ 200 字左右。3. 纲领性序言。采用这类序言的多为第三世界国家的宪法，如中国、越南、蒙古、阿尔巴尼亚等。我国 1982 年宪法在总结历史经验的基础上，提出了四项基本原则，并规定了我国人民的根本任务和对外政策等。4. 综合性序言。为数最少，但篇幅最长。

（二）宪法序言产生的原因

无论是资产阶级，还是无产阶级，当他们取得革命胜利制定宪法的时候，都需要宣布已经取得的胜利成果，还需要宣布自己的建国纲领、建国方案以及适应本阶级利益和意志的民主政治原则。但宪法是一种规范性的法律文件，宪法规范是一种现实的行为规则，对过去已经取得的胜利成果和未来的行动纲领，不便以现实的行为规则加以规定，这样就产生了宪法序言。而且宪法序言的产生和保留还有一国文化传统和立宪技术等方面的原因。从宪法结构上看，名称和正文（包括总则、分则、附则）是一部成文宪法典必不可少的内容。而宪法规范的构成要件，即原则、规则和技术性事项等是宪法正文的内容，因而只能规定在宪法正文之中。但也有些国家的成文宪法，将宪法原则规定在序言中，如上文提到的原则性序言和综合性序言等。这类宪法序言的产生和保留，则是由该国文化传统和立宪技术决定的。

（三）宪法序言的法律效力

我国宪法学界对宪法序言的法律效力问题存在不同意见。有学者认为，宪法是一个整体，序言作为它的重要组成部分，当然应该具有最高的法律效力；也有学者认为，序言所宣布的原则过于抽象，不能作为具体的行为准则，不具有法律效力；还有学者认为，陈述性序言，尤其是其中关于历史事实记载的部分没有法律效力，而原则性序言、纲领性序言，以及综合性序言中关于基本原则、基本国策、基本任务和宣布宪法本身效力的部分，属于宪法规范的内容，应该具有法律效力。我们认为，宪法序言是宪法的重要组成部分，而且从其规定的内容及地位和作用来看，大部分宪法序言与总则或总纲的内容有重合或交叉之处，因此应该具有最高法律效力。我国现行宪法序言，在叙述了中华民族的灿烂文化、光荣传统、民主革命历程、社会主义制度的确立和完善、国家的根本任务、祖国统一、民族平等、团结、互助和平等互利、和平共处的对外政策等问题之后，明确宣布，“本宪法以法律的形式确认了中国各族人民奋斗的成果，规定了国家的根本制度和根本任务，是国家的根本法，具有最高的法律效力”。其中“宪法以法律形式确认了中国各族人民奋斗的成果”就包含了历史事实的记载部分。也就是说，宪法本身就赋予了“历史事实部分”有根本法的法律效力，因此如果说它没有法律效力，就很难令人信服。

宪法序言的法律效力毋庸置疑，但其效力的作用方式和效果表现则不完全相同。一般来讲，序言中的基本原则条款、基本任务条款、基本国策条款及关于宪法本身的效力条款，属于规范性条文，具有规范性作用和效果，即具有明确、具体的指引、评价和教育作用，它们的实施能够给国家、社会和公民个人带来相对确定的利益和影响。而序言中的目的条款、史实条款等则属于非规范性条文，虽不具有直接的规范性作用和效果，但史实的记载表明了统治阶级对前人奋斗历程和胜利成果的确认和赞扬，也对后人有教育和感化作用，并能促使人们振奋精神、发愤图强，从而达到一定的社会效果。

（四）宪法序言的功能

宪法序言是宪法的重要组成部分，一般置于宪法条文的开首部分，如有目录的排列，则在目录之后，具有统帅全文、指导全文的重要作用。特别是原则性序言和综合性序言中的原则条款，类似宪法正文总则（总纲）中的内容，其作用和意义就更大了。具体说来，宪法序言的功能有如下几个方面。

1. 它是国家的宣言书，宣告该国民主政治的建立，宣布该国公民基本权利和自由的原则和精神。宪法是公民权利的确认书，而宪法对公民权利和自由的确认，往往首见于宪法序言之中。

2. 它是国家的总纲领，明确规定该国在一定历史时期的根本任务，有利于组织动员全国人民朝着共同的目标前进。

3. 它规定一国的基本原则，对具体宪法规范、普通法律原则和规范的制定、实施具有指导作用。宪法序言关于基本原则的规定位居篇首、统领全文，无疑是宪法分则内容的纲目，也是其他部门立法的基础，对一国的执法、司法等活动和法制的统一具有重要意义。

【参考资料】周叶中主编：《宪法（第五版）》，高等教育出版社2020年版。

第六章　宪法规范

基础知识图解

宪法规范
- 概念：指调整国家最基本、最重要的社会关系的各种规范的总和
- 特点：政治性、组织性与限制性、最高性、稳定性与适应性、制裁性、原则性、历史性与概括性
- 种类：确认性规范、权利性规范、义务性规范、程序性规范
- 逻辑结构：注意宪法规范的逻辑结构与宪法条文的关系
- 效力：对国家公权力的效力、对公民、私人团体等的效力
- 变动←导致—宪法破坏、宪法废除、宪法侵害、宪法停止

配套测试

一、单项选择题

1. 关于宪法规范的特点，下列表述哪一项是不正确的？(　　)

A. 宪法规范规定的是国家生活和社会生活各方面的根本制度、基本制度和基本原则，具有根本的创制性，是国家各种具体制度的最终根据及渊源

B. 宪法规范的内容广泛，涵盖了国家生活和社会生活的基本方面

C. 宪法规范原则性强弱与适应性强弱成反比，与对社会实际调整功能强弱成正比

D. 宪法具有规范稳定性

2. 宪法规范调整有关社会制度、国家制度的根本原则和国家政权的组织以及公民的基本权利和义务的(　　)

A. 人身关系　　B. 财产关系

C. 社会关系　　D. 国家与公民的关系

3. 宪法是国家根本法，具有最高法律效力。下列有关宪法法律效力的哪一项表述是正确的？(　　)

A. 在不成文宪法的国家中，宪法的法律效力高于其他法律

B. 在我国，任何法律法规都不得与宪法规范、宪法基本原则和宪法精神相抵触

C. 宪法的法律效力主要表现为对公民的行为约束

D. 宪法的法律效力不具有任何强制性

4. 关于宪法规范的特性，下列哪一项表述不成立？(　　)

A. 政治性　　B. 原则性

C. 无制裁性　　D. 相对稳定性

5. 下列有关宪法规范的组织性，表述错误的是(　　)

A. 宪法规范的价值不应只停留在组织层面上，还应积极发挥其限制功能

B. 宪法规范的组织性功能主要是合理地分配和确定国家权力

C. 宪法规范的组织性主要表现为禁止性规范，它构成确定国家机构活动的宪法基础

D. 宪法规范的组织性一方面通过具体规定的宪法规范实现，另一方面还可以通过实质意义上的宪法规定实现

6. 宪法效力是指宪法作为法律规范所具有的约束力与强制性。关于我国宪法效力，下列哪一选项是不正确的？(　　)(司考 2011. 1. 23)

A. 侨居国外的华侨受中国宪法保护

B. 宪法的效力及于中华人民共和国的所有领域

C. 宪法的最高法律效力首先源于宪法的正当性

D. 宪法对法院的审判活动没有约束力

7. 关于宪法规范，下列哪一说法是不正确的？(　　)(司考 2013. 1. 22)

A. 具有最高法律效力

B. 在我国的表现形式主要有宪法典、宪法性法律、宪法惯例和宪法判例

C. 是国家制定或认可的、宪法主体参与国家和社会生活最基本社会关系的行为规范

D. 权利性规范与义务性规范相互结合为一体，是我国宪法规范的鲜明特色

二、多项选择题

1. 宪法规范所调整的社会关系包括(　　)

A. 有关社会制度和国家制度的根本原则

B. 国家政权的组织与活动

C. 公民的基本权利与义务

D. 对违宪行为的惩罚

2. 下列选项中有关宪法最高性的界定正确的是(　　)

A. 宪法规范是社会生活中具有最高价值的准则

B. 宪法规范的最高性体现在其法律效力的最高性

C. 宪法规范的最高性意味着宪法是调整社会主体行为的最高依据

D. 法律制度的建立与运行根源于宪法规范的最高性

3. 从逻辑结构上看，宪法规范与一般法律规范一样，是由下列哪些选项的内容组成？(　　)

A. 处理　　B. 假定

C. 制裁　　D. 条件

4. 关于宪法效力的说法，下列选项正确的是：(　　)(司考 2014. 1. 94)

A. 宪法修正案与宪法具有同等效力

B. 宪法不适用于定居国外的公民

C. 在一定条件下，外国人和法人也能成为某些基本权利的主体

D. 宪法作为整体的效力及于该国所有领域

三、名词解释

1. 宪法规范（中国人民大学 2010 年考研真题）

2. 义务性规范

3. 程序性规范

4. 宪法规范的效力

四、简答题

1. 简述宪法规范所调整社会关系的特点。

2. 宪法规范的结构及种类。

3. 宪法规范不正常变动的主要形式有哪些？

4. 简述宪法规范作用的主要方式。（武汉大学 2006 年考研真题）

五、论述题

1. 试述宪法规范具有哪些特点？

2. 怎样理解宪法规范的逻辑结构与宪法条文之间的关系？

参考答案

一、单项选择题

1. **答案**：C。本题主要考查宪法规范的特点。原则性越强，对社会实际调整功能就越弱，反之亦反；原则性越强，越是能够适应社会的变化，反之则反。
2. **答案**：C。A、B、D 选项均不够全面。
3. **答案**：B。国家的任何法律都应具有法律效力，但在成文宪法的国家中，宪法的法律效力高于一般法律，在国家法律体系中处于最高的法律地位，在不成文宪法国家中则不然。我国宪法在序言中明确规定，“本宪法以法律的形式确认了中国各族人民奋斗的成果，规定了国家的根本制度和根本任务，是国家的根本法，具有最高的法律效力”。宪法是制定普通法律的依据，任何普通法律、法规都不得与宪法的原则和精神相违背。宪法最主要、最核心的价值在于宪法是公民权利的保障书。ACD 错误，B 正确。
4. **答案**：C。与一般法律规范相比，宪法规范具有以下主要特点：政治性，组织性与限制性，最高性，稳定性与适应性，制裁性，原则性，历史性与概括性。宪法是国家的根本法，是制定其他法律的基础。因此，宪法规范具有弱制裁性，在宪法监督中，对违宪的法律、法规的宣告无效或撤销，是一种直接制裁。
5. **答案**：C。宪法规范的组织性主要表现为授权性规范，而非禁止性规范。授权性规范构成确定国家机构活动的宪法基础。换句话说，没有宪法规范的授权，任何一种国家权力的行使都是无效的。
6. **答案**：D。《宪法》第 50 条规定，中华人民共和国保护华侨的正当的权利和利益。中国宪法适用于所有中国公民，不管公民生活在国内还是国外，侨居国外的华侨也受中国宪法保护，A 选项正确。我国宪法明确台湾是中国领土的一部分，宪法效力及于包括台湾在内的所有中国领土。由于宪法本身的综合性和价值多元性，宪法在不同领域的适用上有所差异，但宪法是一个整体，任何组成部分的特殊性并不意味着对整体的否定，宪法作为整体的效力是及于中华人民共和国所有领域的，B 选项正确。宪法之所以具有最高法律效力首先是宪法具有正当性基础，即宪法是社会共同体基本规则，是社会多数人共同意志的最高体现。其基础在于宪法制定权来源的正当性、宪法规定内容的合理性和宪法程序的正当性，C 选项正确。《宪法》第 5 条规定，一切国家机关都必须遵守宪法和法律，法院作为国家审判机关，开展审判活动必须遵守宪法。D 选项不正确，是本题答案。

   【陷阱】在法院的审判活动中，宪法一般不直接适用来做裁判的法律依据，但并不能说宪法对法院的审判活动没有约束力。法院的组织、法院审判活动的基本原则等根本制度都是由宪法来规定的，如法院依法独立行使审判权等。
7. **答案**：B。本题考查的是宪法的渊源与宪法的效力问题。在我国法律体系中，宪法处于最高位阶，具有最高法律效力。A 项表述正确。

   我国的宪法渊源（表现形式）包括了多个方面，其中重要的有宪法典、宪法性法律，以及宪法惯例。宪法性法律包括中央国家机关的组织法、选举法等，其从形式上看不是宪法典，但内容上的规定具有宪法的实质特征。宪法惯例是指在国家长期政治生活实践中形成的，涉及有关国家根本问题，并为社会普遍承认有约束力的习惯和传统。在我国采用宪法修正案的方式修改宪法、人民代表大会和政治协商会议同时召开等被认为是中国的宪法惯例。但是需要注意的是，因为中国宪法并不是以“司法化”的方式实施，所以在中国并不存在宪法判例。B 项表述是错误的。

   宪法规范是由民主制国家制定或认可的宪法主体参与国家和社会生活最基本社会关系的行为规范。C 项的表述是正确的。

   从我国宪法的规定看，权利性与义务性规范具体有下列三种形式：一是权利性规范。宪法赋予特定主体权利，使之具有权利主体资格。《宪法》第 35 条规定，中华人民共和国公民有言论、出版、集会、结社、游行、示威的自由。二是义务性规范，集中表现在公民应履行的基本义务。《宪法》第 52 条规定，中华人民共和国公民有维护国家统一和全国各民族团结的义务。三是宪法中的权利性与义务性规范相互结合为一体。例如，宪法规定，中华人民共和国公民有劳动的权利和义务；中华人民共和国公民有受教育的权利和义务。在这类规范中，权利与义务互为一体，表现其特殊的调整方式。所以，D 项是正确的。

   【陷阱】本题的陷阱在于区别“宪法渊源”（或称“宪法的表现形式”）与“中国的宪法渊源”。一般认为宪法渊源包括了宪法典、宪法性法律、宪法惯例和宪法判例，但是在中国并没有类似于西方国家宪法法院或者宪法委员会的机关，普通法院也没有权力适用宪法进行裁判，即中国宪法并不是通过“司法化”的方式实施，所以宪法判例不是中国的宪法渊源。

二、多项选择题

1. **答案**：ABC。宪法是国家的根本法，因而它必须对基本制度、国家政权、公民的权利和义务等重要内容作出明确规定。

2. **答案**：ABCD。本题考查对宪法效力最高性的理解，题中四项均为正确选项。

3. **答案**：ABC。宪法规范与一般的法律规范具有同样的逻辑结构，值得注意的是，宪法规范的假定和制裁要素隐藏在处理部分，并不具体表现在宪法条文中。从实质内容上看，宪法条文体现的宪法规范包含三要素，但在具体表现形式上，处理部分是主导性因素。

4. **答案**：ACD。本题考查的宪法效力及其范围。宪法修正案是对宪法的完善和补充，它体现了宪法灵活性与稳定性的统一，是宪法的当然组成部分，与宪法其他条文具有同等的效力。所以A选项的表述是正确的。

宪法适用于所有本国公民，无论公民生活在国内还是国外。由于宪法效力适用于所有公民，定居国外的公民也应受宪法的保护。所以，B选项的表述是错误的。

外国人和法人在一定的条件下可以成为行使某些基本权利的主体，在享有基本权利的范围内，宪法效力适用于外国人和法人的活动。由此，C选项的表述是正确的。

宪法的空间效力及于国家行使主权的全部空间，即国家领土。领土包括一个国家的陆地、河流、湖泊、内海、领海以及它们的底床、底土和领空，是主权国家管辖的国家全部疆域。任何一个主权国家的宪法空间效力都及于国土的所有领域，也及于这一主权国家的所有公民，这是由主权的唯一性和不可分割性决定的，也是由宪法的根本法地位决定的。所以，D选项的表述是正确的。

三、名词解释

1. **答案**：宪法规范是指调整国家最基本、最重要的社会关系的各种规范的总和。宪法规范并不调整所有的社会关系，而只调整国家和社会生活中最基本的社会关系。其具有政治性、组织性与限制性、最高性、稳定性与适应性、制裁性、原则性、历史性与概括性等特点。

2. **答案**：义务性规范是指宪法规定特定主体必须为或不为某种行为，否则应承担宪法上的不良法律后果的规范。

3. **答案**：程序性规范是指具体规定宪法制度运行过程中的阶段、步骤等的规范，主要涉及国家机关活动程序方面的内容。它主要有两种表现形式：一是直接的程序性规范，即宪法典中对有关行为的程序做了具体规定；二是间接的程序性规范，即宪法典本身对程序不做具体规定，而通过法律保留形式规定具体程序。

4. **答案**：宪法规范的效力是指宪法规范对相关社会关系产生的拘束作用，其效力基础包括两个方面，宪法的法律效力和宪法实施的内在要求。

四、简答题

1. **答案**：宪法规范所调整的社会关系的特点是：（1）此类社会关系所涉及的领域非常广泛，几乎包括国家生活的各个方面，但均属原则性方面的关系。（2）此类社会关系的一方通常总是国家或者国家机关。

2. **答案**：宪法规范是指具有宪法效力的法律规范。宪法规范具备以下几个要素：规范的主体，指宪法规范的制定者与宪法规范的遵守者；规范的客体，指宪法规范调整的是何种性质的社会关系；规范的对象，指受宪法规范所调整的社会关系的标的物；规范力的范围等。

首先，宪法规范是通过特定的逻辑结构来表示规范主体、规范客体、规范对象和规范力之间的逻辑关系的。这种逻辑关系一般包括规范发生的条件、规范形态和规范的调控方式。

（1）规范发生的条件是指将宪法规范中各种构成要素组合在一起的逻辑条件，包括时间条件、空间条件、事实条件以及行为条件等。

（2）规范形态是指宪法规范所要求的可能性、不可能性和必然性。

（3）宪法规范的规范调控方式是宪法规范对规范形态所作的条件限制，这种条件限制与宪法规范的发生条件不一样。

其次，从宪法规范的存在方式的一般特征来看，分为明示的宪法规范和默示的宪法规范两种。明示的宪法规范是以书面文字的形式表达出来的宪法规范。默示的宪法规范是指作为习惯而被共同遵循的宪法规范。

最后，依据宪法规范的内容不同，宪法规范主要可以分为以下几种情形：

（1）确认性规范。即宪法规范明确规定了原则、制度和权力而不需引用其他规范加以说明。

（2）授权性规范。主要是指授予一定国家机

第一章　总　　纲
第二章　公民的基本权利和义务
第三章　国家机构
　第一节　全国人民代表大会
　第二节　中华人民共和国主席
　第三节　国务院
　第四节　中央军事委员会
　第五节　地方各级人民代表大会和地方各级人民政府
　第六节　民族自治地方的自治机关
　第七节　监察委员会
　第八节　人民法院和人民检察院
第四章　国旗、国歌、国徽、首都

序　　言

中国是世界上历史最悠久的国家之一。中国各族人民共同创造了光辉灿烂的文化，具有光荣的革命传统。

一八四〇年以后，封建的中国逐渐变成半殖民地、半封建的国家。中国人民为国家独立、民族解放和民主自由进行了前仆后继的英勇奋斗。

中华人民共和国宪法

（1982 年 12 月 4 日第五届全国人民代表大会第五次会议通过　1982 年 12 月 4 日全国人民代表大会公告公布施行　根据 1988 年 4 月 12 日第七届全国人民代表大会第一次会议通过的《中华人民共和国宪法修正案》、1993 年 3 月 29 日第八届全国人民代表大会第一次会议通过的《中华人民共和国宪法修正案》、1999 年 3 月 15 日第九届全国人民代表大会第二次会议通过的《中华人民共和国宪法修正案》、2004 年 3 月 14 日第十届全国人民代表大会第二次会议通过的《中华人民共和国宪法修正案》和 2018 年 3 月 11 日第十三届全国人民代表大会第一次会议通过的《中华人民共和国宪法修正案》修正）

目　录

序　言

二十世纪，中国发生了翻天覆地的伟大历史变革。

一九一一年孙中山先生领导的辛亥革命，废除了封建帝制，创立了中华民国。但是，中国人民反对帝国主义和封建主义的历史任务还没有完成。

一九四九年，以毛泽东主席为领袖的中国共产党领导中国各族人民，在经历了长期的艰难曲折的武装斗争和其他形式的斗争以后，终于推翻了帝国主义、封建主义和官僚资本主义的统治，取得了新民主主义革命的伟大胜利，建立了中华人民共和国。从此，中国人民掌握了国家的权力，成为国家的主人。

中华人民共和国成立以后，我国社会逐步实现了由新民主主义到社会主义的过渡。生产资料私有制的社会主义改造已经完成，人剥削人的制度已经消灭，社会主义制度已经确立。工人阶级领导的、以工农联盟为基础的人民民主专政，实质上即无产阶级专政，得到巩固和发展。中国人民和中国人民解放军战胜了帝国主义、霸权主义的侵略、破坏和武装挑衅，维护了国家的独立和安全，增强了国防。经济建设取得了重大的成就，独立的、比较完整的社会主义工业体系已经基本形成，农业生产显著提高。教育、科学、文化等事业有了很大的发展，社会主义思想教育取得了明显的成效。广大人民的生活有了较大的改善。

中国新民主主义革命的胜利和社会主义事业的成就，是中国共产党领导中国各族人民，在马克思列宁主义、毛泽东思想的指引下，坚持真理，修正错误，战胜许多艰难险阻而取得的。我国将长期处于社会主义初级阶段。国家的根本任务是，沿着中国特色社会主义道路，集中力量进行社会主义现代化建设。中国各族人民将继续在中国共产党领导下，在马克思列宁主义、毛泽东思想、邓小平理论、“三个代表”重要思想、科学发展观、习近平新时代中国特色社会主义思想指引下，坚持人民民主专政，坚持社会主义道路，坚持改革开放，不断完善社会主义的各项制度，发展社会主义市场经济，发展社会主义民主，健全社会主义法治，贯彻新发展理念，自力更生，艰苦奋斗，逐步实现工业、农业、国防和科学技术的现代化，推动物质文明、政治文明、精神文明、社会文明、生态文明协调发展，把我国建设成为富强民主文明和谐美丽的社会主义现代化强国，实现中华民族伟大复兴。

在我国，剥削阶级作为阶级已经消灭，但是阶级斗争还将在一定范围内长期存在。中国人民对敌视和破坏我国社会主义制度的国内外的敌对势力和敌对分子，必须进行斗争。

台湾是中华人民共和国的神圣领土的一部分。完成统一祖国的大业是包括台湾同胞在内的全中国人民的神圣职责。

社会主义的建设事业必须依靠工人、农民和知识分子，团结一切可以团结的力量。在长期的革命、建设、改革过程中，已经结成由中国共产党领导的，有各民主党派和各人民团体参加的，包括全体社会主义劳动者、社会主义事业的建设者、拥护社会主义的爱国者、拥护祖国统一和致力于中华民族伟大复兴的爱国者的广泛的爱国统一战线，这个统一战线将继续巩固和发展。中国人民政治协商会议是有广泛代表性的统一战线组织，过去发挥了重要的历史作用，今后在国家政治生活、社会生活和对外友好活动中，在进行社会主义现代化建设、维护国家的统一和团结的斗争中，将进一步发挥它的重要作用。中国共产党领导的多党合作和政治协商制度将长期存在和发展。

中华人民共和国是全国各族人民共同缔造的统一的多民族国家。平等团结互助和谐的社会主义民族关系已经确立，并将继续加强。在维护民族团结的斗争中，要反对大民族主义，主要是大汉族主义，也要反对地方民族主义。国家尽一切努力，促进全国各民族的共同繁荣。

中国革命、建设、改革的成就是同世界人民的支持分不开的。中国的前途是同世界的前途紧密地联系在一起的。中国坚持独立自主的对外政策，坚持互相尊重主权和领土完整、互不侵犯、互不干涉内政、平等互利、和平共处的五项原则，坚持和平发展道路，坚持互利共赢开放战略，发展同各国的外交关系和经济、文化交流，推动构建人类命运共同体；坚持反对帝国主义、霸权主义、殖民主义，加强同世界各国人民的团结，支持被压迫民族和发展中国家争取和维护民族独立、发展民族经济的正义斗争，为维护世界和平和促进人类进步事业而努力。

本宪法以法律的形式确认了中国各族人民奋斗的成果，规定了国家的根本制度和根本任务，是国家的根本法，具有最高的法律效力。全国各族人民、一切国家机关和武装力量、各政党和各社会团体、各企业事业组织，都必须以宪法为根本的活动准则，并且负有维护宪法尊严、保证宪法实施的职责。

第一章　总　　纲

第一条　中华人民共和国是工人阶级领导的、以工农联盟为基础的人民民主专政的社会主义国家。

社会主义制度是中华人民共和国的根本制度。中国共产党领导是中国特色社会主义最本质的特征。禁止任何组织或者个人破坏社会主义制度。

第二条 中华人民共和国的一切权力属于人民。

人民行使国家权力的机关是全国人民代表大会和地方各级人民代表大会。

人民依照法律规定，通过各种途径和形式，管理国家事务，管理经济和文化事业，管理社会事务。

第三条 中华人民共和国的国家机构实行民主集中制的原则。

全国人民代表大会和地方各级人民代表大会都由民主选举产生，对人民负责，受人民监督。

国家行政机关、监察机关、审判机关、检察机关都由人民代表大会产生，对它负责，受它监督。

中央和地方的国家机构职权的划分，遵循在中央的统一领导下，充分发挥地方的主动性、积极性的原则。

第四条 中华人民共和国各民族一律平等。国家保障各少数民族的合法的权利和利益，维护和发展各民族的平等团结互助和谐关系。禁止对任何民族的歧视和压迫，禁止破坏民族团结和制造民族分裂的行为。

国家根据各少数民族的特点和需要，帮助各少数民族地区加速经济和文化的发展。

各少数民族聚居的地方实行区域自治，设立自治机关，行使自治权。各民族自治地方都是中华人民共和国不可分离的部分。

各民族都有使用和发展自己的语言文字的自由，都有保持或者改革自己的风俗习惯的自由。

第五条　中华人民共和国实行依法治国，建设社会主义法治国家。

国家维护社会主义法制的统一和尊严。

一切法律、行政法规和地方性法规都不得同宪法相抵触。

一切国家机关和武装力量、各政党和各社会团体、各企业事业组织都必须遵守宪法和法律。一切违反宪法和法律的行为，必须予以追究。

任何组织或者个人都不得有超越宪法和法律的特权。

第六条　中华人民共和国的社会主义经济制度的基础是生产资料的社会主义公有制，即全民所有制和劳动群众集体所有制。社会主义公有制消灭人剥削人的制度，实行各尽所能、按劳分配的原则。

国家在社会主义初级阶段，坚持公有制为主体、多种所有制经济共同发展的基本经济制度，坚持按劳分配为主体、多种分配方式并存的分配制度。

第七条 国有经济，即社会主义全民所有制经济，是国民经济中的主导力量。国家保障国有经济的巩固和发展。

第八条 农村集体经济组织实行家庭承包经营为基础、统分结合的双层经营体制。农村中的生产、供销、信用、消费等各种形式的合作经济，是社会主义劳动群众集体所有制经济。参加农村集体经济组织的劳动者，有权在法律规定的范围内经营自留地、自留山、家庭副业和饲养自留畜。

城镇中的手工业、工业、建筑业、运输业、商业、服务业等行业的各种形式的合作经济，都是社会主义劳动群众集体所有制经济。

国家保护城乡集体经济组织的合法的权利和利益，鼓励、指导和帮助集体经济的发展。

第九条 矿藏、水流、森林、山岭、草原、荒地、滩涂等自然资源，都属于国家所有，即全民所有；由法律规定属于集体所有的森林和山岭、草原、荒地、滩涂除外。

国家保障自然资源的合理利用，保护珍贵的动物和植物。禁止任何组织或者个人用任何手段侵占或者破坏自然资源。

第十条 城市的土地属于国家所有。

农村和城市郊区的土地，除由法律规定属于国家所有的以外，属于集体所有；宅基地和自留地、自留山，也属于集体所有。

国家为了公共利益的需要，可以依照法律规定对土地实行征收或者征用并给予补偿。

任何组织或者个人不得侵占、买卖或者以其他形式非法转让土地。土地的使用权可以依照法律的规定转让。

一切使用土地的组织和个人必须合理地利用土地。

第十一条 在法律规定范围内的个体经济、私营经济等非公有制经济，是社会主义市场经济的重要组成部分。

国家保护个体经济、私营经济等非公有制经济的合法的权利和利益。国家鼓励、支持和引导非公有制经济的发展，并对非公有制经济依法实行监督和管理。

第十二条 社会主义的公共财产神圣不可侵犯。

国家保护社会主义的公共财产。禁止任何组织或者个人用任何手段侵占或者破坏国家的和集体的财产。

第十三条 公民的合法的私有财产不受侵犯。

国家依照法律规定保护公民的私有财产权和继承权。

国家为了公共利益的需要，可以依照法律规定对公民的私有财产实行征收或者征用并给予补偿。

第十四条 国家通过提高劳动者的积极性和技术水平，推广先进的科学技术，完善经济管理体制和企业经营管理制度，实行各种形式的社会主义责任制，改进劳动组织，以不断提高劳动生产率和经济效益，发展社会生产力。

国家厉行节约，反对浪费。

国家合理安排积累和消费，兼顾国家、集体和个人的利益，在发展生产的基础上，逐步改善人民的物质生活和文化生活。

国家建立健全同经济发展水平相适应的社会保障制度。

第十五条 国家实行社会主义市场经济。

国家加强经济立法，完善宏观调控。

国家依法禁止任何组织或者个人扰乱社会经济秩序。

第十六条 国有企业在法律规定的范围内有权自主经营。

国有企业依照法律规定，通过职工代表大会和其他形式，实行民主管理。

第十七条 集体经济组织在遵守有关法律的前提下，有独立进行经济活动的自主权。

集体经济组织实行民主管理，依照法律规定选举和罢免管理人员，决定经营管理的重大问题。

第十八条 中华人民共和国允许外国的企业和其他经济组织或者个人依照中华人民共和国法律的规定在中国投资，同中国的企业或者其他经济组织进行各种形式的经济合作。

在中国境内的外国企业和其他外国经济组织以及中外合资经营的企业，都必须遵守中华人民共和国的法律。它们的合法的权利和利益受中华人民共和国法律的保护。

第十九条 国家发展社会主义的教育事业，提高全国人民的科学文化水平。

国家举办各种学校，普及初等义务教育，发展中等教育、职业教育和高等教育，并且发展学前教育。

国家发展各种教育设施，扫除文盲，对工人、农民、国家工作人员和其他劳动者进行政治、文化、科学、技术、业务的教育，鼓励自学成才。

国家鼓励集体经济组织、国家企业事业组织和其他社会力量依照法律规定举办各种教育事业。

国家推广全国通用的普通话。

第二十条 国家发展自然科学和社会科学事业，普及科学和技术知识，奖励科学研究成果和技术发明创造。

第二十一条 国家发展医疗卫生事业，发展现代医药和我国传统医药，鼓励和支持农村集体经济组织、国家企业事业组织和街道组织举办各种医疗卫生设施，开展群众性的卫生活动，保护人民健康。

国家发展体育事业，开展群众性的体育活动，增强人民体质。

第二十二条 国家发展为人民服务、为社会主义服务的文学艺术事业、新闻广播电视事业、出版发行事业、图书馆博物馆文化馆和其他文化事业，开展群众性的文化活动。

国家保护名胜古迹、珍贵文物和其他重要历史文化遗产。

第二十三条 国家培养为社会主义服务的各种专业人才，扩大知识分子的队伍，创造条件，充分发挥他们在社会主义现代化建设中的作用。

第二十四条 国家通过普及理想教育、道德教育、文化教育、纪律和法制教育，通过在城乡不同范围的群众中制定和执行各种守则、公约，加强社会主义精神文明的建设。

国家倡导社会主义核心价值观，提倡爱祖国、爱人民、爱劳动、爱科学、爱社会主义的公德，在人民中进行爱国主义、集体主义和国际主义、共产主义的教育，进行辩证唯物主义和历史唯物主义的教育，反对资本主义的、封建主义的和其他的腐朽思想。

第二十五条 国家推行计划生育，使人口的增长同经济和社会发展计划相适应。

第二十六条 国家保护和改善生活环境和生态环境，防治污染和其他公害。

国家组织和鼓励植树造林，保护林木。

第二十七条 一切国家机关实行精简的原则，实行工作责任制，实行工作人员的培训和考核制度，不断提高工作质量和工作效率，反对官僚主义。

一切国家机关和国家工作人员必须依靠人民的支持，经常保持同人民的密切联系，倾听人民的意见和建议，接受人民的监督，努力为人民服务。

国家工作人员就职时应当依照法律规定公开进行宪法宣誓。

第二十八条 国家维护社会秩序，镇压叛国和其他危害国家安全的犯罪活动，制裁危害社会治安、破坏社会主义经济和其他犯罪的活动，惩办和改造犯罪分子。

第二十九条 中华人民共和国的武装力量属于人民。它的任务是巩固国防，抵抗侵略，保卫祖国，保卫人民的和平劳动，参加国家建设事业，努力为人民服务。

国家加强武装力量的革命化、现代化、正规化的建设，增强国防力量。

第三十条 中华人民共和国的行政区域划分如下：

（一）全国分为省、自治区、直辖市；

（二）省、自治区分为自治州、县、自治县、市；

（三）县、自治县分为乡、民族乡、镇。

直辖市和较大的市分为区、县。自治州分为县、自治县、市。

自治区、自治州、自治县都是民族自治地方。

第三十一条 国家在必要时得设立特别行政区。在特别行政区内实行的制度按照具体情况由全国人民代表大会以法律规定。

第三十二条 中华人民共和国保护在中国境内的外国人的合法权利和利益，在中国境内的外国人必须遵守中华人民共和国的法律。

中华人民共和国对于因为政治原因要求避难的外国人，可以给予受庇护的权利。

第二章　公民的基本权利和义务

第三十三条　凡具有中华人民共和国国籍的人都是中华人民共和国公民。

中华人民共和国公民在法律面前一律平等。

国家尊重和保障人权。

任何公民享有宪法和法律规定的权利，同时必须履行宪法和法律规定的义务。

第三十四条　中华人民共和国年满十八周岁的公民，不分民族、种族、性别、职业、家庭出身、宗教信仰、教育程度、财产状况、居住期限，都有选举权和被选举权；但是依照法律被剥夺政治权利的人除外。

第三十五条　中华人民共和国公民有言论、出版、集会、结社、游行、示威的自由。

第三十六条　中华人民共和国公民有宗教信仰自由。

任何国家机关、社会团体和个人不得强制公民信仰宗教或者不信仰宗教，不得歧视信仰宗教的公民和不信仰宗教的公民。

国家保护正常的宗教活动。任何人不得利用宗教进行破坏社会秩序、损害公民身体健康、妨碍国家教育制度的活动。

宗教团体和宗教事务不受外国势力的支配。

第三十七条 中华人民共和国公民的人身自由不受侵犯。

任何公民，非经人民检察院批准或者决定或者人民法院决定，并由公安机关执行，不受逮捕。

禁止非法拘禁和以其他方法非法剥夺或者限制公民的人身自由，禁止非法搜查公民的身体。

第三十八条 中华人民共和国公民的人格尊严不受侵犯。禁止用任何方法对公民进行侮辱、诽谤和诬告陷害。

第三十九条 中华人民共和国公民的住宅不受侵犯。禁止非法搜查或者非法侵入公民的住宅。

第四十条 中华人民共和国公民的通信自由和通信秘密受法律的保护。除因国家安全或者追查刑事犯罪的需要，由公安机关或者检察机关依照法律规定的程序对通信进行检查外，任何组织或者个人不得以任何理由侵犯公民的通信自由和通信秘密。

第四十一条 中华人民共和国公民对于任何国家机关和国家工作人员，有提出批评和建议的权利；对于任何国家机关和国家工作人员的违法失职行为，有向有关国家机关提出申诉、控告或者检举的权利，但是不得捏造或者歪曲事实进行诬告陷害。

对于公民的申诉、控告或者检举，有关国家机关必须查清事实，负责处理。任何人不得压制和打击报复。

由于国家机关和国家工作人员侵犯公民权利而受到损失的人，有依照法律规定取得赔偿的权利。

第四十二条 中华人民共和国公民有劳动的权利和义务。

国家通过各种途径，创造劳动就业条件，加强劳动保护，改善劳动条件，并在发展生产的基础上，提高劳动报酬和福利待遇。

劳动是一切有劳动能力的公民的光荣职责。国有企业和城乡集体经济组织的劳动者都应当以国家主人翁的态度对待自己的劳动。国家提倡社会主义劳动竞赛，奖励劳动模范和先进工作者。国家提倡公民从事义务劳动。

国家对就业前的公民进行必要的劳动就业训练。

第四十三条 中华人民共和国劳动者有休息的权利。

国家发展劳动者休息和休养的设施，规定职工的工作时间和休假制度。

第四十四条 国家依照法律规定实行企业事业组织的职工和国家机关工作人员的退休制度。退休人员的生活受到国家和社会的保障。

第四十五条 中华人民共和国公民在年老、疾病或者丧失劳动能力的情况下，有从国家和社会获得物质帮助的权利。国家发展为公民享受这些权利所需要的社会保险、社会救济和医疗卫生事业。

国家和社会保障残废军人的生活，抚恤烈士家属，优待军人家属。

国家和社会帮助安排盲、聋、哑和其他有残疾的公民的劳动、生活和教育。

第四十六条 中华人民共和国公民有受教育的权利和义务。

国家培养青年、少年、儿童在品德、智力、体质等方面全面发展。

第四十七条 中华人民共和国公民有进行科学研究、文学艺术创作和其他文化活动的自由。国家对于从事教育、科学、技术、文学、艺术和其他文化事业的公民的有益于人民的创造性工作，给以鼓励和帮助。

第四十八条 中华人民共和国妇女在政治的、经济的、文化的、社会的和家庭的生活等各方面享有同男子平等的权利。

国家保护妇女的权利和利益，实行男女同工同酬，培养和选拔妇女干部。

第四十九条 婚姻、家庭、母亲和儿童受国家的保护。

夫妻双方有实行计划生育的义务。

父母有抚养教育未成年子女的义务，成年子女有赡养扶助父母的义务。

禁止破坏婚姻自由，禁止虐待老人、妇女和儿童。

第五十条 中华人民共和国保护华侨的正当的权利和利益，保护归侨和侨眷的合法的权利和利益。

第五十一条 中华人民共和国公民在行使自由和权利的时候，不得损害国家的、社会的、集体的利益和其他公民的合法的自由和权利。

第五十二条 中华人民共和国公民有维护国家统一和全国各民族团结的义务。

第五十三条 中华人民共和国公民必须遵守宪法和法律，保守国家秘密，爱护公共财产，遵守劳动纪律，遵守公共秩序，尊重社会公德。

第五十四条 中华人民共和国公民有维护祖国的安全、

荣誉和利益的义务，不得有危害祖国的安全、荣誉和利益的行为。

第五十五条 保卫祖国、抵抗侵略是中华人民共和国每一个公民的神圣职责。

依照法律服兵役和参加民兵组织是中华人民共和国公民的光荣义务。

第五十六条 中华人民共和国公民有依照法律纳税的义务。

第三章 国家机构

第一节 全国人民代表大会

第五十七条 中华人民共和国全国人民代表大会是最高国家权力机关。它的常设机关是全国人民代表大会常务委员会。

第五十八条 全国人民代表大会和全国人民代表大会常务委员会行使国家立法权。

第五十九条 全国人民代表大会由省、自治区、直辖市、特别行政区和军队选出的代表组成。各少数民族都应当有适当名额的代表。

全国人民代表大会代表的选举由全国人民代表大会常务委员会主持。

全国人民代表大会代表名额和代表产生办法由法律规定。

第六十条 全国人民代表大会每届任期五年。

全国人民代表大会任期届满的两个月以前，全国人民代表大会常务委员会必须完成下届全国人民代表大会代表的选举。如果遇到不能进行选举的非常情况，由全国人民代表大会常务委员会以全体组成人员的三分之二以上的多数通过，可以推迟选举，延长本届全国人民代表大会的任期。在非常情况结束后一年内，必须完成下届全国人民代表大会代表的选举。

第六十一条 全国人民代表大会会议每年举行一次，由全国人民代表大会常务委员会召集。如果全国人民代表大会常务委员会认为必要，或者有五分之一以上的全国人民代表大会代表提议，可以临时召集全国人民代表大会会议。

全国人民代表大会举行会议的时候，选举主席团主持会议。

第六十二条 全国人民代表大会行使下列职权：

（一）修改宪法；

（二）监督宪法的实施；

（三）制定和修改刑事、民事、国家机构的和其他的基本法律；

（四）选举中华人民共和国主席、副主席；

（五）根据中华人民共和国主席的提名，决定国务院总理的人选；根据国务院总理的提名，决定国务院副总理、国务委员、各部部长、各委员会主任、审计长、秘书长的人选；

（六）选举中央军事委员会主席；根据中央军事委员会主席的提名，决定中央军事委员会其他组成人员的人选；

（七）选举国家监察委员会主任；

（八）选举最高人民法院院长；

（九）选举最高人民检察院检察长；

（十）审查和批准国民经济和社会发展计划和计划执行情况的报告；

（十一）审查和批准国家的预算和预算执行情况的报告；

（十二）改变或者撤销全国人民代表大会常务委员会不适当的决定；

（十三）批准省、自治区和直辖市的建置；

（十四）决定特别行政区的设立及其制度；

（十五）决定战争和和平的问题；

（十六）应当由最高国家权力机关行使的其他职权。

第六十三条 全国人民代表大会有权罢免下列人员：

（一）中华人民共和国主席、副主席；

（二）国务院总理、副总理、国务委员、各部部长、各委员会主任、审计长、秘书长；

（三）中央军事委员会主席和中央军事委员会其他组成人员；

（四）国家监察委员会主任；

（五）最高人民法院院长；

（六）最高人民检察院检察长。

第六十四条 宪法的修改，由全国人民代表大会常务委员会或者五分之一以上的全国人民代表大会代表提议，并由全国人民代表大会以全体代表的三分之二以上的多数通过。

法律和其他议案由全国人民代表大会以全体代表的过半数通过。

第六十五条 全国人民代表大会常务委员会由下列人员组成：

委员长，

副委员长若干人，

秘书长，

委员若干人。

全国人民代表大会常务委员会组成人员中，应当有适当名额的少数民族代表。

全国人民代表大会选举并有权罢免全国人民代表大会常务委员会的组成人员。

全国人民代表大会常务委员会的组成人员不得担任国家行政机关、监察机关、审判机关和检察机关的职务。

第六十六条　全国人民代表大会常务委员会每届任期同全国人民代表大会每届任期相同，它行使职权到下届全国人民代表大会选出新的常务委员会为止。

委员长、副委员长连续任职不得超过两届。

第六十七条　全国人民代表大会常务委员会行使下列职权：

（一）解释宪法，监督宪法的实施；

（二）制定和修改除应当由全国人民代表大会制定的法律以外的其他法律；

（三）在全国人民代表大会闭会期间，对全国人民代表大会制定的法律进行部分补充和修改，但是不得同该法律的基本原则相抵触；

（四）解释法律；

（五）在全国人民代表大会闭会期间，审查和批准国民经济和社会发展计划、国家预算在执行过程中所必须作的部分调整方案；

（六）监督国务院、中央军事委员会、国家监察委员会、最高人民法院和最高人民检察院的工作；

（七）撤销国务院制定的同宪法、法律相抵触的行政法规、决定和命令；

（八）撤销省、自治区、直辖市国家权力机关制定的同宪法、法律和行政法规相抵触的地方性法规和决议；

（九）在全国人民代表大会闭会期间，根据国务院总理的提名，决定部长、委员会主任、审计长、秘书长的人选；

（十）在全国人民代表大会闭会期间，根据中央军事委员会主席的提名，决定中央军事委员会其他组成人员的人选；

（十一）根据国家监察委员会主任的提请，任免国家监察委员会副主任、委员；

（十二）根据最高人民法院院长的提请，任免最高人民法院副院长、审判员、审判委员会委员和军事法院院长；

（十三）根据最高人民检察院检察长的提请，任免最高人民检察院副检察长、检察员、检察委员会委员和军事检察院检察长，并且批准省、自治区、直辖市的人民检察院检察长的任免；

（十四）决定驻外全权代表的任免；

（十五）决定同外国缔结的条约和重要协定的批准和废除；

（十六）规定军人和外交人员的衔级制度和其他专门衔级制度；

（十七）规定和决定授予国家的勋章和荣誉称号；

（十八）决定特赦；

（十九）在全国人民代表大会闭会期间，如果遇到国家遭受武装侵犯或者必须履行国际间共同防止侵略的条约的情况，决定战争状态的宣布；

（二十）决定全国总动员或者局部动员；

（二十一）决定全国或者个别省、自治区、直辖市进入紧急状态；

（二十二）全国人民代表大会授予的其他职权。

第六十八条　全国人民代表大会常务委员会委员长主持

全国人民代表大会常务委员会的工作，召集全国人民代表大会常务委员会会议。副委员长、秘书长协助委员长工作。

委员长、副委员长、秘书长组成委员长会议，处理全国人民代表大会常务委员会的重要日常工作。

第六十九条 全国人民代表大会常务委员会对全国人民代表大会负责并报告工作。

第七十条 全国人民代表大会设立民族委员会、宪法和法律委员会、财政经济委员会、教育科学文化卫生委员会、外事委员会、华侨委员会和其他需要设立的专门委员会。在全国人民代表大会闭会期间，各专门委员会受全国人民代表大会常务委员会的领导。

各专门委员会在全国人民代表大会和全国人民代表大会常务委员会领导下，研究、审议和拟订有关议案。

第七十一条 全国人民代表大会和全国人民代表大会常务委员会认为必要的时候，可以组织关于特定问题的调查委员会，并且根据调查委员会的报告，作出相应的决议。

调查委员会进行调查的时候，一切有关的国家机关、社会团体和公民都有义务向它提供必要的材料。

第七十二条 全国人民代表大会代表和全国人民代表大会常务委员会组成人员，有权依照法律规定的程序分别提出属于全国人民代表大会和全国人民代表大会常务委员会职权范围内的议案。

第七十三条 全国人民代表大会代表在全国人民代表大会开会期间，全国人民代表大会常务委员会组成人员在常务委员会开会期间，有权依照法律规定的程序提出对国务院或者国务院各部、各委员会的质询案。受质询的机关必须负责答复。

第七十四条 全国人民代表大会代表，非经全国人民代表大会会议主席团许可，在全国人民代表大会闭会期间非经全国人民代表大会常务委员会许可，不受逮捕或者刑事审判。

第七十五条 全国人民代表大会代表在全国人民代表大会各种会议上的发言和表决，不受法律追究。

第七十六条 全国人民代表大会代表必须模范地遵守宪法和法律，保守国家秘密，并且在自己参加的生产、工作和社会活动中，协助宪法和法律的实施。

全国人民代表大会代表应当同原选举单位和人民保持密切的联系，听取和反映人民的意见和要求，努力为人民服务。

第七十七条 全国人民代表大会代表受原选举单位的监

督。原选举单位有权依照法律规定的程序罢免本单位选出的代表。

第七十八条 全国人民代表大会和全国人民代表大会常务委员会的组织和工作程序由法律规定。

第二节 中华人民共和国主席

第七十九条 中华人民共和国主席、副主席由全国人民代表大会选举。

有选举权和被选举权的年满四十五周岁的中华人民共和国公民可以被选为中华人民共和国主席、副主席。

中华人民共和国主席、副主席每届任期同全国人民代表大会每届任期相同。

第八十条 中华人民共和国主席根据全国人民代表大会的决定和全国人民代表大会常务委员会的决定，公布法律，任免国务院总理、副总理、国务委员、各部部长、各委员会主任、审计长、秘书长，授予国家的勋章和荣誉称号，发布特赦令，宣布进入紧急状态，宣布战争状态，发布动员令。

第八十一条 中华人民共和国主席代表中华人民共和国，进行国事活动，接受外国使节；根据全国人民代表大会常务委员会的决定，派遣和召回驻外全权代表，批准和废除同外国缔结的条约和重要协定。

第八十二条 中华人民共和国副主席协助主席工作。

中华人民共和国副主席受主席的委托，可以代行主席的部分职权。

第八十三条 中华人民共和国主席、副主席行使职权到下届全国人民代表大会选出的主席、副主席就职为止。

第八十四条 中华人民共和国主席缺位的时候，由副主席继任主席的职位。

中华人民共和国副主席缺位的时候，由全国人民代表大会补选。

中华人民共和国主席、副主席都缺位的时候，由全国人民代表大会补选；在补选以前，由全国人民代表大会常务委员会委员长暂时代理主席职位。

第三节 国 务 院

第八十五条 中华人民共和国国务院，即中央人民政府，是最高国家权力机关的执行机关，是最高国家行政机关。

第八十六条 国务院由下列人员组成：

总理，

副总理若干人，

国务委员若干人，

各部部长，

各委员会主任，

审计长，

秘书长。

国务院实行总理负责制。各部、各委员会实行部长、主任负责制。

国务院的组织由法律规定。

第八十七条 国务院每届任期同全国人民代表大会每届任期相同。

总理、副总理、国务委员连续任职不得超过两届。

第八十八条 总理领导国务院的工作。副总理、国务委员协助总理工作。

总理、副总理、国务委员、秘书长组成国务院常务会议。

总理召集和主持国务院常务会议和国务院全体会议。

第八十九条 国务院行使下列职权：

（一）根据宪法和法律，规定行政措施，制定行政法规，发布决定和命令；

（二）向全国人民代表大会或者全国人民代表大会常务委员会提出议案；

（三）规定各部和各委员会的任务和职责，统一领导各部和各委员会的工作，并且领导不属于各部和各委员会的全国性的行政工作；

（四）统一领导全国地方各级国家行政机关的工作，规定中央和省、自治区、直辖市的国家行政机关的职权的具体划分；

（五）编制和执行国民经济和社会发展计划和国家预算；

（六）领导和管理经济工作和城乡建设、生态文明建设；

（七）领导和管理教育、科学、文化、卫生、体育和计划生育工作；

（八）领导和管理民政、公安、司法行政等工作；

（九）管理对外事务，同外国缔结条约和协定；

（十）领导和管理国防建设事业；

（十一）领导和管理民族事务，保障少数民族的平等权利和民族自治地方的自治权利；

（十二）保护华侨的正当的权利和利益，保护归侨和侨眷的合法的权利和利益；

（十三）改变或者撤销各部、各委员会发布的不适当的命令、指示和规章；

（十四）改变或者撤销地方各级国家行政机关的不适当的决定和命令；

（十五）批准省、自治区、直辖市的区域划分，批准自治州、县、自治县、市的建置和区域划分；

（十六）依照法律规定决定省、自治区、直辖市的范围内部分地区进入紧急状态；

（十七）审定行政机构的编制，依照法律规定任免、培训、考核和奖惩行政人员；

（十八）全国人民代表大会和全国人民代表大会常务委员会授予的其他职权。

第九十条　国务院各部部长、各委员会主任负责本部门的工作；召集和主持部务会议或者委员会会议、委务会议，讨论决定本部门工作的重大问题。

各部、各委员会根据法律和国务院的行政法规、决定、命令，在本部门的权限内，发布命令、指示和规章。

第九十一条　国务院设立审计机关，对国务院各部门和地方各级政府的财政收支，对国家的财政金融机构和企业事业组织的财务收支，进行审计监督。

审计机关在国务院总理领导下，依照法律规定独立行使审计监督权，不受其他行政机关、社会团体和个人的干涉。

第九十二条 国务院对全国人民代表大会负责并报告工作；在全国人民代表大会闭会期间，对全国人民代表大会常务委员会负责并报告工作。

第四节 中央军事委员会

第九十三条 中华人民共和国中央军事委员会领导全国武装力量。

中央军事委员会由下列人员组成：

主席，

副主席若干人，

委员若干人。

中央军事委员会实行主席负责制。

中央军事委员会每届任期同全国人民代表大会每届任期相同。

第九十四条 中央军事委员会主席对全国人民代表大会和全国人民代表大会常务委员会负责。

第五节　地方各级人民代表大会和地方各级人民政府

第九十五条　省、直辖市、县、市、市辖区、乡、民族乡、镇设立人民代表大会和人民政府。

地方各级人民代表大会和地方各级人民政府的组织由法律规定。

自治区、自治州、自治县设立自治机关。自治机关的组织和工作根据宪法第三章第五节、第六节规定的基本原则由法律规定。

第九十六条　地方各级人民代表大会是地方国家权力机关。

县级以上的地方各级人民代表大会设立常务委员会。

第九十七条　省、直辖市、设区的市的人民代表大会代表由下一级的人民代表大会选举；县、不设区的市、市辖区、乡、民族乡、镇的人民代表大会代表由选民直接选举。

地方各级人民代表大会代表名额和代表产生办法由法律规定。

第九十八条　地方各级人民代表大会每届任期五年。

第九十九条　地方各级人民代表大会在本行政区域内，

保证宪法、法律、行政法规的遵守和执行；依照法律规定的权限，通过和发布决议，审查和决定地方的经济建设、文化建设和公共事业建设的计划。

县级以上的地方各级人民代表大会审查和批准本行政区域内的国民经济和社会发展计划、预算以及它们的执行情况的报告；有权改变或者撤销本级人民代表大会常务委员会不适当的决定。

民族乡的人民代表大会可以依照法律规定的权限采取适合民族特点的具体措施。

第一百条　省、直辖市的人民代表大会和它们的常务委员会，在不同宪法、法律、行政法规相抵触的前提下，可以制定地方性法规，报全国人民代表大会常务委员会备案。

设区的市的人民代表大会和它们的常务委员会，在不同宪法、法律、行政法规和本省、自治区的地方性法规相抵触的前提下，可以依照法律规定制定地方性法规，报本省、自治区人民代表大会常务委员会批准后施行。

第一百零一条　地方各级人民代表大会分别选举并且有权罢免本级人民政府的省长和副省长、市长和副市长、县长和副县长、区长和副区长、乡长和副乡长、镇长和副镇长。

县级以上的地方各级人民代表大会选举并且有权罢免本

级监察委员会主任、本级人民法院院长和本级人民检察院检察长。选出或者罢免人民检察院检察长，须报上级人民检察院检察长提请该级人民代表大会常务委员会批准。

第一百零二条 省、直辖市、设区的市的人民代表大会代表受原选举单位的监督；县、不设区的市、市辖区、乡、民族乡、镇的人民代表大会代表受选民的监督。

地方各级人民代表大会代表的选举单位和选民有权依照法律规定的程序罢免由他们选出的代表。

第一百零三条 县级以上的地方各级人民代表大会常务委员会由主任、副主任若干人和委员若干人组成，对本级人民代表大会负责并报告工作。

县级以上的地方各级人民代表大会选举并有权罢免本级人民代表大会常务委员会的组成人员。

县级以上的地方各级人民代表大会常务委员会的组成人员不得担任国家行政机关、监察机关、审判机关和检察机关的职务。

第一百零四条 县级以上的地方各级人民代表大会常务委员会讨论、决定本行政区域内各方面工作的重大事项；监督本级人民政府、监察委员会、人民法院和人民检察院的工作；撤销本级人民政府的不适当的决定和命令；撤销下一级人民代表大会的不适当的决议；依照法律规定的权限决定国家机关工作人员的任免；在本级人民代表大会闭会期间，罢免和补选上一级人民代表大会的个别代表。

第一百零五条 地方各级人民政府是地方各级国家权力机关的执行机关，是地方各级国家行政机关。

地方各级人民政府实行省长、市长、县长、区长、乡长、镇长负责制。

第一百零六条 地方各级人民政府每届任期同本级人民代表大会每届任期相同。

第一百零七条 县级以上地方各级人民政府依照法律规定的权限，管理本行政区域内的经济、教育、科学、文化、卫生、体育事业、城乡建设事业和财政、民政、公安、民族事务、司法行政、计划生育等行政工作，发布决定和命令，任免、培训、考核和奖惩行政工作人员。

乡、民族乡、镇的人民政府执行本级人民代表大会的决议和上级国家行政机关的决定和命令，管理本行政区域内的行政工作。

省、直辖市的人民政府决定乡、民族乡、镇的建置和区域划分。

第一百零八条 县级以上的地方各级人民政府领导所属

各工作部门和下级人民政府的工作，有权改变或者撤销所属各工作部门和下级人民政府的不适当的决定。

第一百零九条 县级以上的地方各级人民政府设立审计机关。地方各级审计机关依照法律规定独立行使审计监督权，对本级人民政府和上一级审计机关负责。

第一百一十条 地方各级人民政府对本级人民代表大会负责并报告工作。县级以上的地方各级人民政府在本级人民代表大会闭会期间，对本级人民代表大会常务委员会负责并报告工作。

地方各级人民政府对上一级国家行政机关负责并报告工作。全国地方各级人民政府都是国务院统一领导下的国家行政机关，都服从国务院。

第一百一十一条 城市和农村按居民居住地区设立的居民委员会或者村民委员会是基层群众性自治组织。居民委员会、村民委员会的主任、副主任和委员由居民选举。居民委员会、村民委员会同基层政权的相互关系由法律规定。

居民委员会、村民委员会设人民调解、治安保卫、公共卫生等委员会，办理本居住地区的公共事务和公益事业，调解民间纠纷，协助维护社会治安，并且向人民政府反映群众的意见、要求和提出建议。

第六节 民族自治地方的自治机关

第一百一十二条 民族自治地方的自治机关是自治区、自治州、自治县的人民代表大会和人民政府。

第一百一十三条 自治区、自治州、自治县的人民代表大会中，除实行区域自治的民族的代表外，其他居住在本行政区域内的民族也应当有适当名额的代表。

自治区、自治州、自治县的人民代表大会常务委员会中应当有实行区域自治的民族的公民担任主任或者副主任。

第一百一十四条 自治区主席、自治州州长、自治县县长由实行区域自治的民族的公民担任。

第一百一十五条 自治区、自治州、自治县的自治机关行使宪法第三章第五节规定的地方国家机关的职权，同时依照宪法、民族区域自治法和其他法律规定的权限行使自治权，根据本地方实际情况贯彻执行国家的法律、政策。

第一百一十六条 民族自治地方的人民代表大会有权依照当地民族的政治、经济和文化的特点，制定自治条例和单行条例。自治区的自治条例和单行条例，报全国人民代表大会常务委员会批准后生效。自治州、自治县的自治条例和单行条例，报省或者自治区的人民代表大会常务委员会批准后生效，并报全国人民代表大会常务委员会备案。

第一百一十七条 民族自治地方的自治机关有管理地方财政的自治权。凡是依照国家财政体制属于民族自治地方的财政收入，都应当由民族自治地方的自治机关自主地安排使用。

第一百一十八条 民族自治地方的自治机关在国家计划的指导下，自主地安排和管理地方性的经济建设事业。

国家在民族自治地方开发资源、建设企业的时候，应当照顾民族自治地方的利益。

第一百一十九条 民族自治地方的自治机关自主地管理本地方的教育、科学、文化、卫生、体育事业，保护和整理民族的文化遗产，发展和繁荣民族文化。

第一百二十条 民族自治地方的自治机关依照国家的军事制度和当地的实际需要，经国务院批准，可以组织本地方维护社会治安的公安部队。

第一百二十一条 民族自治地方的自治机关在执行职务的时候，依照本民族自治地方自治条例的规定，使用当地通用的一种或者几种语言文字。

第一百二十二条 国家从财政、物资、技术等方面帮助各少数民族加速发展经济建设和文化建设事业。

国家帮助民族自治地方从当地民族中大量培养各级干部、各种专业人才和技术工人。

第七节　监察委员会

第一百二十三条　中华人民共和国各级监察委员会是国家的监察机关。

第一百二十四条　中华人民共和国设立国家监察委员会和地方各级监察委员会。

监察委员会由下列人员组成：

主任，

副主任若干人，

委员若干人。

监察委员会主任每届任期同本级人民代表大会每届任期相同。国家监察委员会主任连续任职不得超过两届。

监察委员会的组织和职权由法律规定。

第一百二十五条　中华人民共和国国家监察委员会是最高监察机关。

国家监察委员会领导地方各级监察委员会的工作，上级监察委员会领导下级监察委员会的工作。

第一百二十六条　国家监察委员会对全国人民代表大会

和全国人民代表大会常务委员会负责。地方各级监察委员会对产生它的国家权力机关和上一级监察委员会负责。

第一百二十七条 监察委员会依照法律规定独立行使监察权，不受行政机关、社会团体和个人的干涉。

监察机关办理职务违法和职务犯罪案件，应当与审判机关、检察机关、执法部门互相配合，互相制约。

第八节 人民法院和人民检察院

第一百二十八条 中华人民共和国人民法院是国家的审判机关。

第一百二十九条 中华人民共和国设立最高人民法院、地方各级人民法院和军事法院等专门人民法院。

最高人民法院院长每届任期同全国人民代表大会每届任期相同，连续任职不得超过两届。

人民法院的组织由法律规定。

第一百三十条 人民法院审理案件，除法律规定的特别情况外，一律公开进行。被告人有权获得辩护。

第一百三十一条 人民法院依照法律规定独立行使审判权，不受行政机关、社会团体和个人的干涉。

第一百三十二条 最高人民法院是最高审判机关。

最高人民法院监督地方各级人民法院和专门人民法院的审判工作，上级人民法院监督下级人民法院的审判工作。

第一百三十三条 最高人民法院对全国人民代表大会和全国人民代表大会常务委员会负责。地方各级人民法院对产生它的国家权力机关负责。

第一百三十四条 中华人民共和国人民检察院是国家的法律监督机关。

第一百三十五条 中华人民共和国设立最高人民检察院、地方各级人民检察院和军事检察院等专门人民检察院。

最高人民检察院检察长每届任期同全国人民代表大会每届任期相同，连续任职不得超过两届。

人民检察院的组织由法律规定。

第一百三十六条 人民检察院依照法律规定独立行使检察权，不受行政机关、社会团体和个人的干涉。

第一百三十七条 最高人民检察院是最高检察机关。

最高人民检察院领导地方各级人民检察院和专门人民检察院的工作，上级人民检察院领导下级人民检察院的工作。

第一百三十八条 最高人民检察院对全国人民代表大会和全国人民代表大会常务委员会负责。地方各级人民检察院对产生它的国家权力机关和上级人民检察院负责。

第一百三十九条 各民族公民都有用本民族语言文字进行诉讼的权利。人民法院和人民检察院对于不通晓当地通用的语言文字的诉讼参与人，应当为他们翻译。

在少数民族聚居或者多民族共同居住的地区，应当用当地通用的语言进行审理；起诉书、判决书、布告和其他文书应当根据实际需要使用当地通用的一种或者几种文字。

第一百四十条 人民法院、人民检察院和公安机关办理刑事案件，应当分工负责，互相配合，互相制约，以保证准确有效地执行法律。

第四章 国旗、国歌、国徽、首都

第一百四十一条 中华人民共和国国旗是五星红旗。

中华人民共和国国歌是《义勇军进行曲》。

第一百四十二条 中华人民共和国国徽，中间是五星照耀下的天安门，周围是谷穗和齿轮。

第一百四十三条 中华人民共和国首都是北京。

关以某些职权的规范。

(3) 禁止性规范。指一切国家机关、社会团体、公民不得作出的行为。

(4) 权利义务性规范。主要指体现公民基本权利和义务的规范。

(5) 程序性规范。主要指规定国家机关产生、组成、行使职权的活动规则与办法的规范。

3. 答案：宪法规范的不正常变动是指在宪法规范外发生的变化，亦即在一定条件下脱离了实定法的调整，导致宪法规范的变动，主要形式有：(1) 宪法破坏。这种形式不仅全面改变现实的宪法典，而且从根本上排除成为宪法基础的宪法制定权；新旧宪法之间基本上找不出一致性。宪法破坏所带来的必然结果是，不仅出现新的制宪权主体，而且在宪法基本理念上也将发生重大变化。(2) 宪法废除。这种变化的特点是，虽然改变了现实的宪法典，但宪法制定权主体并没有变化。同一制宪权主体根据社会生活中出现的特定情况，改变规范的内容。(3) 宪法侵害。它是指明知违宪，但发布违背宪法规范的命令或采取违背宪法规范的措施。这时宪法规范本身的效力并没有被修改或中断，而继续保持其效力。因此宪法侵害本质上是一种违宪行为。(4) 宪法停止。它是指因客观情况发生变化，暂时中止宪法规范中特定条款效力的情况。宪法中止分合宪的宪法中止和违宪的宪法中止两种。前者是指根据宪法规范的内容，暂时终止某一条款的效力，具有一定的合理性；后者则指没有宪法规范的依据，而根据临时命令或措施中止宪法规范的运用。

4. 答案：宪法规范是指调整国家最基本、最重要的社会关系的各种规范的总和。既可存在于宪法之中，也可存在于宪法性法律之中。宪法规范作用的主要方式：(1) 指引作用，宪法或宪法性法律对公民、国家等主体的行为起到导向、引路的作用；(2) 评价作用，宪法作为一种行为标准和尺度，具有判断、衡量人们行为的作用；(3) 预测作用，根据宪法或宪法性法律的规定，人们可以预先知晓或估计到其他人将如何行为以及行为的后果，从而对自己的行为作出合理的安排。宪法作用于公民和国家的方式的区别：宪法采用不完全列举的方式为公民设定各项自由与权利，宪法对国家权力的规范，则是具体的、确定的指引；宪法设定的权利，是以"可以这样做"的行为模式来确定的；宪法不仅限制国家权力的范围，而且限制国家权力行使的程序；在评价作用方面，宪法对公民权利的评价，主要在评价其行为本身，对其行为动机、目的、后果的评价则是次要的。

五、论述题

1. 答案：宪法规范是一种根本性的法律规范，与其他法律规范相比具有以下特点：

(1) 宪法规范的政治性

宪法规范是调整国家权力运行与人权保障的法律规范，宪法规范政治性的特征主要表现在：第一，制宪过程是一种政治选择过程。制宪的社会背景、制宪力量、制宪程序等并不是一种抽象的法律形式，它与一定的政治力量和具体利益联系在一起，反映特定的政治利益。第二，宪法规范具体内容的确定反映一种政治选择。在一个特定国家中，宪法规范的内容与所调整的宪法关系，体现国家的基本政策与政治理念。第三，宪法规范的调整方式与调整过程受一定政治利益的约束。宪法调整尽管有客观准则与客观事实，但其具体调整过程又受调整主体政治倾向的影响，从而使调整过程具有浓厚的政治色彩。各种不同的政治势力一方面通过宪法规范反映与满足自己的利益，另一方面又受宪法规范本身的限制。从这种意义上说，宪法规范是各种政治势力合法存在的保障，同时也是各种政治势力活动的自我限制。

(2) 宪法规范的组织性与限制性

宪法规范的组织性主要表现在授权性规范上，它构成确定国家机构活动的宪法基础。宪法规范的组织性功能一方面通过宪法典中具体规定的宪法规范实现，另一方面还可以通过实质意义上的宪法规定实现。

为了保证权力运行的合宪性，宪法规范不仅要发挥组织功能，而且要发挥其限制功能。宪法规范的组织性与限制性是同一问题的两个方面。由于权力本身的属性，即使是合理地组织起来的权力体系也不一定按照规定的原则和程序运行，因而不可避免地存在因权力活动而产生的腐败和滥用权力的现象。因此，就宪法规范本身的价值而言，它不能只停留在组织这一层次，而应积极发挥其限制或控制功能。实际上，宪法典或宪法性法律中存在大量的限制性规范，除对国家权力运行本身设置各种限制外，人权保障规范本身也强化了规范的限制功能。限制人权合理界限的确定、国家权力之间的相互控制等，有助于强化宪法规范的限制功能，以保证宪法规范发挥其调整社会生活的功能。

(3) 宪法规范的最高性

宪法规范作为一种根本性的法律规范，在法律规范体系中居于最高地位，它制约和控制其他规范的存在。宪法规范的最高性是宪法特征的必然反映，且构成了宪法价值体系的基础。宪法规范的最高性是指其在时间与空间上与其他规范相比较具有优位性与实效性，从而能够约束一切国家机关、社会团体与公民的活动。最高性是一种客观价值与事实的体现，具有客观性。

宪法规范的最高性具有丰富的内容。第一，宪法规范是社会生活中具有最高价值的准则，它构成一切政治社会的基础。宪法规范所确定的宪法秩序是社会秩序的基础，标志着一个国家法律的统一。第二，宪法规范的最高性体现其法律效力的最高性，即一切法律、行政法规等规范性文件不得同宪法相抵触，否则会失去效力。第三，宪法规范的最高性意味着宪法是调整社会生活的最高依据，是判断政治行为是否合法、合理的标准，是民意的最高体现。第四，在有关法律的规范体系中，合宪性审查制度、宪法诉讼制度等的建立与运行根据，也源于宪法规范的最高性。

(4) 宪法规范的稳定性与适应性

宪法规范作为构成宪法的基本要素，需要在社会生活中长期稳定，不得轻易变动。

宪法规范的稳定性价值并不是绝对的，它只具有相对性的意义，当客观现实情况发生变化，特别是宪法规范与社会现实发生矛盾与冲突时，也有必要调整原有的宪法规范，赋予其新的内容，以保持规范与现实之间的协调。就宪法实践的具体过程而言，宪法规范的稳定性与适应性价值是并重的。稳定性价值不能制约适应性，同理，不能以适应性价值损害稳定性价值。在社会变革时期，当规范与现实相互矛盾的时候，更要注意两者的平衡。总之，在宪法与社会生活的相互联系中，一方面需要维护宪法规范的稳定性，另一方面也要强调宪法规范本身的现实适应性。

(5) 宪法规范的制裁性

宪法规范作为一种法律规范，具有特殊的制裁措施。从本质上讲，宪法制裁与刑事制裁、民事制裁、行政制裁一样，具有内在的制裁结构与形式，其效力应得到社会的普遍承认。宪法制裁既包括积极制裁，又包括消极制裁，有着不同于其他制裁方式的社会影响力。然而，司法审查制度的运用是宪法制裁功能基本的表现形式，但它并不是唯一的形式。维护宪法规范力的形式，不仅包括公民对政治过程的监督，而且包括对宪法作为法的性质与功能的确信。公民对政治过程的监督是宪法制裁的重要表现形式，构成宪法特有的制裁模式。

(6) 宪法规范的原则性

宪法规范是宪法的细胞，宪法则是由众多规范构成的有机整体，宪法规范除具有法律规范的一般性质外，还具有自己的特殊性，其中，原则性被宪法学者概括为宪法规范的共同特性，为一切宪法规范所普遍具有。

宪法规范的原则性是由宪法规范调整内容的广泛性决定的。众所周知，宪法是国家的根本大法，是统治阶级建立民主制国家、管理国家和社会生活各方面意志和利益的集中体现，这就必然决定了宪法规范必须全方位地调整国家生活和社会生活，任何的立法缺位都可能导致社会的无序。也就是说，宪法规范调整的内容涉及政治、经济、教育、科学、文化等各个方面。然而，对如此广泛而复杂的问题，宪法规范不可能规定得非常具体，而只能从宏观上进行原则性规定，将统治阶级在政治、经济、教育、科学、文化等各个方面的利益和意志，以最基本的原则形式确认下来。另外，宪法规范的最高性以及稳定性和适应性等特征也决定了宪法规范不能规定得太具体。

(7) 宪法规范的历史性与概括性

宪法规范是一定历史阶段的产物，具有历史性。在特定社会中，宪法规定首先表现为一个民族追求自由的历史发展过程，构成具有开放性的规范体系。具有历史性的宪法规范在表现社会现实需求时，需要采取高度概括的形式，因而并不是社会现实的直观反映。宪法规范源于社会生活，同时又高于社会生活，它是对社会生活中各种现象的高度概括。概括性是宪法规范存在的基本形式，通过不同形式的规则表现其特点。

除上述特点外，学者们还提出了宪法规范具有广泛性、灵活性、纲领性、现实性等方面的特点。由于宪法规范在调整社会生活过程中表现出多样化的形态，其特点也可能处于相互交叉过程之中，或者其特点的表现形式各异。因此，宪法规范的特点是我们认识宪法调整方式与运行过程的基本出发点，它将有助于人们从宏观角度把握宪法的性质与特征。

2. 答案：传统的将宪法规则的逻辑结构分为假定、处理、制裁三部分的观点有失偏颇，我们主张，将宪法规则分为行为模式和法律后果两个部分。在理解这两个要素时，还需要正确处理宪法规范、宪法规则和宪法条文的关系。首先，宪法规范不等同于宪法条文。在大多数国家，宪法规范都不仅仅表现在成文宪法典之中，它也包括在各种宪法性法律、宪法惯例等其他宪法形式之中。因此，宪法规范的范围远比宪法条文要大。其次，宪法规范与宪法规则之间存在区别。最后，宪法规则与具体的宪法条文之间也不是一一对应的关系。

宪法条文是宪法规则的具体表现形式，宪法规则是宪法条文的内在本质与内容。在逻辑结构上，宪法规则必须具备两个要素，但“宪法规范的逻辑结构并不等于宪法条文的内容结构。同一宪法规范，其逻辑结构的不同部分可能体现在不同的宪法条文中，而同一宪法条文也可能体现不同宪法规范逻辑结构的不同部分”① 因此，由宪法调整社会生活的特点所决定，宪法条文所反映的宪法规则要素不一定是完整的内容。宪法规则的逻辑结构与宪法条文的关系主要有以下几种形式：

第一种形式是宪法规则的两要素在同一宪法条文中全部体现。例如，我国《宪法》第5条第4款规定：“一切国家机关和武装力量、各政党和各社会团体、各企业事业组织都必须遵守宪法和法律。一切违反宪法和法律的行为，必须予以追究。”

第二种形式是宪法规则中的法律后果并不具体表现在宪法条文之中。一般而言，某一宪法条文直接规定法律后果的情况颇为少见，宪法规则往往只规定了行为模式，但不规定法律后果。例如我国《宪法》第46条规定：“中华人民共和国公民有受教育的权利和义务。”

第三种形式是宪法规则两要素各自以独立或分散的形式表现。宪法规则中可能仅仅规定了行为模式，相关法律后果则通过相应的部门法予以具体化。例如我国《宪法》第12条第2款规定：“国家保护社会主义的公共财产。禁止任何组织或者个人用任何手段侵占或者破坏国家的和集体的财产。”这一规定的法律后果通过刑法规定的刑事制裁来表现。

【参考资料】周叶中主编：《宪法（第五版）》，高等教育出版社2020年版。

---

① 董和平：《宪法规范若干问题研究》，载《当代法学》1998年第4期。此处引文中将宪法规范与宪法规则视为同一概念。

第七章　宪法关系

基础知识图解

宪法关系
- 性质和特征
- 主体：公民、国家及其他主体（国家机关、民族、政党和利益集团等）
- 内容
  - 基本内核：权利⟶权力关系
  - 基本精神：公民权利制约国家权力
  - 重要补充：国家权力的互相制约
- 客体⟶宪法行为：宪法权力行为、宪法权利行为、违宪行为

配套测试

一、单项选择题

1. 下列选项中不属于宪法关系内容的是哪一项？（　　）

A. 公民、组织之间的关系

B. 国家、公民之间的关系

C. 国家机关之间的关系

D. 国家机关内部的关系

2. 下列哪一选项是宪法关系中权利与权力转化为现实利益的唯一途径？（　　）

A. 宪法行为　　B. 宪法实施

C. 宪法适用　　D. 宪法条文

二、多项选择题

1. 宪法关系亦称宪法法律关系，是指根据一定的宪法规范，在宪法主体之间产生的、以宪法中的权利和义务为基本内容的社会政治关系。其性质和特征主要表现在下列哪几个方面？（　　）

A. 它是特定社会民主政治关系的法律形式，同时对政治关系进行规范和调整

B. 它是近现代社会法制体系中最为基本的法律关系

C. 它以宪法规范为调整依据，是宪法规范的具体化和现实化

D. 它既是宪法主体之间的事实关系，也是价值关系

2. 关于宪法关系的内容，以下理解正确的是（　　）

A. 权利与权力的关系是宪法关系的基本内核，决定了宪法关系的性质、基本结构形式

B. 公民权利制约着国家权力，是由人民作为主权者的地位决定的

C. 国家权力的互相制约，包括不同权力资源的各主体的权力配置，各权力机关之间的制约与配合

D. 国家权力的相互制约保持着稳定的静态模式

3. 在完善的宪法关系中，公民权利主要从以下哪些方面对国家权力进行制约和监督？（　　）

A. 从国家权力的来源对其进行制约和监督

B. 从国家权力的行使对其进行制约和监督

C. 从国家权力的行使后果对其进行制约和监督

D. 从国家权力的依据对其进行制约和监督

4. 关于权力的制约，表述错误的是（　　）

A. 国家权力的相互制约是权力制约权利的重要补充

B. 国家权力派生于公民权利，因此国家权力受到公民权利的限制

C. 对于权力的滥用公民可以通过法律途径要求权力滥用承担法律责任

D. 对于行使国家权力却不能促进社会公共利益发展的权力行使者，公民只有权通过法律途径要求其承担责任

5. 权力制约是依法治国的关键环节。下列哪些选项体现了我国宪法规定的权力制约原则？（　　）（司考 2011.1.59）

A. 全国人大和地方各级人大由民主选举产生，对人民负责，受人民监督

B. 法院、检察院和公安机关办理刑事案件，应当分工负责、互相配合、互相制约

C. 地方各级人大及其常委会依法对“一府两院”监督

D. 法院对法律合宪性审查

三、名词解释

1. 宪法关系（中国人民大学2009年考研真题）
2. 宪法关系主体
3. 宪法关系客体
4. 宪法权利行为
5. 违宪行为

四、简答题

1. 怎样理解“公民是宪法关系中最活跃的主体因素”？
2. 权利制约权力的基本途径和方式有哪些？

五、论述题

1. 试论宪法关系的特点。
2. 怎样理解权利与权力关系在宪法关系中的地位？
3. 甲认为“宪法最主要、最核心的价值在于它是公民权利的保障书”。乙认为“公民权利制约国家权力是宪法关系的基本精神”。请评价甲乙二人的观点。

参考答案

一、单项选择题

1. 答案：A。宪法关系主体的一方主要是国家或者国家机关。宪法关系主要包括四个方面：一是国家与公民之间的关系；二是国家与国内各民族、社会团体、企业、事业和其他组织的关系；三是国家机关之间的关系；四是国家机关内部的关系。在这些宪法关系中，国家或者国家机关始终是关系主体的一方。而在普通法律所调整的社会关系中，绝大多数情况下，国家或者国家机关并不是法律关系主体的一方。

2. 答案：A。权利宪法行为和权力行为是宪法关系主体相互之间及其与宪法规范产生联系的唯一领域。

二、多项选择题

1. 答案：ABCD。本题主要考宪法法律关系的性质和特征。

2. 答案：ABC。国家权力的相互制约保持着权力运行的动态平衡。其他选项都是宪法关系内容的表现。

3. 答案：ABC。在现代宪法关系中，公民权利从国家权力来源、行使方式和后果等方面对国家权力进行制约与监督，这是公民权利制约国家权力的基本途径和方式。

4. 答案：AD。国家权力的相互制约是权利制约权力的重要补充。在权力行使者行使国家权力却不能促进公共利益发展时，公民除有权通过法律途径外，还有权通过社会途径要求权力行使者承担责任。

5. 答案：ABC。我国宪法规定了人民对国家权力活动进行监督的制度，A、C 选项分别规定在《宪法》第 3 条第 2 款、第 3 款中，B 项是《宪法》第 135 条规定的内容。而我国宪法未规定法院拥有对法律进行合宪性审查的权力，D 选项错误。

三、名词解释

1. 答案：宪法关系是指按照一定的宪法规范，在宪法主体之间所产生的，以宪法上的权利和义务为基本内容的社会关系，是立宪社会最基本的政治秩序在法律上，尤其是宪法上的表现。

2. 答案：宪法关系主体是依据宪法规范直接参与宪法活动的政治实践主体，是宪法权力和宪法义务的直接承担者和直接行使者。

3. 答案：宪法关系客体是宪法行为，是指公民和国家等主体依法行使宪法规范所赋予的权利和权力的行为，包括公民的宪法权利行为和国家的宪法权力行为两种基本类型。

4. 答案：宪法权利行为是公民等宪法关系主体依法行使宪法赋予的权利的作为或不作为。

5. 答案：违宪行为是以公民等的权利行为或国家的权力行为形式表现出来的违反宪法的作为或不作为。

四、简答题

1. 答案：公民在宪法关系中的主体资格，既由人民的主权者地位所决定，又从个体方面体现并且不断实现着人民的主权，是人民主权在宪法关系中的现实表现形式。公民之所以成为宪法关系的主体，是由其内在特征决定的。具体说来表现在：第一，平等性。公民在法律面前一律平等，是宪法制度的根本原则。这是商品经济条件下主体利益要求的社会价值平等化在政治法律领域的表现。它意味着社会政治关系只能由全体社会成员共同参与，任何人都不可能拥有独自控制国家政治事务的特权。第二，自由性。包括公民的内在自由和外在自由。一方面，公民具有意志的自由，这是公民参加宪法关系实践的必要条件。没有意志自由，就没有公民的社会政治实践活动；公民意志自由的程度，决定着他参与政治实践的程度。另一方面，公民有按照自己的意志参加宪法关系实践以及决定参与方式、参与程度的自由。当然，公民的自由不是绝对的，他必须以对宪法、法律的自我意识和自我认同为基础进行自我约束，公民的自律也是其自由性的表现形式。第三，主动性。公民在宪法关系实践中不是消极地适应社会政治结构和环境，不是消极地被统治者所统治，而是积极地参与社会政治生活，以其意志和行为反作用于社会、国家和其他公民。正因为公民具备了平等性、自由性和主动性的特征，所以才能摆脱政治关系的奴役和压迫，并且通过宪法权利的行使，充分地参与到国家政治决策中去，使自己的利益要求能够最大限度地得到满足，从而成为宪法关系中最为活跃、最为积极的因子。公民利用自己的主体地位，作用于宪法关系的途径多种多样，如参加选举和投票、参加政党活动、担任国家公职人员等。同时，公民对于宪法关系发展的作用是巨大和深远的，这表现在：一方面，通过权利的行使满足自己的利益要求，发挥自己的主体性和个体性，使人类在社会条件许可的范围内最大限度地发挥自己，在完成政治解放的基础上向人类解放的目标前进；另一方面，通过自己的宪法权利行为，制约着国家权力行使的方式、目的和效果，使之在法律规定的轨道上合理运行，并由此保证宪法关系的健康运作。由于公民权利与宪法关系在价值目标上的一致性，公民的权利行为一直是推动宪法关系内部结构和外在形式变革的最为活跃、最为积极的因素。因此，我们说公民是宪法关系中最活跃的主体因素。

2. 答案：在完善的宪法关系中，公民权利主要从国家权力的来源、行使方式和后果等方面对权力进行制约和监督。从国家权力的来源看。宪法关系确定了国家权力是人民主权和公民权利的派生物，其主体根源是也只能是社会成员的大多数。既然国家权力来源于人民主权和公民权利，其产生途径就应该是人民的明确授予，所以，宪法和法律在确认公民的广泛政治社会权利的同时，也构建了完备的权力授予机制，即规定选举制度，掌握国家权力的重要公职人员要在普遍选举的基础上产生。人民通过这种机制行使权利，作为一定的意思表示，以形成社会公共意志来完成权力授予的过程。除实行代议制度以间接形式产生国家权力外，公民也能通过宪法关系的有关机制直接参与权力活动，全民公决和现代社会逐步发展起来的共同参与制度就是公民直接参政的主要体现。公民直接参与创制、复决和罢免活动，是从根本上体现权利产生权力的形式。

从国家权力的行使看，既然国家权力派生于公民权利，由公民通过权利的行使明确授予，那么，国家权力就应该是有限的。这不仅体现在国家权力范围的有限性方面，更为重要的是，国家权力行使的方式、程序都必须经过公民的同意。宪法通过公民权利对国家权力的行使进行制约、监督的方式体现为：第一，法律制约。即作为社会公共意志存在形式的宪法和法律在保障公民权利的同时，明确规定各种国家权力的行使范围、行使程序以及滥用权力的法律责任。第二，政治制约。即在代议制条件下，宪法确定层层负责的政治责任制度，确保国家权力的行使最终向人民和全体公民负责。第三，社会制约。即在国家政治体制之外，由社会和公众通过各种形式对国家政治决策展开协商、讨论，对国家权力进行监督。

从国家权力的行使后果来看，宪法关系确定了公民权利对国家权利行使后果的控制机制，这在制度上体现为规定国家机关及其工作人员的法律责任和政治责任制度。一方面，对违反宪法和法律规定的范围和程序行使权力，滥用国家权力的国家机关及其工作人员，公民可以通过法律途径要求其承担法律责任；另一方面，对于行使国家权力却不能促进社会公共利益和公民个人利益的国家机关及其工作人员，公民既有权通过法律途径，又可以通过社会途径，要求其承担政治责任，包括行使政治选择权，使有关公职人员丧失对国家权力的掌握。这样，就不仅在形式上保证了国家权力的合法运作，而且促使国家权力的行使产生积极后果。

五、论述题

1. 答案：宪法关系是宪法规范在调整人们行为的过程中形成的法律上的权利义务关系。由于宪法的性质及其所调整、规范的社会关系的重要性，决定了宪法关系是法律关系中最主要、最基本的一种。宪法关系的特点大致表现在以下几个方面：

（1）宪法关系是由宪法所规定和调整的社会关系。宪法关系作为一种社会关系，并不是社会关系的全部，而只是基本的社会关系，但也不是某一社会基本社会关系的全部或整体，而是由宪法规定和调整的那部分基本社会关系。宪法关系也不是一般意义的权利义务关系，而是由宪法设定的基本权利义务关系。就这种意义而言，宪法关系是由宪法调整的，以基本权利与义务为构成内容的基本社会关系。

（2）同其他法律关系一样，宪法对基本权利与义务的法律设定，并不能产生现实的宪法关系（即只有在法律形式与社会内容相联系时，才会形成具体的宪法关系），而必须基于一定的法律事实。就宪法关系而言，作为其法律事实的主要是宪法主体的行为。按照产生法律关系的行为是合法还是非法，可将法律关系分为建立权利性的法律关系和保护性的法律关系，宪法关系同样包括建立权利性宪法关系和保护性宪法关系，所不同的是宪法关系主要是或大量是建立权利性的宪法关系。一方面，宪法调整的基本社会关系及其内容的基本权利与义务，必须而且应该能够得到遵守；另一方面，虽然有大量违反宪法的行为存在，但这些行为并不一定都能导致宪法关系的发生。

（3）宪法关系以原有法律关系为主，以派生法律关系为辅。由于宪法是对既存民主事实以及经济关系和文化关系的确认，是阶级斗争的结果和总结，因而宪法所调整和确认的基本社会关系往往是先于宪法规范而存在的，由宪法规范对这些既存基本社会关系的规定与调整而形成的宪法关系，必然属于原有法律关系的范畴。当然也有一些宪法关系是基于宪法规范的规定和调整而产生的社会关系，虽然这种社会关系也是基本社会关系，或者服务于某种基本社会关系，但却不能脱离宪法规范的调整而独立存在，如合宪性审查或司法审查的宪法关系。这样的宪法关系是派生法律关系或派生宪法关系。

(4) 宪法关系具有政治性的特点。宪法关系中的政治性指有关国家权力的分工与制约，国家的意识形态以及公民与国家的关系。宪法所调整的基本社会关系既有纯粹的基本政治关系，如国家政治体制方面的一系列具体关系，也有带政治性色彩的其他基本社会关系，如基本经济关系。宪法关系的政治性特点是由宪法是政治法的特殊属性所决定的。其他法律关系虽然不排除某些政治色彩，如服务于一定的政治目的和需要，但其本身并不具有宪法关系那样鲜明的政治性。因为宪法本身以政治关系作为调整对象，宪法关系就是政治关系，而不论其具体内容是涉及经济还是涉及文化。

2. 答案：权利与权力，尤其是公民权利与国家权力在很大程度上决定着社会生活的基本秩序，体现着社会政治关系应当遵循的运动规律。宪法关系的中心任务，就是处理好公民与国家之间的关系，其实质也就是权利——权力关系。权利——权力关系对宪法关系的作用主要体现在：

(1) 权利与权力关系决定宪法关系的性质。社会政治关系的变革是宪法和宪法关系产生的前提条件之一，而政治关系的变革就其表现形式而言，则是权利与权力在社会政治生活中的重新定位和重新分配。权力社会向权利社会的转变，决定了宪法的产生，权利——权力关系的变革则决定了宪法的基本性质。

(2) 权利与权力关系决定宪法关系的基本结构形式。宪法关系是由宪法所确定的社会政治秩序的法律表现形式。它是对既定社会政治秩序的确认以及根据客观情况变化所作出的调整，是以权利与权力的分配和组合形式加以实现的。正是通过对权利、权力的分配和调整，宪法关系才确立起自己的秩序结构和外在表现形式。所以说，权利与权力关系是宪法关系得以外化的基本形式。

(3) 权利与权力关系是宪法关系各主体法律地位的体现。主体地位是宪法关系的关键问题。一方面，宪法明确规定了赋予公民多大的权利和怎样的权利，授予国家机关多大的权力和怎样的权力，以及规定其如何行使这些权力，这就通过宪法和法律把公民、国家等宪法关系主体的地位明确起来；另一方面，公民与国家的主体地位也在宪法关系的动态运作中得以体现，并且根据社会发展对权利和权力作出的调整，推动公民与国家的主体地位与相互关系向新的形态发展。

(4) 权利与权力的冲突与妥协是宪法关系运作的基本形式。公民的权利要求和国家的权力要求得到对方主体承认是这对矛盾相互作用的一种形式；而权利要求与权力要求的相互对立和抵触，则要求适用有关的宪法规范对冲突进行仲裁和协调，使这些冲突归于消灭，从而恢复宪法关系的稳定，这是二者相互影响更为常见的方式。但不论哪种形式，都推动着宪法关系的运作。宪法关系通过权力与权利冲突的调整规范，维持着宪法秩序的动态平衡发展。

(5) 权利与权力的互动关系推动宪法关系的发展。从微观上看，权利与权力在具体宪法事项中的运动是宪法关系运作的基本形式；从宏观上分析，权利与权力的矛盾运动是宪法关系发展的基本动力。首先，权利——权力关系的运转是宪法和宪法关系得以产生的重要政治条件。其次，全社会范围内权利与权力之间矛盾的“产生—调整—消灭—产生”的过程，使宪法关系的作用得以全面发挥，在运动过程中又不断对原有政治关系中不尽合理，或不能体现宪法价值的部分进行扬弃，同时创造着新的宪法关系实践形式和内部结构，由此推动着宪法关系的发展。最后，权利与权力的矛盾运动必然促使国家权力向公民权利，人民主权的回归，从而实现宪法关系的终极价值。

3. 答案：针对这两个人的观点我们可以作如下三点评析：

(1) 甲将宪法最主要的价值定位于保障公民权利。这种观点可以从宪法的发展历史及基本内容得以证明。就宪法的发展历史而言，宪法最早是资产阶级在反对封建专制制度的斗争中，为了确认取得的权利而制定出来的。欧洲大陆的第一部宪法——法国1791年宪法把《人权宣言》作为宪法序言；世界上第一部社会主义宪法——1918年的苏俄宪法，也将《被剥削劳动人民权利宣言》列为第一篇。就宪法的基本内容而言，尽管涉及国家权力的依法行使和公民权利的有效保障两大方面，但公民权利的有效保障却居于支配地位。

(2) 乙将宪法关系的基本精神归结为公民权利制约国家权力。这种观点的逻辑起点是人民主权，而所谓人民主权概括地讲就是指国家的一切权力属于人民。如果说宪法学的基本问题在于公民权利与国家权力的关系，那么人民主权则是公民权利与国家权力关系这一基本宪法现象的高度抽象。宪法处理公民权利与国家权力关系的特点就在于确立公民权利的优势地位，并从整体上对国家权力进行控制。

（3）甲的观点没有揭示宪法在保障公民权利上的特殊性。宪法固然是公民权利的保障书，但其他法律也以保障公民权利为依归。宪法的特殊则在于，它的保障作用具有根本性，这主要体现在宪法通过规范国家权力来保障公民权利上。因此，严格地说，宪法是公民权利的根本保障书。乙只谈权利对权力的制约而不谈其落脚点——保障公民权利，有违宪法的旨趣；而且这里的“制约”一词似乎只看到了权力与权利这对矛盾体的矛盾方面，而忽略了其统一的一面。因此，如果把以上两种观点结合起来，我们似可得出这样的结论：宪法通过规范国家权力以保障公民权利，是宪法成为公民权利根本保障书的最重要途径。而且这主要通过三个原则和五种方式来体现。这三个原则分别是：第一，宪法通过权力制约权力；第二，宪法通过权利制约权力；第三，宪法通过程序来制约权力。这五种具体方式分别是：第一，宪法确定公民权利对于国家权力的优越地位；第二，宪法确定国家权力的主体，尽可能避免国家权力行使中的“错位”，尽可能使公民权利少受不当权力的制约；第三，宪法确定国家权力的内容和范围，尽可能防止国家权力的不当膨胀及滥用，尽可能减少国家权力对公民权利的侵犯；第四，宪法确定国家权力的行使原则和方式，尽可能使国家权力在法定轨道上运行；第五，宪法确定对国家权力的监督，把国家权力置于相对状态中，尽可能避免导致绝对腐败的绝对权力。

第八章　宪法的价值与作用

基础知识图解

宪法的价值与作用
- 价值
  - 基本价值：人民主权、宪法秩序、社会发展、社会正义
  - 核心价值：人权和民主
- 作用
  - 规范作用：指引、评价、预测
  - 社会作用：政治关系、经济关系、社会文化关系

配套测试

一、不定项选择题

1. 下列有关宪法的评价作用正确的是（　　）

A. 宪法的评价作用与道德、宗教、风俗习惯的评价作用相同

B. 宪法的评价作用具有统一性、普遍性、强制性特点

C. 宪法评价作用的受重视程度及发挥状况很大程度上取决于社会形态

D. 宪法的评价作用是判断、衡量国家行为的标准和尺度

2. 有关宪法对人权的保护和促进的说法错误的是（　　）

A. 宪法规定并不断丰富人权的内涵

B. 许多国家的宪法提出生存权和发展权等集体人权也是人权的基本内容

C. 宪法对人权进行严格的保护

D. 宪法对人权的促进主要表现为宪法规定了人权实现的各类条件

3. 下列关于宪法作用方式的说法错误的有（　　）

A. 宪法采用列举方式来规定公民的各项权利与自由

B. 宪法对国家权力的规范不是具体的、确定的指引

C. 宪法设定公民权利主要以“可以这样做”的行为模式

D. 宪法不仅限制国家权力的范围还限定国家权力行使的程序

4. 宪法对人权的保护和促进作用没有直接体现在（　　）

A. 宪法为人权的实现规定了各项政治、法律条件

B. 宪法规定了国家机关产生和运作的基本规则，保证国家权力的行使遵循民主与法治原则

C. 宪法规定并不断丰富着人权的内涵

D. 在人权与其他宪法价值的实现发生冲突时，宪法必须以一定方式首先保护人权

5. 有关宪法价值理论，下列表述中正确的是（　　）

A. 宪法既反映事实关系，也反映价值关系，它从根本法的角度体现着人类社会的总体发展目标

B. 宪法目的性价值在于宪法在实施过程中能够保护和促进社会价值

C. 宪法价值理论是社会价值理论和法的价值理论的重要组成部分

D. 宪法价值的目的是促进宪法学理论研究

6. 关于宪法功能，下列说法正确的是（　　）

A. 宪法确认革命胜利成果，巩固国家政权

B. 宪法维护经济基础，促进经济发展

C. 宪法能够确认文化制度，促进精神文明的发展

D. 宪法保障维护公民的基本权利

7. 关于宪法在立法中的作用，下列说法不正确的是（　　）（司考 2010. 1. 19）

A. 宪法确立了法律体系的基本目标

B. 宪法确立了立法的统一基础

C. 宪法规定了完善的立法体制与具体规划

D. 宪法规定了解决法律体系内部冲突的基本机制

8. 2008 年修订的《中华人民共和国残疾人保障法》第 50 条规定：“县级以上人民政府对残疾人搭乘公共交通工具，应当根据实际情况给予便利和优惠。残疾人可以免费携带随身必备的辅助器具。盲人持有效证件免费乘坐市内公共汽车、电车、

地铁、渡船等公共交通工具。盲人读物邮件免费寄递。国家鼓励和支持提供电信、广播电视服务的单位对盲人、听力残疾人、言语残疾人给予优惠。各级人民政府应当逐步增加对残疾人的其他照顾和扶助。”对此，下列说法错误的是(　　)(司考 2010.1.92)

A. 该规定体现了立法者在残疾人搭乘公共交通工具问题上的价值判断和价值取向

B. 从法的价值的角度分析，该规定的主要目的在于实现法的自由价值

C. 该规定对于有关企业、政府及残疾人均具有指引作用

D. 该规定在交通、邮政、电信方面给予残疾人的优待有悖于法律面前人人平等原则

9. ①美国《独立宣言》与《美国联邦宪法》给予了人权充分保障

②法国《人权宣言》明确宣布“人们生来并且始终是自由的，并在权利上是平等的”，该宣言成为此后多部法国宪法的序言

③日本《明治宪法》对公民自由权作出充分规定，促进了日本现代民主政体的建立

④德国《魏玛宪法》扩大了人权范围，将“社会权”纳入宪法保护范围

关于各国“人权与宪法”问题的说法，下列选项不成立的是(　　)(司考 2012.1.58)

A. ①②　　B. ③④

C. ①③　　D. ②④

10. 宪法作为国家根本法，在国家和社会中发挥重要作用。关于宪法作用和宣誓制度，下列选项正确的是：(　　)

A. 宪法为避免法律体系内部冲突，提供了具体机制

B. 宪法宣誓制度有助于宪法作用发挥

C. 宪法能够为司法活动提供明确直接依据

D. 宪法的修改是宪法作用发挥的重要前提

二、名词解释

1. 宪法的价值

2. 宪法的指引作用

3. 宪法的评价作用

4. 宪法的预测作用

三、简答题

1. 宪法规范作用的主要方式有哪些？

2. 宪法的基本价值有哪些？

四、论述题

1. 论宪法的作用。

2. 阅读下列宪法条文，说明其含义及相互关系。

第 5 条第 1 款　中华人民共和国实行依法治国，建设社会主义法治国家。

第 15 条第 1 款、第 2 款　国家实行社会主义市场经济。

国家加强经济立法，完善宏观调控。

参考答案

一、不定项选择题

1. **答案**：B。宪法的评价作用与道德、宗教、风俗习惯的评价作用不同，A 错误；宪法评价作用很大程度上取决于公民的法律意识，因此 C 不正确；宪法评价作用是判断、衡量宪法主体行为的标准和尺度，不只有国家，因此 D 不全面。
2. **答案**：D。宪法对人权的保护和促进作用主要体现在宪法为人权的实现规定了各项政治、法律条件，而非 D 项所说的各项条件。
3. **答案**：AB。宪法采用不完全列举的方式为公民设定各项权利和自由，并且这些自由、权利的设定对于公民来讲，都是一种原则性的、有选择性的指引；同时，在权利的列举之外，只要宪法未禁止和限制的领域就视为公民的自由。而宪法对国家权力的规范则是具体、确定的指引。因此，A、B 项错误。
4. **答案**：B。本题考查宪法对人权的保护作用。B 项并不能对人权的保护和促进起到直接的作用，因此，B 当选。
5. **答案**：ABC。宪法价值是宪法学理论研究的重要组成部分，研究宪法学的理论目的是揭示宪法的各项价值，并通过宪法的贯彻实施，在实践中促进宪法价值的实现。认清谁是谁的目的，厘清宪法价值与宪法学理论研究的关系。
6. **答案**：ABCD。通说认为宪法功能就是宪法作用，宪法功能除本题所列选项外，还具有健全法律制度、推动法治建设的功能。
7. **答案**：C。宪法是立法体制发展与完善的基础与依据，而不是规定了完善的立法体制和具体规划。
8. **答案**：BD。选项 B 错误。从法的价值角度分析，该规定的主要目的是实现法的正义价值。选项 D 错误。这样规定，恰恰是体现了法律面前人人平等原则。
9. **答案**：ABC。①美国《独立宣言》是人类历史上第一个人权宣言，主要是起到人权启蒙和宣示的作用，且发表于美国建国之前，给予人权充分保障的说法不准确；《美国联邦宪法》制定之初也并未给予人权充分保障，南北战争后才废除奴隶制并承认黑人选举权。③日本 1889 年《明治宪法》，是基于君主主权思想制定的一部钦定宪法，带有明显的封建性和军事性，对公民自由权利的规定，不仅范围狭窄，而且随时可加以限制。1946 年“和平宪法”则扩大了公民的基本权利和自由，实行分权制衡制和责任内阁制，促进日本现代民主政体的建立。②④表述正确。
10. **答案**：B。宪法为避免法律体系内部冲突，并没有明确提供具体机制，故 A 项错误。宪法宣誓有助于彰显宪法权威，激励和教育国家工作人员忠于宪法、遵守宪法、维护宪法，加强宪法实施。故 B 项正确。宪法的规定笼统、抽象，并没有为司法活动提供明确直接依据，故 C 项错误。宪法即使没有修改，也可发挥宪法作用，故 D 项错误。

二、名词解释

1. **答案**：宪法的价值是指宪法本身及其在实施过程中能够满足宪法关系主体一系列需要或实现宪法关系主体一系列目标的内在规定性。
2. **答案**：宪法的指引作用是指宪法或宪法性法律对公民、国家等主体的行为起到的导向、引路作用。这主要通过权利和权力的设定来实现，即宪法通过规定公民、国家（主要表现为国家机关）的权利、义务、权力和职责以及违反宪法规定所应承担的责任，引导公民、国家机关实施一定的行为或不实施一定的行为。
3. **答案**：宪法的评价作用是指宪法作为一种行为标准和尺度，具有判断、衡量人们行为的作用。评价的对象包括主体行为的动机与目的、行为的手段及后果等。
4. **答案**：宪法的预测作用是指根据宪法或宪法性法律的规定，人们可以预先知晓或估计到其他人将如何行为以及行为的后果，从而对自己的行为作出合理安排。

三、简答题

1. **答案**：宪法对国家、国家机关、公民、社会团体等宪法关系主体都具有规范作用。但由于公民与国家是宪法关系最基本的主体，因此宪法也主要是对公民的权利行为和国家的权力行为进行规范。而宪法对这两种基本主体的行为的规范作用，主要包括指引、预测和评价等方面。（1）指引作用，是指宪法或宪法性法律对公民、国家等主体的行为起到导向、引路的作用。（2）评价作用，是指宪法作为一种行为标准和尺度，具有判断、衡量人们行为的作用。宪法的评价包括专门评价和一般评价。（3）预测作用，是指根据宪法或宪法性法律的规定，人们可以预先知晓或估计到其他人将如何行为以及行为的后果，从而对自己的行为作出合理安排。

除指引、评价、预测作用外，宪法的规范作用还可以表现为教育作用和强制作用。宪法的教育作用在于，通过宪法的实施对宪法关系主体今后的行为发生影响。宪法的强制作用则在于通过制裁违宪行为，加强宪法的权威性，保护公民权利和国家权力的正当行使，维护既定的宪法秩序。

2. 答案：与法的价值内涵相一致，宪法价值这一范畴至少应该包括以下三个方面的含义：(1) 宪法在实施过程中能够保护和促进的社会价值；(2) 宪法本身所具有的价值因素；(3) 宪法包含的价值评价标准。

宪法的基本价值包括以下四种：

(1) 人民主权。人民主权是指国家的最高权力属于人民，是人们对民主社会的最高理想。也就是说人民在政治关系和政治社会中享有至高无上的权力，人民是社会公共权力的来源、依据和归宿；一定历史阶段存在的政治国家只不过是人民权力的表现和规定，因而其应服从于人民权力。

(2) 宪法秩序。民主、法治的政治、社会秩序是立宪社会得以维持和发展的基本前提之一。建议适应一定社会经济基础和意识形态的宪法秩序，不仅是宪法促进其他各项社会价值实现的重要手段，也是近现代以来人类社会活动的基本目标。宪法只有通过确立一定的宪法制度和民主机制，构建起以公民民主权利为起点和归宿的宪法秩序，才有可能解决立宪社会中权利与权力、社会与国家之间的矛盾，保障立宪社会的平衡、稳定和长期发展。

(3) 社会发展。发展是人类社会永恒不变的价值追求，迄今为止人类所进行的一切生产活动以及在此基础上对政治、社会生活所做的调整、变革，其最终目的都是促进社会各个方面的进步，并以此来谋求人类自身的解放和发展。

(4) 社会正义。正义是人类普遍认同的崇高价值，而社会正义则是其重要的内容之一。社会正义主要是社会制度的公正性、合理性，其核心是社会分配制度的公正性问题。

四、论述题

1. 答案：宪法的作用，是指宪法规范通过调整宪法关系主体的行为最终对社会关系产生的影响。

首先，宪法作用的特点。分析这一范畴的本质和表现形式，可以发现宪法作用具有以下特点：

(1) 宪法的作用在本质上是统治阶级根本意志的现实化。宪法作为国家的根本法，其本质是统治阶级根本意志的体现。因此，在宪法制定和实施过程中，统治阶级必然在其中注入自己的意志。宪法中关于国家政治制度和政治体制，公民自由、民主权利，国家权力范围、行使方式和后果等重要内容的规定，无不体现统治阶级的根本利益和意志。

(2) 宪法作用的对象是宪法关系主体的行为和社会关系。宪法对于社会关系具有协调、促进和变革等各项重要作用，但是，宪法并不能直接作用于一定的社会关系。这是因为，社会关系是人与人之间的关系，宪法所调整的社会关系是公民、社会团体、国家及其职能机关等宪法关系主体之间的关系，它是经由主体的行为、活动才产生的。宪法作用于一定的社会关系，必定要通过对主体行为的调整才能得以实现。正是基于这一点我们说，宪法作用的对象包括宪法关系的主体和社会关系两个方面，但是两者分属不同的作用层次。宪法对于宪法关系主体行为的直接作用称为规范作用，对于社会关系的间接作用称为社会作用。宪法的这两大作用是手段与目的的关系，即宪法通过发挥其规范作用实现其社会作用。

(3) 宪法对宪法关系主体和社会政治关系可能产生积极作用，也可能产生消极作用。宪法发挥作用是实现宪法价值的重要途径。一般而言，在一定历史条件下，如果宪法的实施维护了宪法秩序，促进了社会发展，保障了公民的民主权利和自由，就可以评价其对社会产生了积极作用；否则就应当评价其对社会产生了消极作用。一旦宪法的消极作用大于积极作用，就说明其已经不能适应经济和社会发展的需要，必然会阻滞立宪社会的正常运作和有序发展，必须对其进行修改、变更。

(4) 宪法作用的全面发挥有赖于一定的社会条件。从根本上讲，宪法只有适应其赖以存在的经济基础，才能真正、全面地发挥作用；同时，特定国家的法治环境是否优良，宪法本身是否完善，宪法是否得到完全的实施等诸多因素也决定或影响着宪法作用发挥的形式和效果。

其次，宪法的规范作用。我们研究宪法的作用，往往侧重于社会作用方面，相对而言却忽视了宪法的规范作用。认识和强调宪法规范作用的意义在于：一是有助于了解宪法如何作用于宪法关系主体，尤其是公民和国家的行为，从而在实践中加强对这些权利行为和权力行为的规范和调整；二是有助于将宪法的作用与道德、宗教、风俗习惯，尤其是政策、政治原则、政治纪律的作用予以区分。宪法的社会作用与以上方面的作用有类似之处，而宪法的规范作用则是二者的重要区别。只有考察了宪法的规范作用，才能将宪法与以上方面根本区分开来，才能了解宪法作为法的特点和优点之所在，也使全社会更加重视宪法的至上权威和存在的重大意义。

宪法对国家、国家机关、公民、社会团体等宪法关系主体都具有规范作用。但是公民与国家是宪法关系最基本的主体，因此宪法也主要是对公民的权利行为和国家的权力行为进行规范。宪法对这两种基本主体的行为的规范作用，主要方式是指引、评价和预测等。

(1) 指引作用是指宪法或宪法性法律对公民、国家等主体的行为起到导向、引路的作用。这主要通过权利和权力的设定来实现，即宪法通过规定公民、国家（主要表现为国家机关）的权利、义务、权力和职责以及违反宪法规定所应承担的责任，从而引导公民、国家机关实施一定的行为或不实施一定的行为。同时，宪法也规定了国家权力的范围、行使程序和政治后果，引导国家在权力范围内，按照法定的程序和方式作出权力行为。这都是宪法指引作用的具体体现。

(2) 评价作用是指宪法作为一种行为标准和尺度，具有判断、衡量人们行为的作用。评价的对象包括主体行为的动机与目的、行为的手段及后果等。

(3) 预测作用是指根据宪法或宪法性法律的规定，人们可以预先知晓或估计到其他人将如何行为以及行为的后果，从而对自己的行为作出合理安排。

(4) 宪法的教育作用在于，通过宪法的实施对宪法关系主体今后的行为发生影响。对违宪行为的制裁，可以告诫其不要再作出同类行为，而对合宪行为的鼓励和保护也可以对其行为起到示范和促进作用。这种教育作用对于提高全社会的宪法意识、权利意识和义务观念是不可或缺的。

(5) 宪法的强制作用则在于通过制裁违宪行为，加强宪法的权威性，保护公民权利和国家权力的正当行使。

最后，宪法的社会作用。相对而言，宪法的社会作用是一个比较复杂的问题。一方面，宪法对社会关系的作用必须从其本质和目的出发来加以认识，这比认识规范作用这种形式上的问题更加困难；另一方面，由于各国的社会关系本身情况各异，立宪者的价值观念及宪法的地位、实施情况和作用方式均有不同，从而使宪法对社会关系的作用表现不同。

(1) 宪法对政治关系的作用

宪法的此项作用就是建立民主、法治的社会政治关系并不断推动其发展。

①宪法是构建一国政治制度和政治体制及其构成要素的根本依据。宪法是国家的根本法，它确认了国家的根本任务和治理国家、管理社会的根本原则，确立了国家政权的根本属性、国家的政权组织形式、国家的结构形式，规定了国家政权组织方式和运作程序，因而是一国政治关系建立和运行的根本依据。②宪法也是确认和保障一国民主制度的根本依据。宪法是和民主制度紧密相连的。③现代社会是法治社会，政治关系必须以国家法制为基础进行运作和发展。由于宪法是一国的立法基础，国家的其他法律都是根据宪法的原则精神制定出来的。同时，宪法又规定了国家的立法制度、司法制度和法制监督的基本原则，因此，宪法构成了一个国家法制的核心，它通过规范、调整国家的法制体系对政治关系及其不断发展产生重大作用。

(2) 宪法对经济关系的作用

宪法是上层建筑的组成部分，其内容、性质和发展变更都由立宪国家的经济基础决定，但这并不否定它对经济基础和社会经济关系具有反作用。这种反作用主要包括引导、促进和保障等方面。具体而言，宪法对经济关系的作用从以下方面予以体现：

①宪法根据社会生产力的发展，确定一定社会的生产资料所有制形式，从而决定一国经济关系的基本性质。②宪法以一定方式确认或确定适合于经济发展的经济体制。③宪法还可以规定促进经济长期、稳定发展的基本原则和基本措施。这无疑对社会经济结构的优化、经济发展的控制和促进都具有重要作用。

(3) 宪法对社会文化的作用

文化是人们对社会的各种改造活动所取得的成果的总称，包括物质文化和精神文化两部分，这里专指宪法对精神文化的促进作用。这主要包括宪法确认或直接规定所在社会的意识形态以及与之相适应的各种制度，将其确立为社会发展的指导思想；宪法确认和保护一定的社会道德，要求人们在社会生活中遵循社会公德；宪法还规定教育、宗教等属于思想意识方面的各项制度，对社会意识产生影响。更为重要的是，宪法本身就有其价值系统和评价标准。

2. 答案：市场经济就是法治经济，市场经济和社会主义法治相辅相成，相互促进。

我国的社会主义市场经济作为一种新型的市场经济体制，它的孕育和发展，强烈地呼唤法治。法治经济即指国家在宪法的基础上，制定完备的市场经济法律法规，并使其在实际生活中得到严格的执行和遵守，以保证市场经济的健康发展和有效运行的经济状态。我国宪法中将市场经济和依法治国两者同时规定下来，具有重要意义。

市场经济需要法治的保障。首先，社会主义市场经济体制需要法律确认。我国发展社会主义市场经济的一个法律前提，就是要变宪法所肯定的计划经济体制为市场经济体制，并以此为根据废除和修改一切与市场经济体制不相适应的法律制度，依靠法律手段为市场经济的发展扫清道路。正是如此，全国人大于 1993 年 3 月将宪法关于“国家在社会主义公有制基础上实行计划经济”的规定修改为“国家实行社会主义市场经济”，从而为其他相应法律的修改和制定提供了母法依据。其次，市场经济秩序需要法律维护。依法维护正常的市场秩序，是市场经济健康发展的基础。最后，市场经济行为需要法律规范。在市场经济条件下允许怎样做、禁止怎样做、必须怎样做，都迫切需要法律划定其边界，提供行为的模式和标准。否则，就难以保证市场经济的有序运行。

第九章　宪法观念与宪法文化

基础知识图解

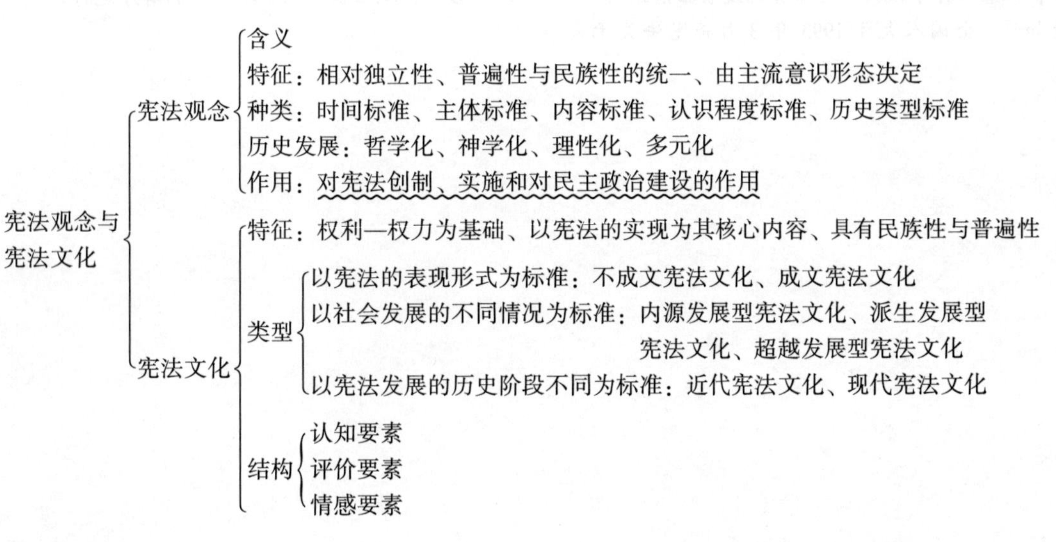

配套测试

一、不定项选择题

1. 宪法文化是法律文化的一部分，宪法文化具有（　　）

A. 民族性　　B. 普遍性
C. 历史性　　D. 阶级性

2. 以宪法发展历史阶段的不同为标准进行划分的结果不包含（　　）

A. 原始宪法文化　　B. 古代宪法文化
C. 近代宪法文化　　D. 现代宪法文化

3. 宪法观念是人们对历史和现实中的哪些对象进行认知和评价？（　　）

A. 宪法规范　　B. 宪法实施
C. 宪法活动　　D. 民事诉讼

4. 以下符合宪法文化基本原理的是（　　）

A. 宪法文化体现以权利—权力结构为基础的精神
B. 宪法文化以宪法的实现为其核心内容
C. 评价一国宪法文化建设程度的标准是有无宪法典
D. 宪法文化既具有民族性又具有普遍性

二、名词解释

1. 宪法观念
2. 内源发展型宪法文化
3. 法律认知
4. 宪法文化

三、简答题

1. 简述宪法观念作用的主要方式。（武汉大学2006年考研真题）

2. 宪法文化是各要素的有机结合，宪法文化的结构如何？

四、论述题

宪法至上原则在我国宪法中主要体现在哪些方面？

参考答案

一、不定项选择题

1. 答案：AB。尽管在一定范围内，法律可以被移植，但法律文化只能被借鉴吸收。任何国家的宪法文化都有其民族性，世界上有多少国家就有多少宪法文化。同时，宪法文化的核心内容、价值追求又具有普遍性。

2. 答案：AB。以宪法发展历史阶段的不同为标准，可以分为近代宪法文化与现代宪法文化。

3. 答案：ABC。宪法观念是人们对历史与现实中的宪法规范、宪法实施的认知和评价。

4. 答案：ABD。C 项错误，不成文宪法国家根本没有宪法典，但不能否认英国宪法实践的辉煌成就。因此，有无宪法典不应该是评价一国宪法文化建设程度的标准。

二、名词解释

1. 答案：宪法观念是人们对历史与现实中的宪法规范、宪法实施的认知和评价。

2. 答案：内源发展型宪法文化是指宪法文化的发展主要是由本民族或国家的内部因素、内部关系决定。此种宪法文化一般形成于资本主义开创时期。

3. 答案：法律认知是人们对法律内容、形式、运行、性质、作用等法律现实，以及法与其他社会现象的区别和联系的感知和认识。

4. 答案：宪法文化是法律文化的一部分。宪法文化是基于商品经济、民主政治、理性文化的综合作用而产生的关于宪法、宪法制度和宪法结构等的认识总和。

三、简答题

1. 答案：宪法观念是人们对历史与现实中的宪法规范、宪法实施的认知和评价。其作用主要表现在宪法的创制、宪法的实施、民主政治建设等方面。

（1）宪法观念对宪法创制的作用

宪法创制也称宪法制定或立宪。任何一部宪法都不会凭空产生，而是由政治、经济、文化、历史传统等多种因素决定。这些因素往往通过宪法观念对人们的立宪活动发挥作用。可以说，宪法观念尤其是制宪权主体的宪法观念，是决定制定什么样宪法的主要因素，不同的宪法观念是导致世界上宪法千姿百态的原因之一。比如，美国宪法就是当时美国统治者宪法观念的产物。无论是分权制衡体制、联邦制度，还是后来增加的“权利法案”，无不是当时统治者拥有的宪法观念的产物。1993 年我国修宪的一个主要内容是把社会主义市场经济的内容体现在宪法中，1999 年修宪又把依法治国、建设社会主义法治国家写进宪法。这都是 20 世纪 90 年代以来我国确立市场经济观念、法治观念、人权观念、社会主义核心价值观在宪法中的体现。

（2）宪法观念对宪法实施的作用

宪法要发挥作用就必须实施。宪法实施与宪法观念可以相互促进，宪法观念在宪法实施中得到实现，同时在宪法实施中不断得到完善和发展。尽管保障宪法实施需要多方面的条件，但人是最基本的，由于人的活动都受一定观念的支配，因此具有什么样的宪法观念，什么水平的宪法观念，对宪法实施就显得尤其重要。总体来说，世界各国的宪法，不论是发达国家的宪法，还是发展中国家的宪法，其宪法条文大都经过精心设计，其字面意义大都体现民主与进步，但为什么在实施过程中却在各国导致不同的后果呢？原因有很多，但公民宪法观念水平的高低是关键。

（3）宪法观念对民主政治建设的作用

宪法是民主事实的法律化，民主政治的发展过程和宪法制度的完善过程是一致的。宪法观念是联系民主政治与宪法制度的中介，一方面，宪法观念是对宪法的认知和评价；另一方面，民主政治的运行必然与宪法观念相伴随。因为宪法观念的某些内容，如代议制、分权思想、人权保障思想、法治理念本身就是民主政治的重要内容。宪法观念发展的历史表明，它最初只是为少数人所认知，或在少数国家被人所接受，这时的民主政治不仅受地域限制，而且呈现不稳定状态；但当宪法观念成为一种普遍的法律理念时，民主政治也就得到很大的发展。尽管导致我国在近代并没有真正实现民主政治理想的原因有很多，但传统法律观念的影响至关重要。传统法律观念中以君权为核心、以国家为本位以及重人治、轻法治、重专制、轻民主和轻视人权的观念，直接影响了我国的民主政治建设。要加强民主政治建设，就必须树立和增强公民的宪法观念。可以说，公民宪法观念的发达程度标志着民主政治建设的程度。

2. 答案：宪法文化是一个整体，是构成宪法文化的各要素的有机结合。构成宪法文化的要素主要包括三个方面，即宪法文化的认知、宪法文化的评价和宪法文化的情感。这三大要素是根据认识主体对宪法文化的认识深度、认识角度而进行的区分，但同时又是一个相互依存的统一整体。

(1) 宪法文化的认知，解决的是事实判断问题，是主体对于宪法是什么的回答，包括认识和感知两个层次。宪法文化认识是人们对宪法的理性认识，其认识主体一般具有宪法知识，是对宪法规范和实践比较深刻的反映。宪法文化感知是人们对宪法的经验型知识，它往往因人而异。因此，不同国家和地区公民的宪法文化认知结构也存在不同。一般说来，宪法与现实生活、政治实践联系越紧密，宪法的深入程度越高，人们的认知程度也就越高。同时，人们参与宪法生活的程度、接受宪法普及的程度、接受宪法教育的水平都能影响人们对宪法文化的认知。此外，宪法文化的认知也受政治、经济、文化发展的影响。

(2) 宪法文化的评价是指人们对各种宪法现象进行价值判断、选择和排序。它要解决的是宪法应当是什么的问题。宪法文化的评价反映了主体对宪法认识的价值取向。宪法文化的评价反映了人们对宪法文化的理解达到了一个新的高度。任何宪法规范、宪法制度都是特定价值观念的体现，宪法规范中都隐含着一套价值准则。

(3) 宪法文化的情感是指与宪法现象相关联的情绪体验，是在认识宪法和实施宪法中形成的普遍心理。情感要素在更深的层次上影响着个人的行为选择和社会的制度选择。宪法文化的情感要素是长期形成的，是一种超稳定结构，并且呈现隐潜状态，它深深影响一个民族、一个国家宪法文化的发展。

四、论述题

答案：宪法至上原则是一个国家法律制度和法律体系的核心和基础，宪法具有最高的法律效力，国家的一切法律和法律制度都不得与宪法和宪法制度相冲突，其他法律和法律制度间的关系，包括法律效力等级均由宪法予以规定。

现行宪法在序言中明确指出：“本宪法以法律的形式确认了中国各族人民奋斗的成果，规定了国家的根本制度和根本任务，是国家的根本法，具有最高的法律效力。”这是宪法至上作为现行宪法基本原则的宪法依据。

按照现行宪法的规定，我国现行法律体系由宪法、基本法律、法律、行政法规和地方性法规组成，它们都不得同宪法相抵触。宪法规定，行政法规不得与法律相抵触，地方性法规不得同法律和行政法规相抵触。这些规定都是宪法至上原则在宪法中的具体表现。此外，“全国各族人民、一切国家机关和武装力量、各政党和各社会团体、各企业事业组织，都必须以宪法为根本的活动准则，并且负有维护宪法尊严、保证宪法实施的职责”等规定也体现了法律至上的精神。

第二编　宪法基本制度

第十章　国家性质

基础知识图解

- 国家性质
  - 概说
    - 概念
    - 决定性因素
    - 各国宪法对国家性质的规定：资本主义国家、社会主义国家、民族民主主义国家
  - 国家政权的阶级归属
    - 国家政权的阶级归属是国家性质的政治要素
    - 我国是人民民主专政的社会主义国家
    - 国家的根本领导制度
    - 爱国统一战线——→无产阶级专政理论的重要组成部分
  - 国家的基本经济制度
    - 经济制度及其在各国宪法中的表现
    - 社会主义公有制是我国经济制度的基础
    - 我国社会主义市场经济的重要组成部分
    - 我国社会主义经济建设的基本方针
  - 国家的基本文化制度
    - 文化制度及其在各国宪法中的表现
    - 我国宪法关于根本文化制度等的规定
      - 坚持以社会主义核心价值观引领文化建设制度
      - 文化建设是社会主义现代化建设的重要内容
      - 国家发展教育事业
      - 国家发展科学事业
      - 国家发展医疗卫生和体育事业
      - 国家发展文学艺术及其他文化事业

配套测试

一、单项选择题

1. 下列关于国家制度的表述，正确的是哪一项？(　　)

A. 国家制度包括国体、政体、国家结构形式、领土结构形式、政权组织形式等内容

B. 国家制度包括国体、政体、国家结构形式、选举制度、地方制度等内容

C. 国家制度包括国体、政体、领土结构形式、选举制度、地方制度等内容

D. 国家制度包括国体、领土结构形式、选举制度、地方制度、政权组织形式等内容

2. 根据我国宪法第 26 条规定，国家保护和改善生活环境和(　　)，防治污染和其他公害。

A. 生态平衡　　B. 生存环境

C. 自然环境　　D. 生态环境

3. 我国现行宪法第 1 条规定，下列选项中的哪一制度是我国的根本制度？(　　)

A. 人民民主专政　　B. 生产资料公有制

C. 社会主义制度　　D. 人民代表大会制度

4. 我国宪法第 25 条规定，国家推行计划生育，使人口的增长同经济和(　　)相适应。

A. 社会发展　　B. 社会资源的增长
C. 生态环境　　D. 社会发展计划

5. 根据我国宪法规定，在社会主义初级阶段，国家坚持下列选项中哪一种形式的分配制度？(　　)
A. 按劳分配
B. 按劳分配与按需分配相结合
C. 按需分配
D. 按劳分配为主体、多种分配方式并存

6. 我国《宪法》第2条第1款规定："中华人民共和国的一切权力属于(　　)。"
A. 公民　　B. 人民
C. 人民代表大会　　D. 工农联盟

7. 我国宪法规定，城镇中的手工业、工业、建筑业、运输业、商业、服务业等行业的各种形式的合作经济是下列哪种形式的经济形式？(　　)
A. 国有　　B. 集体所有制
C. 个体　　D. 私营

8. 根据我国宪法规定，下列关于私有财产权的表述哪一项是不正确的？(　　)
A. 公民合法的私有财产不受侵犯
B. 国家依照法律规定保护公民的私有财产权和继承权
C. 任何人不得剥夺公民的私有财产
D. 国家为了公共利益的需要，可以依照法律规定对公民的私有财产实行征收或者征用并给予补偿

9. 我国宪法规定：社会主义的公共财产神圣不可侵犯，国家保护社会主义的公共财产，禁止任何组织或者个人用任何手段(　　)国家和集体的财产。
A. 侵占或者买卖　　B. 买卖或者出租
C. 买卖或者破坏　　D. 侵占或者破坏

10. 尽管不同国家或者一国不同历史时期具体历史条件的不同，决定了其阶级关系状况存在差异，但一般说来，在下列选项中的哪一领域中居主导地位的阶级总是控制或者掌握着国家政权，处于统治者或领导者的地位？(　　)
A. 经济生活领域　　B. 政治生活领域
C. 阶级斗争　　D 革命战争

11. 下列选项中哪一项最能体现国家的性质？(　　)
A. 社会各阶级、各阶层在国家生活中的地位
B. 精神文明的发展程度
C. 社会各阶级、阶层的人数多少
D. 政权机关的组织体系

12. 根据我国现行宪法的规定，个体经济、私营经济等非公有制经济在社会主义市场经济中的地位可以表达为下列哪一选项？(　　)
A. 重要组成部分
B. 必要补充
C. 重要基础
D. 最具活力、最有前途的部分

13. 在我国，国民经济的主导力量是(　　)
A. 国有经济　　B. 集体经济
C. 私营经济　　D. 个体经济

14. 现行宪法规定，国家保护城乡集体经济组织的合法权利和利益。对集体经济发展的政策是(　　)
A. 保障
B. 监督、管理和指导
C. 保护
D. 鼓励、指导和帮助

15. 我国宪法规定土地使用权可以依法律的规定(　　)
A. 买卖　　B. 出租
C. 转让　　D. 变更

16. 现阶段我国存在多种经济形式，从根本上说是由(　　)
A. 党的政策决定的
B. 国家法律决定的
C. 生产力发展水平决定的
D. 人们的科学文化水平决定的

17. 关于经济制度与宪法关系，下列哪一选项是错误的？(　　)（司考2009.1.22）
A. 自德国《魏玛宪法》以来，经济制度便成为现代宪法的重要内容之一
B. 宪法对经济关系特别是生产关系的确认与调整构成一国的基本经济制度
C. 我国《宪法修正案》第16条规定，法律范围内的非公有制经济是社会主义市场经济的重要组成部分
D. 私有财产神圣不可侵犯是我国宪法的一项基本原则

二、多项选择题

1. 依照我国宪法规定，可以依法属于集体所有的有哪些？(　　)
A. 森林、草原
B. 荒地、滩涂
C. 农村和城市郊区的土地
D. 宅基地和自留山

2. 下列有关我国国家性质的论述，哪些是正确的？(　　)
A. 我国的国家性质即指我国的国体，也即我国的阶级本质
B. 我国是人民民主专政的社会主义国家

C. 人民民主专政的实质是无产阶级专政
D. 在我国，人民民主专政和无产阶级专政可以通用

3. 根据我国宪法规定，农村中的下列哪些形式的合作经济，是社会主义劳动群众集体所有制经济？(　　)
A. 生产　　B. 供销
C. 信用　　D. 消费

4. 我国宪法规定，矿藏、水流、森林、山岭、草原、荒地、滩涂等自然资源，都属于国家所有，即全民所有。其中下列哪些内容不得由法律规定为集体所有？(　　)
A. 矿藏　　B. 水流
C. 草原　　D. 荒地

5. 下列选项中关于国体的表述哪几项是正确的？(　　)
A. 国家的性质
B. 国家的阶级本质
C. 社会各阶级在国家生活中的地位和作用
D. 国家的根本制度

6. 人民民主专政与无产阶级专政相比，具有下列哪些特点？(　　)
A. 中国共产党领导的爱国统一战线的存在和发展
B. 中国共产党是人民民主专政的领导核心
C. 工农联盟是无产阶级专政的最高原则
D. 中国共产党领导的多党合作和政治协商制度的存在和发展

7. 我国宪法规定，要在人民中进行(　　)教育，进行辩证唯物主义和历史唯物主义的教育，反对资本主义的、封建主义的和其他的腐朽思想。
A. 爱国主义　　B. 集体主义
C. 国际主义　　D. 共产主义

8. 我国现阶段的爱国统一战线是由中国共产党领导的，由各民主党派和各人民团体参加的，包括(　　)的广泛的政治联盟。
A. 全体社会主义劳动者
B. 拥护社会主义的爱国者
C. 拥护祖国统一和致力于中华民族伟大复兴的爱国者
D. 海外朋友

9. 从我国现行宪法的规定看，宪法对下列哪些选项的内容没有授权普通法律规定为国家所有？(　　)
A. 农村和城市郊区的土地
B. 农村宅基地
C. 自留山、自留地
D. 森林

10. 根据我国现行《宪法》的规定，国家对个体经济、私营经济实行下列哪些策略？(　　)
A. 引导　　B. 鼓励
C. 监督　　D. 管理

11. 现阶段我国公有制经济包括下列选项中的哪些成分？(　　)
A. 国有经济
B. 劳动群众集体所有制经济
C. 股份制经济
D. 合资企业

12. 人民民主专政的国家担负着以下哪些基本职能？(　　)
A. 维护人民当家作主的权利
B. 保卫社会主义制度
C. 组织社会主义经济和文化建设
D. 维护世界和平

13. 我国人民民主专政的实质是无产阶级专政，下列哪几项体现了二者的一致？(　　)
A. 领导力量　　B. 阶级基础
C. 历史使命　　D. 具体任务

14. 在人类国家发展史上，先后出现过以下几种不同历史类型的国家？(　　)
A. 原始社会
B. 奴隶制国家和封建制国家
C. 剥削阶级国家和民主国家
D. 资本主义国家和社会主义国家

15. 现行宪法规定：国家发展自然科学和社会科学事业，普及科学和技术知识，奖励(　　)
A. 勇于献身的精神　　B. 科学研究成果
C. 文学艺术成果　　D. 技术发明创造

16. 现行宪法规定国家鼓励依照法律规定举办各种教育事业的组织分别是(　　)
A. 集体经济组织　　B. 科技协作集团
C. 国家企业事业组织　　D. 其他社会力量

17. 根据《宪法》规定，关于我国基本经济制度的说法，下列选项正确的是(　　)
A. 国家实行社会主义市场经济
B. 国有企业在法律规定范围内和政府统一安排下，开展管理经营
C. 集体经济组织实行家庭承包经营为基础、统分结合的双层经营体制
D. 土地的使用权可以依照法律的规定转让

18. 关于国家文化制度，下列哪些表述是正确的？(　　)(司考 2015. 1. 62)
A. 我国宪法所规定的文化制度包含了爱国统一战线的内容
B. 国家鼓励自学成才，鼓励社会力量依照法律规定举办各种教育事业
C. 是否较为系统地规定文化制度，是社会主义

宪法区别于资本主义宪法的重要标志之一

D. 公民道德教育的目的在于培养有理想、有道德、有文化、有纪律的社会主义公民

19. 我国《宪法》第2条明确规定，“人民行使国家权力的机关是全国人民代表大会和地方各级人民代表大会”。关于全国人大和地方各级人大，下列选项正确的是：(　　)(司考2015.1.91)

A. 全国人大代表全国人民统一行使国家权力

B. 全国人大和地方各级人大是领导与被领导的关系

C. 全国人大在国家机构体系中居于最高地位，不受任何其他国家机关的监督

D. 地方各级人大设立常务委员会，由主任、副主任若干人和委员若干人组成

20. 我国的基本社会制度是基于经济、政治、文化、社会、生态文明五位一体的社会主义建设的需要，在社会领域所建构的制度体系。关于国家的基本社会制度，下列哪些选项是正确的？(　　)(司考2016.1.62)

A. 我国的基本社会制度是国家的根本制度

B. 社会保障制度是我国基本社会制度的核心内容

C. 职工的工作时间和休假制度是我国基本社会制度的重要内容

D. 加强社会法的实施是发展与完善我国基本社会制度的重要途径

三、名词解释

1. 国家性质

2. 统一战线

3. 经济制度

4. 文化制度

四、简答题

1. 简述人民民主专政的阶级构成。

2. 简述经济制度和宪法的关系。

3. 决定国家性质的基本因素有哪些？

4. 人民民主专政的主要内容和特点。

五、论述题

1. 如何理解现行宪法对“社会主义公共财产神圣不可侵犯”的规定？

2. 试述宪法对社会主义精神文明建设所作的规定。

3. 为什么说人民民主专政是民主与专政的结合？

4. 概述建设有中国特色社会主义民主政治的基本内容。

参考答案

一、单项选择题

1. **答案**：B。本题主要考查国家制度的概念。
2. **答案**：D。《宪法》第 26 条规定：国家保护和改善生活环境和生态环境，防治污染和其他公害。国家组织和鼓励植树造林，保护林木。
3. **答案**：C。《宪法》第 1 条规定：中华人民共和国是工人阶级领导的、以工农联盟为基础的人民民主专政的社会主义国家。社会主义制度是中华人民共和国的根本制度。禁止任何组织或者个人破坏社会主义制度。
4. **答案**：D。《宪法》第 25 条规定：国家推行计划生育，使人口的增长同经济和社会发展计划相适应。
5. **答案**：D。《宪法》第 6 条第 2 款规定：国家在社会主义初级阶段，坚持公有制为主体、多种所有制经济共同发展的基本经济制度，坚持按劳分配为主体、多种分配方式并存的分配制度。
6. **答案**：B。《宪法》第 2 条第 1 款规定：中华人民共和国的一切权力属于人民。
7. **答案**：B。《宪法》第 8 条第 2 款规定：城镇中的手工业、工业、建筑业、运输业、商业、服务业等行业的各种形式的合作经济，都是社会主义劳动群众集体所有制经济。
8. **答案**：C。《宪法》第 13 条规定：公民的合法的私有财产不受侵犯。

   国家依照法律规定保护公民的私有财产权和继承权。

   国家为了公共利益的需要，可以依照法律规定对公民的私有财产实行征收或者征用并给予补偿。

   选项 C 不正确。公民不合法的私有财产，如侵占他人的财产，人民法院可以采用强制执行的方式予以剥夺。
9. **答案**：D。《宪法》第 12 条规定：社会主义的公共财产神圣不可侵犯。国家保护社会主义的公共财产。禁止任何组织或者个人用任何手段侵占或者破坏国家的和集体的财产。
10. **答案**：A。经济基础决定上层建筑，因而居主导地位的阶级总是控制或者掌握着国家政权，处于统治者或领导者的地位。
11. **答案**：A。所谓国家性质就是社会各阶级、各阶层在国家生活中的地位及相互关系。
12. **答案**：A。《宪法》第 11 条第 1 款规定：在法律规定范围内的个体经济、私营经济等非公有制经济，是社会主义市场经济的重要组成部分。
13. **答案**：A。《宪法》第 7 条规定：国有经济，即社会主义全民所有制经济，是国民经济中的主导力量。国家保障国有经济的巩固和发展。
14. **答案**：D。《宪法》第 8 条第 3 款规定：国家保护城乡集体经济组织的合法的权利和利益，鼓励、指导和帮助集体经济的发展。
15. **答案**：C。《宪法》第 10 条第 4 款规定：任何组织或个人不得侵占、买卖或者以其他形式非法转让土地。土地的使用权可以依照法律的规定转让。
16. **答案**：C。生产力发展水平高低不齐决定了现阶段只有实行以公有制为主体，多种经济成分并存和共同发展的所有制形式。
17. **答案**：D。本题比较简单，A、B 项属于宪法基础理论的内容，都是正确的。C 项有法条依据，D 项没有法条依据。我国宪法规定：公有财产神圣不可侵犯。可见 D 项错误。因此，本题的正确答案应当是 D 项。

二、多项选择题

1. **答案**：ABCD。《宪法》第 9 条第 1 款规定：矿藏、水流、森林、山岭、草原、荒地、滩涂等自然资源，都属于国家所有，即全民所有；由法律规定属于集体所有的森林和山岭、草原、荒地、滩涂除外。第 10 条第 2 款规定：农村和城市郊区的土地，除由法律规定属于国家所有的以外，属于集体所有；宅基地和自留地、自留山，也属于集体所有。
2. **答案**：ABC。本题主要考查人民民主专政制度、国体概述、人民民主专政的实质。
3. **答案**：ABCD。《宪法》第 8 条第 1 款规定：农村集体经济组织实行家庭承包经营为基础、统分结合的双层经营体制。农村中的生产、供销、信用、消费等各种形式的合作经济，是社会主义劳动群众集体所有制经济。
4. **答案**：AB。《宪法》第 9 条第 1 款规定：矿藏、水流、森林、山岭、草原、荒地、滩涂等自然资源，都属于国家所有，即全民所有；由法律规定属于集体所有的森林和山岭、草原、荒地、滩涂除外。
5. **答案**：ABC。本题主要考查国体的概念。
6. **答案**：AD。本题主要考我国人民民主专政与无产阶级专政相比所具有的特点。
7. **答案**：ABCD。《宪法》第 24 条第 2 款规定：国家倡导社会主义核心价值观，提倡爱祖国、爱人民、爱劳动、爱科学、爱社会主义的公德，在人民中进行爱国主义、集体主义和国际主义、共产主义的教育，进行辩证唯物主义和历史唯物主义的教育，反对资本主义的、封建主义的和其他的腐朽思想。

8. **答案**：ABC。《宪法》序言第十段规定：社会主义的建设事业必须依靠工人、农民和知识分子，团结一切可以团结的力量。在长期的革命、建设、改革过程中，已经结成由中国共产党领导的，有各民主党派和各人民团体参加的，包括全体社会主义劳动者、社会主义事业的建设者、拥护社会主义的爱国者、拥护祖国统一和致力于中华民族伟大复兴的爱国者的广泛的爱国统一战线，这个统一战线将继续巩固和发展。中国人民政治协商会议是有广泛代表性的统一战线组织，过去发挥了重要的历史作用，今后在国家政治生活、社会生活和对外友好活动中，在进行社会主义现代化建设、维护国家的统一和团结的斗争中，将进一步发挥它的重要作用。中国共产党领导的多党合作和政治协商制度将长期存在和发展。

9. **答案**：BC。《宪法》第10条规定：城市的土地属于国家所有。

农村和城市郊区的土地，除由法律规定属于国家所有的以外，属于集体所有；宅基地和自留地、自留山，也属于集体所有。

10. **答案**：ABCD。《宪法》第11条第2款规定：国家保护个体经济、私营经济等非公有制经济的合法的权利和利益。国家鼓励、支持和引导非公有制经济的发展，并对非公有制经济依法实行监督和管理。

11. **答案**：AB。《宪法》第6条第1款规定：中华人民共和国的社会主义经济制度的基础是生产资料的社会主义公有制，即全民所有制和劳动群众集体所有制。社会主义公有制消灭人剥削人的制度，实行各尽所能、按劳分配的原则。题目中并没有使用股份制经济的国有成分或集体成分这种表述方式。

12. **答案**：ABCD。见宪法序言。

13. **答案**：ABC。我国人民民主专政由于在领导力量、阶级基础、历史使命等方面与无产阶级专政相同，因而其实质是无产阶级专政。

14. **答案**：BD。本题主要考查国家的历史类型，即奴隶制国家、封建制国家、资本主义国家和社会主义国家。

15. **答案**：BD。《宪法》第20条规定：国家发展自然科学和社会科学事业，普及科学和技术知识，奖励科学研究成果和技术发明创造。

16. **答案**：ACD。《宪法》第19条第4款规定：国家鼓励集体经济组织、国家企业事业组织和其他社会力量依照法律规定举办各种教育事业。

17. **答案**：AD。本题考查的是我国宪法中的经济制度。《宪法》第15条第1款规定，国家实行社会主义市场经济。故A项正确。

《宪法》第16条规定：国有企业在法律规定的范围内有权自主经营。国有企业依照法律规定，通过职工代表大会和其他形式，实行民主管理。因此，B项错误。

《宪法》第8条第1款规定：农村集体经济组织实行家庭承包经营为基础、统分结合的双层经营体制。农村中的生产、供销、信用、消费等各种形式的合作经济，是社会主义劳动群众集体所有制经济。参加农村集体经济组织的劳动者，有权在法律规定的范围内经营自留地、自留山、家庭副业和饲养自留畜。所以，C选项的表述错误。

《宪法》第10条规定：土地的使用权可以依照法律的规定转让。所以D选项的表述是正确的。

18. **答案**：BD。爱国统一战线是我国人民民主专政的主要特色，不属于文化制度的内容，故A项错误。近代意义的宪法产生以来，文化制度便成为宪法不可缺少的重要内容。1919年德国《魏玛宪法》第一次比较全面系统地规定了文化制度，为许多资本主义国家宪法所效仿。因此不能认为是否较为系统地规定文化制度，是社会主义宪法区别于资本主义宪法的重要标志之一。故C项错误。B、D项是明显正确的。

19. **答案**：AC。全国人大和地方各级人大都是代表人民全权行使国家权力的机关。A项正确。全国人大是国家最高权力机关，地方各级人大是地方各级国家权力机关，二者不是领导与被领导的关系，但存在着法律上的监督关系、工作上的联系和指导关系。故B项错误。全国人大是国家权力机关，在整个国家体系中居于主导地位，其他国家机关都由同级人大选举产生，对其负责，受其监督。全国人大在国家机构体系中居于最高地位，不受任何其他国家机关的监督。故C项正确。根据《宪法》第103条规定，县级以上的地方各级人民代表大会常务委员会由主任、副主任若干人和委员若干人组成，对本级人民代表大会负责并报告工作。因此，只有县级以上地方各级人大设立常务委员会，乡级人大不设常委会；另外，省级、地市级人大常委会组成人员还包括秘书长。故D项错误。

【陷阱】 C项关于全国人大“不受任何其他

国家机关的监督”的表述，容易被认为是错误的，似乎违背人们关于有权力必有监督的通常认知。事实上，人民代表大会制度是由社会主义国家一切权力属于人民决定的，其逻辑起点是主权在民，核心原则是人民主权。因此，人民代表大会要向人民负责，受人民监督，但不受其他国家机关监督，其他国家机关都是由全国人大产生的。

20. 答案：BCD。《宪法》第 1 条第 2 款规定：“社会主义制度是中华人民共和国的根本制度……”故 A 项错误。我国现行宪法对基本社会制度的规定主要包括社会保障制度、医疗卫生事业、劳动保障制度、人才培养制度、计划生育制度、社会秩序及安全维护制度等方面，其中，社会保障制度是基本社会制度的核心内容，故 B 项正确。职工的工作时间和休假制度是劳动保障制度的内容，故 C 项正确。易知，D 项亦正确。

三、名词解释

1. 答案：国家性质是指通过特定的宪法规范和宪法制度所反映的一国在政治、经济和文化方面的基本特征，它反映着该国社会制度的根本属性。

2. 答案：统一战线是指无产阶级及其政党在进行革命和建设过程中，为了获得最广泛的同盟军以壮大自己的力量，同其他革命阶级以及一切可以团结的人们所结成的政治联盟。

3. 答案：经济制度是指一国通过宪法和法律调整以生产资料所有制形式为核心的各种基本经济关系的规则、原则和政策的总和。

4. 答案：文化制度是指一国通过宪法和法律调整以社会意识形态为核心的各种基本文化关系的规则、原则和政策的总和，主要包括教育事业，科技事业，文学艺术事业，广播电影电视事业，医疗、卫生、体育事业，新闻出版事业，文物事业，图书馆事业，以及社会意识形态等方面。

四、简答题

1. 答案：我国人民民主专政的国家政权，就其阶级构成来说，是以工人阶级为领导，以工农联盟为基础建立起来的：

（1）工人阶级是人民民主专政的领导力量。

（2）工农联盟是人民民主专政的基础。

（3）知识分子已成为工人阶级的组成部分。

2. 答案：经济制度是国家通过宪法、法律、政策等在确认和调整经济关系时所形成的制度。经济制度与宪法的关系不能被简单地视为经济基础和上层建筑的关系，而应该进行更深入的分析。

（1）从历史发展来看，宪法是经济制度发展到一定阶段的产物。每一种社会形态，都有与该社会形态的经济基础相联系的经济制度。国家产生后，经济制度主要表现为有一定联系的法律、政策。经济制度的发展应与生产关系的发展相适应，资本主义生产关系的建立对经济制度提出了新的要求。资本主义生产关系是建立在发达生产力基础上的，因而先前建立在小生产基础上的生产关系制度化的形式已经不能满足它的要求了。资本主义生产关系需要有更权威、更有效、更能反映其本质并促进其发展的制度化形式。作为资产阶级革命的产物，宪法是经济制度发展到需要用根本法予以制度化时产生的。

（2）从经济制度各种表现形式的关系来看，宪法是经济制度化的基本形式。经济制度是国家确认为调整经济关系的制度，它由宪法、法律、政策等构成。宪法是国家根本法，是国家制定一切法律、法规和政策的依据。在确认经济关系的诸法律、法规和政策中，宪法是最重要的形式。宪法对经济关系，特别是对生产关系的确认与调整构成一个国家的基本经济制度。

（3）经济制度是宪法的重要内容。既然近代宪法是经济制度发展到一定阶段的产物，宪法是经济制度化的基本形式，那么确认和调整一定的经济关系就是宪法不可缺少的一个重要内容。从宪法发展史来看，无论是近代宪法，还是现代宪法和当代宪法，无论是资本主义的宪法，还是社会主义的宪法，尽管规定的内容不尽相同，但是都对经济制度作出了明确规定。第一次世界大战以后，特别是社会主义国家建立后，宪法规定经济制度的内容越来越多、越来越系统，规定经济制度已成为宪法不可缺少的重要内容。如果说《人权宣言》所昭示的“凡权利无保障和分权未确立的社会，就没有宪法”是衡量有无近代宪法的标志的话，那么，宪法中是否有较为完备的经济制度，则是衡量一个国家有无现代宪法的标准之一。

综上所述，从社会形态的角度考察，经济制度与宪法的关系是社会上层建筑构成要素间的关系，而不是经济基础与上层建筑的关系。尽管这样，正如理解上层建筑各要素之间的关系一样，理解经济制度与宪法的关系也必须从它们赖以建立的经济基础出发。

3. 答案：不同国家的性质之所以各有特点，主要是因为它们具有不同的政治、经济和文化背景。国家性质归根结底是各种社会因素交互作用的结果。概括来说，体现和制约一国国家性质的因素主要有如下三个方面：

首先，社会各阶级在国家政治生活中的地位直接体现和决定着国家性质。

其次，社会经济基础是国家性质根本的决定因素。

再次，社会文化制度也是影响和体现国家性质的重要因素。

最后，需要指出的是，除了以上三种主要因素之外，特定国家的国家性质还深受该国特定历史条件的影响和制约。

4. 答案：现行《宪法》第1条第1款规定："中华人民共和国是工人阶级领导的、以工农联盟为基础的人民民主专政的社会主义国家。"这是关于我国国家性质的规定，是我国的国体。我国人民民主专政的主要内容和特点是：

（1）我国的人民民主专政经历了民主革命和社会主义革命与建设两个时期。我国工人阶级领导的、以工农联盟为基础的人民民主专政，实质上即无产阶级专政。

（2）人民民主专政的国家性质决定，在我国，只有人民才是国家和社会的主人。

（3）人民民主专政是新兴的民主与专政的结合，即对广大人民实行民主和对极少数敌人实行专政。人民民主专政的民主与专政两个方面，作为一种国家制度是不可分割的，两者相互依赖、相互联系，只有对极少数敌对分子实行专政才能保障最大多数人的民主自由，只有在人民内部实行最广泛的民主，才能调动人民的积极性。

（4）工人阶级是人民民主专政的领导力量。工人阶级通过自己的先锋队——中国共产党来实现对人民民主专政的领导。

（5）人民民主专政有着广泛的阶级基础。这主要体现在人民民主专政以工农联盟为基础。

（6）在人民民主专政的国家中，存在着广泛的爱国统一战线。

五、论述题

1. 答案：（1）社会主义的公有财产包括全民所有财产，即国有财产和劳动群众集体所有的财产。

（2）社会主义公共财产是巩固和发展社会主义制度和建立富强、民主、文明的社会主义现代化国家的物质基础，是逐步提高人民物质和文化生活水平的物质源泉，也是人民享有各项权利和自由的物质保证。保护公共财产不受侵犯，既是国家的任务，也是公民、法人和其他组织的义务。

（3）保护社会主义公共财产不受侵犯，就必须坚决地同经济领域的犯罪现象作斗争，同侵犯公共财产的犯罪分子作斗争，在干部和群众中开展艰苦奋斗和反对铺张浪费的教育。

2. 答案：（1）宪法关于教育科学文化建设的规定。

教育科学文化建设的内容包括教育、科学、卫生、体育、文艺、新闻、广播、电视、出版、发行、图书馆、博物馆、文化馆、保护历史文化遗产及其他各项文化事业。宪法根据我国社会主义现代化建设的需要和我国的实际情况，在总纲的第19条、第20条、第21条和第22条分别对教育科学文化建设作出了规定：①发展社会主义教育事业；②发展社会主义科学事业；③发展卫生事业和体育事业；④发展社会主义文学艺术和其他文化事业。

教育科学文化建设是社会主义精神文明建设的一个重要方面。它既是物质文明建设的重要条件，又是提高整个中华民族的思想道德素质和科学文化素质的重要条件。教育科学文化的发展有力地促进了我国社会主义现代化建设事业的顺利发展。教育科学文化的发展水平，更是直接反映着我们中华民族文明水平的重要标志。

（2）宪法关于思想道德建设的规定。

思想道德建设的内容包括：普及理想教育，为把我国建设成为富强、民主、文明的社会主义现代化国家努力奋斗；普及道德教育，树立和发扬社会主义道德风尚；在人民中进行以共产主义为指导，以爱国主义为基础的思想政治教育；反对资本主义、封建主义和其他腐朽思想。

思想道德建设是国家对全体公民进行思想政治和品德教育的重要任务。思想道德建设关系着培育全民族的思想道德素质，关系着培育有理想、有道德、有文化、有纪律的社会主义事业的一代又一代的接班人。思想道德建设决定着我国精神文明的社会主义性质和方向，乃至社会之进步、国家之兴亡，因此在社会主义精神文明建设中占有极为重要的地位。

思想道德建设是一项长期而艰巨的任务，我们需要做长期而细致的工作。在进行思想道德建设过程中一定要注意把先进性的要求同普遍性的要求结合起来，把长期性的要求同阶段性的要求结合起来。

3. 答案：人民民主专政是人民民主和人民对敌人专政的有机统一，是新型的民主和新型专政的结合。对人民实行民主和对敌人实行专政是我国人民民主专政的两个方面。在人民内部实行民主是实现对敌人专政的前提和基础，而对敌人实行专政又是人民民主的有力保障。民主与专政是统一的辩证关系，两者紧密相连，相辅相成，不可偏废。

人民民主，亦即社会主义民主，就是社会绝

大多数人享有管理国家和社会的一切权力，就是人民当家作主。社会主义民主就其内容而言至少包含着以下三个方面：

（1）社会主义民主是指社会主义的国家制度。

（2）社会主义民主还包含着人民群众在国家和社会生活中所享有广泛的权利和自由。

（3）社会主义民主也表现为人们在国家和社会生活中的民主意识、习惯和作风。

在我国，剥削阶级作为阶级已经消灭，阶级斗争虽然已经不是社会的主要矛盾，但是阶级斗争并没有消失，还将在一定范围内长期存在。同时人民民主专政的国家政权在对外方面还必须执行抵御和防止外来侵略保卫祖国领土完整和主权，同国家外部敌人进行斗争的职能。只有坚持全体人民对极少数敌人的专政，才能维护社会主义民主。忽视或削弱对敌人的专政，广大人民的民主就会处于一种不稳定、无保障的状态，这与广大人民群众的利益是相违背的，是有损于人民民主专政的。

4. **答案**：我国是社会主义国家，我们要建设的民主政治是有中国特色社会主义民主政治。其基本内容如下：

第一，我国是人民民主专政的社会主义国家。

《宪法》第1条规定，中华人民共和国是工人阶级领导的、以工农联盟为基础的人民民主专政的社会主义国家。这里宪法明确规定了我国的国家性质是人民民主专政。它包含了以下几方面的内容：（1）人民民主专政的国家政权是以工人阶级为领导的。（2）工农联盟是人民民主专政的阶级基础。（3）人民民主专政包括对人民民主和对敌人专政两个方面的内容。（4）统一战线是人民民主专政的重要特色。

第二，中国共产党领导的多党合作和政治协商制度是我国的政党制度。

八届全国人大一次会议通过的《宪法修正案》第4条规定，中国共产党领导的多党合作和政治协商制度将长期存在和发展。就政党制度而言，这一规定表明：（1）中国共产党领导的多党合作是我国的政党制度；（2）它将长期存在和发展。中国共产党的领导是我国民主政治制度的基本内容。中国共产党的领导有两个方面的含义：其一是指它作为执政党，对国家进行领导。其二是指它在政党关系中对民主党派的政治领导。中共领导的多党合作的新型政党关系在政治实践中主要有三个方面的内容：参加政权、政治协商、民主监督。

第三，政治协商制度。

政治协商制度是与多党合作制度共列的，应作狭义理解，指的是在中国共产党领导下，以多党合作为基础，有各民主党派、各人民团体、各爱国人士、无党派人士和少数民族代表参加的，以中国人民政治协商会议为组织形式，就国家的大政方针，各族人民生活中的重大问题进行民主、平等的讨论和协商的一种政治制度。中国共产党领导的政治协商制度是有中国特色社会主义民主政治的重要组成部分。政治协商制度所体现的中国特色主要表现在以下方面：

（1）中国共产党的领导是政治协商制度的重要内容，这种领导是在中国共产党领导中国人民进行革命和建设的斗争中形成的。

（2）政治协商制度是以中国人民政治协商会议为组织形式的政治制度。

（3）政治协商制度比多党合作制度的范围更为广泛。政治协商制度既包括了在中国人民政治协商会议组织形式内作为多党合作内容的政治协商，还包括中国共产党与各人民团体、各爱国人士、无党派人士和少数民族代表的政治协商。

第四，我国的政权组织形式是人民代表大会制度。

在政权组织形式层面上的人民代表大会制度，是指依据宪法和有关法律的规定，由人民按照一定的原则和程序，选举人民代表组成全国人民代表大会和地方各级人民代表大会，作为国家的权力机关；再由各级权力机关产生同级其他国家机关，这些国家机关要对人民代表大会负责，并接受其监督的一种国家政权组织形式。根据我国宪法的规定，人民代表大会制度具有以下特点：

（1）人民代表大会制度全面反映了人民同国家的关系，体现了主权在民原则。

（2）人民代表大会制度突出了人民代表大会的权力机关地位。

（3）人民代表大会制度下的代表机关采取一院制的组织形式。

第五，有中国特色的选举制度。

在我国，选举制度主要指的是选举全国人民代表大会和地方各级人民代表大会的组织、原则、程序以及方式方法的制度。我国选举制度的特点主要表现为：实行民主集中制原则；采取地域代表制和职业代表制相结合的制度；重视对选举的物质保障和法律保障等。

我国选举制度的基本原则表现在以下几个方面：

（1）选举权的普遍性原则。它是指依照法律规定，公民除年龄和被依法剥夺政治权利外，在法律上不受其他条件限制而享有选举权。

(2) 选举的平等性原则。它是指在选举中，一切选民具有同等法律地位，其投票具有同等法律效力。选举权的平等性原则的要求主要表现在：①除法律规定当选人应具有的条件外，选民平等地享有选举权和被选举权；②在一次选举中，选民平等地拥有相同的投票权，一般表现为只有一个投票权；③每一代表所代表的选民人数相同；④一切代表在代表机关具有平等的法律地位，也在一定程度上体现了选举权的平等性；⑤对在选举中处于弱者地位的选民进行特殊的保护性规定，也是选举权平等性的表现。

(3) 直接选举和间接选举并用的原则。所谓选举是指由选民直接投票选举产生应选的国家代表机关代表和国家公职人员的一种选举方法。间接选举一般是指由选民选举产生的代表或机关再选举产生应选的代表和国家公职人员的一种选举方法。直接选举直接表达人民的选举意向，较之间接选举更为民主，更有效率，大多数国家都采用直接选举的方式。

(4) 无记名投票的原则。无记名投票又称秘密投票，是指选民在选票上只对候选人通过一定的方式表明同意、不同意、弃权等选举意向，而不写自己姓名以及其他标识身份的符号和文字等的投票方式。无记名投票包括：秘密填写选票；在选票上不标识选民身份；投票时不显露选举意向等内容。

(5) 选举权的保障。我国选举制度一向重视对选举权的保障。根据我国选举法的规定，选举权的保障主要有物质保障和法律保障两种。选举权的物质保障主要表现为国家对选举提供其他物质条件，选举的法律保障是指由法律对破坏选举的行为进行的制裁。

第十一章　国家形式（上）

基础知识图解

- 国家形式（上）
  - 政权组织形式
    - 政体与政权组织形式的概念
    - 政体与政权组织形式的种类
      - 资本主义国家政权组织形式
      - 社会主义国家政权组织形式
      - 我国政权组织形式：人民代表大会制度
    - 我国的基层群众性自治制度
      - 城市居民委员会
      - 村民委员会①
  - 国家结构形式

配套测试

一、单项选择题

1. 下列有关国体和政体关系的表述，哪一项不正确？（　　）

A. 国体是国家的内在表现形式，政体是国家的外在表现形式

B. 国体是政体存在和发展的基础，决定着政体的存在形态

C. 没有政体，国体照样可以存在

D. 政体是国体的体现和反映，对国体有能动的反作用

2. 根据《村民委员会组织法》的规定，村民委员会由村委会主任、副主任和法定名额的委员组成。这里的法定名额是指下列哪一选项的数目？（　　）

A. 5～9人　　B. 3～7人

C. 4～8人　　D. 6～11人

3. 居民委员会和村民委员会是（　　）

A. 基层群众性自治组织

B. 基层政权机关

C. 基层政权机关的派出机关

D. 基层群众性团体

4. 基层政权同居民委员会和村民委员会的关系是（　　）

A. 行政领导关系　　B. 指导关系

C. 监督关系　　D. 行政管理关系

5. 现行宪法规定，居民委员会、村民委员会的主任、副主任和委员由（　　）

A. 居民选举　　B. 选民选举

C. 公民选举　　D. 村民选举

6. 根据村民委员会组织法的规定，有关村规民约的下列哪一选项是正确的？（　　）（司考2007.1.18）

A. 村民委员会有权制定村规民约，报乡、民族乡、镇的人民政府批准生效

B. 村民会议有权制定村规民约，报乡、民族乡、镇的人民代表大会备案

C. 村规民约由村民会议制定，报乡、民族乡、镇的人民政府备案

D. 村规民约由村民委员会制定，报乡、民族乡、镇的人民政府备案

7. 依照法律规定的权限，民族乡的人民代表大会可以从事下列哪一行为？（　　）（司考2007.1.19）

A. 制定自治条例和单行条例

B. 制定具有民族特点的政府规章

C. 自行确定经济社会发展政策

D. 采取适合民族特点的具体措施

---

① 编者注：《中华人民共和国村民委员会组织法》《中华人民共和国城市居民委员会组织法》于2018年12月29日修正，学习时应予注意。

8. 根据我国《村民委员会组织法》的规定，关于村民委员会的范围调整，下列哪一选项是正确的？（　　）（司考2008.1.15）
   A. 由村民委员会主任提出，经村民会议讨论同意后，报乡级人民政府批准
   B. 由村民委员会主任提出，经村民会议讨论同意后，报乡级人民代表大会批准
   C. 由乡级人民政府提出，经村民会议讨论同意后，报县级人民政府批准
   D. 由乡级人民政府提出，经村民会议讨论同意后，报县级人民代表大会批准

9. 关于村民委员会，下列哪一说法是正确的？（　　）（司考2010.1.21）
   A. 村民委员会实行村务公开制度，涉及财务的事项至少每年公布一次
   B. 村民委员会决定问题，采取村民委员会主任负责制
   C. 村民委员会根据需要设人民调解、治安保卫、公共卫生委员会
   D. 村民委员会由主任、副主任和村民小组长若干人组成

10. 国家的基本社会制度是国家制度体系中的重要内容。根据我国宪法规定，关于国家基本社会制度，下列哪一表述是正确的？（　　）（司考2015.1.22）
   A. 国家基本社会制度包括发展社会科学事业的内容
   B. 社会人才培养制度是我国的基本社会制度之一
   C. 关于社会弱势群体和特殊群体的社会保障的规定是对平等原则的突破
   D. 社会保障制度的建立健全同我国政治、经济、文化和生态建设水平相适应

二、多项选择题

1. 人民代表大会制度作为我国人民行使当家作主权利，实现社会主义民主的基本形式，是由下列选项中的哪些因素决定的？（　　）
   A. 人民代表来自人民
   B. 人民代表大会之权力来自人民
   C. 人民代表大会对人民负责、受人民监督
   D. 人民代表大会坚持中国共产党的领导

2. 某村村委会未经村民会议讨论，制订了土地承包经营方案，侵害了村民的合法权益，引发了村民的强烈不满。根据《村民委员会组织法》的规定，下列哪些做法是正确的？（　　）（司考2015.1.64）
   A. 村民会议有权撤销该方案
   B. 由该村所在地的乡镇级政府责令改正
   C. 受侵害的村民可以申请法院予以撤销
   D. 村民代表可以就此联名提出罢免村委会成员的要求

3. 人民代表大会制度是我国的根本政治制度。关于人民代表大会制度，下列表述正确的是：（　　）（司考2017.1.92）
   A. 国家的一切权力属于人民，这是人民代表大会制度的核心内容和根本准则
   B. 各级人大都由民主选举产生，对人民负责，受人民监督
   C. “一府两院”都由人大产生，对它负责，受它监督
   D. 人民代表大会制度是实现社会主义民主的唯一形式

三、名词解释

1. 国家形式
2. 政体
3. 政权组织形式
4. 人民代表大会制度
5. 基层群众性自治制度
6. 村民委员会（中国人民大学2009年考研真题）

四、简答题

1. 试分析国家结构形式与国家政权组织形式之间的关系。
2. 简要分析政体和政权组织形式之间的关系。
3. 简述基层群众性自治组织的性质和特点。
4. 全国人民代表大会代表有哪些主要权力？（中国政法大学2014年考研真题）

五、论述题

如何完善我国的人民代表大会制度？

参考答案

一、单项选择题

1. **答案**：C。本题考查国体和政体的关系。没有政体，国体就无从体现；没有国体，政体就无从存在，所以国体也不能离开政体。
2. **答案**：B。《村民委员会组织法》第6条第1款规定：村民委员会由主任、副主任和委员共3至7人组成。
3. **答案**：A。此题考查居民委员会和村民委员会的性质问题。我国《宪法》第111条第1款规定：城市和农村按居民居住地区设立的居民委员会或者村民委员会是基层群众性自治组织……此题选A。
4. **答案**：B。参见《村民委员会组织法》第5条第1款和《城市居民委员会组织法》第20条的规定，两者的关系是指导关系。
5. **答案**：A。《宪法》第111条第1款规定：城市和农村按居民居住地区设立的居民委员会或者村民委员会是基层群众性自治组织。居民委员会、村民委员会的主任、副主任和委员由居民选举。居民委员会、村民委员会同基层政权的相互关系由法律规定。
6. **答案**：C。《村民委员会组织法》第27条第1款规定："村民会议可以制定和修改村民自治章程、村规民约，并报乡、民族乡、镇的人民政府备案。"因此，村规民约是由村民会议制定，报乡、民族乡、镇的人民政府备案，由村民委员会监督、执行的。故C正确。
7. **答案**：D。关于A，根据《宪法》第112条"民族自治地方的自治机关是自治区、自治州、自治县的人民代表大会和人民政府"及第116条"民族自治地方的人民代表大会有权依照当地民族的政治、经济和文化的特点，制定自治条例和单行条例……"的规定可知，民族乡不属于民族自治地方，民族乡的人民代表大会不能制定自治条例和单行条例。关于B，《立法法》第82条第1款规定："省、自治区、直辖市和设区的市、自治州的人民政府，可以根据法律、行政法规和本省、自治区、直辖市的地方性法规，制定规章。"民族乡的人民代表大会无权制定政府规章。关于C，根据《宪法》第99条第2款的规定，县级以上的地方各级人民代表大会审查和批准本行政区域内的国民经济和社会发展计划、预算以及它们的执行情况的报告，因此C项不是民族乡人民代表大会的职权。关于D，《宪法》第99条第3款的规定："民族乡的人民代表大会可以依照法律规定的权限采取适合民族特点的具体措施。"因此，D正确。
8. **答案**：C。村委会的设立、撤销、范围调整，直接涉及村民自治，应当由村民会议集体讨论同意，不能由村委会几个人说了算，也不能只由乡镇人民政府决定。根据《村民委员会组织法》第3条第1、2款的规定，村民委员会根据村民居住状况、人口多少，按照便于群众自治，有利于经济发展和社会管理的原则设立。村民委员会的设立、撤销、范围调整，由乡、民族乡、镇人民政府提出，经村民会议讨论同意，报县级人民政府批准。村委会的设立、撤销、范围调整的具体程序：第一，乡镇人民政府提出方案。乡镇人民政府可以先让村民提出意见，由乡镇人民政府按照便于群众自治的原则进行研究后，再正式提出，交村民会议讨论同意；也可以由乡镇人民政府在征求各方面意见的基础上，按照便于群众自治的原则提出，交村民会议讨论同意。第二，乡镇人民政府提出意见后，要经过村民会议同意。要尊重村民的意愿，认真听取各种不同意见，真正按多数村民的意见办。第三，为了统筹全局，做好协调工作，村委会的设立、撤销、范围调整的意见在经村民会议讨论同意后，要报县人民政府批准。可见C项正确。
9. **答案**：C。选项A错误。《村民委员会组织法》第30条第1款规定，村民委员会实行村务公开制度。一般事项至少每季度公布一次；集体财务往来较多的，财务收支情况应当每月公布一次。选项B错误。《村民委员会组织法》第29条规定，村民委员会决定问题，采取少数服从多数的原则。选项C正确。《村民委员会组织法》第7条规定，村民委员会根据需要设人民调解、治安保卫、公共卫生与计划生育等委员会。村民委员会成员可以兼任下属委员会的成员。人口少的村的村民委员会可以不设下属委员会，由村民委员会成员分工负责人民调解、治安保卫、公共卫生与计划生育等工作。选项D错误。《村民委员会组织法》第6条第1款规定，村民委员会由主任、副主任和委员共三至七人组成。不包括村民小组长。
10. **答案**：B。我国现行宪法对基本社会制度的规定主要包括以下方面：社会保障制度、医疗卫生事业、劳动保障制度、社会人才培养制度、计划生育制度、社会秩序及安全维护制度。故B项正确。发展社会科学事业是国家基本文化制度的内容，故A项错误。关于社会弱势群体和特殊群体的社会保障的规定是社会实质平等原则的体现，故C项错误。《宪法》第14条第4款规定，国家建立健全同经济发展水平相适应的社会保障制度。故D项表述错误。

二、多项选择题

1. 答案：ABC。《宪法》第2条第1、2款规定：中华人民共和国的一切权力属于人民。人民行使国家权力的机关是全国人民代表大会和地方各级人民代表大会。第3条第1、2款规定：中华人民共和国的国家机构实行民主集中制的原则。全国人民代表大会和地方各级人民代表大会都由民主选举产生，对人民负责，受人民监督。

2. 答案：ABCD。《村民委员会组织法》第23条规定，村民会议有权撤销或者变更村民委员会不适当的决定。故A项正确。《村民委员会组织法》第36条第1款、第2款规定："村民委员会或者村民委员会成员作出的决定侵害村民合法权益的，受侵害的村民可以申请人民法院予以撤销，责任人依法承担法律责任。村民委员会不依照法律、法规的规定履行法定义务的，由乡、民族乡、镇的人民政府责令改正。"故BC项正确。《村民委员会组织法》第16条第1款规定："本村五分之一以上有选举权的村民或者三分之一以上的村民代表联名，可以提出罢免村民委员会成员的要求，并说明要求罢免的理由……"故D项正确。

3. 答案：ABC。人民代表大会制度是我国人民行使当家作主权利、实现社会主义民主的一种形式。在各种实现社会主义民主的形式中，人民代表大会制度居于最重要的地位。但是人民代表大会制度不是实现社会主义民主的唯一形式。故D错误。

三、名词解释

1. 答案：国家形式就是一国统治阶级实现国家权力的形式，包括国家政权组织形式和国家结构形式。

2. 答案：政体是指拥有国家主权的统治阶级实现其国家主权的宏观体制。具体而言，其内容包括应当设立哪些国家机关，以及以什么原则组织国家机关，各个国家机关应如何行使国家权力，如何处理国家机关之间的关系。我国的政体是人民代表大会制度。

3. 答案：政权组织形式是指实现国家权力的机关以及各机关之间的相互关系，因而它实际上是指国家机关的组织体系，或者说是指国家机构的内部构成形式。

4. 答案：人民代表大会制度是指拥有国家权力的我国人民根据民主集中制原则，通过民主选举组成全国人民代表大会和地方各级人民代表大会，并以人民代表大会为基础，建立全部国家机构，对人民负责，受人民监督，以实现人民当家作主的国家根本政治制度。

5. 答案：基层群众性自治制度是指基层群众性自治组织形式及其运作方式，它是基层群众性自治组织自我教育、自我管理、自我服务的方式、方法、程序的总和，是人民直接参与管理国家事务和社会事务的一种形式，是社会主义民主制度的一个重要方面。

6. 答案：村民委员会是村民自我管理、自我教育、自我服务的基层群众性自治组织，实行民主选举、民主决策、民主管理、民主监督。

四、简答题

1. 答案：国家结构形式是指表现一国的整体与组成部分之间，中央政权与地方政权之间相互关系的一种形式，它所表现的是一种职权划分关系。国家依据这种关系确定行政区划，设立行政单位。

国家政权组织形式是指一个国家实现国家权力的机关组织形式，反映政权的构成、组织程序和行使国家权力的分配情况，以及公民参加管理国家和社会事务的程序和方式。

国家结构形式与政权组织形式同属国家形式，都是国家统治权力实现的途径。国家结构形式侧重解决的是领土结构划分整体与组成部分之间的关系，即体现政权体系纵的方面。政权组织形式侧重解决的是权力机关同行政机关、司法机关以及其他国家机关之间的相互关系，权力机关同人民之间的关系，即体现政权横的方面。国家政权就是这样表现出来的。这两种形式都是实现国家政权职能必要的、不可缺少的表现形式。

2. 答案：政体是指拥有国家主权的统治阶级实现其国家主权的宏观体制。政权组织形式是指实现国家权力的机关以及各机关之间的相互关系。二者之间虽然存在着密切的联系，但也存在显著区别。政体是对政权组织形式的抽象和概括，政权组织形式则是政体的具体化。它们各自的侧重点不同：政体着重于体制，政权组织形式着重于机关；体制粗略地说明国家权力的组织过程和基本形态，政权组织形式则重于说明实现国家权力的机关以及各机关之间的相互关系。

3. 答案：基层群众性自治组织指的是依照有关法律规定，以城乡居（村）民一定的居住地为纽带和范围设立，并由居（村）民选举产生的成员组成的，实行自我管理、自我教育、自我服务的社会组织。基层群众性自治是非政权型的，即非国家性质的自治，而是一种社会自治。基层群众性自治组织具有以下几个方面的特点：

第一，基层性。基层群众性自治组织的这一特点，主要表现在三个方面：一是从组织构成上看，居民委员会和村民委员会成员都是由社会最基本的单元——个人组成的，每个社会成员都平等地参加了该自治组织。二是从组织系统上看，居民委员会和村民委员会只存在于居住地区范围的基层社区。它们都没有上级组织，更没有全国性、地区性的统一组织。三是从自治内容上看，居民委员会和村民委员会的任务及所从事的工作，都是居（村）民居住范围内社区的公共事务和公益事业，不涉及其他地区。

第二，独立性。居民委员会和村民委员会在组织上具有独立性。它既不是国家机关的下级组织，也不隶属于任何社会团体和社会经济组织，它们之间不存在领导与被领导的关系，国家机关及其派出机构无权对它发布指示和命令。

第三，自治性。居民委员会和村民委员会在活动上具有自治性。它通过居（村）民的自我管理、自我教育、自我服务开展工作，实行民主选举、民主政策、民主管理、民主监督。尽管不设区的市、市辖区的人民政府或者它的派出机关、乡、民族乡、镇的人民政府，对居民委员会和村民委员会的工作可给予指导、支持和帮助，但不得干预依法应属于居（村）民自治范围的事项。

4. 答案：根据我国宪法规定，全国人民代表大会行使下列职权：

第一，修改宪法并监督宪法的实施。

第二，制定和修改基本法律。

第三，选举、决定和罢免国家机关领导人。

第四，决定国家重大问题。包括审查和批准国民经济和社会发展计划以及计划执行情况的报告；审查和批准国家预算和预算执行情况的报告；批准省、自治区、直辖市的建置；决定特别行政区的设立及制度；决定战争与和平的问题。

第五，最高监督权。全国人大有权改变或撤销全国人大常委会不适当的决定；全国人大常委会、国务院、最高人民法院和最高人民检察院向全国人大负责并报告工作；中央军委主席也要对全国人大负责。

第六，应当由最高国家权力机关行使的其他职权。

【参考资料】魏定仁、甘超英等：《宪法学》，北京大学出版社2001年版；魏定仁主编：《宪法学》，北大出版社2005年版。

五、论述题

答案：我国宪法明确规定，国家的一切权力属于人民。人民行使国家权力的机关是全国人民代表大会和地方各级人民代表大会。人民代表大会制度是指拥有国家权力的我国人民根据民主集中制原则，通过民主选举组成全国人民代表大会和地方各级人民代表大会，并以人民代表大会为基础，建立全部国家机构，对人民负责，受人民监督，以实现人民当家做主的国家根本政治制度。国家行政机关、监察机关、审判机关和检察机关都由人民代表大会产生，对它负责，受它监督。由此可见，人民代表大会制度是我国的根本政治制度，是我国的政权组织形式。

人民代表大会制度是坚持党的领导、人民当家做主、依法治国有机统一的根本政治制度安排，是支撑中国国家治理体系和治理能力的根本政治制度，集中体现社会主义民主政治的特点和优势，必须长期坚持、全面贯彻、不断发展人民代表大会制度，充分发挥国家根本政治制度作用，通过人民代表大会制度把国家和民族前途命运牢牢掌握在人民手中。然而，各种主客观因素却使各级人民代表大会及其常务委员会往往权力不实、威信不高，宪法和法律规定的国家权力机关，在实际政治生活中往往演化为“二线机关”。因此，只有不断完善和健全人民代表大会制度，切实加强人民代表大会制度建设，保证人民代表大会及其常委会依法履行职能，保证立法和决策更好地体现人民的意志，优化人大常委会组成人员的结构，才能树立其权威，充分发挥人民代表大会制度的实际作用。从我国现阶段的实际状况来看，完善人民代表大会制度应从以下两方面进行。

（一）理顺各级人大及其常委会与其他机关、组织的关系

各级人大及其常委会在行使职权、开展工作过程中，必然会与其他机关、组织、团体发生各种关系，而且我国宪法、法律对此也有规定。但由于各种原因，以往各级人大及其常委会与同级其他机关、组织的关系并不十分通畅，因而妨碍了各级人大及其常委会有效地行使职权，极有必要予以理顺。

第一，各级人大及其常委会与同级党组织的关系。中国共产党是我国最高政治领导力量。必须坚持党总揽全局、协调各方的领导核心作用，维护党中央权威和集中统一领导，通过人民代表大会制度，保证党的路线方针政策和决策部署在国家工作中得到全面贯彻和有效执行，使

党的主张通过法定程序成为国家意志，使党组织推荐的人选通过法定程序成为国家政权机关的领导人员，保证党领导人民有效治理国家。各级人大及其常委会与同级党组织的关系来说，可以用两句话来概括：一是各级人大及其常委会依法行使职权就坚持和实现了党的领导；二是同级党组织的职责是为人大及其常委会依法行使职权提供保障。它们的目标和宗旨是一致的，即真正保障广大人民当家做主。

第二，各级人大及其常委会与同级国家行政机关的关系。根据宪法和法律的规定，国家行政机关是人大的执行机关，由人大产生，向人大负责并报告工作。因此，各级人大及其常委会与同级国家行政机关是决定与执行、监督与被监督的关系。

第三，各级人大及其常委会与同级国家监察机关的关系。根据宪法和法律的规定，中华人民共和国各级监察委员会是国家的监察机关。各级监察委员会由本级人民代表大会产生，主任由本级人民代表大会选举，副主任、委员由监察委员会主任提请本级人民代表大会常务委员任免。国家监察委员会对全国人民代表大会和全国人民代表大会常务委员会负责。地方各级监察委员会对产生它的国家权力机关和上一级监察委员会负责。因此，各级监察委员会应当接受本级人民代表大会及其常务委员会的监督。在具体监督方式上，对监察机关的监督与行政机关、审判机关、检察机关有所不同，包括由各级人大常委会听取和审议本级监察委员会的专项工作报告，组织执法检查。县级以上各级人大及其常委会举行会议时，可以依法对监察机关提出询问或质询。

第四，各级人大及其常委会与同级人民法院、人民检察院的关系。根据宪法，人民法院、人民检察院都由人大选举产生，对它负责，受它监督。同时宪法还规定，人民法院、人民检察院分别依照法律规定独立行使审判权和检察权。据此，各级人大及其常委会与同级人民法院、人民检察院的关系问题主要就是人大监督与司法机关独立行使职权的关系问题。

（二）加强人民代表大会制度的自身建设

完善人民代表大会制度，不仅必须理顺各级人大及其常委会与其他机关组织的关系，还须解决内部问题，亦即必须从自身制度方面予以完善。

1. 组织机构建设。根据各级人大及其常委会的现状，在组织机构建设方面主要应该抓住两个问题：一是使已有的工作机构充分、有效地运转起来，特别是各级人大常委会和各专门委员会应该发挥其应有作用；二是应该在结合现实情况的基础上，根据客观需要加强机构建设和组织建设。这里着重谈谈后一方面。在此问题上，主要应从三方面入手：

第一，增设专门委员会。尽管专门委员会只是人大及其常委会辅助性的工作机关，但其任务和作用极为重要。全国人民代表大会专门委员会，目前包括民族委员会、宪法和法律委员会、监察和司法委员会、财政经济委员会、教育科学文化卫生委员会、外事委员会、华侨委员会、环境与资源保护委员会、农业与农村委员会、社会建设委员会。应当根据实际情况，在全国人大和地方各级人大层面增设若干专门委员会，以更好地行使人大的监督职能。

第二、加强地区、乡、镇人大的机构建设。根据宪法、法律的规定，地区不是一级国家政权。但实际上，地区不仅在事实上行使着一级国家政权的职能，而且在组织机构上，根据有关法律，既有地区行政公署，又有地区中级人民法院、省级人民检察院地区分院，单单缺少相应的人大机构。这样配置的结果自然不利于加强人民代表大会制度。尽管各地在工作中都进行过探索，但无论在名称、机构级别，待遇、人员配备、工作条件等方面均有较大差异。因此有权机关对有关法律进行修改解释，明确地区设置人大的相应机构十分必要。在乡、镇人大机构建设方面，主要应该进一步健全其常设机关，以便落实本级人大的决议，经常性地监督乡、镇人民政府的工作，加强与代表和选民的联系，及时听取和反映群众的意见和要求。

第三，加强各级人大及其常委会的组织建设。一方面应尽快实现代表结构的合理化，另一方面应实现各级人大常委会委员的专职化。由于人大常委会是经常性地行使国家权力的机关，因此，实现其委员的专职化，是提高各级人大及其常委会行使职权能力的必要条件。

2. 制度建设。各级人大及其常委会依法行使职权，必然要采取一定的方式、方法，也要遵看一定的工作程序。具体说来主要包括：

第一，会议制度。《全国人大议事规则》和《全国人大常委会议事规则》的颁布实施，为建立、健全有关制度提供了法律依据。由于议事规则中的诸多内容尚很原则，还有不少内容尚未涉及，因而必须制定其他有关条例。诸如《议案条例》《质询条例》《罢免条例》等都应起草制定，以建立系统、全面的议案制度、质询制度、罢免制度等。

第二，各级人大常委会与代表的联系制度。建立、健全人大常委会与代表的联系制度很有必要。实践工作中的主任接见代表日制度，代表小组活动日制度，常委会组成人员和机关干部分片负责、深入基层走访代表制度等都是行之有效的，必须将其固定化、法律化。

第三，人大代表与选民的联系制度。从实际工作看，这主要是指双向联系的制度化，监督、罢免的制度化。代表向选民收集情况、向选民汇报工作等应该形成制度，而且，这应该成为选民考察代表是否称职以及应否罢免的主要依据。

第四，人大代表的视察、调查制度。这既包括以法律的形式规定视察、调查的范围、程序等，也包括为进行视察、调查提供必要的条件，如交通工具、人员配备、有调阅有关案卷并询问有关人员的权利等。

第五，人大代表的学习制度。培养代表的参政议政能力，也是人大工作的一部分，因此，这项工作同样应形成制度。

3. 成员素质的提高。人大代表是人民代表大会的细胞，人大代表的素质如何，直接影响各级人民代表大会行使职权的能力。但要提高其素质，必须而且也只能分两步走：第一，在选举过程中，尽可能地将那些政治品德、政治思想好，参政议政能力强的人选进去。这就要求我们既要依法选举，又要改革选举制度。第二，通过学习、培训等各种形式提高当选代表的素质，以保证各级人大及其常委会有效地行使职权。

第十二章　国家形式（下）

基础知识图解

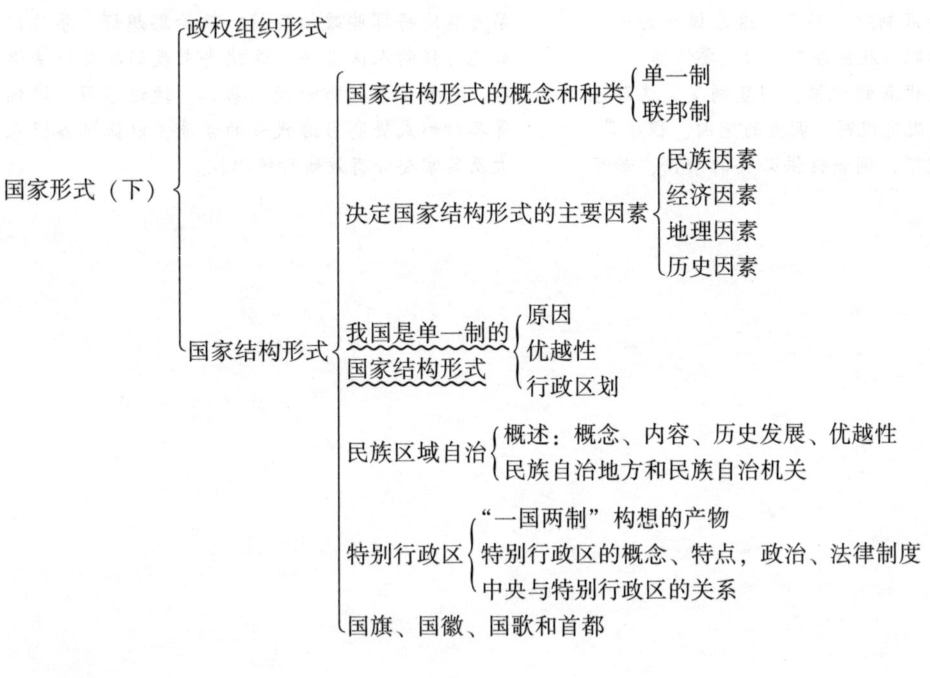

配套测试

一、单项选择题

1. 下列哪个选项不属于民族自治地方，不享有宪法和有关法律规定的自治权？(　　)

A. 自治区　　B. 自治州

C. 自治县　　D. 民族乡

2. 根据我国宪法规定，民族自治地方的自治机关依照国家的军事制度和当地的实际需要，经国务院批准，可以组织本地方维护社会治安的是(　　)

A. 武装部队　　B. 武警部队

C. 民兵部队　　D. 公安部队

3. 我国采取的是哪种形式的国家结构形式？(　　)

A. 一国两制　　B. 统一的多民族

C. 复合制　　D. 单一制

4. 我国《宪法》规定，国家在必要时设立特别行政区。在特别行政区内实行的制度按照具体情况由下列选项中的哪一机关以法律规定？(　　)

A. 全国人大常委会　　B. 全国人民代表大会

C. 国家　　D. 国务院

5. 下列哪个选项不属于民族自治地方的自治机关？(　　)

A. 自治区的人民代表大会

B. 自治州的人民法院

C. 自治县的人民政府

D. 自治县的人民代表大会

6. 现行宪法规定，自治区的自治条例和单行条例的审批权属于(　　)

A. 全国人民代表大会

B. 全国人大常委会

C. 国务院

D. 本级人民代表大会

7. 有权决定特别行政区的设立及其制度的机关是(　　)

A. 全国人大

B. 国务院
C. 全国人大常委会
D. 全国人大和全国人大常委会

8. 特别行政区的法律地位是(　　)
A. 一级地方政权
B. 享有高度自治权的区域
C. 享有高度自治权的地方行政区域
D. 享有自治权的地方自治区域

9.《澳门特别行政区基本法》的修改权，依法应由下列哪个机关行使？(　　)
A. 全国人民代表大会
B. 全国人大常委会
C. 澳门特别行政区立法会
D. 国务院港澳办

10. 根据《中华人民共和国民族区域自治法》的规定，下列哪一机关不享有自治条例、单行条例的制定权？(　　)
A. 自治区人民代表大会
B. 自治州人民代表大会
C. 自治县人民代表大会
D. 辖区内有自治州、自治县的省人民代表大会

11. 下列选项中哪个有权决定乡、民族乡、镇的建置和区域划分？(　　)
A. 国务院
B. 省、直辖市的人民政府
C. 自治州、设区的市的人民政府
D. 县级人民政府

12. 根据香港、澳门特别行政区基本法的规定，下列哪一选项是正确的？(　　)（司考 2007. 1. 20）
A. 香港特别行政区终审法院和高等法院的法官，应由在外国无居留权的香港特别行政区永久性居民中的中国公民担任
B. 香港特别行政区的法官，根据当地法官和法律界及其他方面知名人士组成的独立委员会推荐，由行政长官征得立法会同意后任命，并报全国人民代表大会常务委员会备案
C. 澳门特别行政区检察长由澳门特别行政区永久性居民中的中国公民担任，由行政长官提名，报中央人民政府任命
D. 澳门特别行政区设立行政法院。行政法院是管辖行政诉讼和税务诉讼的法院。不服行政法院裁决者，可向终审法院上诉

13. 香港特别行政区的下列哪一项职务可由特区非永久性居民担任？(　　)（司考 2008. 1. 16）
A. 行政长官　　B. 政府主要官员
C. 立法会议员　　D. 法院法官

14. 关于我国的行政区域划分，下列说法不成立的是：(　　)（司考 2012. 1. 91）
A. 是国家主权的体现
B. 属于国家内政
C. 任何国家不得干涉
D. 只能由《宪法》授权机关进行

15. 根据我国宪法和港、澳基本法规定，关于港、澳基本法的修改，下列哪一选项是不正确的？(　　)（司考 2011. 1. 26）
A. 在不同港、澳基本法基本原则相抵触的前提下，全国人大常委会在全国人大闭会期间有权修改港、澳基本法
B. 港、澳基本法的修改提案权属于全国人大常委会、国务院和港、澳特别行政区
C. 港、澳特别行政区对基本法的修改议案，由港、澳特别行政区出席全国人大会议的代表团向全国人大会议提出
D. 港、澳基本法的任何修改，不得同我国对港、澳既定的基本方针政策相抵触

16. 根据《宪法》和法律的规定，关于特别行政区，下列哪一选项是正确的？(　　)（司考 2014. 1. 23）
A. 澳门特别行政区财政收入全部由其自行支配，不上缴中央人民政府
B. 澳门特别行政区立法会举行会议的法定人数为不少于全体议员的三分之二
C. 非中国籍的香港特别行政区永久性居民不得当选为香港特别行政区立法会议员
D. 香港特别行政区廉政公署独立工作，对香港特别行政区立法会负责

17. 根据《宪法》和法律的规定，关于民族自治地方自治权，下列哪一表述是正确的？(　　)（司考 2015. 1. 24）
A. 自治权由民族自治地方的权力机关、行政机关、审判机关和检察机关行使
B. 自治州人民政府可以制定政府规章对国务院部门规章的规定进行变通
C. 自治条例可以依照当地民族的特点对宪法、法律和行政法规的规定进行变通
D. 自治县制定的单行条例须报省级人大常委会批准后生效，并报全国人大常委会备案

18. 根据我国民族区域自治制度，关于民族自治县，下列哪一选项是错误的？(　　)（司考 2017. 1. 23）
A. 自治机关保障本地方各民族都有保持或改革自己风俗习惯的自由
B. 经国务院批准，可开辟对外贸易口岸
C. 县人大常委会中应当有实行区域自治的民族

的公民担任主任或者副主任

D. 县人大可自行变通或者停止执行上级国家机关的决议、决定、命令和指示

19. 根据《宪法》和《香港特别行政区基本法》规定，下列哪一选项是正确的？（　　）（司考 2017. 1. 24）

A. 行政长官就法院在审理案件中涉及的国防、外交等国家行为的事实问题发出的证明文件，对法院无约束力

B. 行政长官对立法会以不少于全体议员 2/3 多数再次通过的原法案，必须在 1 个月内签署公布

C. 香港特别行政区可与全国其他地区的司法机关通过协商依法进行司法方面的联系和相互提供协助

D. 行政长官仅从行政机关的主要官员和社会人士中委任行政会议的成员

二、多项选择题

1. 我国是统一的多民族国家。下列关于我国国家结构形式的表述哪些是正确的？（　　）

A. 我国是单一制的国家

B. 我国的国家结构形式是由我国的历史传统和民族状况决定的

C. 民族区域自治以少数民族聚居区为基础，实行民族自治

D. 民族自治地方设立自治机关，行使自治权

2. 依据《香港特别行政区基本法》的有关规定，香港居民享有下列哪些自由？（　　）

A. 言论、新闻、出版自由

B. 通讯自由

C. 移居其他国家和出入境的自由

D. 公开传教的自由

3. 依据《澳门特别行政区基本法》的有关规定，下列表述哪些是正确的？（　　）

A. 中央人民政府所属各部门，各省、自治区、直辖市均不得干预澳门特别行政区依基本法自行管理的事务

B. 澳门特别行政区各级法院的法官，根据当地法官、律师和知名人士组成的独立委员会的推荐，由行政长官任命

C. 澳门特别行政区检察长由澳门特别行政区永久性居民中的中国公民担任，由行政长官提名，报中央人民政府任命

D. 澳门特别行政区可以“中国澳门”的名义参加不以国家为单位参加的国际组织和国际会议

4. 在我国，下列哪些机构的印章应当刻有中华人民共和国国徽图案？（　　）

A. 各级人民法院和人民检察院

B. 乡、民族乡、镇人民代表大会常务委员会和人民政府

C. 国家驻外使馆、领馆

D. 监狱

5. 我国的行政区划遵循以下基本原则：（　　）

A. 政治原则　　B. 经济原则

C. 文化原则　　D. 历史原则

6. 国家赋予特别行政区行使的高度自治权包括哪些内容？（　　）

A. 行政管理权　　B. 立法权

C. 独立的司法权　　D. 独立的外交权

7. 民族自治地方的人民代表大会有权依照当地民族的政治、经济和文化特点，制定下列哪些规范性文件？（　　）

A. 自治条例　　B. 单行条例

C. 地方性法规　　D. 地方性规章

8. 以下各项权力中，香港特别行政区不享有的是哪几项？（　　）

A. 国家主权　　B. 货币发行权

C. 基本法的修改权　　D. 整部基本法的解释权

9. 下列有关我国民族自治地方的论述不正确的是哪些？（　　）

A. 民族自治地方包括自治区、自治州、自治县、自治乡四级

B. 我国民族自治地方的人大常委会主任应由实行区域自治的民族的公民担任

C. 民族自治地方的自治区主席、副主席、自治州州长、副州长应由实行区域自治的民族的公民担任

D. 民族自治地方的自治机关是中央人民政府统一领导下的一级地方政府

10. 根据《香港特别行政区基本法》第 23 条规定，香港特别行政区有权自行进行如下立法：（　　）

A. 禁止任何叛国、分裂国家、煽动叛乱、颠覆中央人民政府及窃取国家机密的行为

B. 禁止外国政治性组织或团体在香港特别行政区进行政治活动

C. 禁止香港特别行政区的政治性组织或团体与外国政治性组织或团体建立联系

D. 禁止香港特别行政区的政党与境内的异己分子建立联系

11. 香港特别行政区的政治体制包括以下哪些内容？（　　）

A. 高度自治权

B. 独立司法权和终审权

C. 行政与立法既相制衡又相配合

D. 行政长官负责制

12. 下列有关香港特别行政区基本法的说法正确的选项是哪些？（　　）

A. 是中华人民共和国的法律

B. 其法律地位和效力仅次于宪法

C. 仅在香港地区实行

D. 是特别行政区的最高法

13. 下列选项中哪些属于香港特别行政区长官的职权？（　　）

A. 签署立法会通过的法案，公布法律

B. 赦免或减轻刑事罪犯的刑罚

C. 根据需要，随时解散立法会

D. 依照法定程序任免各级法院法官

14. 依照特别行政区基本法的规定，特别行政区的行政长官对以下哪些部门负责？（　　）

A. 中央人民政府

B. 全国人民代表大会

C. 特别行政区

D. 全国人民代表大会常务委员会

15. 根据澳门基本法，下列选项中哪些是澳门特别行政区设立的法院？（　　）

A. 终审法院　　B. 行政法院

C. 中级法院　　D. 初级法院

16. 现代国家主要的结构形式有下列哪几种？（　　）

A. 单一制　　B. 复合制

C. 联邦制　　D. 共和制

17. 联邦制国家结构形式的基本特点包括哪些内容？（　　）

A. 联邦成员单位拥有独立的主权

B. 除联邦宪法外，各成员国有自己的宪法

C. 公民具有联邦和州的双重国籍

D. 虽然成员单位可以与外国签订某些协定，但联邦是国际法的唯一主体

18. 根据我国宪法和法律，我国民族自治地方的自治权主要有哪些内容？（　　）

A. 制定自治条例和单行条例

B. 制定地方性法律、法规

C. 可以变通或者停止执行国家法律和政策

D. 可以组织维护社会治安的公安部队

19. 香港特别行政区长官的任职资格包括哪些条件？（　　）

A. 年满 40 周岁

B. 在外国无居留权

C. 香港特别行政区永久性居民

D. 在香港连续居住满 20 年

20. 特定国家采用何种国家结构形式取决于很多因素，其中决定因素包括以下哪些方面？（　　）

A. 军事因素　　B. 历史因素

C. 民族因素　　D. 地理因素

21. 下列各项中，属于我国现行行政区域的是（　　）

A. 一般行政区域　　B. 民族自治地方

C. 特别行政区　　D. 经济特区

22. 1997 年 7 月 1 日，我国恢复对香港行使主权。作为我国的单独关税区，香港不适用以下哪些法律、国际公约和国际惯例？（　　）

A. 中华人民共和国对外贸易法

B. 中华人民共和国反倾销和反补贴条例

C. 世界贸易组织协议

D. 跟单信用证统一惯例（600 号）

23. 依照香港、澳门特别行政区基本法，下列哪些是特别行政区的对外事务权限内的事项？（　　）

A. 签发护照和其他旅行证件

B. 实行出入境管制

C. 对国际协议是否适用特别行政区发表意见

D. 参与和香港有关的外交谈判

24. 联邦制国家是一种（　　）

A. 复合制国家　　B. 单一主权的国家

C. 联盟的国家　　D. 国家的联合

25. 根据香港特别行政区基本法的规定，下列哪些选项是正确的？（　　）

A. 香港特别行政区行政长官如认为立法会通过的法案不符合香港特别行政区的整体利益，可在 3 个月内将法案发回立法会重议

B. 如果立法会拒绝通过政府提出的财政预算案或其他重要法案，香港特别行政区行政长官在征询行政会议的意见之后可解散立法会

C. 因立法会拒绝通过财政预算案或其他重要法案而解散立法会，重选的立法会继续拒绝通过所争议的原案，香港特别行政区行政长官必须辞职

D. 香港特别行政区行政长官因两次拒绝签署立法会通过的法案而解散立法会后，重选的立法会仍通过原法案，行政长官与立法会协商不成的，行政长官有权再次解散立法会

26. 关于民族自治地方财政的说法，下列哪些选项符合《民族区域自治法》规定？（　　）（司考 2009. 1. 63）

A. 国家财政体制下属于民族自治地方的财政收入，由自治机关自主地安排使用

B. 民族自治地方的财政预算支出，按国家规定设机动资金，但预备费在预算中不得高于一般地区

C. 自治机关对本地方的各项开支标准、定员、定额，按照国家规定的原则，结合本地方的实际

情况，可以制定补充规定和具体办法，并须分别报国务院、省、自治区、直辖市批准

D. 民族自治地方在全国统一的财政体制下，通过国家实行的规范的财政转移支付制度，享受上级财政的照顾

27. 关于我国的国家结构形式，下列选项正确的是：（　）（司考 2012. 1. 90）

A. 我国实行单一制国家结构形式

B. 维护宪法权威和法制统一是国家的基本国策

C. 在全国范围内实行统一的政治、经济、社会制度

D. 中华人民共和国是一个统一的国际法主体

28. 根据《宪法》和法律的规定，关于自治和自治权，下列哪些选项是正确的？（　）（司考 2013. 1. 63）

A. 特别行政区依照法律规定实行高度自治，享有行政管理权、立法权、独立的司法权和终审权

B. 民族区域自治地方的法院依法行使自治权

C. 民族乡依法享有一定的自治权

D. 村民委员会是基层群众性自治组织

29. 根据《宪法》和法律的规定，关于民族区域自治制度，下列哪些选项是正确的？（　）（司考 2014. 1. 63）

A. 民族自治地方法院的审判工作，受最高法院和上级法院监督

B. 民族自治地方的政府首长由实行区域自治的民族的公民担任，实行首长负责制

C. 民族自治区的自治条例和单行条例报全国人大批准后生效

D. 民族自治地方自主决定本地区人口政策，不实行计划生育

三、名词解释

1. 国家结构形式（中国人民大学法学院 2005 年、2010 年考研真题）

2. 邦联

3. 君合国

4. 政合国

5. 行政区划（中国人民大学法学院 2001 年、2006 年、2013 年考研真题）

6. 议会制

四、简答题

1. 联邦制国家结构形式的主要特点。

2. 简述我国国家结构形式的特征。

3. 简述我国特别行政区的法律地位。

4. 简述中央政府在特别行政区的权限。（武汉大学 2006 年考研真题）

5. 我国采用单一制国家结构形式的原因。（中国人民公安大学 2014 年考研真题）

五、论述题

1. 特别行政区在政治体制方面有哪些规定。

2. 试述我国行政区划的基本原则。

3. 试述民族自治地方所享有的自治权。

4. 试结合全国人大常委会对香港基本法的解释谈谈基本法解释权的分配。

5. 试述我国单一制下地方制度的特色。

6. 试比较民族区域自治制度与特别行政区自治制度的异同。（复旦大学 2012 年考研真题、中国人民大学 2005 年考研真题、中国政法大学 2002 年考研真题）

参考答案

一、单项选择题

1. **答案**：D。本题考民族自治地方的类型。《民族区域自治法》第2条第1款、第2款规定：各少数民族聚居的地方实行区域自治。民族自治地方分为自治区、自治州、自治县。

2. **答案**：D。《宪法》第120条规定：民族自治地方的自治机关依照国家的军事制度和当地的实际需要，经国务院批准，可以组织本地方维护社会治安的公安部队。

3. **答案**：D。由于历史原因，我国现行的国家结构形式是单一制。

4. **答案**：B。《宪法》第31条规定：国家在必要时得设立特别行政区。在特别行政区内实行的制度按照具体情况由全国人民代表大会以法律规定。

5. **答案**：B。《宪法》第112条规定：民族自治地方的自治机关是自治区、自治州、自治县的人民代表大会和人民政府。

6. **答案**：B。《宪法》第116条规定：民族自治地方的人民代表大会有权依照当地民族的政治、经济和文化的特点，制定自治条例和单行条例。自治区的自治条例和单行条例，报全国人民代表大会常务委员会批准后生效。自治州、自治县的自治条例和单行条例，报省或者自治区的人民代表大会常务委员会批准后生效，并报全国人民代表大会常务委员会备案。

7. **答案**：A。《宪法》第62条第（14）项规定：全国人民代表大会行使下列职权……（十四）决定特别行政区的设立及其制度。

8. **答案**：C。《香港特别行政区基本法》第12条规定：香港特别行政区是中华人民共和国的一个享有高度自治权的地方行政区域，直辖于中央人民政府。《澳门特别行政区基本法》第12条规定：澳门特别行政区是中华人民共和国的一个享有高度自治权的地方行政区域，直辖于中央人民政府。

9. **答案**：A。根据我国《宪法》第62条的规定，全国人大有修改基本法律的权力，同时《澳门特别行政区基本法》第144条明确规定，该法的修改权属于全国人民代表大会。全国人大常委会有对澳门基本法的修改提案权。

10. **答案**：D。《民族区域自治法》第19条规定："民族自治地方的人民代表大会有权依照当地民族的政治、经济和文化的特点，制定自治条例和单行条例……"D项正确。

11. **答案**：B。《宪法》第107条第3款规定："省、直辖市的人民政府决定乡、民族乡、镇的建置和区域划分。"所以有权决定乡、民族乡、镇的建置和区域划分的主体是省、自治区、直辖市的人民政府。应选B。根据《宪法》第89条第（15）项的规定，国务院对省、自治区、直辖市的区域划分，自治州、县、自治县、市、市辖区的建置和区域划分行使批准权。乡级的行政区划的建置和区域划分的决定权在于省、自治区、直辖市。所以不选A。根据《宪法》第62条第（13）项和第（14）项的规定，批准省、自治区、直辖市的建置和设立特别行政区的职权由全国人大行使，所以不选C、D。

12. **答案**：C。关于A，《香港特别行政区基本法》第90条规定："香港特别行政区终审法院和高等法院的首席法官，应由在外国无居留权的香港特别行政区永久性居民中的中国公民担任。"故A项错误。关于B，《香港特别行政区基本法》第88条规定："香港特别行政区法院的法官，根据当地法官和法律界及其他方面知名人士组成的独立委员会推荐，由行政长官任命。"因此B错误。关于C，《澳门特别行政区基本法》第90条第2款规定："澳门特别行政区检察长由澳门特别行政区永久性居民中的中国公民担任，由行政长官提名，报中央人民政府任命。"因此C正确。关于D，《澳门特别行政区基本法》第86条规定："澳门特别行政区设立行政法院。行政法院是管辖行政诉讼和税务诉讼的法院。不服行政法院裁决者，可向中级法院上诉。"因此D错误。

13. **答案**：D。根据《香港特别行政区基本法》第44条的规定，香港特别行政区行政长官由年满四十周岁，在香港通常居住连续满二十年并在外国无居留权的香港特别行政区永久性居民中的中国公民担任。可见，A项错误。根据第61条的规定，香港特别行政区的主要官员由在香港通常居住连续满十五年并在外国无居留权的香港特别行政区永久性居民中的中国公民担任。可见，B项错误。根据第67条的规定，香港特别行政区立法会由在外国无居留权的香港特别行政区永久性居民中的中国公民组成。但非中国籍的香港特别行政区永久性居民和在外国有居留权的香港特别行政区永久性居民也可以当选为香港特别行政区立法会议员，其所占比例不得超过立法会全体议员的20%。可见，C项错误。根据第90条第1款的规定，香港特别行政区终审法院和高等法院的首席法官，应由在外国无居留权的香港特别行政区永久性居民中的中国公民担任。因为“法院法官”的内涵和外延明显宽于“终审法院和高等法院的首席法官”，而且本题考查的是“可由特区非永久性居民担任”而不是“应由特区非永久性居民担任”，所以D项正确。

14. 答案：D。行政区域划分包括行政区域划分的机关、原则、程序以及行政区域边界处理等内容，而这些不仅仅是由《宪法》来规定，或者说《宪法》只规定了一部分。行政区域划分的机关，可以由宪法和法律以及有关法规授权。从立法实例上来说，《行政区域边界争议处理条例》作为行政法规，都具体授权有关机关进行行政区域划分。所以D项说法错误。ABC项表述均正确。

15. 答案：A。《香港特别行政区基本法》第159条规定，香港特别行政区基本法的修改权属于全国人民代表大会。香港特别行政区基本法的修改提案权属于全国人民代表大会常务委员会、国务院和香港特别行政区。香港特别行政区的修改议案，由香港特别行政区出席全国人民代表大会的代表团向全国人民代表大会提出。香港特别行政区基本法的任何修改，均不得同中华人民共和国对香港既定的基本方针政策相抵触。《澳门特别行政区基本法》第144条作了基本相同的规定。据此，B、C、D、选项正确，A选项认为“全国人大常委会有权修改基本法”是错误的，本题选项为A。

16. 答案：A。本题考查的是香港基本法与澳门基本法的相关知识点。根据“一国两制”的原则，特别行政区享有包括“财税自治”在内的高度自治权。特别行政区保持财政独立，其财政收入全部用于自身需要，不上缴中央人民政府。中央人民政府不在特别行政区征税。特别行政区实行独立的税收制度，也是单独的关税地区。特别行政区有权发行自己的货币并自行制定货币金融制度等。所以，A选项的表述是正确的。

根据《澳门特别行政区基本法》的规定，澳门特别行政区立法会举行会议的法定人数为不少于全体议员的1/2。除基本法另有规定外，立法会的法案、议案由全体议员过半数通过。所以，B选项的表述是错误的。

根据《香港特别行政区基本法》的规定，香港特别行政区立法会由在外国无居留权的香港特别行政区永久性居民中的中国公民组成。但非中国籍的香港特别行政区永久性居民和在外国有居留权的香港特别行政区永久性居民也可以当选为香港特别行政区立法会议员，其所占比例不得超过立法会全体议员的20%。所以，C选项的表述是错误的，香港立法会可以有外籍议员的存在，但是应该符合基本法规定的比例限制。

根据《香港特别行政区基本法》的规定，香港特别行政区设立廉政公署，独立工作，对行政长官负责。所以，D选项的表述也是错误的，廉政公署并非对立法会负责，而是对行政长官负责。

17. 答案：D。民族自治权由民族自治地方的自治机关行使。《宪法》第112条规定，民族自治地方的自治机关是自治区、自治州和自治县的人民代表大会和人民政府。不包括审判机关和检察机关。故A项错误。《立法法》第82条第1款规定：“省、自治区、直辖市和设区的市、自治州的人民政府，可以根据法律、行政法规和本省、自治区、直辖市的地方性法规，制定规章。”可见自治州人民政府可以制定政府规章。《立法法》第75条第2款规定：“自治条例和单行条例可以依照当地民族的特点，对法律和行政法规的规定作出变通规定，但不得违背法律或者行政法规的基本原则，不得对宪法和民族区域自治法的规定以及其他有关法律、行政法规专门就民族自治地方所作的规定作出变通规定。”可知，只有自治条例和单行条例可以对法律和行政法规作出变通规定，法律没有规定民族自治地方的政府规章可以对部门规章作出变通规定，故B项错误；自治条例不得对宪法和民族区域自治法的规定以及其他有关法律、行政法规专门就民族自治地方所作的规定作出变通规定，故C项错误。《民族区域自治法》第19条规定，自治州、自治县的自治条例和单行条例报省、自治区、直辖市的人民代表大会常务委员会批准后生效，并报全国人民代表大会常务委员会和国务院备案。故D项正确。

18. 答案：D。《民族区域自治法》第10条规定：“民族自治地方的自治机关保障本地方各民族都有使用和发展自己的语言文字的自由，都有保持或者改革自己的风俗习惯的自由。”故A正确。第31条第1款规定：“民族自治地方依照国家规定，可以开展对外经济贸易活动，经国务院批准，可以开辟对外贸易口岸。”故B正确。第16条第3款规定：“民族自治地方的人民代表大会常务委员会中应当有实行区域自治的民族的公民担任主任或副主任。”故C项正确。第20条规定：“上级国家机关的决议、决定、命令和指示，如有不适合民族自治地方实际情况的，自治机关可以报经该上级国家机关批准，变通执行或者停止执行；该上级国家机关应当在收到报告之日起六十日内给予答复。”可知，自治地方变通执行或停止执行权需上级国家机关批准。故D错误。

19. **答案**：C。《香港特别行政区基本法》第19条第3款规定：“香港特别行政区法院对国防、外交等国家行为无管辖权。香港特别行政区法院在审理案件中遇有涉及国防、外交等国家行为的事实问题，应取得行政长官就该等问题发出的证明文件，上述文件对法院有约束力。行政长官在发出证明文件前，须取得中央人民政府的证明书。”故A错误。第49条规定：“香港特别行政区行政长官如认为立法会通过的法案不符合香港特别行政区的整体利益，可在三个月内将法案发回立法会重议，立法会如以不少于全体议员三分之二多数再次通过原案，行政长官必须在一个月内签署公布或按本法第五十条的规定处理。”第50条规定：“香港特别行政区行政长官如拒绝签署立法会再次通过的法案或立法会拒绝通过政府提出的财政预算案或其他重要法案，经协商仍不能取得一致意见，行政长官可解散立法会。行政长官在解散立法会前，须征询行政会议的意见。行政长官在其一任任期内只能解散立法会一次。”故B错误，题中情形，依据基本法规定，行政长官可以签署公布或者解散立法会。第95条规定：“香港特别行政区可与全国其他地区的司法机关通过协商依法进行司法方面的联系和相互提供协助。”故C正确。第55条第1款规定：“香港特别行政区行政会议的成员由行政长官从行政机关的主要官员、立法会议员和社会人士中委任，其任免由行政长官决定……”故D错误。

二、多项选择题

1. **答案**：ABD。我国的民族区域自治是指在国家的统一领导下，以少数民族聚居区为基础，建立相应的自治地方，设立自治机关，行使自治权，使实行区域自治的本民族人民自主地管理本民族地方性事务的制度。

2. **答案**：ABCD。《香港特别行政区基本法》第27条规定：“香港居民享有言论、新闻、出版的自由，结社、集会、游行、示威的自由，组织和参加工会、罢工的权利和自由。”

   第30条规定：“香港居民的通讯自由和通讯秘密受法律的保护。除因公共安全和追查刑事犯罪的需要，由有关机关依照法律程序对通讯进行检查外，任何部门或个人不得以任何理由侵犯居民的通讯自由和通讯秘密。”

   第31条规定：“香港居民有在香港特别行政区境内迁徙的自由，有移居其他国家和地区的自由。香港居民有旅行和出入境的自由。有效旅行证件的持有人，除非受到法律制止，可自由离开香港特别行政区，无需特别批准。”

   第32条规定：“香港居民有信仰的自由。香港居民有宗教信仰的自由，有公开传教和举行、参加宗教活动的自由。”

3. **答案**：ABCD。《澳门特别行政区基本法》第22条第1款规定：“中央人民政府所属各部门、各省、自治区、直辖市均不得干预澳门特别行政区依照本法自行管理的事务。”

   《澳门特别行政区基本法》第87条第1款规定：“澳门特别行政区各级法院的法官，根据当地法官、律师和知名人士组成的独立委员会的推荐，由行政长官任命。法官的选用以其专业资格为标准，符合标准的外籍法官也可聘用。”

   第90条第1款、第2款、第3款规定：“澳门特别行政区检察院独立行使法律赋予的检察职能，不受任何干涉。澳门特别行政区检察长由澳门特别行政区永久性居民中的中国公民担任，由行政长官提名，报中央人民政府任命。检察官经检察长提名，由行政长官任命。”

   第137条第2款规定：“澳门特别行政区可以‘中国澳门’的名义参加不以国家为单位参加的国际组织和国际会议。”

   注意澳门特别行政区和香港特别行政区的法官和检察官任命方式和条件的区别。

4. **答案**：AC。注意应当有国徽图案印章的机构与应当悬挂国徽的机构的共同和不同之处。B项中应为县级以上人大常委会和人民政府，再者根据《宪法》规定，乡级人大不设人大常委会，因此B显然不对。D项中监狱的印章不刻有国徽图案，也不悬挂国徽。

5. **答案**：ABD。我国行政区划所遵循的政治原则指符合人民民主专政的要求，经济原则指服务于社会主义现代化建设，历史原则指尊重历史发展脉络，文化原则其实涵盖于历史原则之中。民族区域自治制度和特别行政区制度就是这些原则在实践中的具体运用。

6. **答案**：ABC。《澳门特别行政区基本法》第2条规定：中华人民共和国全国人民代表大会授权澳门特别行政区依照本法的规定实行高度自治，享有行政管理权、立法权、独立的司法权和终审权。

7. **答案**：AB。《宪法》第116条规定：民族自治地方的人民代表大会有权依照当地民族的政治、经济和文化的特点，制定自治条例和单行条例。自治区的自治条例和单行条例，报全国人民代表大会常务委员会批准后生效。自治州、自治县的自治条例和单行条例，报省或者自治区的人民代表大会常务委员会批准后生效，并报全国人民代表大会常务委员会备案。

8. **答案**：ACD。《香港特别行政区基本法》第1条规定：香港特别行政区是中华人民共和国不可分离的部分。第110条规定：香港特别行政区的货币金融制度由法律规定。香港特别行政区政府自行制定货币金融政策，保障金融企业和金融市场的经营自由，并依法进行管理和监督。第158条第1款、第2款规定：本法的解释权属于全国人民代表大会常务委员会。全国人民代表大会常务委员会授权香港特别行政区法院在审理案件时对本法关于香港特别行政区自治范围内的条款自行解释。第159条第1款规定：本法的修改权属于全国人民代表大会。

9. **答案**：ABCD。根据《民族区域自治法》相关规定，依行政地位划分，民族自治地方分为自治区、自治州、自治县三级。民族自治地方的自治机关是自治区、自治州、自治县的人民代表大会和人民政府。民族自治机关是当地聚居的民族的人民行使自治权的政权机关。因此，民族自治地方的人大及其常委会、人民政府在组成方面又具有不同于一般地方国家权力机关和行政机关的特点：(1) 民族自治地方的人大中，除实行区域自治的民族的代表外，其他居住在本行政区域内的民族也应当有适当名额的代表；(2) 民族自治地方的人大常委会中应当有实行区域自治的民族的公民担任主任或者副主任；(3) 自治区主席、自治州州长、自治县县长由实行区域自治的民族的公民担任；(4) 民族自治地方的人民政府的其他组成人员和自治机关所属工作部门的干部中，要尽量配备实行区域自治的民族和其他少数民族的人员。

10. **答案**：ABC。《香港特别行政区基本法》第23条规定：香港特别行政区应自行立法禁止任何叛国、分裂国家、煽动叛乱、颠覆中央人民政府及窃取国家机密的行为，禁止外国的政治性组织或团体在香港特别行政区进行政治活动，禁止香港特别行政区的政治性组织或团体与外国的政治性组织或团体建立联系。

11. **答案**：ABCD。本题主要考查特别行政区的政治体制。《香港特别行政区基本法》第12条规定：香港特别行政区是中华人民共和国的一个享有高度自治权的地方行政区域，直辖于中央人民政府。第43条第1款规定：香港特别行政区行政长官是香港特别行政区的首长，代表香港特别行政区。第60条第1款规定：香港特别行政区政府的首长是香港特别行政区行政长官。第85条规定：香港特别行政区法院独立进行审判，不受任何干涉，司法人员履行审判职责的行为不受法律追究。

12. **答案**：ABD。本题主要考查特别行政区基本法的法律地位、基本法的实施范围，因此C项错误，见《香港特别行政区基本法》序言。

13. **答案**：ABD。《香港特别行政区基本法》第48条规定："香港特别行政区行政长官行使下列职权：(一) 领导香港特别行政区政府；(二) 负责执行本法和依照本法适用于香港特别行政区的其他法律；(三) 签署立法会通过的法案，公布法律；签署立法会通过的财政预算案，将财政预算、决算报中央人民政府备案……(六) 依照法定程序任免各级法院法官；(七) 依照法定程序任免公职人员……(十二) 赦免或减轻刑事罪犯的刑罚……"

14. **答案**：AC。《香港特别行政区基本法》第43条，香港特别行政区行政长官是香港特别行政区的首长，代表香港特别行政区。香港特别行政区行政长官依照本法的规定对中央人民政府和香港特别行政区负责。《澳门特别行政区基本法》第45条，澳门特别行政区行政长官是澳门特别行政区的首长，代表澳门特别行政区。澳门特别行政区行政长官依照本法规定对中央人民政府和澳门特别行政区负责。

15. **答案**：ABCD。见《澳门特别行政区基本法》第84条规定：澳门特别行政区设立初级法院、中级法院和终审法院。澳门特别行政区终审权属于澳门特别行政区终审法院。澳门特别行政区法院的组织、职权和运作由法律规定。第86条规定：澳门特别行政区设立行政法院。行政法院是管辖行政诉讼和税务诉讼的法院。不服行政法院裁决者，可向中级法院上诉。

16. **答案**：AB。本题考查国家结构形式，联邦制是复合制的一种形式。共和制属于国家政体的范围。

17. **答案**：BCD。本题主要考查联邦制国家结构形式的基本特点。

18. **答案**：AD。《宪法》第116条规定：民族自治地方的人民代表大会有权依照当地民族的政治、经济和文化的特点，制定自治条例和单行条例……第115条规定：自治区、自治州、自治县的自治机关行使宪法第3章第5节规定的地方国家机关的职权，同时依照宪法、民族区域自治法和其他法律规定的权限行使自治权，根据本地方实际情况贯彻执行国家的法律、政策。第120条规定：

民族自治地方的自治机关依照国家的军事制度和当地的实际需要，经国务院批准，可以组织本地方维护社会治安的公安部队。

19. 答案：ABCD。《香港特别行政区基本法》第44条规定：香港特别行政区行政长官由年满四十周岁，在香港通常居住连续满二十年并在外国无居留权的香港特别行政区永久性居民中的中国公民担任。

20. 答案：BC。本题主要考查国家结构形式的决定因素，即历史因素和民族因素，军事因素和地理因素是次要因素。

21. 答案：ABC。经济特区不是《宪法》规定的行政区域。见《宪法》第30条、第31条。

22. 答案：AB。在特别行政区适用的全国性法律仅限于有关国防外交和其他不属于特别行政区自治范围的法律，对基本法附件三所列举的应在特别行政区适用的全国性法律的增减，应由全国人大常委会在征询其所属的基本法委员会和特别行政区政府的意见后决定。CD中的国际公约和惯例，香港作为一个经济性的地区应当实施。

23. 答案：ABCD。港、澳特别行政区的对外事务权限包括：(1) 特别行政区的代表的成员，参加中央人民政府进行的同其直接有关的外交谈判；(2) 可以在经济、贸易、金融、航运、通讯、旅游、文化、体育等领域以“中国香港”或“中国澳门”的名义，单独地同世界各国、各地区及有关国际组织保持和发展关系，签订和履行有关协议；(3) 以适当的形式和名义参加国际组织和国际会议；(4) 对于国际协议的适用有发表意见权；(5) 签发特别行政区护照和其他旅行证件的权利，并有实行出入境管制的权利；(6) 中央人民政府协助或授权特别行政区政府与各国和各地区缔结互相免签证协议的权利；(7) 可根据需要在外国设立官方或半官方的经济和贸易机构的权利，但行使此项权利需报中央人民政府备案；(8) 经中央批准，外国可以在特别行政区设立领事机构或其他官方、半官方机构，因此选ABCD。

24. 答案：ABC。本题主要考联邦制国家的特点。

25. 答案：ABC。《香港特别行政区基本法》第49条规定：“香港特别行政区行政长官如认为立法会通过的法案不符合香港特别行政区的整体利益，可在三个月内将法案发回立法会重议，立法会如以不少于全体议员三分之二多数再次通过原案，行政长官必须在一个月内签署公布或按本法第五十条的规定处理。”因此，A正确。第50条规定：“香港特别行政区行政长官如拒绝签署立法会再次通过的法案或立法会拒绝通过政府提出的财政预算案或其他重要法案，经协商仍不能取得一致意见，行政长官可解散立法会。行政长官在解散立法会前，须征询行政会议的意见……”因此B正确。关于D，根据该法第50条第2款的规定：“……行政长官在其一任任期内只能解散立法会一次。”故D项错误。关于C，在基本法中，如果出现上述情况，香港特别行政区行政长官必须辞职，故C正确。

26. 答案：AD。根据《民族区域自治法》第32条第2款的规定，民族自治地方的自治机关有管理地方财政的自治权。凡是依照国家财政体制属于民族自治地方的财政收入，都应当由民族自治地方的自治机关自主地安排使用。可见A项正确。根据《民族区域自治法》第32条第4款的规定，民族自治地方的财政预算支出，按照国家规定，设机动资金，预备费在预算中所占比例高于一般地区。可见B项错误。根据《民族区域自治法》第33条的规定，民族自治地方的自治机关对本地方的各项开支标准、定员、定额，根据国家规定的原则，结合本地方的实际情况，可以制定补充规定和具体办法。自治区制定的补充规定和具体办法，报国务院备案；自治州、自治县制定的补充规定和具体办法，须报省、自治区、直辖市人民政府批准。可见C项错误。根据《民族区域自治法》第32条第3款的规定，民族自治地方在全国统一的财政体制下，通过国家实行的规范的财政转移支付制度，享受上级财政的照顾。可见D项正确。因此，本题的正确答案应当是AD项。

27. 答案：ABD。选项A正确。单一制对应的是复合制（主要体现为联邦制），是指由若干不享有独立主权的一般行政区域单位组成的统一主权国家的制度。我国《宪法》序言宣称，中华人民共和国是全国各族人民共同缔造的统一的多民族国家。《宪法》第3条第1款也规定，中华人民共和国的国家机构实行民主集中制的原则。因此根据宪法，我国的国家结构形式采单一制。选项B正确。我国是单一制国家，只有一部宪法，只有一套以宪法为基础的法律体系，因此维护宪法的权威和法制的统一是国家的基本国策。选项C不正确。香港和澳门特别行政区根据宪法的授权，实行资本主义政治、经济与社会制度。选项D正确。单一制国家意味着主权的统一，因此在对外方面只能由一个主体来代表国家。

28. 答案：AD。在我国宪法和法律中规定了三种自治制度和自治权：民族区域自治制度、特别行政区制度和基层群众自治制度。民族区域自治制度，是指在国家统一领导下，各少数民族聚居的地方实行区域自治，设立自治机关，行使自治权的制度。特别行政区制度是指在我国版图内，根据我国宪法和基本法的规定而设立的具有特殊法律地位、实行特别社会政治经济制度的行政区域，并规定特区政府对所辖区域社会的政治、经济、财政、金融、贸易、工商业、土地、教育、文化等方面享有高度自治权的制度，是“一国两制”的具体实践。基层群众自治制度，是指城乡居民群众以相关法律法规政策为依据，在城乡基层党组织领导下，在居住地范围内，依托基层群众自治组织，直接行使民主选举、民主决策、民主管理和民主监督等权利，实行自我管理、自我服务、自我教育、自我监督的制度与实践。

在本题中，A选项的表述是正确的。根据基本法规定，特别行政区的自治权主要指行政管理权、立法权、独立的司法权和终审权。

B选项的表述是错误的。民族自治机关是指在我国少数民族自治地方设立的行使同级相应地方国家机关职权并同时行使自治权的国家机关，是我国的一级地方国家机关，包括自治区、自治州、自治县的人民代表大会和人民政府，不但包括司法机关，因此民族自治地方的司法机关（包括了法院和检察院）并不行使自治权。

我国《宪法》第112条规定的民族自治地方包括了自治区、自治州、自治县三种，并不包括民族乡。因此，民族乡并不具有“自治权”，但是在某些方面具有一些“自主权”，即在法律地位方面，宪法和法律赋予民族乡以特殊的权利。如《宪法》第99条第3款规定：“民族乡的人民代表大会可以依照法律规定的权限采取适合民族特点的具体措施。”所以C项错误。

D选项的表述是正确的。《宪法》第111条规定：城市和农村按居民居住地区设立的居民委员会或者村民委员会是基层群众性自治组织……

29. **答案**：AB。本题考查的是民族区域自治制度的运行。根据《民族区域自治法》规定，民族自治地方的人民法院和人民检察院对本级人民代表大会及其常务委员会负责。民族自治地方人民法院的审判工作，受最高人民法院和上级人民法院监督。所以，选项A的表述是正确的。

根据《宪法》第113条、第114条的规定，自治区、自治州、自治县的人民代表大会中，除实行区域自治的民族的代表外，其他居住在本行政区域内的民族也应当有适当名额的代表。自治区、自治州、自治县的人民代表大会常务委员会中应当有实行区域自治的民族的公民担任主任或者副主任。自治区主席、自治州州长、自治县县长由实行区域自治的民族的公民担任。我国包括民族自治地方政府在内的地方各级人民政府均实行行政首长负责制。所以，选项B的表述是正确的。

《宪法》第116条规定，民族自治地方的人民代表大会有权依照当地民族的政治、经济和文化的特点，制定自治条例和单行条例。自治区的自治条例和单行条例，报全国人民代表大会常务委员会批准后生效。自治州、自治县的自治条例和单行条例，报省或者自治区的人民代表大会常务委员会批准后生效，并报全国人民代表大会常务委员会备案。所以，C选项的表述是错误的，民族自治区的自治条例和单行条例由全国人民代表大会常务委员会批准后生效，而非由全国人大批准。

《民族区域自治法》第44条规定，民族自治地方实行计划生育和优生优育，提高各民族人口素质。民族自治地方的自治机关根据法律规定，结合本地方的实际情况，制定实行计划生育的办法。所以，D选项的表述是错误的。

三、名词解释

1. **答案**：国家结构形式是指国家整体与其组成部分之间、中央政权与地方政权之间相互关系的形式。它的实质在于中央和地方或组成单位之间的权限划分问题。
2. **答案**：邦联是指若干主权独立国家为了实现某种共同目的而结成的松散的国家联盟。这种联盟一般以条约为基础。
3. **答案**：君合国又称“两合君主国”“人合国”或“身合国”，是指两个君主国由一个君主实行统治的国家联合。
4. **答案**：政合国又称“物合国”，是指两个或者两个以上的国家在缔结条约基础上组成的国家联合。
5. **答案**：行政区划是“行政区域划分”的简称，是指统治阶级为便于管理，兼顾地理条件、历史传统、风俗习惯、经济联系、民族分布等因素，把国家领土分成层次不同、大小不等的若干区域的制度。
6. **答案**：议会制又叫责任内阁制，是资产阶级共和国政体中以议会为国家最高机关的政权组织形式。意大利、德国等国家是实行议会制的典型，其主要特点是：议会在国家生活中占主导地位；内阁由议会产生，向议会负责；总统由选举产生，一般不掌握实际权力，只为名义上的国家元首。

四、简答题

1. **答案**：联邦制国家结构形式的主要特点为：

(1) 从国家的法律体系看除有联邦宪法外，各成员国还有各自的宪法。

(2) 从国家机构的组成看，除设有联邦立法机关、政府和司法系统外，各成员国还设有各自的立法机关、政府和司法系统。

(3) 从联邦与各成员国的职权划分看，联邦宪法在规定联邦行使国家的立法、外交、军事、财政等主要国家权力的同时，又规定各成员国享有较大范围的自治权。

(4) 从对外关系上看，有些国家允许其成员国享有一定的外交权。

(5) 联邦国家的公民既有联邦的国籍，又有其成员国的国籍。

2. 答案：我国的国家结构形式是单一制，是符合中国国情和人民愿望的。实践证明，单一制具有较大的灵活性和可包容性，便于体现人民民主专政国家职能。它的特点如下：第一，在单一制国家结构形式下，全国可以包容若干行政区域，但在工商业发达、人口密集的居民点可以按国务院颁布的城乡划分标准设市、镇的建制，既便于根据城乡不同特点分别进行管理和建设，又便于城乡结合，工农业互相支援、互相交流。第二，在单一制国家结构形式下，全国性的事务由中央政府统一领导，其中少数事项，如外交、国防则由中央直接管理。除此之外，它包容着若干层次的地方政权，各类国家事务可以按民主集中制的原则分级管理，调动地方单位的积极性。第三，在单一制的国家结构形式下，可以包容民族自治地方，解决民族问题。我国以民族聚居区为基础建立的自治区、自治州、自治县的民族区域自治制度，既保证了国家统一和民族团结，又保证了各族人民当家作主管理本民族内部事务的权利。第四，在单一制的国家结构形式下，可以包容若干特别行政区，实施"一国两制"的方针。特别行政区直辖于中央人民政府，享有高度自治权，不实行社会主义制度和政策，并在相当长的时期内不变。它有利于以和平方式解决中国香港、澳门、台湾等历史遗留问题，实现祖国统一大业。第五，在单一制的国家形式下，由于经济建设的需要，可以包容若干经济特区。经济特区的设立有利于吸收、利用外资，引进先进技术，发展对外贸易，加快经济发展。

3. 答案：特别行政区是指在我国行政区域内，根据我国宪法和法律规定，专门设立的具有特殊法律地位、实行特别的社会政治和经济制度的行政区域。特别行政区的法律地位可以从以下方面说明：

第一，"一国两制"。特别行政区是我国的一个地方行政区域，特别行政区与中央的关系仍然是地方与中央的关系。特别行政区由中央政府设立，归中央领导。我国实行的是单一制的国家结构形式，地方政府的权力来自中央的授予，特别行政区的权力也是中央政府授予的，在这一点上，它与中国其他地方政府没有区别，都是中央领导下的一级地方政权。

第二，高度自治。特别行政区是一个享有高度自治权的地方行政区域，它主要享有以下自治权：(1) 立法权。特别行政区的立法机关有权就特别行政区高度自治范围内的一切事务立法，但对外交、国防以及其他属于中央人民政府管理范围内的事务无权立法。(2) 独立的司法权和终审权。独立的司法权是指特别行政区的诉讼案件，以该区终审法院为最高审级，该区终审法院的判决是最终判决。(3) 行政管理权。特别行政区行政机关依法享有自行处理特别行政区事务的权力。(4) 自行处理有关对外事务的权力。特别行政区可以以其名义参加不属于主权国家参加的会议。

第三，当地人管理。即特别行政区的政权机关由当地人组成，中央人民政府不派遣干部到特别行政区担任公职，亦即所谓的"港人治港""澳人治澳"。

4. 答案：特别行政区，是以"一国两制"思想为指导，以宪法为根据，为合理解决香港、澳门和台湾问题，所设置的直辖于中央人民政府的特殊行政区域。行政特区实行高度自治。它与中国其他地方行政区域所实行的基本社会制度不同，它在长时期中仍然保留实行资本主义制度。中央政府在特别行政区享有和行使的权力主要有：(1) 中央人民政府负责管理与特别行政区有关的外交事务；(2) 中央人民政府负责管理特别行政区的防务；(3) 中央人民政府依照特别行政区基本法的规定任命特别行政区行政长官和行政机关的主要官员；(4) 解释特别行政区基本法；(5) 修改特别行政区基本法等；(6) 特别行政区立法机关制定的法律须报全国人大常委会备案；(7) 在特定情况下，全国人大常委会有权决定特别行政区进入紧急状态，中央人民政府可发布命令将有关全国性法律在特别行政区实施。

5. 答案：我国现行《宪法》序言规定："中华人民共和国是全国各族人民共同缔造的统一的多民族国家。"这表明，单一制是我国的国家结构形式。具体表现在：第一，在法律制度方面，我国只有一部宪法，只有一套以宪法为基础的法律体系，维护宪法的权威和法制的统一是国家的基本国策。第二，在国家机构方面，只有一套包括最高国家权力机关、最高国家行政机关和最高国家司法机关的中央国家机关体系。第三，在中央与地方的关系方面，无论是普通的省、县、乡行政区域，还是民族自治区域，或者特别行政区域，都是中央人民政府领导下的地方行政区域，不得脱离中央而独立；台湾是中华人民共和国不可分割的一部分，为了有效遏制“台独分子”把台湾从中国分裂出去的企图，2005年3月第十届全国人大第三次会议通过了《反分裂国家法》，以期通过法律途径来实现祖国的和平统一。第四，在对外关系方面，中华人民共和国是一个统一的国际法主体，公民只有统一的中华人民共和国国籍。而决定我国采取单一制国家结构形式的原因主要有两大方面：

（1）历史原因。我国自秦始皇统一中国以来建立的就是统一的中央集权制国家。尽管也曾有过分裂割据的状态，但时间较短，而国家统一的局面则一直居于主导地位。长期的历史传统，决定了我们必须建立单一制的国家结构形式。

（2）民族原因。我国是一个多民族国家，各民族的历史状况和民族关系决定了在我国的具体条件下，不适宜采取联邦制，而应该采取单一制的国家结构形式。表现在：一是我国民族关系的历史发展状况，决定了建立单一制是各族人民的共同心愿；二是我国的民族成分和民族分布状况，决定了建立单一制有利于民族团结；三是我国自然资源分布和经济发展不平衡的状况，决定了建立单一制有利于各民族的共同繁荣；四是我国所处的国际环境和国际斗争形势，决定了建立单一制有利于国家的统一和各民族的团结。

总之，我国采取单一制的国家结构形式，建立统一的多民族国家，既是我国历史发展的必然结果，也是我国民族状况的必然要求，符合各族人民的根本利益。

五、论述题

1. 答案：特别行政区政治体制主要包括行政长官、行政机关，立法机关、司法机关，区域（或市政）组织、公务人员。现就主要方面介绍如下：

（1）行政长官。行政长官是特别行政区的首长，代表特别行政区。他依照基本法的规定对中央人民政府和特别行政区负责。行政长官由年满40岁，在香港或者澳门通常居住连续满20年，并在外国无居留权（澳门基本法没有此项规定）的特别行政区永久性居民中的中国公民担任。行政长官在当地通过选举或协商产生，由中央人民政府任命，每届任期五年，可连任一次。行政长官依基本法规定行使职权。

（2）行政机关。特别行政区政府是特别行政区的行政机关。行政长官是特别行政区政府的首长，香港特别行政区政府的其他主要官员，由在特别行政区通常居住连续满15年的，并在国外无居留权的永久性居民中的中国公民担任。澳门特别行政区政府的其他主要官员，由在澳门通常居住连续满15年的澳门特别行政区永久性居民中的中国公民担任。特别行政区政府依基本法规定行使职权，并对立法会负责，执行立法会通过并已生效的法律；定期向立法会作施政报告；答复立法会议员的质询。

（3）立法机关。特别行政区立法会是立法机关。香港特别行政区立法会议员主要由在外国无居留权的香港特别行政区永久性居民中的中国公民担任；澳门特别行政区立法会议员由澳门特别行政区永久性居民担任。香港特别行政区立法会由选举产生；澳门特别行政区立法会多数议员由选举产生，少数委任。立法会主席依基本法规定的条件由立法会议员互选产生。立法会通过的法案，须经行政长官签署、公布方能生效。

（4）司法机关。香港特别行政区的司法机关是香港特别行政区的各级法院，澳门特别行政区司法机关是澳门特别行政区法院和检察院。香港特别行政区设立终审法院、高等法院、区域法院、裁判署法庭和其他专门法庭；澳门特别行政区设初级法院（包括行政法院）、中级法院和终审法院。特别行政区法院独立进行审判，不受任何干涉。各级法院法官根据当地法官、律师和知名人士组成的独立委员会推荐，由行政长官任命。香港特别行政区设律政司，主管刑事检察工作。澳门特别行政区设检察院，独立行使法律赋予的检察职能。

2. 答案：我国行政区域划分的原则，是以促进各民族的平等和团结，便利广大人民群众参加管理国家和适应经济发展为原则。具体地讲：

（1）有利于社会主义现代化建设。在划分行政区域时，必须考虑到经济、科学文化、资源分布、人口构成、交通条件等诸种综合因素，以利于社会主义现代化建设事业的发展。

（2）有利于行政管理。国家行政管理水平如何，决定于许多因素，但行政区划是否合理、民族团结的状况好坏、人民群众参加管理国家的条件是否具备等，都应引起重视。

（3）有利于各民族的团结和发展。我国是以汉族为主体的多民族国家，绝大多数少数民族都以自己或大或小的聚居区和其他兄弟民族主要是汉族相互交错地居住在一起，形成了大杂居、小聚居的局面。划分行政区域一定要考虑到我国的民族特点，对少数民族能实行自治的地方，要实行民族区域自治。由于历史上的原因，少数民族地区经济、文化一般都比较落后，为了加速少数民族地区的发展，促进各民族共同繁荣，划分行政区域应当有利于少数民族与发达地区的经济、文化交流。

（4）有利于巩固国防。我国有长达2万多公里的陆疆边防线，要时刻防御帝国主义和霸权主义的入侵，划分行政区域要充分考虑对侵略者的抵御力量和条件。

（5）照顾自然条件和历史状况。贯彻上述四个原则，都涉及自然条件和历史状况问题。自然条件主要指自然资源，如山岭、森林、草原、河流、海域、土地、矿藏等，这是经济建设所不可缺少的条件；历史状况主要指历史上形成的行政区域，它对人民的心理、感情、习惯都有重要影响，不能不考虑这些情况而强行划分行政区域。

以上说明，我国对行政区域的划分，是充分考虑到人民的利益、民族的利益和国家的利益的，这与剥削阶级类型国家行政区划原则有着本质的区别。

3. 答案：民族自治地方的自治机关除行使一般的地方国家机关的职权外，还可以依照宪法和法律的规定行使自治权。主要有：

（1）根据本地区的实际情况，经过该上级国家机关批准可以变通或者停止执行国家的法律、政策或上级国家机关的决议、决定、命令和指示。

（2）制定自治条例和单行条例。民族自治地方的人民代表大会有权依照当地民族的政治、经济和文化特点，制定自治条例和单行条例。

（3）管理地方财政。民族自治地方的自治机关有管理地方财政的自治权。凡是依照国家财政体制用于民族自治地方的财政收入，都应当由民族自治地方的自治机关自主地安排使用。

（4）自主地安排和管理地方性的经济建设事业。民族自治地方的自治机关在国家计划的指导下，自主地安排和管理地方性的经济建设事业。国家在民族自治地方开发资源、建设企业的时候，应当照顾民族自治地方的利益。

（5）自主地管理本地方的教育、科学、文化、卫生、体育事业。少数民族地区在这方面有特殊情况，因此现行《宪法》第119条规定：“民族自治地方的自治机关自主地管理本地方的教育、科学、文化、卫生、体育事业，保护和整理民族的文化遗产，发展和繁荣民族文化。”

（6）可以依照法律的规定，组织本地方维护社会治安的公安部队。现行《宪法》第120条规定：“民族自治地方的自治机关依照国家的军事制度和当地的实际需要，经国务院批准，可以组织本地方维护社会治安的公安部队。”

（7）自治机关在执行职务的时候，依照本民族自治地方自治条例的规定，使用当地通用的一种或者几种语言文字。

4. 答案：根据我国宪法的规定，法律的解释权属于全国人大常委会。基本法是全国人民代表大会制定的全国性法律，其解释权属于全国人大常委会是不争之论。但长期以来，香港实行普通法制度，在普通法制度下，立法机关负责制定法律，司法机关负责执行法律，立法机关在法律公布后，不再拥有法律解释权，解释法律是司法机关的主要功能。这与我国实行的社会主义法律制度有很大的不同。根据我国宪法的规定，我国的立法机关不仅拥有立法权，还拥有立法解释权；这种解释权高于法院的司法解释权。因此，全国人大常委会解释基本法是宪法所规定的，反之，如果由特别行政区法院全权负责解释基本法，则可能出现在全国人大和特别行政区法院对基本法条文有不同理解的情况下，竟以特别行政区法院的理解为准的奇怪现象。这不仅直接违背了宪法的规定，也同基本法的地位不相符合。因为基本法作为一部全国性法律，它不只适用于特别行政区，而且适用于全国，保证它在全国范围内获得统一的理解和实施是极为必要的。另外，香港1997年后仍要保持原有的普通法制度不变，香港的许多人士担心由全国人大常委会解释基本法会影响香港的司法权和终审权的独立，而且如果香港法院受理的案件凡是涉及基本法条文都要报全国人大要求解释，在技术上也有困难。因此，考虑到香港的司法传统和司法运作的需要，由全国人大授权香港特别行政区法院对基本法条文作出解释，也是必要的。为此，《香港特别行政区基本法》在第158条规定了本法的解释权属于全国人民代表大会常务委员会，全国人民代表大会常务委员会授权香港特别行政区法院在审理案件时对本法关于香港特别行政区自治范围内的条款自行解释。上述规定既维护了宪法的原则和国家主权，又体现了极大的灵活性。

具体说来，对香港基本法的解释权作如下分配。首先，司法权与法律解释权不同，特别行政区法院把有关法律问题提交给全国人大常委会解释丝毫不会损害其终审权：（1）在终审判决中对基本法的任何解释，不管是由全国人大常委会作出，还是由香港特别行政区法院在其自治范围内自行作出，二者都具有拘束力，全国人大常委会以后可能作出的解释不影响以前判决的效力。(2) 既然解释权可以公开行使，人大常委会被授权在一切必要的时候对基本法作出没有溯及力的解释。其次，权力的委托与不可分割性。既然特别行政区法院的解释权范围被限定在自治范围的有关条款，那么特别行政区法院在审理案件、作出判决之前，如果没有提请全国人大常委会而自行对有关中央事务或中央与特别行政区关系的条款作出解释，这种解释对下级法院不发生任何效力。最后，基本法实施前的解释问题。全国人大常委会对其生效前有同样的解释权。

5. 答案：单一制国家是指由若干不享有独立主权的一般行政区域单位组成的统一主权国家。单一制国家划分为各个地方行政区域，且地方行政区不是政治实体，不具有任何主权特征，各地方政府行使的职权来源于中央授权，并不是地方所固有。按照我国宪法的规定，我国的国家结构是单一制的形式，但我国的单一制形式，并不简单的是中央集权的僵化模式，而是一种高度灵活的结构形式，它的包容性很大，同中国历史上或者世界上其他单一制国家相比，具有鲜明的中国特色，在单一制下的地方制度主要有以下几个特点：

(1) 由于地缘利益的不同、多民族的民族关系状况和为了解决某些历史遗留问题，我国实行普通地方、民族区域自治地方和特别行政区三种不同的地方制度，使我国的地方制度具有多样性的特点。其中普通地方是相对民族自治地方和特别行政区而言的一种地方，普通地方在法律上是以宪法和普通法律授权而建立的地方制度，包括省制、市制、县制和乡镇制等几种地方形式。民族区域自治地方是指实行民族区域自治制度的地方。民族区域自治制度是我国在单一制国家结构形式下解决民族问题、实行民族平等，促进少数民族政治、经济、文化发展，加快各民族共同繁荣的一项有中国特色的政治制度。它是指按照宪法和民族区域自治法的规定，在国家统一指导下，在少数民族居住的地方，设立民族自治机关，行使自治权，管理地方国家事务和民族地方事务，以实现少数民族人民当家作主的一项制度。民族自治地方有下列特点：它是区域（地方）自治和民族自治相结合的产物，是两者在我国特定条件下的结合，一定数量的少数民族聚居是它的基础。民族自治机关是聚居的少数民族实行自治的机关和组织形式。没有民族自治机关，就不可能实行民族自治，自治权是民族区域自治制度的核心，是民族区域自治地方实行民族区域自治的关键。特别行政区是我国的特别地方。它是指根据我国宪法和有关特别行政区基本法的规定，在我国领土范围内设立的，具有特殊法律地位，实行特别的政治、经济和社会制度的地方。特别行政区特殊的法律地位主要表现在：①特别行政区作为国家一个不可分割的地方行政区域，直辖于中央人民政府；②特别行政区作为一个具有相对独立性的政治主体，享有高度的自治权；③特别行政区所实行的各种制度，由全国人民代表大会专门制定的基本法律确定，这种基本法律具有特别法的性质。

(2) 因行政区划层级较多，我国地方建制亦具有多层次的特点。在普通地方有省级地方、县级地方和乡镇地方等，设省、县、乡（镇）三级建制。在实行民族区域自治、设立了自治州的地方和实行市管县的地方则是四级建制，如省、市、县、镇。此外，同一地方也有多种层次，如我国三级市建制并存。宪法将市的建制分为三级，一是直辖市，与省、自治区平行；二是省会市和较大的市，一般称为地级市；三是不设区的市，通常是县级市。

(3) 从中央和地方权力划分来看，不同类型不同层级的地方，享有的权力不同。在普通地方没有自治权，只有一定范围和程度的地方立法权。如我国宪法规定省、直辖市、自治区以及省、自治区人民政府所在地的市、经全国人大及其常委会授权的市、国务院批准的较大市的人民代表大会及其常委会有权制定地方性法规，相应地上述地方的人民政府可以制定地方政府规章。而县及县以下地方则没有这种权力。民族区域自治地方享有民族自治权，主要包括三个方面：①民族自治地方的人民代表大会及其常委会可以制定自治条例和单行条例；对于上级机关的决议、命令和指示，可以变通执行或停止执行。②在经济管理方面，自治机关可以自主地安排和管理地方性经济建设事业。③在财政税收方面，民族自治地方的自治机关有管理地方财政的自治权。此外，在人事管理方面，以及在教育、科学、文化、卫生及体育等其他方面，民族自治地方的自治机关都享有一定的自治权。特别行政区与民族自治地方相比具有高度的自治权，主要包括：①全国人大授权特别行政区依照特别行政区基本法的规定，享有行政管理权、立法权、独立的司法权和终审权。②中央人民政府授权特别行政区依照特别行政区基本法的规定，自行处理有关外交事务。③此外特别行政区还享有中央授予的其他权力。

6. 答案：(1) 自治是一个与现代民主思想与法治思想有密切联系的公法上的法律概念，具有民主性和法定性的特征。

民族区域自治是指民族自治地方的自治机关依照法律规定的权限，自主地管理本民族地方内部事务的权限。实行民族区域自治，赋予少数民族地区人民以自治权是中国共产党运用马列主义解决我国民族问题的基本政策。

为了解决香港、澳门回归问题，我党提出了“一国两制”的方针，根据香港、澳门特别行政区基本法的规定，中国政府在恢复对香港行使主权后，在港澳设立特别行政区，实行“港人治港”“澳人治澳”和“高度自治”。

(2) 民族区域自治与特别行政区自治的差异。

第一，授予自治权的宗旨或目的不同。这是两种自治权之间的最根本的区别，亦是决定其他不同点的基础。中央授予香港特别行政区以高度自治权的宗旨或根本目的是保持香港的继续繁荣和稳定。香港自沦为英国殖民统治以来的100多年里，一直实行资本主义制度，并形成了一套与大陆所不同的政治、法律制度，在经济上作为世界上的自由港和国际贸易、金融中心，通行着许多国际惯例。在这种情况下，要继续保持香港的繁荣和稳定，就必须尊重香港的历史与现实，赋予其高度的自治权。而民族区域自治权的宗旨或根本目的是解决历史上形成的民族差别与民族间事实上的不平等，促进各民族的平等、团结和共同繁荣。我国是一个多民族的国家，民族问题是我国社会和政治中的一个重要问题。国家赋予各少数民族地区人民以民族区域自治权的根本目的就是让各少数民族自主地管理本民族的内部事务，以加速少数民族地区经济和文化的发展，促进民族平等、团结和共同繁荣。由此可见，两种自治权所要解决的问题是完全不同的。

第二，权力来源的根据不同。香港特别行政区的自治权是根据《香港特别行政区基本法》取得的。《香港特别行政区基本法》规定了香港特别行政区的政治体制和社会制度的基本原则以及香港居民的基本权利和义务，同时它又是香港其他法律立法的根据，它与《宪法》相衔接，在香港地区起到补充宪法的作用。而民族区域自治权则来源于《民族区域自治法》，二者相比而言，《民族区域自治法》的地位及作用不及《香港特别行政区基本法》显著，它不能起到补充宪法的特殊作用。

第三，两种自治权的内容和范围及其自治的程度不同。香港特别行政区的自治权不仅内容丰富、范围广大，而且自治的程度较之民族区域自治权要高。在立法权方面，香港特别行政区拥有全面的立法权。根据《香港特别行政区基本法》的规定，香港特别行政区不得制定有关国防、外交和其他按《香港特别行政区基本法》规定不属于香港特别行政区自治范围内的法律。除此以外，香港特别行政区可以制定它应该制定的法律，包括刑法、民法、商法和诉讼法等。而民族自治地方只能制定自治条例、单行条例及地方性法规。在行政权方面，香港特别行政区的行政事务管理权也是非常广泛的，包括政策制定权、人事任免权、财政独立权、金融管理权、货币发行权、贸易管理权等20多种权利。而民族自治地方的行政管理权仅限于地方财政、经济建设、教育、科技文化、卫生、体育、设立地方公安部队、使用少数民族语言文字等方面的事务管理权。在司法权方面，香港特别行政区还拥有独立的司法权和终审权。终审权是司法的核心，是司法权完整、独立及充分发挥作用的最集中表现。香港特别行政区不仅保留原有的司法体制，适用除与基本法相抵触外的原有法律，而且拥有终审权。这些权利不仅是民族自治地方所不拥有的，即使是香港处于英国统治时期也是不存在的。在对外事务方面，香港特别行政区亦拥有相当程度的自治权。香港特别行政区可以“中国香港”的名义在经济、贸易、金融等领域，单独地同其他国家、地区或有关国际组织保持和发展关系、签订和履行有关协议。即使在以国家为单位的国际组织和国际会议上或在同香港特别行政区直接有关的外交谈判中，特别行政区都可以“中国香港”的名义参加或以中国代表团成员的身份派代表参与，并以“中国香港”的名义发表意见等，这些权利也是民族自治地方所不享有的。

第四，自治权的行使方式及保障程度不同。在民族自治地方，行使自治权的机关是自治地方的人民代表大会和人民政府。而香港特别行政区的自治权则由特别行政区的立法机关、行政机关和司法机关分别在自己的职权范围内行使。为保障民族自治权的行使，《民族区域自治法》规定，自治地方行政机关的正职行政首长由实行区域自治的民族的公民担任，而在香港特别行政区则完全实行“港人治港”的方针，除中央政府派驻必要的驻港部队外，中央政府一概不派驻干部到特别行政区任职。在财政上，民族自治地方除入不敷出外，要定额上交上级财政，而香港特别行政区的财政收入全部用于自身需要，不上缴中央政府，中央政府亦不在香港地区征税。另外，民族自治地方的机关具有双重性：一方面表现为国家的一级地方机构，享有与其他一般行政区域机构相同的地方性权力，并受上级国家机构的领导和监督，对上级机构负责；另一方面民族自治地方的机构又是自治机关，具有一般地方机关不具有的自治权，包括财政、经济、文体、组织地方公安部队的权力，体现出自治地方机构的特殊性。而香港特别行政区并未纳入国家一般的行政区域范围，而将其作为特别行政区单独规定。其机构设置非常独特，并不像其他行政区域那样在中央的统一领导和监督之下，香港特别行政区的机构始终是享有高度自治权的自治机关。

第五，自治效力范围的比较。香港特别行政区的自治效力范围，主要体现在空间上的效力，即自治效力限于香港特别行政区（包括香港岛、香港特别行政区九龙、新界三部分）。凡此区域内发生的一切行政、立法、司法事件和行为均由香港特别行政区以《香港特别行政区基本法》和香港法律管辖和处理。而对人的效力并无限制。在香港特别行政区范围内的所有居民，不论是否为永久性居民，根据《香港特别行政区基本法》第4条、第6条的规定，都享有在香港特别行政区内的特别待遇，香港法律对他们均无差别地加以适用。但需指出，根据港人治港的原则，《香港特别行政区基本法》第3条又规定，香港特别行政区的行政机关和立法机关必须由香港永久性居民依照本法有关规定组成。根据《宪法》和《民族区域自治法》的规定，民族区域自治则是民族自治和区域自治的结合。这种自治，不仅对特定民族有效，而且该民族必须聚居于特定的区域方能最终享有。民族因素和区域因素，构成了自治的两个必备要素，体现了自治的空间效力和对人的效力的统一。我国《宪法》和《民族区域自治法》确立的三级民族自治地方，都是民族自治和区域自治相结合的具体体现。以民族为本位的单纯民族自治，或以地域为标准的区域自治，都不称其为民族区域自治。

第六，自治权行使的环境或条件不同。民族区域自治地方的自治权是在社会主义的政治、经济、法律制度的基础上行使的，它的行使必须坚持社会主义制度，必须服从中央的统一领导，必须维护社会主义法制的统一与完整。而香港特别行政区的自治权是在遵守基本法的前提下，在资本主义的政治、经济、法律制度下行使的。两种自治权行使的政治、经济、法律环境是截然不同的。

(3) 特别行政区自治权与民族区域自治权二者之间在性质上是一样的。

第一，无论实行的是“一国两制”，还是“一国一制”，自治均以“一国”为前提。民族自治地方始终是国家不可分割的组成部分，以维护国家主权和领土完整为己任。香港特别行政区虽然实行高度自治，但作为中央人民政府直辖的一个行政区，也是国家不可分割的组成部分。

第二，在国内，两者都不具有最高性，都是全国的一个行政区域。民族自治地方的机构具有双重性，需服从上级机构和中央机构的统一领导和监督。香港特别行政区非一般的国家行政区域，其机构享有高度自治权，不具有双重性，但中央权力机构和行政机构仍是香港特别行政区的上级机构，在某些重大问题上受到国家最高权力机关和中央人民政府的监督和制约，故香港特别行政区在一国以内，不具有最高性。而且，具有最高性的《宪法》也无例外地适用于民族区域自治地方和特别行政区。

第三，一个最为重要的共同点就是，它们在性质上都是属于统一的单一制国家中的地方性自治权。民族区域自治权属地方性自治权，自不待言。香港特别行政区所享有的高度自治权在性质上也应属于地方性自治权。中央与香港特别行政区的关系是中央政权与地方政权的关系，而不是联邦制国家中联邦与其成员国的关系。这表现在：①香港特别行政区的高度自治权来源于中央的授予，而非其本身所固有的权力。《香港特别行政区基本法》第2条规定：“全国人民代表大会授权香港特别行政区依照本法的规定实行高度自治……”②香港特别行政区不存在任何所谓“剩余权力”，法律未明确的权力属于中央而不属于香港。因此，香港特别行政区的权力从来源上说具有派生性和非本原性的特征。③《宪法》和在香港特别行政区起着宪法补充作用的《香港特别行政区基本法》从性质上看属于中央立法，而不是地方立法。

第十三章　公民的基本权利和义务（上）

基础知识图解

公民的基本权利和义务（上）
- 基本概念的辨析
  - 公民和国籍
  - 公民与人民
  - 基本权利和义务
- 公民基本权利和自由的保障
  - 物质保障
  - 政治保障
  - 法律保障
- 公民基本权利和自由的界限
  - 不妨碍他人的权利和自由
  - 不违反国家承认的公民权利和自由的目的
- 公民基本权利和自由的限制方式
  - 在宪法中直接加以具体的限制
  - 只规定依法限制的原则
  - 在宪法中对公民的某些权利和自由不作限制，但对各种权利和自由加以总的原则性限制

配套测试

一、单项选择题

1. 对一个国家和民族来说，哪一权利是首要权利？（　　）

A. 发展权
B. 独立权
C. 自由权
D. 生存权

2. “公民”这一称谓普遍适用于社会全体成员，是从下列选项中的哪一时期开始的？（　　）

A. 古希腊时期
B. 古罗马时期
C. 欧洲中世纪
D. 资产阶级革命和资产阶级国家建立时

3. 下列选项中哪一项可以作为权利和义务的根本区别？（　　）

A. 权利可以放弃，义务必须履行
B. 权利是与生俱来的，义务则是由法律规定的
C. 权利对于一切人都是平等的，义务则因人而异
D. 权利应当享有，义务可以放弃

4. 下列选项中关于我国现行宪法“公民的基本权利和义务”一章在宪法典中的位置的表述正确的是哪一项？（　　）

A. 序言之后
B. 国家机构之后
C. 总纲之后，国家机构之前
D. 国体之后，政体之前

5. 在我国，公民一词的含义是指（　　）

A. 出生在我国的人
B. 具有我国国籍的人
C. 享有政治权利的人
D. 年满 18 周岁具有我国国籍的人

6. 中华人民共和国确定国籍的原则是（　　）

A. 血统主义原则
B. 出生地主义原则
C. 出生入籍原则
D. 出生地主义和血统主义相结合的原则

7. 国家机关和国家工作人员侵犯公民权利而受到损失的人有依照法律规定（　　）

A. 提出批评的权利
B. 提出申诉的权利
C. 取得赔偿的权利

D. 提起刑事诉讼的权利

8. 下列哪一项是我国宪法界定公民资格的依据？（　　）

A. 出生地主义原则

B. 血统主义原则

C. 国籍

D. 以血统主义为主、以出生地主义为辅的原则

9. 中华人民共和国公民在法律面前一律平等。关于平等权，下列哪一项表述是错误的？（　　）（司考 2015. 1. 25）

A. 我国宪法中存在一个关于平等权规定的完整规范系统

B. 犯罪嫌疑人的合法权利应该一律平等地受到法律保护

C. 在选举权领域，性别和年龄属于宪法所列举的禁止差别理由

D. 妇女享有同男子平等的权利，但对其特殊情况可予以特殊保护

二、多项选择题

1. 我国宪法规定，公民在行使自由和权利时应符合以下哪些要求？（　　）

A. 不得侵害国家利益

B. 不得侵害社会利益

C. 不得侵害集体利益

D. 不得侵害其他公民合法的自由和权利

2. 国籍是指一个人隶属于某个国家的法律上的身份。取得国籍通常有下列哪些方式？（　　）

A. 出生国籍　　B. 继有国籍

C. 定居　　D. 移民

3. 所谓出生国籍是指因出生而取得国籍，对此各国通常采用下列哪些原则？（　　）

A. 要么采取血统主义原则

B. 要么采取出生地主义原则

C. 要么采取出生地主义与血统主义相结合的原则

D. 要么采取双重国籍原则

4. 在我国，“公民”和“人民”是两个不同的概念。它们的区别主要有（　　）

A. 性质不同。公民是与外国人相对应的法律概念；人民是与敌人相对应的概念

B. 范围不同。公民的范围比人民的范围更加广泛，公民中除包括人民外，还包括敌人

C. 后果不同。所有的人民都享有宪法和法律规定的权利并履行相应的义务；但并非所有的公民都能享有宪法和法律规定的权利并履行相应的义务

D. 公民所表达的一般是个体概念，而人民所表达的往往是群体概念

5. 公民的基本权利也称宪法权利，它与一般权利相比较具有自身的法律特性。其特性包括下列选项的哪些内容？（　　）

A. 它决定着公民在国家中的法律地位

B. 它是公民在社会生活中最主要、最基本而又不可缺少的权利

C. 它具有母体性，能派生出公民的一般权利

D. 它具有稳定性和排他性，是“不证自明”的权利

6. 在长期的人权实践中，中国政府和人民形成了自己独立的人权观。主要包括下列选项中的哪几项内容？（　　）

A. 人权是有阶级性的

B. 各国人权实践总要受历史、经济、社会、文化等因素的制约

C. 对于一个国家和民族而言，生存权是首要人权。国家的独立权和发展权则是生存权的保障

D. 人权在本质上属于一国内部管辖的问题，受国内法调整

7. 我国公民的基本权利和义务的特点，除包括权利和自由的广泛性外，还有（　　）

A. 权利义务的相对性　　B. 权利义务的现实性

C. 权利义务的统一性　　D. 权利义务的平等性

8. 根据《宪法》规定，下列哪些权利是公民享有的监督权？（　　）（司考 2009. 1. 64）

A. 罢免权

B. 集会、游行、示威自由

C. 批评和建议的权利

D. 申诉、控告或者检举的权利

9. 公民基本权利也称宪法权利。关于公民基本权利，下列哪些选项是正确的？（　　）（司考 2011. 1. 62）

A. 人权是基本权利的来源，基本权利是人权宪法化的具体表现

B. 基本权利的主体主要是公民，在我国法人也可以作为基本权利的主体

C. 我国公民在行使自由和权利的时候，不得损害国家的、社会的、集体的利益和其他公民的合法的自由和利益

D. 权利和义务的平等性是我国公民基本权利和义务的重要特点

10. 基本权利的效力是指基本权利规范所产生的拘束力。关于基本权利效力，下列选项正确的是：（　　）（司考 2017. 1. 94）

A. 基本权利规范对立法机关产生直接的拘束力

B. 基本权利规范对行政机关的活动和公务员的行为产生拘束力

C. 基本权利规范只有通过司法机关的司法活动

才产生拘束力

D. 一些国家的宪法一定程度上承认基本权利规范对私人产生拘束力

三、名词解释

1. 公民的基本权利
2. 公民的基本义务

四、简答题

1. 如何理解我国公民权利和自由的现实性?
2. 简述人权与基本权利的关系。（中国人民大学 2010 年考研真题）

五、论述题

1. 论我国公民基本权利的宪法救济。（中国人民大学 2004 年考研真题）
2. 试论国际人权公约对我国公民基本权利的意义。

参考答案

一、单项选择题

1. **答案**：D。生存权对一个国家和民族来说是首要权利，离开生存权，其他权利都无从谈起。
2. **答案**：D。本题考查“公民”这一称谓的发展史。
3. **答案**：A。本题主要考查权利与义务的根本区别。
4. **答案**：C。
5. **答案**：B。《宪法》第33条规定：凡具有中华人民共和国国籍的人都是中华人民共和国公民。
6. **答案**：D。《国籍法》第4条规定：父母双方或一方为中国公民，本人出生在中国，具有中国国籍。第5条规定：父母双方或一方为中国公民，本人出生在外国，具有中国国籍；但父母双方或一方为中国公民并定居在外国，本人出生时即具有外国国籍的，不具有中国国籍。第6条规定：父母无国籍或国籍不明，定居在中国，本人出生在中国，具有中国国籍。
7. **答案**：C。《宪法》第41条规定：中华人民共和国公民对于任何国家机关和国家工作人员，有提出批评和建议的权利；对于任何国家机关和国家工作人员的违法失职行为，有向有关国家机关提出申诉、控告或者检举的权利，但是不得捏造或者歪曲事实进行诬告陷害。对于公民的申诉、控告或者检举，有关国家机关必须查清事实，负责处理。任何人不得压制和打击报复。由于国家机关和国家工作人员侵犯公民权利而受到损失的人，有依照法律规定取得赔偿的权利。
8. **答案**：C。根据《宪法》第33条第1款的规定，“凡具有中华人民共和国国籍的人都是中华人民共和国公民”，因此判断一个人是否为中华人民共和国公民的标准是他是否具有中华人民共和国的国籍。由此可知，本题答案为C。

   本题需要注意的是：根据我国宪法，只要具有中华人民共和国国籍的，就是我国公民。因此在宪法上，以国籍作为确定公民资格的依据。而血统主义、出生地主义等原则是确定某一自然人国籍的依据和标准。
9. **答案**：C。《宪法》规定，中华人民共和国年满18周岁的公民，不分民族、种族、性别、职业、家庭出身、宗教信仰、教育程度、财产状况、居住期限，都有选举权和被选举权；但是依照法律被剥夺政治权利的人除外。可知，性别是宪法列举的禁止差别的依据，但年龄不是，年满18周岁始享有选举权。故C项错误，当选。A、B、D项均表述正确。

二、多项选择题

1. **答案**：ABCD。《宪法》第51条规定：中华人民共和国公民在行使自由和权利的时候，不得损害国家的、社会的、集体的利益和其他公民的合法的自由和权利。
2. **答案**：AB。出生国籍、继有国籍是公民取得国籍的两种主要方式。
3. **答案**：ABC。血统主义原则、出生地主义原则、出生地主义与血统主义相结合的原则是各国对出生国籍采取的三原则。
4. **答案**：ABCD。本题主要考查人民与公民概念的区别。
5. **答案**：ABCD。本题主要考查宪法权利的法律特性。
6. **答案**：ABCD。本题主要考查我国政府的人权观。
7. **答案**：BCD。见《宪法》第二章公民的基本权利和义务。
8. **答案**：CD。监督权，是指宪法赋予公民监督国家机关和国家工作人员活动的权利，是公民作为国家管理活动的相对人对抗国家机关和国家工作人员违法失职行为的权利，其具体包括批评、建议、申诉、控告、检举权。监督权不仅是公民监督国家机关和国家工作人员履行职责的“监督性权利”，而且是公民受到国家机关和国家工作人员不公正对待时的“防御权”。监督权受到宪法的绝对保障，即使被判处刑罚的人也享有监督权，不得因公民行使监督权而带来不利后果。根据《宪法》第41条的规定，中华人民共和国公民对于任何国家机关和国家工作人员，有提出批评和建议的权利；对于任何国家机关和国家工作人员的违法失职行为，有向有关国家机关提出申诉、控告或者检举的权利，但是不得捏造或者歪曲事实进行诬告陷害。因此，本题的正确答案应当是C、D。
9. **答案**：ACD。关于人权和基本权利的关系，人权是基本权利的来源，基本权利是人权宪法化的具体表现，A选项正确。基本权利的主体主要是公民，有些国家宪法规定法人也可以成为基本权利主体，我国宪法仅规定了公民享有基本权利，B选项错误。《宪法》第51条规定，中华人民共和国公民在行使自由和权利的时候，不得损害国家的、社会的、集体的利益和其他公民的合法的自由和权利，C选项正确。《宪法》第33条规定，中华人民共和国公民在法律面前一律平等。权利和义务的平等性是我国公民基本权利和义务的重要特点，D 选项正确。

10. 答案：ABD。基本权利的效力直接拘束国家权力活动是现代各国宪法普遍确认的一项原则，同时也是宪法的基本功能之一。国家权力活动既包括立法活动，也包括行政活动、司法活动。故 A、B 正确，C 错误。基本权利效力的目的在于有效保障人权，因此具有广泛性，即基本权利拘束一切国家权力活动和社会生活领域。可知，D 正确。

三、名词解释

1. 答案：公民的基本权利是指由宪法规定的，公民为实现自己必不可少的利益、主张或自由，从而为或不为某种行为的资格或可能性。可见，公民是宪法所确定的基本权利的一般主体。基本权利在庞大的权利体系中，属于具有重要地位的人们所必不可少的权利。毋庸置疑，公民的法律权利种类繁多，范围广泛，既有基本权利，也有一般权利。然而，宪法作为国家根本法，不可能也没有必要对公民的各种权利一一加以规定。因此，宪法所确认的只能是一些基本权利，即那些表明权利人在国家生活基本领域所处法律地位的权利。

2. 答案：公民的基本义务是指由宪法规定的，为实现公共利益，公民必须为或不为某种行为的必要性。公民的基本义务是公民对于国家的具有首要意义的义务，它构成普通法律所规定的义务的基础。公民的基本义务与基本权利一起共同反映并决定着公民在国家中的政治与法律地位，构成普通法律规定的公民权利和义务的基础和原则。

四、简答题

1. 答案：（1）宪法在确定公民的权利和义务时，总是从我国的实际情况出发，充分考虑到现阶段政治、经济、文化发展的实际水平，来确认权利和自由的范围、内容以及物质保障问题。具体表现为：①客观上十分需要，又非确认不可的就坚决写入宪法；②能够做到的或者经过创造条件可以逐步实现的，就根据能够做到的程度，做出实事求是的规定；③从实际条件来看，在相当长的时间内不能做到的，宪法就不予确认。

（2）我国公民权利自由的实现是有法律保障和物质保障的。我国宪法在确认公民权利和义务的同时，也规定了具体措施来保障它们的实现。

2. 答案：人权，是指人生而就有且普遍享有的权利。它经过资产阶级启蒙思想家的“天赋人权”的思想而得到广泛传播，并在早期的资本主义宪法中得到了体现，如法国 1789 年《人权和公民权利宣言》、1789 年美国《人权法案》，但是从概念上看，人权主要是一种道德层面的权利，从权利的形态上看，属于一种应然权利。它以人性为根据，主要人所应该享有的、与生俱来的、不能被任何外在势力剥夺和侵犯的权利。因此，人权的主体应该是普遍的人、抽象的人，不分国籍、种族、民族、宗教、性别、年龄、职务、财富、教育等外在身份的人。

但是，随着近代民族国家的形成，人权在受到各国宪法和法律保障的同时，也被同时赋予一种国内法上的“有限”地位。这首先表现在宪法和法律以保障自己本国的公民的人权为主，从而使“人权”转变为“公民权利”。其次关于人权的内容，作为道德和应然层面的人权的内涵是非常广泛的，一切人所应该享有的权利都应该包括在内，但是作为宪法和法律保障的人权是较为具体和明确的，从宪法上来讲，是指在人权体系中，那些具有重要地位，并为人们所必不可少的权利，即所谓的基本权利。

所以，当人权进入宪法和法律的保障范围后，人权就由一种应然权利转变为一种法定权利，因此可以说，基本权利就是人权在宪法上的表现形式，基本权利与人权的差别除了前面讲过的主体不同和内容不同之外，还包括：（1）产生时间的不同。人权产生的时间早于基本权利。（2）表现形式的不同。人权通常以宣言的方式出现，表明其为一国或特定人群的政治主张和宣示，如《世界人权宣言》，而基本权利是获得国家法律认可的权利，其表现形式通常是一国的宪法。（3）法律效力不同。由于人权仅为某一国家和群体的政治宣示，故其并不具备法律效力，它可以在一定程度上成为一国基本权利内容的评价标准和体系，但并不具有法律效力和强制力。基本权利则具有法律约束力，最明显的如德国基本法第 1 条第 3 款规定，基本权利的效力直接约束立法、行政、司法。也就是说，保障公民的基本权利是国家权力行使的准则。

五、论述题

1. 答案：有权利必须要有救济，没有救济的权利并不是权利。那么，在公民的宪法权利受到侵犯时，也应当为其提供相应的宪法救济。

（1）建立公民基本权利宪法救济制度的必要性

首先，宪法是法的一种，是一个国家的法的体系的组成部分。因此，宪法具有法的所有属性和特征。法是以规范的形态调整社会关系，具有一般效力，这种效力是直接的，它依靠国家的强制力保障实施。宪法也是规范，具有法规范的基本要素，具有一般效力，除了具有最高的效力之外，还具有直接的效力，也依靠国家的强制力保障其实施。这是建立宪法救济制度的基本前提。

其次，宪法的核心是保障人权，宪法确认了

一系列公民的基本权利，其主要依赖于法律的实施而得以保障。但在以下两种情况下，就需要通过宪法救济制度，保障公民的宪法权利：一是当规范性文件与宪法抵触时；二是当没有制定规范性文件将宪法权利具体化而公权力直接依据宪法作出具体行为时。

可见，在不能或者无法通过启动法律救济以保障公民宪法权利的情况下，直接启动宪法救济以保障公民的宪法权利就显得尤为必要。

(2) 我国现行的宪法救济制度

在我国，国家的一切权力属于人民，而人民行使国家权力的机关是全国人大和地方各级人大。在我国，全国人大制定、修改、解释宪法并监督宪法的实施，并制定法律、修改法律和解释法律。特别是，根据宪法的规定，宪法的解释权由全国人大和全国人大常委会行使，而不能由其他国家机关行使。

《立法法》就我国的宪法救济制度作了比较具体化的规定：

首先，对全国人大常委会审查规范性文件是否违宪的启动程序作了规定。其一，国务院、中央军事委员会、最高人民法院、最高人民检察院和各省、自治区、直辖市的人大常委会如果认为行政法规、地方性法规、自治条例和单行条例同宪法或者法律相抵触的，可以向全国人大常委会书面提出进行审查的要求，由全国人大常委会工作机构分送有关的专门委员会进行审查、提出意见；其二，上述国家机关的其他国家机关和社会团体、企业事业组织以及公民如果认为行政法规、地方性法规、自治条例和单行条例同宪法或者法律相抵触的，可以向全国人大常委会书面提出进行审查的建议，由全国人大常委会工作机构进行研究，必要时，送有关的专门委员会进行审查、提出意见。两者的区别在于是否必然能够启动全国人大常委会的审查程序。

其次，立法法规定，全国人大专门委员会、常务委员会工作机构在审查、研究中认为行政法规、地方性法规、自治条例和单行条例同宪法或者法律相抵触的，可以向制定机关提出书面审查意见、研究意见；也可以由法律委员会与有关的专门委员会、常务委员会工作机构召开联合审查会议，要求制定机关到会说明情况，再向制定机关提出书面审查意见。制定机关应当在两个月内研究提出是否修改的意见，并向全国人大法律委员会和有关的专门委员会或者常务委员会工作机构反馈。根据这一规定，全国人大专门委员会特别是法律委员会经过审议后提出的审查意见，是具有法律效力的结论，在一般情况下，制定机关应当按照审议意见进行修改。

再次，制定机关在接到书面审查意见后两个月内，必须向法律委员会和有关的专门委员会提出是否修改的意见。

最后，全国人大法律委员会和有关的专门委员会审查认为行政法规、地方性法规、自治条例和单行条例同宪法或者法律相抵触而制定机关不予修改的，可以向委员长会议提出书面审查意见和予以撤销的议案，由委员长会议决定是否提请常委会会议审议。

(3) 现行宪法救济制度存在的主要问题和完善

现行宪法关于宪法监督的规定并不具有可操作性，公民不可能直接根据宪法的规定向全国人大或者全国人大常委会寻求宪法救济，实践证明也是不可行的。存在的主要问题是：

第一，宪法和立法法都是从合宪性审查的角度规定的，而不是从为公民提供宪法救济的角度规定的。从形式上看，合宪性审查是为了维护宪法的最高地位和权威，而实质上是为了保障由宪法所确认的公民基本权利和自由。因此，如果启动特定国家机关对法律文件的合宪性进行审查的主体没有公民，该国的合宪性审查制度的效果必然是一般的。立法法除规定了一系列国家机关可以就行政法规、地方性法规、自治条例和单行条例的合宪性进行审查外，还规定公民也可以就行政法规、地方性法规、自治条例和单行条例的合宪性向全国人大常委会提出审查建议，但不一定能引起合宪性审查程序。而且，公民在普通的法律诉讼中能否向普通法院提出适用于具体案件的法律文件是否合宪的异议，以及公民在穷尽了法律救济后在何种条件下可以向全国人大常委会提出审查建议，立法法也没有作出明确的规定。特别是，在宪法的规定没有被法律文件具体化的情况下，公民的宪法权利如果受到保障，就更没有规定。

第二，缺乏专门的宪法救济机构。根据宪法的规定，全国人大和全国人大常委会是我国的宪法监督机关，全国人大所设立的专门委员会是协助它们进行宪法监督的机构；而根据立法法的规定，全国人大常委会是实际上的宪法监督机关，全国人大专门委员会协助全国人大常委会进行监督。无论是全国人大还是全国人大常委会，它们作为我国的最高国家权力机关，承担着极其繁重的任务。就全国人大而言，其作为非常设机关，要完成的会议任务既重大又众多。根据现行宪法的安排，我国最高国家权力机关的主要职能由全国人大常委会完成，其主要职权由全国人大常委会行使。全国人大常委会虽然是常设机关，但会期仍然是有限的。它们要承担作为宪法救济和合宪性审查机关的任务，必然无力完成后一重任。

第三，缺乏专门的宪法救济程序。关于“宪法救济”或“宪法监督”，我国现行宪法没有专章规定，更没有对宪法监督的程序作具体化的规定。没有必要的程序，宪法救济就无法启动，即使启动以后，也无法进行审查，即使进行审查，也无法作出审查的结论。

这样我国公民的宪法权利在以下两种情况下受到侵害时就难以得到救济：其一，在根据宪法制定了法律的情况下，当事人在诉讼中认为适用于该案件的法律违反了宪法的规定、原则、精神，而法院无权依据宪法审查法律。其二，宪法规定的公民权利在没有法律具体化的情况下，公民认为其宪法权利受到侵犯，无法通过法律诉讼获得救济。

针对以上问题，我国宪法救济制度的完善思路如下：根据我国特定的政治体制和宪法救济的主要对象，仍然采用现行的由全国人大常委会提供宪法救济的救济模式是比较恰当的。但是，在坚持这一体制的前提下，也有必要对这一体制所存在的上述问题，作进一步完善和发展。第一，设立专门的宪法救济机构。在目前的政治理念和政治体制下，该宪法救济机构以设立在全国人大之下较为可行，以协助全国人大和全国人大常委会进行合宪性审查，特别是提供救济。第二，规定具体的宪法救济方式和程序。第三，公民个人作为启动宪法救济的主体。

2. 答案：1997 年 10 月 27 日和 1998 年 10 月 5 日，我国政府先后签署《经济、社会及文化权利国际公约》和《公民权利和政治权利国际公约》（全国人大尚未批准）。对两国际人权公约的加入和批准生效，意味着我国政府对公约中人权条款的认可，并使之产生国内法的效力，作为我国政府保障人权的法律依据。

和我国现行宪法中的人权规定即公民基本权利相比较，国际人权两公约规定的人权较为广泛。《经济、社会及文化权利国际公约》规定的人权主要有：自决权；工作权；享受公正和良好的工作条件权；组织和参加工会权；罢工权；社会保障和社会保险权；家庭、母亲、儿童和少年受广泛保护和协助权；获得相当的生活水准权；达到最高的体质和心理健康的标准权；人人有受教育权；参加文化生活权；享受科学进步及其应用所产生的利益权；等等。《公民权利和政治权利国际公约》规定的人权主要有：生命权；免受酷刑或残忍的、不人道的、侮辱性的待遇或刑罚权；不被奴役权；不被强迫或强制劳役权；人身自由和安全权；尊重被剥夺人身自由的人的人格尊严权；反对债务监狱（不得仅仅由于无力履行约定义务而被监禁）；迁徙自由和选择住所的自由的权利；外侨合法权益；在法庭和裁判所前的平等权；无罪推定原则；最低限度的司法保障权；免受重法溯及既往；法律上的人格权；隐私权或私生活秘密权；思想、良心和宗教自由；持有主张不受干涉权；自由发表意见权；和平集会权；结社自由权；直接或通过代表参与公共事务权；选举权和被选举权；参加本国公务权；法律面前的平等权；少数人的文化、宗教和语言权利；等等。

我国宪法中规定的公民基本权利主要有：平等权；选举权和被选举权；言论、出版、集会、结社、游行、示威的自由；宗教信仰自由；人身自由；人格尊严；住宅安全权；通信自由和通信秘密；批评、建议、申诉、控告、检举和取得赔偿权；劳动权；劳动者的休息权；退休人员的生活保障权；获得物质帮助权；受教育权；进行科学研究、文艺创作和其他文化活动的自由；男女权利平等；妇女、老人、儿童受国家的保护；婚姻自由；个人财产权；保护华侨、归侨和侨眷的权利和利益。另外，《宪法》第 3 章还规定了成为刑事被告的公民有权获得辩护和各民族公民都有用本民族语言文字进行诉讼的权利。

比较两国际人权公约与我国现行宪法的公民基本权利的规定，不难发现两者之间存在一些不协调之处。我国现行宪法中的人权规定是由 1982 年宪法确定的，它反映的是当时社会情境下的政治需求和国民需要。而两公约更多的是反映出了国际社会一些共同的理念和要求。

签署两个人权公约，既为国际人权公约与我国现行宪法人权规定的协调提出了新的课题，同时，也为我国现行宪法人权规定从体系到规范的重新建构和进一步完善提出了迫切要求，并提供了有利时机。协调国际人权公约与我国现行宪法人权规定之间的差异与冲突，有利于重新建构、规范和完善我国现行宪法的人权规定。

首先，协调国际人权公约与我国现行宪法人权规定之间的差异与冲突，有利于完善我国公民的权利保护。

一般而言，当一国缔结的国际法中的权利内容与本国的根本法的权利内容发生冲突时，存在一个效力优先问题。我国宪法虽然没有规定条约与宪法关系的内容，但我国某些普通法已经确立了有条件的国际法条约优先于国内普通法的原则。国际条约比我国宪法效力要低，而比普通法的效力要高。国际条约如同宪法一样，不能直接予以司法适用。要解决我国现行宪法人权规定与国际人权公约的不协调问题，一是由宪法对条约予以肯定，以利于理顺立法体系和优化条约在国内的实施；二是根据我国人权发展的现实需要和客观基础，适时地将人权公约规定的人权内容上升为公民的宪法基本权利，不断规范和完善宪法的基本权利体系。

其次，切实履行人权公约，规范和完善我国现行宪法人权，必然要求强化宪法基本权利的直接效力和适用性，确立宪法诉讼制度。

人权的实现过程，就是通过法律将人的应有权利确定为法定权利，并在社会实践过程中，通过各种社会因素的作用而使人实际享有的过程。

最后，切实履行人权公约，规范和完善我国现行宪法人权规定，需要对国家机关的立法和行政行为的合宪性实行合宪性审查，防止国家公共权力对公民基本权利的侵害。

宪法保障人权的宗旨主要体现在通过限制政府权力以保障公民权利。《宪法》第5条明确规定："……国家维护社会主义法制的统一和尊严。一切法律、行政法规和地方性法规都不得同宪法相抵触。一切国家机关和武装力量、各政党和各社会团体、各企业事业组织都必须遵守宪法和法律。一切违反宪法和法律的行为，必须予以追究。任何组织或者个人都不得有超越宪法和法律的特权。"在"用尽普通法救济"的前提下，宪法的直接适用或宪法诉讼更实质的价值取向，是对国家机关的立法和行政行为的合宪性进行合宪性审查，以防止国家公共权力对公民基本权利的损害，以切实履行人权公约，规范和完善我国现行宪法的人权规定。

第十四章　公民的基本权利和义务（下）

基础知识图解

- 公民的基本权利和义务（下）
  - 我国公民的基本权利
    - 参与政治生活方面的权利和自由
      - 平等权
      - 选举权和被选举权
      - 政治自由：言论自由，出版自由，结社自由，集会、游行、示威自由，批评、建议、申诉、控告或者检举的权利
  - 公民的生命权、人身自由和信仰自由
    - 生命权
    - 人身自由
    - 人格尊严不受侵犯
    - 住宅不受侵犯
    - 通信自由和通信秘密受法律保护
    - 宗教信仰自由
  - 公民的社会、经济、教育和文化方面的权利
    - 公民的私有财产权
    - 公民的劳动权
    - 劳动者的休息权
    - 获得物质帮助权
    - 受教育的权利和义务
    - 进行科学研究、文学艺术创作和其他文化活动的自由
  - 特定人的权利
    - 退休人员、军烈属
    - 妇女、儿童、老人
    - 华侨
  - 我国公民的基本义务
    - 维护国家统一和各民族团结
    - 遵守宪法和法律、保守国家秘密、爱护公共财产、遵守劳动纪律、遵守公共秩序、尊重社会公德
    - 维护祖国的安全、荣誉和利益
    - 保卫祖国、依法服兵役和参加民兵组织
    - 依照法律纳税
    - 其他：计划生育、抚养教育、赡养扶助
  - 我国公民基本权利和义务的特点
    - 权利和自由的广泛性
    - 权利和义务的平等性
    - 权利和义务的现实性
    - 权利和义务的统一性
  - 公民正确行使权利和自由的原则
    - 权利和自由的相对性
    - 权利和自由的有限制性
    - 不损害整体利益

配套测试

一、单项选择题

1. 下列哪一项不属于宪法规定的公民的基本权利？（　　）
A. 环境权　　B. 平等权
C. 出版自由　　D. 受教育权

2. 下列选项中哪一组织是我国社会团体的登记管理机关？（　　）
A. 民政部和县级以上的地方各级民政部门
B. 统战部和县级以上的地方各级统战部门
C. 公安部和县级以上的公安机关
D. 司法部和县级以上的司法厅行政部门

3. 根据《集会游行示威法》的规定，主管机关接到集会、游行、示威的申请书后，应当在申请举行日期的下列选项中的哪一法定时间之前，将许可或不许可的决定书面通知其负责人？（　　）
A. 3 日　　B. 2 日
C. 4 日　　D. 5 日

4. 我国宪法规定，中华人民共和国保护华侨的何种权利？（　　）
A. 正当的权利和利益　　B. 合法权利
C. 合法权益　　D. 权利和自由

5. 我国现行《宪法》规定，中华人民共和国公民在下列选项中的何种情况下，有从国家和社会获得物质帮助的权利？（　　）
A. 下岗或失业
B. 未成年
C. 生活确有困难
D. 年老、疾病或者丧失劳动能力

6. 根据《集会游行示威法》的规定，集会、游行、示威的主管机关是集会、游行、示威举行地的下列选项中的哪一机关？（　　）
A. 市、县公安局、城市公安分局
B. 市县司法局
C. 市、县人民政府
D. 市、县党委

7. 根据《集会游行示威法》的规定如果集会、游行、示威的负责人对主管机关不许可的决定不服的，可以自接到决定通知书之日起在下列选项中的哪一个法定时间内向同级人民政府申请复议？（　　）
A. 2 日　　B. 3 日
C. 4 日　　D. 5 日

8. 根据我国宪法制定的《劳动法》规定，我国实行职工每日工作 8 小时，平均每周工作时间不超过下列选项中的哪一法定时间的工作制度？（　　）
A. 48 小时　　B. 40 小时
C. 44 小时　　D. 45 小时

9. 我国《宪法》规定宗教团体和宗教事务不受下列何种势力的支配？（　　）
A. 敌对势力　　B. 外国势力
C. 西方势力　　D. 国际宗教组织

10. 下列哪项权利属于公民的基本权利中的政治权利和自由？（　　）
A. 言论自由　　B. 宗教信仰自由
C. 批评建议权　　D. 平等权

11. 下列选项中，哪一项不属于宪法所规定的公民的文化权利？（　　）
A. 科学研究自由　　B. 出版自由
C. 文艺创作自由　　D. 欣赏自由

12. 根据我国现行宪法规定，依法被剥夺政治权利的人（　　）
A. 丧失选举权和被选举权
B. 享有选举权、丧失被选举权
C. 选举权和被选举权仍可有条件地保留
D. 是否丧失选举权和被选举权，可由居住地的权力机关决定

13. 我国现行宪法规定，禁止破坏婚姻自由，禁止虐待（　　）
A. 老人、儿童　　B. 儿童
C. 妇女　　D. 老人、妇女、儿童

14. 我国现行宪法规定父母有抚养教育未成年子女的义务，（　　）
A. 子女有赡养扶助父母的义务
B. 成年子女有赡养扶助年老父母的义务
C. 子女有赡养扶助丧失劳动能力的父母的义务
D. 成年子女有赡养扶助父母的义务

15. 社会公德，是指（　　）
A. 为社会全体成员所公认的道德
B. 一定社会里占统治地位的道德
C. 有关维护社会正常秩序的道德规范
D. 一般社会道德规范

16. 现行宪法规定，依法服兵役和参加民兵组织是我国公民的（　　）
A. 神圣权利　　B. 光荣义务
C. 权利和义务　　D. 神圣职责

17. 我国最早写入人格尊严内容的宪法是(　　)

A. 1954 年宪法　　B. 1975 年宪法

C. 1978 年宪法　　D. 1982 年宪法

18. 根据现行《宪法》规定，关于公民权利和自由，下列哪一选项是正确的？(　　)

A. 劳动、受教育和依法服兵役既是公民的基本权利又是公民的基本义务

B. 休息权的主体是全体公民

C. 公民在年老、疾病或者未丧失劳动能力的情况下，有从国家和社会获得物质帮助的权利

D. 2004 年《宪法修正案》规定，国家尊重和保障人权

19. 关于文化教育权利是公民在教育和文化领域享有的权利和自由的说法，下列哪一选项是错误的？(　　)（司考 2009. 1. 23）

A. 受教育既是公民的权利，又是公民的义务

B. 宪法规定的文化教育权利是公民的基本权利

C. 我国公民有进行科学研究、文学艺术创作和其他文化活动的自由

D. 同社会经济权利一样，文化教育权利属于公民的积极收益权

20. 根据我国宪法关于公民基本权利的规定，下列哪一说法是正确的？(　　)（司考 2010. 1. 17）

A. 我国公民在年老、疾病或者遭受自然灾害时有获得物质帮助的权利

B. 我国公民被剥夺政治权利的，其出版自由也被剥夺

C. 我国公民有信仰宗教与公开传教的自由

D. 我国公民有任意休息的权利

21. 关于《宪法》对人身自由的规定，下列哪一选项是不正确的？(　　)（司考 2013. 1. 25）

A. 禁止用任何方法对公民进行侮辱、诽谤和诬告陷害

B. 生命权是《宪法》明确规定的公民基本权利，属于广义的人身自由权

C. 禁止非法搜查公民身体

D. 禁止非法搜查或非法侵入公民住宅

22. 王某为某普通高校应届毕业生，23 岁，尚未就业。根据《宪法》和法律的规定，关于王某的权利义务，下列哪一选项是正确的？(　　)（司考 2014. 1. 24）

A. 无需承担纳税义务

B. 不得被征集服现役

C. 有选举权和被选举权

D. 有休息的权利

23. 某市执法部门发布通告："为了进一步提升本市市容和环境卫生整体水平，根据相关规定，全市范围内禁止设置各类横幅标语。"根据该通告，关于禁设横幅标语，下列哪一说法是正确的？(　　)（司考 2017. 1. 25）

A. 涉及公民的出版自由

B. 不构成对公民基本权利的限制

C. 在目的上具有正当性

D. 涉及宪法上的合理差别问题

二、多项选择题

1. 下列关于我国宪法规定的公民在法律面前一律平等原则的理解，错误的是哪些？(　　)

A. 居住在中国境内的公民在法律面前平等

B. 人民在法院面前平等

C. 18 周岁以上公民在法律面前平等

D. 凡具有中华人民共和国国籍的人在法律面前平等

2. 我国公民广义的人身自由包括(　　)

A. 人身自由不受侵犯

B. 人格尊严不受侵犯

C. 住宅不受侵犯

D. 通信自由和通信秘密受法律保护

3. 下列选项中，哪些内容属于我国公民的基本义务体系？(　　)

A. 保卫祖国、抵抗侵略

B. 维护国家统一和全国各民族的团结

C. 维护祖国的安全、荣誉和利益

D. 依照法律纳税

4. 根据我国宪法规定，公民的政治自由包括以下哪几项内容？(　　)

A. 言论自由

B. 出版自由

C. 集会、结社、游行、示威的自由

D. 宗教信仰自由

5. 依据有关法律规定，下列哪些机关所在地周边距离 10 米至 300 米内，不得举行集会、游行、示威？(　　)

A. 全国人大常委会　　B. 国务院

C. 外国驻华使领馆　　D. 中央军事委员会

6. 以下选项中，不属于劳动权核心内容的是哪些？(　　)

A. 劳动就业权　　B. 取得报酬权

C. 休息权　　D. 物质帮助权

7. 在我国，所谓"特定人的权利"中的"特定人"，是指下列选项中的哪些人？(　　)

A. 妇女　　B. 烈士家属、军属

C. 老人、母亲和儿童　　D. 华侨、归侨和侨眷

8. 我国宪法规定的公民的言论自由具有特定的范围

和表现形式。一般而言它包括下列选项的哪几项内容？（　　）

A. 公民都有以言论方式表达思想和见解的权利

B. 通过言论自由表达的有关政治、经济、文化、社会等方面的看法和见解受法律保护，不受非法干涉

C. 言论自由的表现形式多样，包括口头形式、书面形式，以及广播、电视等

D. 在法定范围内，公民不应因某种言论而承担不利后果

9. 结社自由一般具有如下哪些特征？（　　）

A. 具有持续性和稳定性

B. 遵循法定程序

C. 有固定的组织机构和人员

D. 与一定的利益选择有关

10. 根据我国《宪法》规定，我国公民的监督权主要包括下列哪些内容？（　　）

A. 批评、建议权　　B. 申诉权

C. 控告、检举权　　D. 调查权

11. 我国《宪法》规定："中华人民共和国公民有宗教信仰自由。"其含义包括下列选项的哪些内容？（　　）

A. 公民有信教的自由

B. 公民有不信教的自由

C. 公民有信仰这种宗教或那种宗教的自由

D. 任何国家机关、社会团体和个人都不得强制公民信仰宗教或者不信仰宗教

12. 我国《宪法》第36条第4款规定："宗教团体和宗教事务不受外国势力的支配。"因此，宗教团体必须坚持下列哪些原则？（　　）

A. 自主　　B. 自办

C. 自传　　D. 自立

13. 中华人民共和国公民的人格尊严不受侵犯，禁止用任何方法对公民进行（　　）

A. 侮辱　　B. 诽谤和诬告陷害

C. 批评　　D. 控告

14. 我国现行宪法规定："中华人民共和国公民在法律面前一律平等。"其含义包括下列选项中哪些内容？（　　）

A. 任何公民都一律平等地享有宪法和法律规定的权利

B. 任何人的合法权益都一律平等地受到保护，对违法行为一律平等地予以追究

C. 不允许任何人有超越法律的特权

D. 一切公民在适用法律上和守法上都一律平等

15. 我国现行《宪法》第39条规定："中华人民共和国公民的住宅不受侵犯。"其含义包括下列选项中的哪些内容？（　　）

A. 禁止非法搜查公民住宅

B. 禁止非法侵入公民住宅

C. 未经法律许可或公民同意禁止随意进入公民住宅

D. 禁止侵占、毁损公民住宅

16. 我国宪法规定，中华人民共和国下列选项中的哪一主体有休息的权利？（　　）

A. 劳动者　　B. 公民

C. 职工　　D. 工人

17. 我国现行宪法规定。中华人民共和国公民有下列选项中的哪些自由？（　　）

A. 言论、出版　　B. 集会、结社

C. 游行、示威　　D. 罢工、迁徙

18. 现行宪法规定，退休人员的生活受到下列选项的哪些主体的保障？（　　）

A. 国家劳动机关　　B. 社会

C. 国家　　D. 所在单位

19. 公民结社因目的不同可以分为以下哪些类型？（　　）

A. 营利性结社　　B. 非营利性结社

C. 政治性结社　　D. 非政治性结社

20. 在我国狭义的人身自由是指公民的肉体和精神不受非法侵犯。这些不法侵犯主要包括下列选项中的哪些行为？（　　）

A. 限制人身自由　　B. 搜查

C. 传唤　　D. 拘留和逮捕

21. 我国《宪法》和法律规定公民享有的政治权利和自由主要包括：（　　）

A. 公民的人格尊严不受侵犯

B. 选举权和被选举权

C. 言论、出版、集会、结社、游行、示威的自由

D. 批评建议权

22. 公民应当履行宪法规定的义务，下列哪些是公民应尽的义务？（　　）

A. 国家安全受到威胁时，公民应积极报名参军，保卫国家

B. 公民若获悉国家秘密，应保守国家秘密

C. 公民不得借检举为名，对国家工作人员捏造或歪曲事实进行诬告陷害

D. 有劳动能力的公民应参加劳动

23. 根据我国《宪法》第41条的规定，公民对于任何国家机关和国家机关工作人员的违法失职行为，有向有关国家机关提出（　　）的权利，但是不得捏造或者歪曲事实进行诬告陷害。

A. 申诉　　B. 起诉

C. 控告　　D. 检举

24. 公民行使集会游行、示威权利时应向主管机关提

出申请并获得许可。下列选项中哪些属于依法不予许可的情形？（　　）

A. 对社会环境不满意

B. 危害国家的统一

C. 危害国家的主权和领土完整

D. 反对宪法所确定的基本原则

25. 根据宪法和法律，下列哪些表述是不正确的？（　　）

A. 被剥夺政治权利的公民不再享有科学研究的自由

B. 被剥夺政治权利的公民不再享有艺术创作的自由

C. 被剥夺政治权利的公民不再享有出版著作的自由

D. 被剥夺政治权利的公民不再享有宗教信仰的自由

26. 我国宪法规定，公民有遵守公共秩序的义务。公共秩序是指(　　)

A. 社会秩序

B. 生产秩序、工作秩序、教学秩序和人民群众的生活秩序

C. 公共场所的道德规范

D. 由统治阶级按照自己的意志规定或确认的社会生活规则

27. 任何公民，非经(　　)并由公安机关执行，不受逮捕。

A. 人民检察院批准或者决定

B. 人民法院决定

C. 公安机关批准

D. 国家安全机关批准

28. 根据现行宪法和法律的规定，下列表述哪些正确？（　　）

A. 公民在年老、疾病或丧失劳动能力的情况下，有从国家和社会获得物质帮助的权利

B. 劳动、受教育和依法服兵役既是公民的基本权利又是公民的基本义务

C. 我国的民族自治地方包括自治区、自治州和自治县

D. 民族自治地方的国家机关即民族自治机关

29. 根据我国宪法和法律的规定，下列哪些说法不正确？（　　）

A. 为了收集“第三者插足”的证据，公民可以委托私人调查机构以各种形式对“第三者”进行跟踪

B. 为了收集犯罪证据，公民可以委托法官对犯罪嫌疑人的通信进行监听

C. 商场保安人员有权根据商场的规定，对“盗窃嫌疑人”当场进行搜身检查

D. 商场保安人员有权对拒绝搜身检查的顾客采取限制人身自由的措施

30. 宪法规定公民享有的下列社会经济权利、文化教育权利中，哪些不属于公民可以积极主动地向国家提出请求的权利？（　　）

A. 受教育权

B. 财产权

C. 继承权

D. 劳动权

31. 我国《宪法》规定公民的住宅不受侵犯。下列哪些选项属于侵犯公民住宅的行为？（　　）（司考 2008. 1. 60）

A. 非法侵入公民住宅

B. 非法搜查公民住宅

C. 非法买卖公民住宅

D. 非法出租公民住宅

32. 根据《宪法》的规定，下列哪些选项是正确的？（　　）（司考 2012. 1. 60）

A. 社会主义的公共财产神圣不可侵犯

B. 社会主义的公共财产包括国家的和集体的财产

C. 国家可以对公民的私有财产实行无偿征收或征用

D. 土地的使用权可以依照法律的规定转让

33. 根据我国宪法规定，关于公民住宅不受侵犯，下列哪些选项是正确的？（　　）（司考 2012. 1. 61）

A. 该规定要求国家保障每个公民获得住宅的权利

B.《治安管理处罚法》第 40 条规定，非法侵入他人住宅的，视情节给予不同时日的行政拘留和罚款。该条规定体现了宪法保障住宅不受侵犯的精神

C.《刑事诉讼法》第 71 条规定，被取保候审的犯罪嫌疑人、被告人未经执行机关批准不得离开所居住的市、县。该条规定是对《宪法》规定的公民住宅不受侵犯的合理限制

D. 住宅自由不是绝对的，公安机关、检察机关为了收集犯罪证据、查获犯罪嫌疑人，严格依法对公民住宅进行搜查并不违宪

34. 根据《宪法》的规定，关于公民纳税义务，下列哪些选项是正确的？（　　）（司考 2012. 1. 62）

A. 国家在确定公民纳税义务时，要保证税制科学合理和税收负担公平

B. 要坚持税收法定原则，税收基本制度实行法律保留

C. 纳税义务直接涉及公民个人财产权，宪法

纳税义务具有防止国家权力侵犯其财产权的属性

D. 履行纳税义务是公民享有其他权利的前提条件

35. 根据《宪法》和法律的规定，下列哪些选项是不正确的？(　　)（司考 2012. 1. 63）

A. 生命权是我国宪法明确规定的公民基本权利

B. 监督权包括批评建议权、控告检举权和申诉权

C.《宪法》第 43 条第 1 款规定，中华人民共和国公民有休息的权利

D. 受教育既是公民的权利也是公民的义务

36. 某县政府以较低补偿标准进行征地拆迁。张某因不同意该补偿标准，拒不拆迁自己的房屋。为此，县政府责令张某的儿子所在中学不为其办理新学期注册手续，并通知财政局解除张某的女婿李某（财政局工勤人员）与该局的劳动合同。张某最终被迫签署了拆迁协议。关于当事人被侵犯的权利，下列选项正确的是：(　　)（司考 2015. 1. 92）

A. 张某的住宅不受侵犯权

B. 张某的财产权

C. 李某的劳动权

D. 张某儿子的受教育权

37. 张某对当地镇政府干部王某的工作提出激烈批评，引起群众热议，被公安机关以诽谤他人为由行政拘留 5 日。张某的精神因此受到严重打击，事后相继申请行政复议和提起行政诉讼，法院依法撤销了公安机关《行政处罚决定书》。随后，张某申请国家赔偿。根据《宪法》和法律的规定，关于本案的分析，下列哪些选项是正确的？(　　)（司考 2016. 1. 63）

A. 王某因工作受到批评，人格尊严受到侵犯

B. 张某的人身自由受到侵犯

C. 张某的监督权受到侵犯

D. 张某有权获得精神损害抚慰金

38. 我国《宪法》第 13 条规定："公民的合法的私有财产不受侵犯。国家依照法律规定保护公民的私有财产权和继承权。"关于这一规定，下列哪些说法是正确的？(　　)（司考 2017. 1. 61）

A. 国家不得侵犯公民的合法的私有财产权

B. 国家应当保护公民的合法的私有财产权不受他人侵犯

C. 对公民私有财产权和继承权的保护和限制属于法律保留的事项

D. 国家保护公民的合法的私有财产权，是我国基本经济制度的重要内容之一

三、名词解释

1. 政治自由

2. 人身自由（中国人民大学 2007 年考研真题）

3. 求偿权

4. 物质帮助权（中国人民大学 2009 年考研真题）

5. 言论免责权（中国人民大学 2014 年考研真题）

6. 社会权（中国人民大学 2011 年考研真题、武汉大学 2012 年考研真题）

7. 劳动权（中国人民大学 2012 年考研真题、武汉大学 2010 年考研真题）

8. 结社自由（中国人民大学 2014 年考研真题）

四、简答题

1. 简述我国公民人身自由的主要内容。

2. 简述宗教信仰自由的基本内容。（中国人民大学 2011 年考研真题）

3. "集会、游行、示威"的含义是什么？它们有什么特点？

4. 宪法对公民财产的保障制度。（中国政法大学 2012 年考研真题）

5. 简述公民基本义务的主要内容。

6. 简述我国宪法对公民平等权保障的主要内容。（中国政法大学 2012 年考研真题）

7. 言论自由的界限。

五、论述题

1. 试论我国公民基本权利和义务的统一性。

2. 如何理解我国公民的通信自由和通信秘密受法律保护？

3. 怎样理解我国宪法规定的公民在法律面前一律平等？

4. 山东人陈晓琪冒用同学齐玉苓的姓名上学并参加工作，遂引发诉讼。最高人民法院于 2001 年 8 月 13 日就此案作出批复："陈晓琪等以侵犯姓名权的手段，侵犯了齐玉苓依据宪法规定所享有的受教育的基本权利，并造成了具体的损害后果，应承担相应的民事责任。"山东省高级人民法院依据该批复对此案作了终审判决。有人认为，此判决是"我国宪法司法化的第一案"，也有人认为，此判决"违反了我国宪法"。请就最高法院的批复及山东省高院该判决审理依据的适用发表意见。

六、案例题

1. 2001 年 12 月 23 日，中国人民银行成都分行经四川省人事厅许可，在成都某报头版显著位置刊登《中国人民银行成都分行招录行员启事》的广告，

其中第 1 项规定招录对象为“男性身高 1.68 米以上，女性身高 1.55 米以上”。四川大学法学院学生张某虽然学业优良，但是身高只有 1.65 米。因此，尽管其他条件均符合招录方广告中的报名条件，由于招录启事中“男性身高 1.68 米以上”这一硬性规定，张某丧失了报考资格。张某认为中国人民银行成都分行在招录行员过程中的这种做法是不合适的，因为银行仅凭身高就剥夺了其参加招录考试的资格。他提出：“如果让我参加招工考试没考过，那我还想得过去，但现在仅因为身高不够我竟失去了报名资格!”

在此情况下，张某向成都市武侯区人民法院提起行政诉讼。2002 年 1 月 7 日，成都市武侯区法院受理了该案。张某的诉讼请求为：中国人民银行成都分行在招录行员过程中发布的广告里所提出的身高的条件对其平等权构成了侵犯。

问题：

（1）中国人民银行成都分行在招录行员过程中发布的广告所提出的身高的条件是否合适？

（2）中国人民银行成都分行在招录行员过程中发布的广告所提出的身高的条件是否对平等权构成了侵犯？

2. 转业 9 天的石东玉，因一起毫不相干的凶杀案被判死刑，缓期二年执行。未婚妻因此改嫁他人，大姐精神恍惚探监时被火车撞死，小妹出走他乡。6 年后，伊春市公民局友好分局终于查清此案。1995 年 4 月 22 日，石东玉被无罪释放。黑龙江省及伊春市很快给石东玉赔偿人民币 6 万余元，二室一厅居室一套，并安排了工作，使黑龙江第一大赔偿案画上了句号。

试用宪法学相关知识对之进行分析。

参考答案

一、单项选择题

1. **答案**：A。《宪法》第33条规定："凡具有中华人民共和国国籍的人都是中华人民共和国公民。中华人民共和国公民在法律面前一律平等。国家尊重和保障人权。任何公民享有宪法和法律规定的权利，同时必须履行宪法和法律规定的义务。"第35条规定："中华人民共和国公民有言论、出版、集会、结社、游行、示威的自由。"公民享有出版自由。第46条规定："中华人民共和国公民有受教育的权利和义务。"公民享有受教育权。
2. **答案**：A。《社会团体登记管理条例》第6条第1款规定：国务院民政部门和县级以上地方各级人民政府民政部门是本级人民政府的社会团体登记管理机关。
3. **答案**：B。《集会游行示威法》第9条规定：主管机关接到集会、游行、示威申请书后，应当在申请举行日期的二日前，将许可或者不许可的决定书面通知其负责人。不许可的，应当说明理由。逾期不通知的，视为许可。
4. **答案**：A。《宪法》第50条规定：中华人民共和国保护华侨的正当的权利和利益，保护归侨和侨眷的合法的权利和利益。
5. **答案**：D。《宪法》第45条规定：中华人民共和国公民在年老、疾病或者丧失劳动能力的情况下，有从国家和社会获得物质帮助的权利。国家发展为公民享受这些权利所需要的社会保险、社会救济和医疗卫生事业。国家和社会保障残废军人的生活，抚恤烈士家属，优待军人家属。国家和社会帮助安排盲、聋、哑和其他有残疾的公民的劳动、生活和教育。
6. **答案**：A。《集会游行示威法》第6条规定：集会、游行、示威的主管机关，是集会、游行、示威举行地的市、县公安局、城市公安分局；游行、示威路线经过两个以上区、县的，主管机关为所经过区、县的公安机关的共同上一级公安机关。
7. **答案**：B。《集会游行示威法》第13条规定：集会、游行、示威的负责人对主管机关不许可的决定不服的，可以自接到决定通知之日起三日内，向同级人民政府申请复议，人民政府应当自接到申请复议书之日起三日内作出决定。
8. **答案**：C。《劳动法》第36条规定：国家实行劳动者每日工作时间不超过八小时、平均每周工作时间不超过四十四小时的工时制度。
9. **答案**：B。《宪法》第36条第1款规定：中华人民共和国公民有宗教信仰自由。第4款规定：宗教团体和宗教事务不受外国势力的支配。
10. **答案**：A。本题考查公民的政治权利和自由的内容。

    根据《宪法》规定，中华人民共和国年满18周岁的公民，不分民族、种族、性别、职业、家庭出身、宗教信仰、教育程度、财产状况、居住期限，都有选举权和被选举权；但是依照法律被剥夺政治权利的人除外。即规定了公民的选举权与被选举权。以及第35条规定的言论、出版、集会、结社、游行、示威的自由。故选项B、C、D均不同于政治权利与自由范畴。
11. **答案**：B。本题考查的是公民基本权利中的文化权利。

    《宪法》第47条规定：中华人民共和国公民有进行科学研究、文学艺术创作和其他文化活动的自由。国家对于从事教育、科学、技术、文学、艺术和其他文化事业的公民的有益于人民的创造性工作，给以鼓励和帮助。选项D的欣赏自由同于科学研究、文学艺术创作以外的其他文化活动的自由。第35条规定：中华人民共和国公民有言论、出版、集会、结社、游行、示威的自由。可见，出版自由属于政治权利。
12. **答案**：A。《宪法》第34条规定：中华人民共和国年满十八周岁的公民，不分民族、种族、性别、职业、家庭出身、宗教信仰、教育程度、财产状况、居住期限，都有选举权和被选举权；但是依照法律被剥夺政治权利的人除外。
13. **答案**：D。《宪法》第49条第4款：禁止破坏婚姻自由，禁止虐待老人、妇女和儿童。
14. **答案**：D。《宪法》第49条第3款：父母有抚养教育未成年子女的义务，成年子女有赡养扶助父母的义务。
15. **答案**：B。此题主要考查社会公德的含义。
16. **答案**：B。《宪法》第55条：保卫祖国、抵抗侵略是中华人民共和国每一个公民的神圣职责。依照法律服兵役和参加民兵组织是中华人民共和国公民的光荣义务。
17. **答案**：D。1982年《宪法》第38条规定：中华人民共和国公民的人格尊严不受侵犯。禁止用任何方法对公民进行侮辱、诽谤和诬告陷害。
18. **答案**：D。根据《宪法》第42条第1款的规定，中华人民共和国公民有劳动的权利和义务。根据第46条第1款的规定，中华人民共和国公民有受教育的权利和义务。根据第55条的规定，保卫祖国、抵抗侵略是中华人民共和国每一个公民的神圣职责。依照法律服兵役和参加民兵组织是中华人民共和国公民的光荣义务。可见，A项错误。根据第43条规定，中华人民共和国劳动者有休息的权利。由于“劳动者”的内涵和外延不同于“全体公民”，所以B项错误。根据第45条第1款的规定，中华人民共和国公民在年老、疾病或者丧失劳动能力的情况下，有从国家和社会获得物质帮助的权利。国家发展为公民享受这些权利所需要的社会保险、社会救济和医疗卫生事业。可见，C项错误。根据《中华人民共和国宪法修正案（2004年）》第24条的规定，宪法第33条增加1款，作为第3款：“国家尊重和保障人权。”第3款相应地改为第4款。可见，D项正确。

19. 答案：D。根据《宪法》第46条的规定，中华人民共和国公民有受教育的权利和义务。可见A项正确。宪法规定的文化教育权利在本质上属于公民的基本权利，可见B项正确。根据《宪法》第47条的规定，中华人民共和国公民有进行科学研究、文学艺术创作和其他文化活动的自由。可见C项正确。同社会经济权利一样，文化教育权利属于公民的“积极收益权”是错误的，正确的表述是“积极受益权”，要求国家积极保障的权利。可见D项错误。因此，本题的正确答案应当是D项。

20. 答案：B。选项A错误。我国公民在年老、疾病或者丧失劳动能力的情况下，有从国家和社会获得物质帮助的权利。选项B正确。根据《刑法》第54条规定，剥夺政治权利是剥夺下列权利：（一）选举权和被选举权；（二）言论、出版、集会、结社、游行、示威自由的权利；（三）担任国家机关职务的权利；（四）担任国有公司、企业、事业单位和人民团体领导职务的权利。选项C错误。宪法没有规定我国公民有公开传教的自由。选项D错误。劳动者根据国家法律和制度的有关规定享有休息权。

21. 答案：B。宪法中的人身自由包括广义和狭义两方面：狭义的人身自由主要指公民的身体不受非法侵犯，广义的人身自由则还包括与狭义的人身自由相联系的人格尊严、住宅不受侵犯、通信自由和通信秘密等与公民个人生活相关的权利和自由。人身自由是公民参加各种社会活动和实际享受其他权利的前提。其中人格尊严包括姓名权、肖像权、名誉权、荣誉权、隐私权等，我国宪法规定：中华人民共和国公民的人格尊严不受侵犯。禁止用任何方法对公民进行侮辱、诽谤和诬告陷害。所以，A选项正确。

在宪法学理论上，生命权是重要的公民人身自由的范畴，但需要注意的是，我国宪法中并没有明确规定生命权，仅就人身自由、人格尊严、住宅权、通信自由和通信秘密进行了规定。因此，生命权确属于广义的人身自由权，但并不是《宪法》明确规定的公民基本权利，B项表述错误。

在狭义的人身自由的概念中，又包括了三个方面的内容：(1)人身自由不受侵犯。(2)任何公民，非经人民检察院批准或者决定或者人民法院决定，并由公安机关执行，不受逮捕。(3)禁止非法拘禁和以其他方法非法剥夺或者限制公民的人身自由，禁止非法搜查公民的身体。所以，C项的表述是正确的。

广义上的人身自由包括了住宅权，住宅权包括两个方面的内容：(1)中华人民共和国公民的住宅不受侵犯。(2)禁止非法搜查或者非法侵入公民的住宅。所以，D项正确。

【陷阱】本题的重点是对于“宪法学”和《宪法》区别的把握，有些权利是宪法学中的重要概念，比如生命权、环境权、迁徙自由等，但是在现行《宪法》文本中并没有规定这些权利。所以命题陷阱就设置在这里，具有较强的迷惑性，这要求考生对于宪法知识和条文的准确把握。

22. 答案：C。本题考查的是公民的基本权利和义务。宪法规定，公民有纳税的义务。在本题中，作为待业人员的王某不具有收入来源，不缴纳个人所得税，但是其仍需要缴纳其他税种，所以A选项的表述是错误的。

《宪法》第55条规定：保卫祖国、抵抗侵略是中华人民共和国每一个公民的神圣职责。依照法律服兵役和参加民兵组织是中华人民共和国公民的光荣义务。根据《兵役法》的规定：我国公民不分民族、种族、职业、家庭出身、宗教信仰和教育程度，凡年满18周岁的，都有义务依法服兵役。同时，针对全日制学校就学的学生可以缓征兵役，但毕业后，凡符合服现役条件的，仍可征集服现役。所以，B选项的表述也是错误的。

根据《宪法》第34条“中华人民共和国年满十八周岁的公民，不分民族、种族、性别、职业、家庭出身、宗教信仰、教育制度、财产状况、居住期限，都有选举权与被选举权”的规定，在我国选举权与被选举权一般是统一的，且除国籍、年龄、是否被剥夺政治权利三项条件外，其他不作任何限制。在本题中，王某符合上述条件，因此具有选举权和被选举权，C 选项的表述是正确的。

我国《宪法》第 43 条第 1 款规定：中华人民共和国劳动者有休息的权利。休息权的主体仅限于“劳动者”，在本题中王某作为待业人员，并不属于劳动者的范畴，所以不享有宪法意义上的休息权。因此，D 项错误。

23. 答案：C。禁设横幅标语，涉及公民的言论自由和社会经济权利，自然构成对公民基本权利的限制，但不涉及出版自由。故 A、B 错误。该做法在目的上具有正当性，即为了提升本市市容和环境卫生整体水平。故 C 正确。因禁设横幅标语是全市范围一体要求，没有差别，故不涉及宪法上的合理差别问题。故 D 错误。

二、多项选择题

1. 答案：ABC。本题主要考查平等权之法律面前人人平等。应注意：中华人民共和国公民在法律面前一律平等。

2. 答案：ABCD。此题考查我国公民广义的人身自由的内容问题。人身自由有广义和狭义两方面。广义的人身自由包括狭义的人身自由，还包括与狭义的人身自由有关的人格尊严、住宅不受侵犯，与公民个人私生活有关的通信自由和通信秘密等权利与自由。因此，此题选 ABCD。

3. 答案：ABCD。《宪法》第 52 条规定：中华人民共和国公民有维护国家统一和全国各民族团结的义务。第 54 条规定：中华人民共和国公民有维护祖国的安全、荣誉和利益的义务，不得有危害祖国的安全、荣誉和利益的行为。第 55 条规定：保卫祖国、抵抗侵略是中华人民共和国每一个公民的神圣职责。依照法律服兵役和参加民兵组织是中华人民共和国公民的光荣义务。第 56 条规定：中华人民共和国公民有依照法律纳税的义务。

4. 答案：ABC。《宪法》第 35 条规定：中华人民共和国公民有言论、出版、集会、结社、游行、示威的自由。

5. 答案：ABD。《集会游行示威法》第 23 条规定：在下列场所周边距离十米内至三百米内，不得举行集会、游行、示威，经国务院或者省、自治区、直辖市的人民政府批准的除外：（1）全国人民代表大会常务委员会、国务院、中央军事委员会、最高人民法院、最高人民检察院的所在地；（2）国宾下榻处；（3）重要军事设施；（4）航空港、火车站和港口。前款所列场所的具体周边距离，由省、自治区、直辖市的人民政府规定。

6. 答案：BCD。劳动权主要包括劳动就业权和取得报酬权。劳动就业权是劳动权的核心内容，是公民行使劳动权的前提。

7. 答案：ABCD。《宪法》第 45 条规定：国家和社会保障残废军人的生活，抚恤烈士家属，优待军人家属。第 48 条规定：中华人民共和国妇女在政治的、经济的、文化的、社会的和家庭的生活等各方面享有同男子平等的权利。第 49 条规定：婚姻、家庭、母亲和儿童受国家的保护。第 50 条规定：中华人民共和国保护华侨的正当的权利和利益，保护归侨和侨眷的合法的权利和利益。宪法以专门条款对这些特定人进行保护。

8. 答案：ABCD。本题主要考查言论自由的内容和范围。

9. 答案：ABCD。本题主要考查结社自由的法律特征。

10. 答案：ABC。《宪法》第 41 条第 1 款规定：中华人民共和国公民对于任何国家机关和国家工作人员，有提出批评和建议的权利；对于任何国家机关和国家工作人员的违法失职行为，有向有关国家机关提出申诉、控告或者检举的权利，但是不得捏造或者歪曲事实进行诬告陷害。

11. 答案：ABCD。《宪法》第 36 条第 1 款规定：中华人民共和国公民有宗教信仰自由。第 2 款规定：任何国家机关、社会团体和个人不得强制公民信仰宗教或者不信仰宗教，不得歧视信仰宗教的公民和不信仰宗教的公民。

12. 答案：ABC。我国宗教团体和宗教事务实行“三自”方针，即自主、自办、自传。

13. 答案：AB。《宪法》第 38 条规定：中华人民共和国公民的人格尊严不受侵犯。禁止用任何方法对公民进行侮辱、诽谤和诬告陷害。

14. 答案：ABCD。本题主要考查“中华人民共和国公民在法律面前一律平等”的具体含义。

15. 答案：ABCD。本题主要考查“中华人民共和国公民的住宅不受侵犯。”的具体含义。

16. 答案：ACD。《宪法》第 43 条规定：中华人民共和国劳动者有休息的权利。国家发展劳动者休息和休养的设施，规定职工的工作时间和休假制度。

17. 答案：ABC。《宪法》第 35 条规定：中华人民共和国公民有言论、出版、集会、结社、游行、示威的自由。

18. 答案：BC。《宪法》第 44 条规定：国家依照法律规定实行企业事业组织的职工和国家机关工作人员的退休制度。退休人员的生活受到国家和社会的保障。

19. 答案：AB。本题主要考查公民结社的分类。

20. 答案：ABD。《宪法》第 37 条规定：中华人民共和国公民的人身自由不受侵犯。任何公民，非经人民检察院批准或者决定或者人民法院决定，并由公安机关执行，不受逮捕。禁止非法拘禁和以其他方法非法剥夺或者限制公民的人身自由，禁止非法搜查公民的身体。

21. 答案：BC。见《宪法》第 34 条和第 35 条，A 是人身权，D 由《宪法》第 41 条单独规定，未被列入政治权利和自由范畴。

22. 答案：ABD。A 选项是公民有服兵役的义务，参见《宪法》第 55 条；B 选项是保守国家秘密的义务，参见《宪法》第 53 条；D 选项是公民有劳动的义务，参见《宪法》第 42 条；C 选项并不是作为一项《宪法》规定的义务而出现的。

23. 答案：ACD。参见《宪法》第 41 条的规定。

24. 答案：BCD。《集会游行示威法》第 12 条规定："申请举行的集会、游行、示威，有下列情形之一的，不予许可：(一) 反对宪法所确定的基本原则的；(二) 危害国家统一，主权和领土完整的；(三) 煽动民族分裂的；(四) 有充分根据认定申请举行的集会、游行、示威将直接危害公共安全或严重破坏社会秩序的。" 因此选 B、C、D。

25. 答案：ABD。本题测试公民政治权利的内容。根据《刑法》第 54 条规定，剥夺政治权利是剥夺下列权利：(1) 选举权和被选举权；(2) 言论、出版、集会、结社、游行、示威自由的权利；(3) 担任国家机关职务的权利；(4) 担任国有公司、企业，事业单位和人民团体领导职务的权利。C 选项的说法是正确的。

26. 答案：AB。本题主要考查公共秩序的含义。

27. 答案：AB。此题考查公民的人身自由问题。公民的人身有不受非法侵害和限制的自由，这是我国宪法规定公民的基本权利之一。但任何自由都不是绝对的，人身自由也不例外。必要时，国家可以通过搜查、拘留、逮捕等措施限制甚至剥夺公民的人身自由，但必须合法。所以，我国《宪法》第 37 条第 2 款明确规定，任何公民，非经人民检察院批准或者决定或者人民法院决定，并由公安机关执行，不受逮捕。因此选 A、B。

28. 答案：AC。《宪法》第 45 条第 1 款规定：中华人民共和国公民在年老、疾病或者丧失劳动能力的情况下，有从国家和社会获得物质帮助的权利。国家发展为公民享受这些权利所需要的社会保险、社会救济和医疗卫生事业。《民族区域自治法》第 2 条规定，各少数民族聚居的地方实行区域自治。民族自治地方分为自治区、自治州、自治县。

29. 答案：ABCD。本题考查公民的人身自由、通信自由和通信秘密权。《宪法》第 37 条规定："中华人民共和国公民的人身自由不受侵犯。任何公民，非经人民检察院批准或者决定或者人民法院决定，并由公安机关执行，不受逮捕。禁止非法拘禁和以其他方法非法剥夺或者限制公民的人身自由，禁止非法搜查公民的身体。" 第 40 条规定："中华人民共和国公民的通信自由和通信秘密受法律的保护。除因国家安全或者追查刑事犯罪的需要，由公安机关或者检察机关依照法律规定的程序对通信进行检查外，任何组织或者个人不得以任何理由侵犯公民的通信自由和通信秘密。" 由此可知，答案为 A、B、C、D。

30. 答案：BC。《宪法》第 13 条规定："公民的合法的私有财产不受侵犯。国家依照法律规定保护公民的私有财产权和继承权。" 对于公民的财产权和继承权来说，国家负有保护的义务，公民不能积极主动地向国家提出请求。但《宪法》第 42 条规定："中华人民共和国公民有劳动的权利和义务。国家通过各种途径，创造劳动就业条件，加强劳动保护，改善劳动条件，并在发展生产的基础上，提高劳动报酬和福利待遇。……国家对就业前的公民进行必要的劳动就业训练。" 第 46 条规定："中华人民共和国公民有受教育的权利和义务。国家培养青年、少年、儿童在品德、智力、体质等方面全面发展。" 因此，对于受教育权、劳动权是可以由公民积极主动地向国家提出请求的。因此，本题应选 B、C。

31. 答案：AB。人身自由是以人身保障为核心而构成的权利体系，是公民参加国家生活、社会生活和享受其他权利的前提条件。人身自由的主要内容，包括人身自由不受侵犯、人格尊严不受侵犯、住宅不受侵犯、通信自由和通信秘密受法律保护。根据《宪法》第 39 条的规定，中华人民共和国公民的住宅不受侵犯。禁止非法搜查或者非法侵入公民的住宅。公民的住宅不受侵犯是指任何机关、团体或者个人，非经法律许可，不得随意侵入、搜查或者查封公民的住宅。公安机关、检察机关为了收集犯罪证据、查获犯罪嫌疑人，需要对犯罪嫌疑人及有关场所进行搜查时，必须严格依照法律规定的程序进行。我国《刑法》规定，非法搜查他人住宅，或者非法侵入他人住宅的，处 3 年以下有期徒刑或者拘役。可见，选项 A 和 B 正确。

32. 答案：ABD。根据我国《宪法》第12条第1款、第2款，第10条第4款，选项A、B、D是正确的。根据《宪法》第13条第3款规定，国家为了公共利益的需要，可以依照法律规定对公民的私有财产实行征收或者征用并给予补偿。此条规定了征收或征用是有偿而非无偿，所以选项C错误。

33. 答案：BD。公民住宅不受侵犯的权利属于消极权利的范畴，属于第一代人权，即防御权，其要义在于排除国家对基于人身自由而拥有的公民住宅不受侵犯的权利的非法侵犯。“国家保障每个公民获得住宅的权利”就其权利内容而言，是公民要求国家履行积极给付义务给公民提供住宅，属于受益权，这种权利属于第二代人权，与公民住宅不受侵犯的权利并不相同，目前尚不受宪法保障。所以A项错误。《宪法》第39条规定：“中华人民共和国公民的住宅不受侵犯。禁止非法搜查或者非法侵入公民的住宅。”B项体现了国家对侵犯公民住宅行为的惩罚，是对公民住宅权的保护，所以B项正确。公民住宅不受侵犯的权利是指不得非法侵入、破坏公民住宅，在这一点上，它与公民人身自由不受侵犯的权利有所区别。选项C所指的情形是对公民人身自由进行限制的情形，不是限制公民住宅不受侵犯的权利的情形。所以选项C错误。D项体现了对公民住宅不受侵犯的合理限制，所以D项说法也正确。综上，本题正确答案为BD。

34. 答案：ABC。选项A正确。公民纳税义务意味着公民要将自己的部分财产转交给国家，因此纳税义务的本质是国家拥有的要求公民交税的权利，是对公民财产的合法剥夺，因此必须遵循比例原则，为了公益的需要而进行征收。同时，征收也要符合平等原则。

选项B正确。《宪法》第56条规定“中华人民共和国公民有依照法律纳税的义务”，另根据《立法法》第8条第9项的规定，基本经济制度以及财政、海关、金融和外贸的基本制度，只能制定法律。由此可见，基本税收制度须实行法律保留。

选项C正确。纳税义务与国家的征税权力紧密相依，公民纳税义务的边界也同时限定着国家征税权力的边界，因此，公民只在其法定范围内纳税的义务也就同时意味着国家只能在法定范围内征税，这样，宪法纳税义务具有防止国家权力侵犯公民财产权的属性。

选项D错误。不履行纳税义务，只是意味着公民要承担违反此义务带来的法律责任，但这不能否定公民依然享有人身权、财产权等基本权利。

35. 答案：AC。选项A不正确。生命权是我国宪法要保护的公民基本权利，但不是我国宪法明确规定的基本权利，其归属于人身自由权范畴。选项B正确，符合《宪法》第41条的规定。选项C不正确。《宪法》第43条第1款规定，中华人民共和国劳动者有休息的权利。选项D正确，符合《宪法》第46条的规定。休息权是多次考到的一个考点，只有劳动者才有休息的权利。

36. 答案：BCD。政府违法拆迁侵犯张某的财产权；中学不给办理新学期注册手续，侵犯张某儿子的受教育权；财政局解除劳动合同，侵犯李某的劳动权。故BCD正确。题中某县政府是以较低补偿标准进行征地拆迁，并未采取进一步措施侵犯和破坏张某的住宅，故A项错误。

【陷阱】住宅不受侵犯是指任何机关、团体的工作人员或者其他个人，未经法律许可或未经户主等居住者的同意，不得随意进入、搜查或查封公民的住宅。住宅不受侵犯属于广义的人身自由权的范围。住宅是公民日常生活、工作、学习的场所，因此保护了公民的住宅，也就保护了公民的居住安全和生活安定，也就进一步保护了公民的人身自由权利。题中政府违法拆迁侵犯的是张某的财产权（补偿标准较低），而不是人身自由权意义上的住宅不受侵犯权。当然，如果政府强拆，侵占、损毁张某房屋，那么不仅侵犯其财产权，也侵犯其人身自由权。

37. 答案：BCD。公民对国家机关和国家工作人员，具有监督权。《宪法》第41条规定：“中华人民共和国公民对于任何国家机关和国家工作人员，有提出批评和建议的权利；对于任何国家机关和国家工作人员的违法失职行为，有向有关国家机关提出申诉、控告或者检举的权利，但是不得捏造或者歪曲事实进行诬告陷害。对于公民的申诉、控告或者检举，有关国家机关必须查清事实，负责处理。任何人不得压制和打击报复。由于国家机关和国家工作人员侵犯公民权利而受到损失的人，有依照法律规定取得赔偿的权利。”本案中，王某作为国家工作人员，其工作负有接受监督的义务，故A项错误；张某因行使监督权被公安机关以诽谤他人为由行政拘留5日，其人身自由权和监督权受到侵犯，故B、C项正确，同时张某有要求国家赔偿的权利。《国家赔偿法》第35条规定：“有本法第三条或者第十七条规定情形之一，致人精神损害的，应当在侵权行为影响的范围内，为受害人消除影响，恢复名誉，赔礼道歉；造成严重后果的，应当支付相应的精神损害抚慰金。”该条所说“本法第三条”规定：“行政机关及其工作人员在行使行政职权时有下列侵犯人身权情形之一的，受害人有取得赔偿的权利：（一）违法拘留或者违法采取限制公民人身自由的行政强制措施的……”本案中，张某的精神受到严重打击，符合精神损害抚慰金的条件，故D项正确。

38. 答案：ABCD。易知，A、B正确。根据《宪法》第6条规定，我国的基本经济制度是公有制为主体、多种所有制经济共同发展。这就意味着国家保护公民的合法的私有财产权，是我国基本经济制度的重要内容之一。根据《立法法》第8条规定，“基本经济制度”“对非国有财产的征收、征用”属于法律保留事项，故对公民私有财产权和继承权的保护和限制属于法律保留的事项。故C、D正确。

【陷阱】C、D容易漏选。《立法法》规定的法律保留事项没有把“公民私有财产权和继承权的保护和限制”单列，但是明确规定了“基本经济制度”属于法律保留事项。要理解选项C，就要理解选项D，也就是要理解私有财产权（或者说私有产权）与经济制度和基本经济制度的关系。经济制度是指一国通过宪法和法律调整，以生产资料所有制形式为核心的各种基本经济关系的规则、原则和政策的总称；它包括生产资料的所有制形式、各种经济成分的相互关系及其宪法地位、国家发展经济的基本方针、基本原则等内容。而产权是所有制的法律表现形式，因此产权是经济制度的重要内容。我国实行公有制为主体、多种所有制经济共同发展的基本经济制度，公有制对应的是社会主义公有财产权，而非公有制对应的是私有财产权。故D正确，相应地C也正确。

三、名词解释

1. 答案：政治自由是指公民根据宪法享有的通过一定方式表达自己思想和见解的自由，主要是指言论、出版、集会、结社、游行和示威的自由。

2. 答案：人身自由是指公民的人身（包括肉体和精神）不受非法限制、搜查、拘留和逮捕。

3. 答案：求偿权是指公民个人或其他权利主体在其权利因国家或公共权力的行为而蒙受损害时，依法享有的向国家提出赔偿或补偿的权利。

4. 答案：物质帮助权是公民在失去劳动能力或者暂时失去劳动能力而不能获得必要的物质生活资料时，有从国家和社会获得生活保障、享有集体福利的一种权利。

5. 答案：言论免责权是指全国人大代表在全国人民代表大会各种会议，包括大会全体会议、代表团全体会议、代表团小组会议上的发言和表决不受法律追究。同时，全国人大代表在列席原选举单位的人民代表大会各种会议上的发言，也不受法律追究。此外，地方各级人民代表大会代表在人民代表大会会议上的发言和表决，也不受法律追究。言论免责权意在充分保护人大代表的言论自由，有利于真正利国利民的好决策的形成。

6. 答案：社会权，又称生存权或受益权，它是指公民从社会获得基本生活条件的权利，主要包括经济权，受教育权和环境权三类。社会权概念有两层含义，一是公民有依法从社会获得其基本生活条件的权利；二是在这些条件不具备的情况下，公民有依法向国家要求提供这些生活条件的权利。

7. 答案：劳动权是指有劳动能力的公民享有的获得劳动并按照劳动的数量和质量取得报酬的权利。劳动权是人们赖以生存的基本权利，也是其他权利的基础。

8. 答案：结社自由，是公民按一定宗旨，依照法定程序组织或者参加具有持续性的社会团体的自由。结社自由是仅次于自己活动自由的最自然的自由，它同个人自由一样不可转让。凡符合中国宪法和法律的规定，并履行一定的法律程序而组成的社会团体，都受到国家的保护。现在我国除中国共产党外，有8个参政而不执政的民主党派，以及工会、（中国共产党领导的）共青团、妇女联合会等社会团体。为了繁荣科学和文化艺术，我国有协会、学会等团体。

四、简答题

1. 答案：（1）人身自由是指公民的人身不受非法逮捕、拘禁、搜查和限制。

（2）根据宪法和法律的规定，在我国任何公民非经人民检察院批准或决定，或者非经人民法院决定，并由公安机关（包括国家安全机关）执行，不受逮捕。

（3）宪法还规定，禁止非法拘禁或者以其他方法限制、剥夺公民的人身自由，禁止非法搜查公民身体。

（4）对于违法逮捕、拘留和搜查公民的负责人员，应由人民检察院进行追究；如果这种违法行为出于陷害、报复、贪赃或者其他个人目的，则应追究刑事责任。

2. 答案：所谓宗教信仰自由，是指公民有信仰宗教或不信仰宗教的自由；有信仰这种宗教或那种宗教的自由；在同一种宗教里面，有信仰这个教派或那个教派的自由；有过去不信教而现在信教的自由，也有过去信教而现在不信教的自由。总之，宗教信仰自由是公民个人自愿选择的私事，国家不加干涉。但是，绝不允许利用宗教信仰自由来进行破坏社会秩序、损害公民身体健康、妨碍国家教育制度的活动。为了保护公民宗教信仰自由的基本人权，我国以宪法的形式规定了国家的宗教政策。现行宪法对公民享有宗教信仰自由权作了全面的规定：

(1) 信仰宗教自愿。列宁说过，应当宣布宗教是私人的事情。这句话通常用来表示社会主义者对待宗教的态度。《宪法》第36条第2款规定：任何国家机关、社会团体和个人不得强制公民信仰宗教或者不信仰宗教，不得歧视信仰宗教的公民和不信仰宗教的公民。其实质就是要使宗教信仰问题成为公民个人自由选择的问题，成为公民个人的私事。

(2) 宗教活动应在宪法和法律允许的范围内进行。《宪法》第36条第3款规定：国家保护正常的宗教活动。任何人不得利用宗教进行破坏社会秩序、损害公民身体健康、妨碍国家教育制度的活动。宗教活动应当是公开的、有组织的活动。在我国，全国性的爱国宗教组织共有8个，即中国佛教协会、中国道教协会、中国伊斯兰教协会、中国天主教爱国会、中国天主教教务委员会、中国天主教主教团、中国基督教“三自”爱国运动委员会和中国基督教协会，此外还有若干宗教性社会团体和地方宗教组织。这些组织代表宗教教徒的合法权益，组织和带领宗教教徒办好正常的宗教活动，办好教务。

正常的宗教活动还应当在宗教场所进行，由宗教组织和宗教教徒自理，受法律保护。但宗教活动不得妨碍社会秩序、生产秩序和工作秩序。任何人不应当到宗教场所进行无神论的宣传，而任何宗教组织和教徒也不应在宗教活动场所以外布道、传教、宣传有神论。

(3) 宗教不受外国势力的支配。现行《宪法》第36条第4款规定：宗教团体和宗教事务不受外国势力支配。这是我国宗教自治的原则。在宗教对外友好关系方面，我们应当积极发展宗教方面的国际友好往来，抵制外国宗教中敌对势力的渗透，抵制外国宗教的控制，拒绝任何外国社会和宗教界人士干预我国宗教事务，不允许外国宗教组织用任何方式来我国传教，也不允许偷运和散发宗教宣传材料，坚持独立自主，自办教会。

3. 答案：集会、游行、示威自由，是指公民按照法律规定，享有通过集会、游行、示威活动，发表意见，表达某种共同意愿的政治自由权利。《集会游行示威法》规定：集会是指聚集于露天公共场所，发表意见，表达意愿的活动。游行是指在道路、露天场所列队行进，表达共同意愿的活动。示威是指在露天公共场所或者公共道路上以集会、游行、静坐的方式，表达要求，抗议或者支持、声援等共同意愿的活动。集会、游行、示威自由，是我国一项极为重要的政治自由，国家十分重视保障公民行使这项政治自由，除在宪法中明确规定公民有集会、游行、示威自由外，还专门通过制定集会游行示威法把宪法原则具体化，对公民依法行使集会、游行、示威的自由和权利予以充分保障，同时也对公民行使这一权利加以规范化。

综观这三种自由，有以下特点：(1) 集会、游行、示威是公民所举行的活动。国家或者根据国家决定举行的庆祝、纪念等活动，以及国家机关、政党、社会团体、企业事业组织依照法律、章程举行的集会，不属于集会、游行、示威法的调整范围。(2) 集会、游行、示威是公民表达意愿、实现自我价值的主观性权利，通过公民的群体性活动而得到实现。(3) 集会、游行、示威自由作为公民表达意愿与思想的形式，实际反映了言论自由的价值与要求，是言论自由的具体化。(4) 集会、游行、示威自由在行使过程中，公民利用公共场所、公共道路、公共设施等，实际上表现为公民对公物的利用权。

4. 答案：公民的个人财产权是各国宪法都特别重视的一项基本权利。早期的资本主义宪法都确立了一条基本原则，即私有财产神圣不可侵犯，维护和保障私有财产权是资本主义国家的主要职能；我国宪法明确规定保护公民个人的合法财产。公民的合法财产，应当受到法律保护，禁止任何组织或者个人侵占、哄抢、私分、破坏或者非法查封、扣押、冻结、没收。

我国《宪法》第13条第1款规定：“公民的合法的私有财产不受侵犯。”我国《民法通则》对公民个人合法财产的范围作了具体规定：“公民的合法财产包括公民的合法收入、房屋、储蓄、生活用品、图书资料、林木、牲畜和法律允许公民所有的生产资料和其他合法的财产。”保护公民合法财产权同时还意味着保护公民的财产继承权。我国《宪法》第13条规定第2款：“国家依照法律规定保护公民的私有财产权和继承权。”1985年国家制定了第一部继承法，对保障公民的财产继承权作了详尽的规定。

5. 答案：根据我国现行《宪法》的规定，我国公民的基本义务是：

（1）维护国家统一和各民族团结；

（2）必须遵守宪法和法律，保守国家秘密，爱护公共财产，遵守劳动纪律，遵守公共秩序，尊重社会公德；

（3）维护祖国的安全、荣誉和利益；

（4）保卫祖国，依法服兵役和参加民兵组织；

（5）依照法律纳税；

（6）其他方面的义务，主要包括：

“夫妻双方有实行计划生育的义务”“父母有抚养教育未成年子女的义务，成年子女有赡养扶助父母的义务”。这是我国公民在家庭生活方面对国家社会、家庭和个人应尽的重要义务。

6. 答案：我国《宪法》第33条规定：中华人民共和国公民在法律面前一律平等。从内涵上来讲，公民在法律面前一律平等是指：（1）公民平等地享有宪法和法律规定的权利，也平等地履行宪法和法律规定的义务。（2）任何人的合法权益都一律平等地受到保护，对违法行为一律依法予以追究。（3）在法律面前，不允许任何公民享有法律以外的特权。这一宪法原则既包括司法平等，即公民在适用法律上一律平等，又包括公民在守法上一律平等。

从我国宪法中所包含的平等权的种类来看，主要有：

（1）民族平等。民族平等是指各民族不分大小一律平等，共同构成中华民族。强调各民族在国家统一的大家庭内的团结与合作，既要反对大汉族主义，也要反对地方民族主义和民族分裂主义，维护中华民族的大团结。民族语言平等，国家尊重和保障各少数民族充分地使用本民族语言进行生产、生活和了解国家事务的自由。

（2）男女平等。男女平等包括妇女享有与男子平等的政治权利、文化教育权利、劳动权益、财产权益、人身权益和婚姻家庭权益，还包括对妇女权益的特别保护。

（3）社会平等。社会平等是指国家在机会与社会条件方面，对公民应当平等对待，设定法律权利义务应当一视同仁，禁止差别对待。

（4）经济平等。国家对包括个人在内的各类经济主体，在法律上一视同仁，相同对待，保障其相同的法律权利与义务，不得做出歧视性的区别，从而实现在经济活动中的平等。在我国，非公有制经济与公有制经济，都是社会主义市场经济的组成部分，具有相同的法律地位与性质。

7. 答案：言论自由是指公民有权通过各种语言形式，针对政治和社会生活中的各种问题表达其思想和见解的自由。由于言论自由是公民表达意愿，相互交流思想、传播信息的必要手段和工具，也是形成人民意志的基础，因而言论自由在公民的各项政治自由中居于首要地位。

言论自由有其自身的界限：（1）行使言论自由不能侵犯他人的名誉权，否则就可能构成诽谤。（2）行使言论自由不能侵犯他人的隐私权，否则就可能构成侵权行为。（3）一定限度和一定方式上的猥亵性、淫秽性的言论必然受到限制或禁止。（4）行使言论自由不能煽动或教唆他人实施违法行为。（5）行使言论自由与保护国家秘密之间也可能存在冲突。

五、论述题

1. 答案：权利义务的统一性，是指权利和义务互相依存、互相促进、互为条件的辩证统一关系，具体表现是：

（1）宪法要求公民既享有宪法和法律规定的权利，又必须履行宪法和法律规定的义务。不允许只享受权利而不履行义务，也不允许只履行义务而不享有权利的现象存在。

（2）公民的某些权利和义务是相互结合的。如劳动权、受教育权，它们既是公民的权利，又是公民的义务。

（3）权利和义务是相互促进的。在我国，国家对公民行使权利和自由提供保障，这有利于激发公民的政治热情和生产积极性，促进他们对义务的自觉履行。而公民履行义务的自觉性越高，国家就会建设得越富强，公民的权利自由也就越有保障。

2. 答案：《宪法》第40条规定：中华人民共和国公民的通信自由和通信秘密受法律的保护。除因国家安全或者追查刑事犯罪的需要，由公安机关或者检察机关依照法律规定的程序对通信进行检查外，任何组织或者个人不得以任何理由侵犯公民的通信自由和通信秘密。公民的通信自由和通信秘密，是指对于公民的通信（包括电报、电话和邮件），他人不得隐匿、毁弃、拆阅或者窃听。隐匿或毁弃公民的信件、电报，就是对公民通信自由的侵犯；拆阅或者窃听公民的通讯内容，就是对公民通信秘密的侵犯。通信是公民进行社会交往的一种正常活动，也是公民日常生活中不可缺少的一项基本权利，保护这种权利，对于维护正常的社会生活秩序和公民的切身利益非常重要。为此，我国《刑法》第252条规定：“隐匿、毁弃或者非法开拆他人的信件，侵犯公民的通信自由权利，情节严重的，处一年以下有期徒刑或者拘役。”此外，邮电职工如果私拆或者隐匿、毁弃邮件、电报，要依法以渎职罪论处。

3. 答案：(1) 公民在法律面前一律平等是我国公民的一项基本权利，也是社会主义法制的一个基本原则。

(2) 公民在法律面前一律平等是指：①我国公民不分民族、种族、性别、职业、家庭出身、宗教信仰、教育程度、财产状况、居住期限，都一律平等地享有宪法和法律规定的权利，也都平等地履行宪法和法律规定的义务；②公民的合法权益都一律平等地受到保护，对违法行为一律依法予以追究，绝不允许任何违法犯罪分子逍遥法外；③在法律面前，不允许任何公民享有法律以外的特权，不得强迫任何公民承担法律以外的义务，不得使公民受到法律以外的处罚。

(3) 我国宪法中规定的公民在法律面前一律平等原则，不包含立法平等，它只是指司法平等和守法平等。

4. 答案：(1) 有学者指出本案是普通的民事侵权案件，应在现行法上寻找“请求权规范基础”。本案的被告假冒他人姓名的行为，即冒名顶替，使用他人姓名并冒充该人进行活动，因而侵犯了原告的姓名权。可以直接适用《民法通则》① 来处理，齐玉苓失去受教育的机会，可以作为陈晓琪等侵害齐玉苓姓名权的损害结果，同样可以使齐玉苓的权利得到救济。最高人民法院在《关于以侵犯姓名权的手段侵犯宪法保护的公民受教育的基本权利是否应承担民事责任的批复》② 中措辞为“陈晓琪等以侵犯姓名权的手段，侵犯了齐玉苓依据宪法规定所享有的受教育的基本权利”，表明它否认了这一观点。

即使退一步讲，本案被告虽然是冒名顶替，实质上使原告丧失了受教育的机会，因而不能以姓名权涵盖原告的权利，《民法通则》中的类型化的权利不能包括这种“受教育权”，但大陆法系国家的侵权行为法，并不以侵犯类型化的权利为限，《民法通则》对民事权利的规定并非采取法定主义，不一定有规定的权利才受保护；而且民法上的人格权是一个不断发展的历史性概念，其实质，在于主张“个人之生存、发展与自由，并受人尊敬与重视”，在当今知识时代、信息时代以及日趋竞争的社会，一个人是否有机会受到更高层次的教育，对于他或她未来追求更幸福生活、获得更多生存、发展和自由空间是至关重要的。况且还可以动用民法的“帝王条款”——诚实信用原则。因此，以能动司法将受教育权纳入私法体系，完全是可能的。

另外，从法条主义的立场出发，《教育法》规定，“中华人民共和国公民有受教育的权利和义务”，和“违反本法规定，侵犯教师、受教育者、学校或者其他教育机构的合法权益，造成损失、损害的，应当依法承担民事责任”。因此，判定陈晓琪等人承担民事责任，应该可以在《教育法》中找到依据。

(2) 宪法可以在合宪性审查案件中直接适用，从理论上讲，应当是毋庸置疑的；但能否在民事案件中直接适用，却尚未定论。严格来说，这是一个“宪法基本权利对于第三人的效力”问题。所谓宪法基本权利对于第三人的效力，是指宪法基本权利对于国家与人民之间关系以外的第三人是否发生效力，它主要探究宪法基本权利在私人之间，在何种范围，以何种方式，能发生法律拘束力，如同基本权利拘束国家权力一样。

反对者认为宪法基本权利系针对国家与人民之间的关系而设，基本权利的实现首先应以国家立法的方式为之，而不能直接适用于私人关系，否则法官无异于完全取代立法者地位，更使司法的独立性受到威胁。他们主张，基本权利所表达的价值内涵，如自由、平等、人格尊严，可以通过民法中的“概括条款”导入私法秩序，如善良风俗原则。受教育的权利是指公民有从国家获得接受教育的机会以及获得接受教育的物质帮助的权利。显然，这是一种针对国家的受益权，其义务主体是国家。这是国家为履行对国民的生存照顾而设置的权利，属于社会权的范畴。因此，它是一种针对国家权力的请求权，是一种相对权，而非针对国家和人民的绝对权。从严格解释的角度来说，宪法的这一规定是不具有直接调整私人关系的功能的。

即使是支持宪法基本权利可以直接约束私人关系的学者，也认为古典的宪法基本权利仅仅是消极地对抗国家权力，维持个人自由领域；而只有为保障社会经济弱者的基本权利如劳动权、受教育权、平等权等并非消极性权利，而是有待于国家采取措施予以实现的积极权利，法院可以不必经过民事法律，直接引用这些基本权利的规定来进行审判，使基本权利在民事个案中获得实现。

本案中最高院的批复和山东省高级法院对法

① 《民法通则》已被2021年1月1日起施行的《民法典》废止。

② 该批复在2008年12月8日最高人民法院通过的《关于废止2007年底以前发布的有关司法解释（第七批）的决定》中，以“已停止适用”为理由被废止，之后在法学界引起重大反响，在学习过程中，对此问题应予关注和思考。

律的适用显然体现了这样的理念：凡提交至法院寻求司法解决的纠纷，无论发生于私人之间（私法关系），还是私人与国家或公共权力行使者之间（公法关系），只需满足普通法律规范出现缺陷、漏洞而导致“无法可依”的前提，法院即可直接适用宪法裁断。有学者指出，这种所谓的“宪法私法化”很可能是一种危险信号，如果硬要将国家力量注入私人生活，造成私人间关系的平等，无异于敲起“自由之丧钟”。

（3）有学者认为“这一批复创造了我国宪法司法化的先例”，认为这是中国“宪法司法化第一案”。事实上，本案只是宪法条文在民事案件中的直接适用，而不是一起合宪性审查事件。当然，宪法的司法化概念本身就比较模糊，如果将其理解为宪法的适用，既包括合宪性审查，又包括宪法在普通案件（主要是在民事案件中的直接适用），那显然本案是宪法的司法化。但这样的话，它就不是第一案了。

如果仅仅将宪法的司法化理解为合宪性审查，那本案就根本不够格。合宪性审查是指享有合宪性审查的国家机关通过法定程序，以特定方式审查和裁决某项立法或政府行为是否合宪的制度，尤其是指对立法的审查。合宪性审查的模式有立法机关审查模式，司法机关审查模式，专门机关审查模式和复合审查模式。普通法院的附带审查模式应该说与我国人民代表大会至上性存在着一定的矛盾，需要在理论和实践中予以解决。

六、案例题

1. 答案：（1）中国人民银行成都分行在招录行员过程中发布的广告所提出的身高的条件的行为，违反了《宪法》第33条关于中华人民共和国公民在法律面前一律平等的原则，因而不合适。

（2）被告的行为侵犯了原告所享有的依法担任国家机关工作人员的平等权与政治权利，限制了原告担任国家机关公职的报名资格，应承担相应的法律责任，应责令被告停止发布该违法广告，公开更正并取消报名资格身高歧视的限制。

2. 答案：《宪法》第41条第3款规定：“由于国家机关和国家工作人员侵犯公民权利而受到损失的人，有依照法律规定取得赔偿的权利。”《国家赔偿法》第2条规定：“国家机关和国家机关工作人员行使职权，有本法规定的侵犯公民、法人和其他组织合法权益的情形，造成损害的，受害人有依照本法取得国家赔偿的权利。本法规定的赔偿义务机关，应当依照本法及时履行赔偿义务。”

本案中的石东玉因一起毫不相干的凶杀案被判死缓，含冤坐牢6年，致使其本人、亲属不仅精神上遭受打击，经济上也造成巨大损失。所以，有关部门在清查错案的同时，及时给予赔偿是完全应当的，也是合法的。

第十五章　选举制度

基础知识图解

选举制度
- 概念：近代选举制度的特点
- 产生和发展
- 作用
  - 为选民选出自己信赖的代表组成国家机构，为实现国家权力的转移提供了制度保障
  - 为选民监督权力行使者，并在一定条件下为更换权力行使者提供重要途径
  - 促进民意的形成、表达，并使选民民主意识得以提高的重要手段
  - 缓和社会矛盾、解除社会危机、维持社会安定的重要措施
- 体制
  - 地域代表制与职业代表制
  - 多数代表制与比例代表制
- 基本原则：普遍性、平等性，直接选举与间接选举并用、无记名投票、差额选举、选举权利保障
- 选举的民主程序
  - 直接选举程序：选举组织机构──→划分选区──→选民登记──→提名并确定代表候选人──→候选人的介绍──→组织投票──→确定当选──→补选
  - 间接选举程序：选举工作的主持机构──→代表候选人的提出──→确定正式代表候选人──→确定当选
  - 我国几种特殊的选举
    - 港、澳特别行政区全国人大代表的选举
    - 台湾地区全国人大代表的选举
    - 军队人大代表的选举
- 对代表的监督和罢免
  - 对直接选举的代表的罢免
  - 对间接选举的代表的罢免
  - 代表的辞职
  - 代表资格的终止和停止

配套测试

一、单项选择题

1. 根据法律规定，省、自治区、直辖市的代表名额基数为多少名？（　　）

A. 350　　B. 200

C. 400　　D. 500

2. 下列哪一项说法是正确的？（　　）

A. 精神病患者无选举权

B. 因犯危害国家安全罪或者其他严重刑事犯罪案件被羁押、正在受侦查、起诉、审判的人无选举权

C. 正在取保候审或监视居住的人暂时停止行使选举权

D. 正在受拘留处罚的人准予行使选举权

3. 我国选举法规定，全国和地方各级人民代表大会代表的选举，一律采用下列选项中的哪种方式投票？（　　）

A. 公开　　B. 无记名

C. 统一　　D. 平等

4. 根据我国选举法，选民如果是文盲或者因残疾不能写选票的，可以采取下列选项中的哪种方式投票？（　　）

A. 委托他信任的人代写

B. 举手代替

C. 画圆圈表示
D. 用其他符号表示

5. 我国选举法规定，选民或代表在下列选项中的哪种情形下可以推荐代表候选人？(　　)
A. 10 人以上联名　　B. 20 人以上联名
C. 30 人以上联名　　D. 50 人以上联名

6. 县级以上各级人民代表大会选举下列选项中哪一级别的代表时，代表候选人不限于各该级人民代表大会的代表？(　　)
A. 上一级人民代表大会代表
B. 下一级人民代表大会代表
C. 同级人民代表大会代表
D. 全国人民代表大会代表

7. 精神病患者不能行使选举权的，经下列选项中的哪一机关确认，不列入选民名单？(　　)
A. 同级人民政府　　B. 选举委员会
C. 县级以上医院　　D. 选民小组

8. 列宁认为，任何由选举产生的机关或代表会议，只有承认和实行选举人对代表的下列选项中的哪种性质的权利，才能被认为是真正民主的、确实代表人民意志的机关？(　　)
A. 选举权　　B. 任命权
C. 表决权　　D. 罢免权

9. 某选区共有选民 13679 人，高先生是数位候选人之一。请问根据现行宪法和选举法律，在下列何种情况，高先生可以当选？(　　)
A. 参加投票的人数为 6835 人，高获得选票 6831 张
B. 参加投票的人数为 6841 人，高获得选票 3421 张
C. 参加投票的人数为 13643 人，高获得选票 6749 张
D. 参加投票的人数为 13685 人，高获得选票 13073 张

10. 根据现行选举法的规定，选区的大小，按照每一选区选(　　)。
A. 1～2 名代表划分　　B. 1～3 名代表划分
C. 3 名代表划分　　D. 2 名代表划分

11. 我国选举法规定："每一选民接受的委托不得超过(　　)。"
A. 二人　　B. 三人
C. 四人　　D. 五人

12. 全国人民代表大会任期届满的两个月以前。如果遇到不能进行选举的非常情况，可以推迟选举，延长本届全国人民代表大会的任期，但要经全国人民代表大会常务委员会的全体组成人员的(　　)
A. 三分之二以上的多数通过
B. 四分之三以上的多数通过
C. 二分之一以上的多数通过
D. 五分之一以上的提议

13. 我国选举法规定，由选民直接选举的代表候选人名额，应多于代表名额的(　　)
A. 1/2 至一倍　　B. 1/3 至一倍
C. 1/4 至一倍　　D. 2/3 至一倍

14. 公布选民名单应在选举日的前(　　)
A. 三十天以前　　B. 十五天以前
C. 二十天以前　　D. 二十五天以前

15. 对公布的选民名单有不同意见的，可以向(　　)
A. 选举办公室提出申诉
B. 人民法院起诉
C. 选举委员会提出申诉
D. 选举领导小组申诉

16. 由选民直接选举的代表候选人的当选须获得(　　)
A. 全体选民的过半数的选票
B. 参加选举的选民过半数的选票
C. 本选区人口的过半数的选票
D. 二分之一选民的过半数的选票

17. 根据选举法，省、自治区、直辖市，设区的市、自治州的人民代表大会的代表，由(　　)产生。
A. 上级任命　　B. 下级委派
C. 直接选举　　D. 间接选举

18. 我国现行《宪法》规定："全国人民代表大会由省、自治区、直辖市、特别行政区和军队选出的代表组成。(　　)都应当有适当名额的代表。"
A. 各民主党派
B. 各少数民族
C. 妇女和学生
D. 知识分子和海外侨胞

19. 某选区选举地方人民代表，代表名额 2 人，第一次投票结果，候选人按得票多少排序为甲、乙、丙、丁，其中仅甲获得过半数选票。对此情况的下列处理意见哪一项符合法律的规定？(　　)
A. 宣布甲、乙当选
B. 宣布甲当选，同时以乙为候选人另行选举
C. 宣布甲当选，同时以乙、丙为候选人另行选举
D. 宣布无人当选，以甲、乙、丙为候选人另行选举

20. 根据《宪法》和《选举法》规定，下列哪一选项是正确的？(　　)（司考 2009. 1. 21）
A. 选民登记按选区进行，每次选举前选民资格都要进行重新登记
B. 选民名单应在选举日的十五日以前公布
C. 对于公布的选民名单有不同意见的，可以向选举委员会申诉或者直接向法院起诉
D. 法院对于选民名单意见的起诉应在选举日以前作出判决

21. 关于各少数民族人大代表的选举，下列哪一选项是不正确的？（　　）（司考 2012.1.24）
A. 有少数民族聚居的地方，每一聚居的少数民族都应有代表参加当地的人民代表大会
B. 散居少数民族应选代表，每一代表所代表的人口数可少于当地人民代表大会每一代表所代表的人口数
C. 聚居境内同一少数民族的总人口占境内总人口数 30% 以上的，每一代表所代表的人口数应相当于当地人民代表大会每一代表所代表的人口数
D. 实行区域自治人口特少的自治县，每一代表所代表的人口数可以少于当地人民代表大会每一代表所代表的人口数的 1/2

二、多项选择题

1. 我国选举制度有哪些基本原则？（　　）
A. 选举权的普遍性原则
B. 选举权的平等性原则
C. 选民对代表的监督、罢免原则
D. 秘密投票原则

2. 以下选项中关于有权通过对县级以上地方各级人民代表大会选出的代表的罢免案的说法，哪些是错误的？（　　）
A. 该级人民代表大会过 1/3 的代表
B. 该级人民代表大会常务委员会 1/2 的委员
C. 该级人民代表大会或其常务委员会过半数的代表
D. 该级人民代表大会过 1/4 的代表或其常务委员会过半数的委员

3. 根据宪法和法律，下列哪些行为符合法律规定？（　　）
A. 选民周某等 11 人联名推荐马某为乡人大代表
B. 某届全国人大共有代表 2971 名，邓某等 337 名代表联名提出对全国人大常委会组成人员的罢免案
C. 吴某等 37 名全国人大代表以书面形式提出对国务院的质询案
D. 汪某等 31 名选民向县级人大常委会提出对县人大代表张某的罢免案

4. 下列对全国人民代表大会专门委员会成员的代表职务被罢免的，其专门委员会成员的职务将受何种影响的表述，哪些是错误的？（　　）
A. 代表职务被撤销后，其专门委员会成员的职务不受影响
B. 代表职务被撤销后，其专门委员会成员的职务根据被罢免原因而定
C. 代表职务被撤销后，其专门委员会成员的职务相应被撤销
D. 代表职务被撤销后，其专门委员会成员的职务受影响较小

5. 下列有关选举制度的论述哪些是正确的？（　　）
A. 选举制度在现代社会中已成为调整国家权力活动的基本形式
B. 选举制度是民主政治发展的必然结果和标志
C. 选举制度的性质取决于一个国家的国体
D. 选举制度的性质决定一国的国体

6. 下列有关选民登记的论述哪些是正确的？（　　）
A. 凡年满 18 周岁未被剥夺政治权利的公民都应列入选民名单，但精神病患者，不能行使选举权的，经选举委员会确认，不列入选民名单
B. 选民名单在选举日的 10 日前公布
C. 对于公布的选民名单有不同意见的申诉人对选举委员会的处理决定不服时，可以向人民法院起诉，人民法院判决为最后决定
D. 经过登记确认的选民资格长期有效

7. 根据我国宪法和法律，下列选项中哪些是符合法律规定的？（　　）
A. 不设区的市、市辖区、县、自治县、乡、民族乡、镇的人民代表大会的代表由选民直接选举产生
B. 全国人民代表大会代表，省、自治区、直辖市、设区的市、自治州的人民代表大会代表由下一级人民代表大会选出
C. 县级以下的人民代表大会的代表由选民直接选举
D. 县级以下的人民代表大会的代表由选民间接选举

8. 下列有关直接选举的论述正确的是哪些？（　　）
A. 选区全体选民过半数参加投票选举有效
B. 每次选举所投的票数多于投票人数的无效
C. 每次选举所投的票数等于投票人数的有效
D. 代表候选人须获得选区全体选民的过半数选票才能当选

9. 下列人员中有选举权的是(　　)
A. 旅居国外的中华人民共和国公民
B. 精神病患者
C. 正在取保候审或被监视居住的
D. 被判处管制附加剥夺政治权利的

10. 根据宪法和法律，乡级人民代表大会有权选举下列哪些职位？（　　）
A. 乡长　　B. 副乡长
C. 乡人大主席　　D. 乡人大副主席

11. 由选民直接选举的人民代表大会代表候选人，由下列哪些组织提名推荐？（　　）
A. 各选区选民　　B. 各政党
C. 各人民团体　　D. 选举委员会

12. 与原始社会、奴隶社会和封建社会的选举活动相比，近代选举制应有如下哪些特点？(　　)

A. 被选举者往往是代议机关的代表或议员

B. 形式上采用普选制

C. 有一套比较完善的法律规范作指导

D. 以直接选举为原则

13. 在我国，享有选举权的基本条件包括下列哪些选项？(　　)

A. 具有中国国籍，是中华人民共和国公民

B. 年满 18 周岁

C. 有权利能力和行为能力

D. 依法享有政治权利

14. 根据我国选举法及其他有关法律规定，我国的选举程序主要包括下列选项中的哪几项？(　　)

A. 设立选举的组织

B. 划分选区和选民登记

C. 代表候选人的提出

D. 投票选举

15. 根据我国选举法的规定，下列选项中的哪些行为将依法受到行政处分或者刑事处罚？(　　)

A. 用暴力、威胁、欺骗、贿赂等非法手段破坏选举或者妨碍选民自由行使选举权和被选举权的

B. 伪造选举文件，虚报选举票数或者有其他违法行为的

C. 对于控告、检举选举中违法行为的人，或者对于提出要求罢免代表的人压制、报复的

D. 代替他人填写选票的

16. 根据宪法和法律，下列选项中的哪些人员享有选举权？(　　)

A. 小王：曾因盗窃罪被判处有期徒刑 2 年零 6 个月

B. 陈三：去年因过失杀人被判处 10 年有期徒刑，并剥夺政治权利 3 年

C. 张一：因练法轮功，执迷不悟被判劳教 1 年

D. 方六：涉嫌重大走私案已被某公安机关逮捕

17. 根据我国选举法，选区可以按下列选项中的哪些方式划分？(　　)

A. 居住状况　　B. 生产单位

C. 事业单位　　D. 工作单位

18. 我国选举法规定，各政党、各人民团体，可以从下列选项中的哪几种方式推荐代表候选人？(　　)

A. 单独　　B. 联合

C. 由主要负责人　　D. 通过选民

19. 我国选举法以专章规定了对代表的监督、罢免和补选的措施。下列选项中符合选举法规定的选项有哪些？(　　)

A. 罢免直接选举产生的代表须经原选区过半数的选民通过

B. 罢免直接选举产生的代表须经原选区 2/3 的选民通过

C. 罢免间接选举产生的代表须经原选举单位过半数的代表通过

D. 罢免间接选举产生的代表须经原选举单位过半数的多数代表通过

20. 选举人对于代表候选人可以投下列选项中的哪几种性质的票？(　　)

A. 赞成票　　B. 反对票

C. 弃权　　D. 另选其他选民

21. 根据《地方各级人民代表大会和地方各级人民政府组织法》的规定，下列选项中谁可以提出副省长的人选？(　　)

A. 省长

B. 本级人大主席团

C. 本级人大代表 30 人以上联名

D. 本级人大代表 10 人以上联名

22. 我国实行直接选举和间接选举并用的原则，其中实行直接选举的包括(　　)

A. 设区的市的人民代表大会代表

B. 不设区的市和市辖区的人民代表大会代表

C. 县、自治县的人民代表大会代表

D. 乡、民族乡、镇的人民代表大会代表

23. 根据《宪法》和法律的规定，关于选举程序，下列哪些选项是正确的？(　　)(司考 2013. 1. 60)

A. 乡级人大接受代表辞职，须经本级人民代表大会过半数的代表通过

B. 经原选区选民 30 人以上联名，可以向县级的人民代表大会常务委员会书面提出罢免乡级人大代表的要求

C. 罢免县级人民代表大会代表，须经原选区三分之二以上的选民通过

D. 补选出缺的代表时，代表候选人的名额必须多于应选代表的名额

24. 根据《选举法》的规定，关于选举制度，下列哪些选项是正确的？(　　)(司考 2014. 1. 62)

A. 全国人大和地方人大的选举经费，列入财政预算，由中央财政统一开支

B. 全国人大常委会主持香港特别行政区全国人大代表选举会议第一次会议，选举主席团，之后由主席团主持选举

C. 县级以上地方各级人民代表大会举行会议的时候，三分之一以上代表联名，可以提出对由该级人民代表大会选出的上一级人大代表

的罢免案

D. 选民或者代表10人以上联名，可以推荐代表候选人

25. 甲市乙县人民代表大会在选举本县的市人大代表时，乙县多名人大代表接受甲市人大代表候选人的贿赂。对此，下列哪些说法是正确的？(　　)(司考2015. 1. 63)

A. 乙县选民有权罢免受贿的该县人大代表

B. 乙县受贿的人大代表应向其所在选区的选民提出辞职

C. 甲市人大代表候选人行贿行为属于破坏选举的行为，应承担法律责任

D. 在选举过程中，如乙县人大主席团发现有贿选行为应及时依法调查处理

26. 某省人大选举实施办法中规定："本行政区域各选区每一代表所代表的人口数应当大体相等。各选区每一代表所代表的人口数与本行政区域内每一代表所代表的平均人口数之间相差的幅度一般不超过百分之三十。"关于这一规定，下列哪些说法是正确的？(　　)(司考2017. 1. 62)

A. 是选举权的平等原则在选区划分中的具体体现

B. "大体相等"允许每一代表所代表的人口数之间存在差别

C. "百分之三十"的规定是对前述"大体相等"的进一步限定

D. 不保证各地区、各民族、各方面都有适当数量的代表

三、名词解释

1. 选举制度

2. 职业代表制

3. 比例代表制

4. 差额选举

5. 普遍选举原则（中国人民大学2009年考研真题）

6. 选区（中国人民大学2003年、2008年考研真题）

四、简答题

1. 我国人大代表的罢免制度。（中国人民大学2013年考研真题）

2. 近代选举制度的主要特点。

五、论述题

1. 试述选举委员会的性质及其职权。

2. 我国选举法对代表的罢免和补选是如何规定的？

3. 试述我国选举制度的基本原则。

4. 怎样理解选举制度与政党制度的关系？

六、案例题

某地选举人民代表时，张某在三次讨论候选人提名过程中，对群众提出的候选人都没有表示反对，也没有提出新的候选人。在正式选举中，张某到会场对一些选民说："我们不选他们（指两个候选人），我要选就选我自己。"他先向两名没有带笔的选民索要选票。因为这些选民没有听到张某说"要选自己"的话，以为他为人代笔，便把选票交给他代写。就这样张共收了33张选票，在未征求选举人同意的情况下，把两个候选人的名字上打了"×"，在另选人栏下填上自己的名字。经检查，这些选民都不同意选张某。由于他的破坏，两名候选人的选票都没有超过半数，造成选举无效的严重后果。

试用宪法学相关知识对之进行分析。

参考答案

一、单项选择题

1. **答案**：A。《中华人民共和国全国人民代表大会和地方各级人民代表大会选举法》（以下简称《选举法》）① 第12条第（1）项规定：地方各级人民代表大会的代表名额，按照下列规定确定：

（一）省、自治区、直辖市的代表名额基数为三百五十名，省、自治区每十五万人可以增加一名代表，直辖市每二万五千人可以增加一名代表；但是，代表总名额不得超过一千名。

2. **答案**：D。《宪法》第34条规定：中华人民共和国年满十八周岁的公民，不分民族、种族、性别、职业、家庭出身、宗教信仰、教育程度、财产状况、居住期限，都有选举权和被选举权；但是依照法律被剥夺政治权利的人除外。《选举法》第27条规定：选民登记按选区进行，经登记确认的选民资格长期有效。每次选举前对上次选民登记以后新满十八周岁的、被剥夺政治权利期满后恢复政治权利的选民，予以登记。对选民经登记后迁出原选区的，列入新迁入的选区的选民名单；对死亡的和依照法律被剥夺政治权利的人，从选民名单上除名。精神病患者不能行使选举权利的，经选举委员会确认，不列入选民名单。

3. **答案**：B。《选举法》第40条规定：全国和地方各级人民代表大会代表的选举，一律采用无记名投票的方法。选举时应当设有秘密写票处。选民如果是文盲或者因残疾不能写选票的，可以委托他信任的人代写。

4. **答案**：A。《选举法》第40条规定：全国和地方各级人民代表大会代表的选举，一律采用无记名投票的方法。选举时应当设有秘密发票处。选民如果是文盲或者因残疾不能写选票的，可以委托他信任的人代写。

5. **答案**：A。《选举法》第30条第2款规定：各政党、各人民团体，可以联合或者单独推荐代表候选人。选民或者代表，十人以上联名，也可以推荐代表候选人。

6. **答案**：A。《选举法》第33条规定：县级以上的地方各级人民代表大会在选举上一级人民代表大会代表时，代表候选人不限于各该级人民代表大会的代表。

7. **答案**：B。《选举法》第27条第2款规定：精神病患者不能行使选举权利的，经选举委员会确认，不列入选民名单。

8. **答案**：D。本题考查列宁关于选举的基本观点。

9. **答案**：B。《选举法》第45条第1款规定："在选民直接选举人民代表大会代表时，选区全体选民的过半数参加投票，选举有效。代表候选人获得参加投票的选民过半数的选票时，始得当选。"因此选B。

10. **答案**：B。《选举法》第25条规定：不设区的市、市辖区、县、自治县、乡、民族乡、镇的人民代表大会的代表名额分配到选区，按选区进行选举。选区可以按居住状况划分，也可以按生产单位、事业单位、工作单位划分。选区的大小，按照每一选区选一名至三名代表划分。

11. **答案**：B。《选举法》第42条规定：选民如果在选举期间外出，经选举委员会同意，可以书面委托其他选民代为投票。每一选民接受的委托不得超过三人，并应当按照委托人的意愿代为投票。

12. **答案**：A。《宪法》第60条规定：全国人民代表大会每届任期五年。全国人民代表大会任期届满的两个月以前，全国人民代表大会常务委员会必须完成下届全国人民代表大会代表的选举。如果遇到不能进行选举的非常情况，由全国人民代表大会常务委员会以全体组成人员的三分之二以上的多数通过，可以推迟选举，延长本届全国人民代表大会的任期。在非常情况结束后一年内，必须完成下届全国人民代表大会代表的选举。

13. **答案**：B。根据《选举法》第31条规定，全国和地方各级人民代表大会代表实行差额选举，代表候选人的人数应多于应选代表的名额。由选民直接选举人民代表大会代表的，代表候选人的人数应多于应选代表名额三分之一至一倍；由县级以上的地方各级人民代表大会选举上一级人民代表大会代表的，代表候选人的人数应多于应选代表名额五分之一至二分之一。

14. **答案**：C。《选举法》第28条规定：选民名单应在选举日的二十日以前公布，实行凭选民证参加投票选举的，并应当发给选民证。

15. **答案**：C。《选举法》第29条规定：对于公布的选民名单有不同意见的，可以在选民名单公布之日起五日内向选举委员会提出申诉。选举委员会

① 《中华人民共和国全国人民代表大会和地方各级人民代表大会选举法》于2020年10月17日进行了修正。

对申诉意见，应在三日内作出处理决定。申诉人如果对处理决定不服，可以在选举日的五日以前向人民法院起诉，人民法院应在选举日以前作出判决。人民法院的判决为最后决定。

16. **答案**：B。《选举法》第 45 条第 1 款规定：在选民直接选举人民代表大会代表时，选区全体选民的过半数参加投票，选举有效。代表候选人获得参加投票的选民过半数的选票时，始得当选。

17. **答案**：D。此题考查我国选举法中代表的选举办法问题。所谓直接选举是指选民直接投票选举国家代表机关代表和国家机关公职人员的选举；间接选举是指由下一级国家代表机关，或者选民选出的代表选举上一级国家机关代表和国家机关公职人员的选举。根据我国选举法的规定，我国只有县级以下（含县级）的人大代表的选举实行直接选举，县级以上的人大代表的选举则是实行间接选举。因此，省、自治区、直辖市、设区的市、自治州的人民代表大会的代表是由间接选举产生。因此选 D。

18. **答案**：B。《宪法》第 59 条第 1 款规定：全国人民代表大会由省、自治区、直辖市、特别行政区和军队选出的代表组成。各少数民族都应当有适当名额的代表。

19. **答案**：C。本题考查选民直接选举人民代表大会代表时的选举程序。

《选举法》第 45 条规定："在选民直接选举人民代表大会代表时，选区全体选民的过半数参加投票，选举有效。代表候选人获得参加投票的选民过半数的选票时，始得当选。

县级以上的地方各级人民代表大会在选举上一级人民代表大会代表时，代表候选人获得全体代表过半数的选票时，始得当选。

获得过半数选票的代表候选人的人数超过应选代表名额时，以得票多的当选。如遇票数相等不能确定当选人时，应当就票数相等的候选人再次投票，以得票多的当选。

获得过半数选票的当选代表的人数少于应选代表的名额时，不足的名额另行选举。另行选举时，根据在第一次投票时得票多少的顺序，按照本法第三十一条规定的差额比例，确定候选人名单。如果只选一人，候选人应为二人。

依照前款规定另行选举县级和乡级的人民代表大会代表时，代表候选人以得票多的当选，但是得票数不得少于选票的三分之一；县级以上的地方各级人民代表大会在另行选举上一级人民代表大会代表时，代表候选人获得全体代表过半数的选票，始得当选。"甲的选票超过了半数，甲应当当选。得过半数选票的当选代表的人数少于应选代表的名额时，不足的名额另行选举。另行选举时，如果只选一人，候选人应为二人。

注意直接选举人大代表和间接选举人大代表的选举程序的不同。

20. **答案**：D。根据《选举法》第 27 条第 1 款的规定，选民登记按选区进行，经登记确认的选民资格长期有效。每次选举前对上次选民登记以后新满十八周岁的、被剥夺政治权利期满后恢复政治权利的选民，予以登记。对选民经登记后迁出原选区的，列入新迁入的选区的选民名单；对死亡的和依照法律被剥夺政治权利的人，从选民名单上除名。可见 A 项错误。根据《选举法》第 28 条的规定，选民名单应在选举日的二十日以前公布，实行凭选民证参加投票选举的，并应当发给选民证。可见 B 项错误。根据《选举法》第 29 条的规定，对于公布的选民名单有不同意见的，可以在选民名单公布之日起五日内向选举委员会提出申诉。选举委员会对申诉意见，应在三日内作出处理决定。申诉人如果对处理决定不服，可以在选举日的五日以前向人民法院起诉，人民法院应在选举日以前作出判决。人民法院的判决为最后决定。可见 C 项错误而 D 项正确。因此，本题的正确答案应当是 D 项。

21. **答案**：D。本题选项 A 为《选举法》第 19 条第 1 款的规定；选项 B 为《选举法》第 21 条的规定；选项 C 为第 19 条第 2 款的规定。ABC 项均为法条原文表述，是正确的。对于选项 D，根据《选举法》第 19 条第 3 款的规定，实行区域自治的民族人口特少的自治县，必须"经省、自治区的人民代表大会常务委员会决定"，每一代表所代表的人口数才可以少于二分之一，该选项少了"经省、自治区的人民代表大会常务委员会决定"这一条件，所以错误。

二、多项选择题

1. **答案**：ABD。关于 A，我国的公民，非经法定程序被剥夺选举权，都享有选举权与被选举权，也即选举权的普遍性原则，故 A 正确。关于 B，选民每人一票，每一张选票的效力是相同的，即选举权的平等性原则，故 B 正确。关于 D，《选举法》第 40 条规定，全国和地方各级人民代表大会代表的选举，一律采用无记名投票的方法，即秘密投票原则，故 D 正确。选民对代表的监督、罢免并不是选举制度的原则，C 错误。此外，我国选举制度采取直接选举和间接选举并用的原则，也是选举制度的基本原则之一。

2. **答案**：ABD。《选举法》第53条规定：罢免县级和乡级的人民代表大会代表，须经原选区过半数的选民通过。罢免由县级以上的地方各级人民代表大会选出的代表，须经各该级人民代表大会过半数的代表通过；在代表大会闭会期间，须经常务委员会组成人员的过半数通过。罢免的决议，须报送上一级人民代表大会常务委员会备案、公告。

3. **答案**：ABC。《选举法》第51条第1款规定：县级以上的地方各级人民代表大会举行会议的时候，主席团或者十分之一以上代表联名，可以提出对由该级人民代表大会选出的上一级人民代表大会代表的罢免案。在人民代表大会闭会期间，县级以上的地方各级人民代表大会常务委员会主任会议或者常务委员会五分之一以上组成人员联名，可以向常务委员会提出对由该级人民代表大会选出的上一级人民代表大会代表的罢免案。罢免案应当写明罢免理由。《全国人民代表大会组织法》第21条规定：全国人民代表大会会议期间，一个代表团或者三十名以上的代表联名，可以书面提出对国务院以及国务院各部委、国家监察委员会、最高人民法院、最高人民检察院的质询案。《选举法》第30条第1款、第2款规定：全国和地方各级人民代表大会的代表候选人，按选区或者选举单位提名产生。各政党、各人民团体，可以联合或者单独推荐代表候选人。选民或者代表，十人以上联名，也可以推荐代表候选人。推荐者应向选举委员会或者大会主席团介绍候选人的情况。《选举法》第50条规定：对于县级的人民代表大会代表，原选区选民五十人以上联名，对于乡级的人民代表大会代表，原选区选民三十人以上联名，可以向县级的人民代表大会常务委员会书面提出罢免要求。罢免要求应当写明罢免理由。被提出罢免的代表有权在选民会议上提出申辩意见，也可以书面提出申辩意见。县级的人民代表大会常务委员会应当将罢免要求和被提出罢免的代表的书面申辩意见印发原选区选民。表决罢免要求，由县级的人民代表大会常务委员会派有关负责人员主持。

4. **答案**：ABD。《选举法》第54条第1款规定：县级以上的各级人民代表大会常务委员会组成人员，县级以上的各级人民代表大会专门委员会成员的代表职务被罢免的，其常务委员会组成人员或者专门委员会成员的职务相应撤销，由主席团或者常务委员会予以公告。

5. **答案**：ABC。选举制度是民主政治发展的必然结果与标志，在现代社会中，它已成为调整国家权力活动的基本形式，选举制度的性质取决于一个国家的国体。

6. **答案**：ACD。详见《选举法》第27条、第28条、第29条。

7. **答案**：ABC。《选举法》第3条规定：全国人民代表大会的代表，省、自治区、直辖市、设区的市、自治州的人民代表大会的代表，由下一级人民代表大会选举。不设区的市、市辖区、县、自治县、乡、民族乡、镇的人民代表大会的代表，由选民直接选举。

8. **答案**：ABC。《选举法》第44条规定：每次选举所投的票数，多于投票人数的无效，等于或者少于投票人数的有效。每一选票所选的人数，多于规定应选代表人数的作废，等于或者少于规定应选代表人数的有效。

第45条第1款规定：在选民直接选举人民代表大会代表时，选区全体选民的过半数参加投票，选举有效。代表候选人获得参加投票的选民过半数的选票时，始得当选。

9. **答案**：ABC。《选举法》第4条第1款规定：中华人民共和国年满十八周岁的公民，不分民族、种族、性别、职业、家庭出身、宗教信仰、教育程度、财产状况和居住期限，都有选举权和被选举权。第27条规定：选民登记按选区进行，经登记确认的选民资格长期有效。每次选举前对上次选民登记以后新满十八周岁的、被剥夺政治权利期满后恢复政治权利的选民，予以登记。对选民经登记后迁出原选区的，列入新迁入的选区的选民名单；对死亡的和依照法律被剥夺政治权利的人，从选民名单上除名。精神病患者不能行使选举权利的，经选举委员会确认，不列入选民名单。依照法律被剥夺政治权利的人没有选举权和被选举权。

10. **答案**：ABCD。乡、民族乡、镇的人民代表大会代表有权依照法律规定的程序提出本级人民政府领导人员的人选，并有权对本级人民代表大会主席团和代表依法提出的上述人员的人选提出意见。各级人民代表大会代表有权对本级人民代表大会主席团的人选，提出意见。代表对确定的候选人，可以投赞成票，可以投反对票，可以另选他人，也可以弃权。

11. **答案**：ABC。《选举法》第32条第1款规定：由选民直接选举人民代表大会代表的，代表候选人由各选区选民和各政党、各人民团体提名推荐。选举委员会汇总后，将代表候选人名单及代表候选人的基本情况在选举日的十五日以前公布，并交各该选区的选民小组讨论、协商，确定正式代表候选人名单。

12. **答案**：ABC。本题主要考查近代选举制度的特点。

13. **答案**：ABD。《宪法》第34条规定：中华人民共和国年满十八周岁的公民，不分民族、种族、性别、职业、家庭出身、宗教信仰、教育程度、财产状况、居住期限，都有选举权和被选举权；但是依照法律被剥夺政治权利的人除外。

14. **答案**：ABCD。《选举法》目录：第六章选区划分，第七章选民登记，第八章代表候选人的提出，第九章选举程序。

15. **答案**：ABC。《选举法》第58条规定：为保障选民和代表自由行使选举权和被选举权，对有下列行为之一，破坏选举，违反治安管理规定的，依法给予治安管理处罚；构成犯罪的，依法追究刑事责任：（一）以金钱或者其他财物贿赂选民或者代表，妨害选民和代表自由行使选举权和被选举权的；（二）以暴力、威胁、欺骗或者其他非法手段妨害选民和代表自由行使选举权和被选举权的；（三）伪造选举文件、虚报选举票数或者有其他违法行为的；（四）对于控告、检举选举中违法行为的人，或者对于提出要求罢免代表的人进行压制、报复的。国家工作人员有前款所列行为的，还应当依法给予行政处分。以本条第一款所列违法行为当选的，其当选无效。

16. **答案**：ACD。《宪法》第34条规定：中华人民共和国年满十八周岁的公民，不分民族、种族、性别、职业、家庭出身、宗教信仰、教育程度、财产状况、居住期限，都有选举权和被选举权；但是依照法律被剥夺政治权利的人除外。《选举法》第27条规定：选民登记按选区进行，经登记确认的选民资格长期有效。每次选举前对上次选民登记以后新满十八周岁的、被剥夺政治权利期满后恢复政治权利的选民，予以登记。对选民经登记后迁出原选区的，列入新迁入的选区的选民名单；对死亡的和依照法律被剥夺政治权利的人，从选民名单上除名。精神病患者不能行使选举权利的，经选举委员会确认，不列入选民名单。

17. **答案**：ABCD。《选举法》第25条规定：不设区的市、市辖区、县、自治县、乡、民族乡、镇的人民代表大会的代表名额分配到选区，按选区进行选举。选区可以按居住状况划分，也可以按生产单位、事业单位、工作单位划分。选区的大小，按照每一选区选一名至三名代表划分。

18. **答案**：AB。根据《选举法》第30条。

19. **答案**：AC。《选举法》第53条规定：罢免县级和乡级的人民代表大会代表，须经原选区过半数的选民通过。罢免由县级以上的地方各级人民代表大会选出的代表，须经各该级人民代表大会过半数的代表通过；在代表大会闭会期间，须经常务委员会组成人员的过半数通过。罢免的决议，须报送上一级人民代表大会常务委员会备案、公告。

20. **答案**：ABCD。《选举法》第41条规定：选举人对于代表候选人可以投赞成票，可以投反对票，可以另选其他任何选民，也可以弃权。

21. **答案**：BC。《地方各级人民代表大会和地方各级人民政府组织法》第21条第1款和第2款规定：省长、副省长等人的人选由本级人民代表大会主席团或者本级人民代表大会代表30人以上书面联合提名。因此选BC项。

22. **答案**：BCD。《选举法》第3条规定：全国人民代表大会的代表，省、自治区、直辖市、设区的市、自治州的人民代表大会的代表，由下一级人民代表大会选举。不设区的市、市辖区、县、自治县、乡、民族乡、镇的人民代表大会的代表，由选民直接选举。

23. **答案**：AB。根据《选举法》第55条第2款规定：乡级的人民代表大会代表可以向本级人民代表大会书面提出辞职。乡级的人民代表大会接受辞职，须经人民代表大会过半数的代表通过。所以，A选项是正确的。

《选举法》第50条第1款规定：对于县级的人民代表大会代表，原选区选民50人以上联名，对于乡级的人民代表大会代表，原选区选民30人以上联名，可以向县级的人民代表大会常务委员会书面提出罢免要求。《选举法》第53条第1款规定：罢免县级和乡级的人民代表大会代表，须经原选区过半数的选民通过。所以，B选项正确；C选项是错误的，罢免县级人民代表大会代表，须经原选区过半数的选民通过即可，而非三分之二以上的选民通过。

《选举法》第57条第1款、第4款规定：代表在任期内，因故出缺，由原选区或者原选举单位补选。补选出缺的代表时，代表候选人的名额可以多于应选代表的名额，也可以同应选代表的名额相等。补选的具体办法，由省、自治区、直辖市的人民代表大会常务委员会规定。所以，D选项表述是错误的。

24. **答案**：BD。本题考查的是我国的选举和罢免制度。《选举法》第8条规定，全国人民代表大会和地方各级人民代表大会的选举经费，列入财政预算，由国库开支。也就是说，全国人民代表大会和地方各级人民代表大会因选举而发生的各项费用，均由国家财政开支。《中国人民解放军选举全国人民代表大会和县级以上地方各级人民代表大会代表的办法》① 第 39 条规定，人民解放军的选举经费，由军费开支。选项 A 的表述是不正确的，选举经费由国库开支，并不意味着由中央财政统一开支。

香港特别行政区全国人大代表的选举与一般省级地方人大的选举不同，采用选举会议的方式进行。香港特别行政区全国人大代表选举会议第一次会议由全国人民代表大会常务委员会召集，根据全国人民代表大会常务委员会委员长会议的提名，推选选举会议成员组成主席团。主席团从其成员中推选常务主席一人。主席团主持选举会议。主席团常务主席主持主席团会议。所以，B 选项正确。

《选举法》第 51 条第 1 款规定，县级以上的地方各级人民代表大会举行会议的时候，主席团或者 1/10 以上代表联名，可以提出对由该级人民代表大会选出的上一级人民代表大会代表的罢免案。在人民代表大会闭会期间，县级以上的地方各级人民代表大会常务委员会主任会议或者常务委员会 1/5 以上组成人员联名，可以向常务委员会提出对由该级人民代表大会选出的上一级人民代表大会代表的罢免案。所以，C 选项错误。

《选举法》第 30 条第 2 款规定，各政党、各人民团体，可以联合或者单独推荐代表候选人。选民或者代表，10 人以上联名，也可以推荐代表候选人。所以，D 选项的表述是正确的。

25. 答案：ACD。根据《选举法》第 49、53 条，县人大代表由直接选举产生，乙县选民有权罢免之（须经原选区过半数的选民通过），故 A 项正确。根据《选举法》第 55 条规定，县级的人民代表大会代表可以向本级人民代表大会常务委员会书面提出辞职。故 B 项错误。根据《选举法》第 58 条，破坏选举，应承担相应法律责任，故 C 项正确。《选举法》第 39 条规定，县级以上的地方各级人民代表大会在选举上一级人民代表大会代表时，由各该级人民代表大会主席团主持。第 59 条规定，主持选举的机构发现有破坏选举的行为或者收到对破坏选举行为的举报，应当及时依法调查处理；需要追究法律责任的，及时移送有关机关予以处理。故 D 项正确。

26. 答案：ABC。《选举法》第 15 条第 1 款规定："地方各级人民代表大会代表名额，由本级人民代表大会常务委员会或者本级选举委员会根据本行政区域所辖的下一级各行政区域或者各选区的人口数，按照每一代表所代表的城乡人口数相同的原则，以及保证各地区、各民族、各方面都有适当数量代表的要求进行分配。在县、自治县的人民代表大会中，人口特少的乡、民族乡、镇，至少应有代表一人。"省人大选举实施办法不得与选举法相抵触，亦需保证各地区、各民族、各方面都有适当数量的代表；且仅就题中规定而言，亦推导不出不保证各地区、各民族、各方面都有适当数量代表的要求。故 D 错误。

三、名词解释

1. 答案：选举制度是一国统治阶级通过法律规定的关于选举国家代议机关代表与国家公职人员的原则、程序与方法等各项制度的总称。

2. 答案：职业代表制是指将选举人依职业予以分类，根据职业团体而不是居住区或行政区域，选举议员或代表的制度。

3. 答案：比例代表制是指依一定的计票方法，使各政党依其所得票数，按比例选出代表的制度。

4. 答案：差额选举是指在选举中候选人的人数多于应选代表名额的选举。差额选举有利于选民根据自己的自由意志选举满意的候选人。

5. 答案：我国宪法规定，除依照法律被剥夺政治权利的人除外，凡年满 18 周岁的公民，不分民族、种族、性别、职业、家庭出身、宗教信仰、教育程度、财产状况、居住期限，都有选举权与被选举权。选举普遍原则就是指享有选举权的主体范围而言的，其含义在于，具有一国国籍达到一定年龄的公民享有选举权的广泛程度。

6. 答案：选区是以一定数量的人口为基础划分的区域，是选民选举产生人民代表的基本单位。根据选举法的基本精神，划分选区的基本原则是：1. 便于选民参加选举活动，便于选举组织工作的进行。2. 便于选民了解候选人，便于代表联系选民。3. 选区划分要充分考虑选民行使监督和罢免权。

四、简答题

1. 答案：对人大代表的罢免既是行使选举权的重要方面，也是人民对人大代表进行监督最有力的措施。全国和地方各级人民代表大会的代表，受选民和原选举单位的监督。选民或者选举单位都有权罢免自己选出的代表。程序如下：

（1）对于直接选举的代表：

第一，对于县级的人民代表大会代表，原选区选民五十人以上联名，对于乡级的人民代表大

① 此办法于 2021 年 4 月 29 日通过修正，2021 年 4 月 30 日起施行。

会代表，原选区选民三十人以上联名，可以向县级的人民代表大会常务委员会书面提出罢免要求。罢免要求应当写明罢免理由。

第二，被提出罢免的代表有权在选民会议上提出申辩意见，也可以书面提出申辩意见。县级的人民代表大会常务委员会应当将罢免要求和被提出罢免的代表的书面申辩意见印发原选区选民。

第三，表决罢免要求，由县级的人民代表大会常务委员会派有关负责人员主持。罢免县级和乡级的人民代表大会代表，须经原选区过半数的选民通过。罢免代表采用无记名投票的表决方式。

（2）对于间接选举的代表：

第一，县级以上的地方各级人民代表大会举行会议的时候，主席团或者十分之一以上代表联名，可以提出对由该级人民代表大会选出的上一级人民代表大会代表的罢免案；在人民代表大会闭会期间，县级以上的地方各级人民代表大会常务委员会主任会议或者常务委员会五分之一以上组成人员联名，可以向常务委员会提出对由该级人民代表大会选出的上一级人民代表大会代表的罢免案。罢免案应当写明罢免理由。

第二，县级以上的地方各级人民代表大会举行会议的时候，被提出罢免的代表有权在主席团会议和大会全体会议上提出申辩意见，或者书面提出申辩意见，由主席团印发会议。县级以上的地方各级人民代表大会常务委员会举行会议的时候，被提出罢免的代表有权在主任会议和常务委员会全体会议上提出申辩意见，或者书面提出申辩意见，由主任会议印发会议。

第三，罢免案经会议审议后，分别由主席团提请大会全体会议或由主任会议提请常务委员会全体会议表决。罢免由县级以上的地方各级人民代表大会选出的代表，须经各级人民代表大会过半数的代表通过；在代表大会闭会期间，须经常务委员会组成人员的过半数通过。罢免代表采用无记名投票的表决方式。罢免的决议，须报送上一级人民代表大会常务委员会备案。

（3）对于被罢免的代表的公告：

县级以上的各级人民代表大会常务委员会组成人员，全国人民代表大会和省、自治区、直辖市、设区的市、自治州的人民代表大会专门委员会成员的代表职务被罢免的，其常务委员会组成人员或者专门委员会成员的职务相应撤销，由主席团或者常务委员会予以公告。

乡、民族乡、镇的人民代表大会主席、副主席的代表职务被罢免的，其主席、副主席的职务相应撤销，由主席团予以公告。

2. 答案：选举制度作为近现代民主制度的重要组成部分，既是资产阶级学者提出天赋人权学说、人民主权学说在资产阶级政治实践中的产物，也是资产阶级反对封建等级授职制的结果。与原始社会、奴隶社会和封建社会的选举活动相比，近代选举制度有三个特点：一是被选举者往往是代议机关的代表或议员；二是形式上采用普选制；三是有一套比较完整的法律作指导。因此，资产阶级革命胜利以后，随着代议政体的出现，选举制度作为合理分配与组织国家权力有效而民主的形式得到世界各国的普遍重视。在现代社会中，选举制度已成为调整国家权力活动的基本途径。

五、论述题

1. 答案：根据《全国人民代表大会常务委员会关于县级以下人民代表大会代表直接选举的若干规定》，县、自治县、不设区的市、市辖区的选举委员会的组成人员由本级人民代表大会常务委员会任命。乡、民族乡、镇的选举委员会的组成人员由其上一级人民代表大会常务委员会，即由县、自治县、不设区的市、市辖区的人民代表大会常务委员会任命。选举委员会下设办事机构，办理选举的具体事务。选举委员会的职权是：

（1）主持本级人民代表大会代表的选举；

（2）进行选民登记，审查选民资格，公布选民名单，受理对选民名单不同意见的申诉，并做出决定；

（3）划分选区，分配各选区应选代表的名额；

（4）汇总公布代表候选人初步名单；在经过选民反复酝酿、讨论、协商后，根据较多数选民的意见，确定和公布正式代表候选人名单；

（5）规定选举日期；

（6）主持投票选举，确定选举结果是否有效，公布当选代表名单。

2. 答案：（1）对代表的监督、罢免。

全国和地方各级人民代表大会的代表受选民和原选举单位监督，选民或原选举单位有权罢免所选出的代表。对于县级的人民代表大会代表，原选区选民五十人以上联名，对于乡级的人民代表大会代表，原选区选民三十人以上联名，可以向县级的人民代表大会常务委员会书面提出罢免要求。县级以上的地方各级人大举行会议的时候，主席团或者十名以上代表联名，可以提出对由该级人大选出的上一级人大代表的罢免案。在人大闭会期间，县级以上的地方各级人大常务委员会主任会议或者常务委员会由以上组成人员联名，可以向常务委员会提出对由该级人大选出的上一级人大代表的罢免案，所提的罢免要求和罢免案应当写明罢免理由。被提出罢免的县、乡级人大代表，有权在选民会议上提出口头或者书面的申辩意见。被提出罢免的县级以上的人大代表有权在主席团会议和大会全体会议上提出口头或者书面的申辩意见。表决罢免县级和乡级人大代表的要求，由县级的人大常务委员会派有关负责人员主持。县级以上人大代表的罢免案，经本级人大常务委员会审议后，由主任会议提请全体会议表决。罢免代表采用无记名投票的表决方式。罢免县级人大代表，须经原选区过半数的选民通过。罢免县级以上人大代表，须经各该级的人大代表过半数通过；在代表大会闭会期间，须经常务委员会组成人员的过半数通过。通过罢免的决议，须送上一级人大常务委员会备案。县级以上的各级人大常务委员会组成人员，以及全国人大和省、自治区、直辖市、设区的市、自治州的人大专门委员会成员的代表职务被罢免的，其常务委员会组成人员或者专门委员会成员的职务相应撤销，由主席团或者常务委员会予以公告。乡、民族乡、镇的人大主席、副主席的代表职务被罢免的，其主席、副主席的职务相应撤销，由主席团予以公告。

(2) 代表的辞职。

全国人民代表大会代表，省、自治区、直辖市、设区的市、自治州的人民代表大会代表，可以向选举他的人民代表大会的常务委员会提出书面辞职。县级的人大代表可以向本级人大常委会书面提出辞职。乡级的人大代表可以向本级人大书面提出辞职。县级以上的各级人大常务委员会组成人员，全国人大和省、自治区、直辖市、设区的市、自治州的人大的专门委员会成员，辞去代表职务的请求被接受的，其常务委员会组成人员、专门委员会成员的职务相应终止，由常务委员会予以公告。乡、民族乡、镇的人大主席、副主席，辞去代表职务的请求被接受的，其主席、副主席的职务相应终止，由主席团予以公告。

(3) 代表的补选。

代表在任期届满前因故出缺，由原选区或者选举单位进行补选。地方各级人民代表大会代表在任期内调离或者迁出本行政区域的，其代表资格自行终止，缺额另行补选。县级以上地方各级人民代表大会闭会期间，可以由本级人民代表大会常务委员会补选上一级人民代表大会的代表。补选出缺的代表时，可以采取差额选举，也可以采取等额选举。

3. **答案**：我国的选举法的原则可分为：选举普遍性原则、选举平等性原则、直接选举和间接选举并用原则、无记名投票原则、差额选举原则，选举权利保障原则。

(1) 选举权的普遍性是指一个国家内享有选举权的公民的广泛程度。我国《选举法》第 4 条规定，中华人民共和国年满 18 周岁的公民，不分民族、种族、性别、职业、家庭出身、宗教信仰、教育程度、财产状况和居住期限，都有选举权和被选举权。依照法律被剥夺政治权利的人没有选举权和被选举权。此外，对判处有期徒刑、拘役、管制而没有附加剥夺政治权利的人；对被羁押，正在受侦查、起诉、审判，人民检察院或者人民法院没有决定停止行使选举权利的人；对正在取保候审或者被监视居住的人；对正在劳动教养的人；对正在受拘留处罚的人，均准予行使选举权利。这些都表明了我国选举制度最大限度地扩大了拥有选举权公民的范围，真正实现了普选权，并保证了人民代表具有广泛的社会基础。

(2) 选举权的平等性是指每个选民在每次选举中只能在一个地方并只能享有一个投票权，不允许任何选民因民族、种族、性别、职业、家庭出身、宗教信仰、教育程度、财产状况、居住期限的不同，而在选举中享有特权，更不允许对任何选民非法加以限制或歧视。所有选民都在平等的基础上进行选举。选举权的平等性也充分显示了我国选举制度的真正民主的本质。而且，我国选举权的平等性着重于实质上的平等，而不单纯是形式上的规定。对这个问题的理解，不应绝对化。例如，①选举法规定“地方各级人民代表大会代表的名额”，要依据“使各民族、各地区、各方面都能有适当数量的代表的原则”加以决定，还规定了各级人民代表大会代表的名额和代表的产生都以一定的人口数为基础。②选举法从我国的具体国情出发，规定了在城市和农村之间、少数民族和汉族之间每一代表所代表的人口的不同比例，这种规定如果单纯从形式上看，似乎是不平等的，但这样规定是为了达到事实上的平等。

(3) 直接选举和间接选举并用原则是指全国人民代表大会的代表，省、自治区、直辖市、设区的市、自治州的人民代表大会的代表，由下一级人民代表大会选举；不设区的市、市辖区、县、自治县、乡、民族乡、镇的人民代表大会的代表，由选民直接选举。

(4) 无记名投票原则。为了体现选举制度的民主性与科学性，选举法规定：全国和地方各级人民代表大会的选举，一律采用无记名投票的方法。选民如果是文盲或者因残疾不能写选票的，可以委托他信任的人写。无记名投票有利于选民在不受任何干扰的情况下，按照自己的自由意志选举候选人。

(5) 差额选举的原则。差额选举是指在选举中，候选人的人数多于应选代表名额的选举。它与等额选举相对应。等额选举是指在选举中，候选人的人数与应选代表名额相等的选举。我国《选举法》规定，全国和地方各级人民代表大会代表实行差额选举，代表候选人的人数应多于应选代表的名额。

由选民直接选举人民代表大会代表的，代表候选人的人数应多于应选代表名额1/3－1倍；由县级以上的地方各级人民代表大会选举上一级人民代表大会代表的，代表候选人的人数应多于应选代表名额1/5－1/2。差额选举有利于选民根据自己的自由意志选择满意的候选人。

(6) 选举权利保障原则。我国《选举法》第7条规定："全国人民代表大会和地方各级人民代表大会的选举经费，列入财政预算，由国库开支。""由国库开支"是指由国家（包括中央和地方）财政支出，而不是由机关单位或者选民个人支出。这一规定从物质上保障了选民根据自己的意愿投票，保障了候选人不因经济条件的差别而在选举时受到限制。除此之外，国家还提供必要的物质设施，如电台、电视等帮助和支持选举活动。我国《选举法》第十一章还规定了国家对破坏选举的制裁。另外，我国其他法律、法规还从不同角度、用不同方式保障选民及代表自由行使选举权和被选举权，如我国刑法对破坏选举的行为作了专条规定，等等。

4. 答案： 政党制度是有关政党地位和作用，特别是有关政党执掌、参与或影响国家政权的各种制度的总称。选举制度同政党制度有着密切的联系，它们都是近现代国家政治制度的重要组成部分。在同一国家中，二者不仅反映了相同的国家性质，而且选举制度的类型、地位、作用都和本国的政党制度有关。在政党政治盛行的当今世界，选举制度与政党制度的相互渗透、相互作用愈加明显。

(1) 在资本主义国家，选举制度与政党制度的关系主要表现在：资产阶级政党在形式上通过选举才能执政。历史表明，在封建制度不变的情况下，封建国家政权的更替往往通过战争或宫廷政变等暴力手段来实现。而在资本主义国家，情况却非如此。资产阶级政党的执政和下野，一般通过选举制度的运行来实现。在资本主义国家，选举工作都是在资产阶级政党的操纵把持下进行的，资产阶级政党在选举中起着主导作用。资产阶级政党为攫取统治权，都精心组织竞选机构、挑选候选人，全力开展各项竞选活动。可以说，选举活动是资产阶级政党的工作中心和重点。每逢选举年，这些政党都倾注全力投入选举活动。包括组织竞选班子，筹措竞选经费，制定竞选纲领，决定和提出候选人，宣传鼓动，进行民意测验，以及通过利诱、收买、威胁等手段拉拢选民，等等。资产阶级政党正是通过这些活动，来控制、操纵选举，以保证为议会和政府输送忠实于垄断资产阶级利益的代表。与资产阶级政党制度相适应，资本主义选举制度一般分为多数选举制和比例代表制。在政治实践中，资本主义国家采取何种选举制度的运作形式，往往基于本国政党制度的具体情况来考虑。

(2) 我国选举制度是人民实现国家权力的保证，政党制度是中国共产党领导的多党合作制，它们两者之间的关系十分密切。我国选举制度是在中国共产党领导下发挥其作用和功效的。在全国人大和地方各级人大代表中，共产党员在比例上的优势和各民主党派所占的一定名额以及其他非党人士所占的名额，原则上反映了我国党派关系的实际。这种反映共产党领导地位和我国政党制度特点的代表结构都通过我国选举制度的运作来实现。

六、案例题

答案：《宪法》第34条规定："中华人民共和国年满十八周岁的公民，不分民族、种族、性别、职业、家庭出身、宗教信仰、教育程度、财产状况、居住期限，都有选举和被选举权；但是依照法律被剥夺政治权利的人除外。"选举权和被选举权，是宪法赋予公民的最基本的政治权利自由。破坏或妨碍公民的选举，不仅直接影响公民民主权利的行使，而且可能使一些人混进国家政权机关，危害国家和人民的利益，影响国家机关的威信。因此，为了保障公民行使当家作主的神圣权利，不仅选举法专章规定了对各种破坏选举或妨碍选民自由行使选举权的违法犯罪行为的制裁，刑法也进一步规定了破坏选举罪，并规定对这种犯罪行为要依法追究刑事责任，这些规定为保障选举的顺利进行和选民权利的实现提供了法律上的保障。本案中的张某非法煽动选民不选候选人，以欺骗的手段索取了33张选票并擅自填写上自己的名字，造成选举无效，妨害了选民自由行使选举权和被选举权。因此，张某的行为违反了宪法和有关法律的规定，构成破坏选举罪，应依法对其进行制裁。

第十六章　国家机构

基础知识图解

- 国家机构
  - 概说
    - 概念和分类
    - 组织与活动原则：党的全面领导原则，民主集中制原则，社会主义法治原则，责任制原则，密切联系群众、为人民服务原则，精简和效率原则
  - 代议机关
    - 资本主义国家代议机关
    - 社会主义国家代议机关
    - 我国的全国人大及其常委会：全国人大、全国人大常委会、全国人大各专门委员会
    - 地方各级人民代表
  - 国家元首
    - 概述、历史发展
    - 我国现行的国家元首制度：特点、产生、任期、职权
  - 行政机关
    - 概述：内阁制、总统制、委员会制
    - 我国的国务院
    - 我国的地方各级人民政府
  - 监察机关
    - 监察委员会
    - 地方各级监察委员会
  - 审判机关和检察机关
    - 我国的审判机关
    - 我国的检察机关
  - 我国的军事领导机关：中央军事委员会

配套测试

一、单项选择题

1. 根据我国现行宪法和立法法的规定，下列选项中哪一行为构成违宪？(　　)

A. 全国人大改变其常委会制定的法律

B. 某自治县的单行条例对全国人大制定的法律作出变通规定

C. 全国人大授权全国人大常委会修改人民法院组织法

D. 国务院改变某省政府制定的地方规章

2. 根据我国现行宪法和立法法的规定，下列选项中哪一行为构成违宪？(　　)

A. 李某等 29 名全国人大代表联名向全国人大会议提出质询案，主席团以不够法定人数为由拒绝将其列入大会议程

B. 某省人大代表大会罢免了本省人民检察院检察长的职务

C. 某省人民检察院检察长提请省人大常委会批准对其所辖市的人民检察院检察长的任命

D. 全国人大常委会在全国人大召开前一个礼拜将其决定提请全国人大会议审议的法律案（草案）发给各代表

3. 根据我国宪法的规定，连续任职不得超过两届的有(　　)

A. 国务院总理、副总理、国务委员、各部部长以及国务院秘书长

B. 国务院总理、全国人大常委会委员长、全国人大常委会委员

C. 国务院总理、全国人大常委会委员长、中央军委主席及中央军委其他组成人员

D. 国务院总理、全国人大常委会委员长、最高人民法院院长、最高人民检察院检察长

4. 下列选项中哪个有权决定乡、民族乡、镇的建置和区域划分？(　　)

A. 国务院

B. 省、直辖市的人民政府

C. 自治州、设区的市的人民政府
D. 县级人民政府

5. 我国宪法规定了国家主席的替补制度，下列选项中对替补制度的表述哪个是错误的？（　　）
A. 主席缺位时由副主席代理
B. 主席缺位时由副主席继任
C. 副主席缺位时由全国人大补选
D. 主席和副主席都缺位且未及补选时由全国人大常委会委员长代理

6. 下列选项中哪项不属于全国人民代表大会罢免范围？（　　）
A. 国务院副总理
B. 国务院各部部长
C. 中央军事委员会的组成人员
D. 最高人民法院副院长

7. 下列哪种行为不属于法官违反职业道德的行为？（　　）
A. 隐瞒证据或者伪造证据
B. 因重大过失导致裁判结果错误并造成当事人的严重损失
C. 违反有关规定从事营利性的经营活动
D. 在一次同学聚会上，与曾是自己同学的某案（该案判决已于本次聚会 4 年前生效且已执行完毕）代理律师饮酒

8. 下列哪种法规只报全国人大常委会备案？（　　）
A. 行政法规
B. 省人大制定的地方性法规
C. 较大的市的人大制定的地方性法规
D. 自治州的自治条例

9. 下列哪种法律冲突由全国人大常委会裁决？（　　）
A. 同一机关制定的法律，特别规定与一般规定不一致的
B. 同一机关制定的法律，新的规定与旧的规定不一致的
C. 法律之间对同一事项的新的一般规定与旧的特别规定不一致的
D. 行政法规之间对同一事项的新的一般规定与旧的特别规定不一致的

10. 下列哪种尚未制定法律的事项，全国人大常委会有权作出决定，授权国务院根据实际需要，对其中的部分事项先制定行政法规？（　　）
A. 有关犯罪和刑罚的事项
B. 外贸的基本制度
C. 限制人身自由的强制措施
D. 司法制度

11. 根据我国现行宪法和法律，下列选项中哪一机关有权主持全国人大代表的选举工作？（　　）
A. 全国人大主席团
B. 全国人民代表大会常务委员会
C. 全国人大宪法和法律委员会
D. 国务院

12. 根据我国《立法法》的规定，下列哪一机构可以向我国最高国家权力机关提出法律案？（　　）
A. 中央军事委员会
B. 省级人民代表大会常务委员会
C. 民族区域自治地方的人大常委会
D. 直辖市人大常委会

13. 下列机关实行首长负责制的是哪一项？（　　）
A. 国务院
B. 全国人民代表大会
C. 全国人大常务委员会
D. 中华人民共和国主席

14. 在一起行政诉讼案件中，被告进行处罚的依据是国务院某部制定的一个行政规章，原告认为该规章违反了有关法律。根据我国宪法规定，下列哪一机关有权改变或者撤销不适当的规章？（　　）
A. 国务院
B. 全国人民代表大会常务委员会
C. 最高人民法院
D. 全国人民代表大会宪法和法律委员会

15. 我国行使国家立法权的机关有下列哪个机构？（　　）
A. 全国人民代表大会及其常务委员会
B. 国务院
C. 中央军事委员会
D. 最高人民法院

16. 根据《立法法》的规定，我国基本法律草案应由下列哪项所述人数通过？（　　）
A. 全国人民代表大会全体代表的 2/3 以上的多数
B. 全国人民代表大会或其常委会组成人员过半数通过
C. 全国人民代表大会全体代表的过半数通过
D. 全国人大常委会委员过半数通过

17. 下列哪个选项不是由全国人民代表大会选举产生，而是由国家主席提名决定的？（　　）
A. 国家副主席
B. 最高人民法院副院长
C. 国务院总理
D. 中央军事委员会主席

18. 下列人员不能担任法官的是哪种？（　　）
A. 全国人大代表
B. 省人民代表大会常委会委员
C. 中国法学会会员
D. 博士研究生导师

19. 我国现行《宪法》规定，中华人民共和国全国武装力量由哪一机构领导？(　　)

A. 中央军委　　B. 中央军委主席

C. 国务院　　D. 全国人大和国务院

20. 中央国家机关与地方国家机关，是以下列选项中的哪一标准划分的？(　　)

A. 国家机构的性质

B. 国家机构的历史

C. 国家机构行使权力的属性

D. 国家机构行使权力的地域范围

21. 根据《宪法》规定，全国人大常委会必须在全国人大任期届满的哪个法定时间内完成下一届全国人大的选举？(　　)

A. 2 个月　　B. 3 个月

C. 1 个月　　D. 6 个月

22. 根据宪法规定，如果有法定比例的全国人大代表提议，可以临时召集全国人大。这个法定比例是(　　)

A. 2/3　　B. 1/2

C. 1/5　　D. 1/3

23. 根据宪法规定，下列哪一职位由全国人大选举产生？(　　)

A. 国家副主席

B. 国务院副总理

C. 中央军委副主席

D. 最高人民法院副院长

24. 根据宪法和法律规定，全国人大有权罢免下列选项中的哪一职务的人员？(　　)

A. 最高人民法院副院长

B. 国务院秘书长

C. 最高人民检察院副检察长

D. 省人大常委会主任

25. 根据《宪法》规定，有选举权和被选举权的符合法定年龄的中华人民共和国公民可以被选为中华人民共和国主席副主席。这一法定年龄是(　　)

A. 年满 50 周岁　　B. 年满 40 周岁

C. 35 周岁　　D. 45 周岁

26. 根据《宪法》规定，审计机关在下列选项中的哪一主体的领导下，依法独立行使审计监督权？(　　)

A. 国务院　　B. 国务院总理

C. 国家主席　　D. 国务院审计署

27. 哪一级政府有权改变或者撤销所属各工作部门和下级人民政府不适当的决定？(　　)

A. 县级以上　　B. 市级以上

C. 省级以上　　D. 区级以上

28. 根据现行宪法和法律规定，全国人大代表无权对下列哪一机构提出质询案？(　　)

A. 国务院　　B. 最高人民法院

C. 最高人民检察院　　D. 中央军委

29. 各级人大代表非经法定机关的许可不受哪种性质的审判？(　　)

A. 民事审判　　B. 刑事审判

C. 经济审判　　D. 行政审判

30. 我国《宪法》规定县级以上的各级地方人民政府设立审计机关，地方各级审计机关依照法律规定独立行使审计监督权，对下列哪些机关负责？(　　)

A. 国务院审计署和本级人民政府

B. 本级人民代表大会常委会和上一级审计机关

C. 本级人民代表大会和本级政府

D. 本级人民政府和上一级审计机关

31. 我国《宪法》规定，中华人民共和国的国家机构实行(　　)

A. 首长负责制　　B. 民主集中制

C. 分工协作制　　D. 议行合一制

32. 根据宪法规定，人民法院和人民检察院对于不通晓当地通用的语言文字的诉讼参与人，应当为他们提供哪项服务？(　　)

A. 使用普通话

B. 为他们翻译

C. 用他们通晓的语言问话

D. 用非当地通用语言进行审理

33. 民族自治地方的自治机关依法行使自治权。根据我国宪法规定，下列哪一机关不享有自治条例、单行条例制定权？(　　)

A. 自治区人大常委会

B. 自治区人民代表大会

C. 自治州人民代表大会

D. 自治县人民代表大会

34. 中央军委实行哪种形式的负责制？(　　)

A. 主席负责制

B. 集体负责制

C. 多数人负责制

D. 委员会全体负责制

35. 根据我国宪法规定，全国人大和全国人大常委会认为必要时，可以组织关于特定问题的下列哪种委员会？(　　)

A. 专门委员会　　B. 调查委员会

C. 临时委员会　　D. 审议委员会

36. 根据宪法规定，我国驻外全权代表的任免决定权属于哪一机构？(　　)

A. 国家主席

B. 全国人大常委会

C. 全国人大

D. 国家主席和全国人大常委会

37. 全国人民代表大会举行会议的时候，代表联名提出质询案的人数不得少于多少人？

A. 5 人以上　　B. 3 人以上

C. 10 人以上　　D. 30 人以上

38. 哪一职位由全国人大按差额选举的方法产生？(　　)

A. 委员长　　B. 副委员长若干人

C. 委员若干人　　D. 秘书长

39. 下列哪个选项的法规或条例或法律报全国人大常委会批准后生效？(　　)

A. 省人民代表大会制定的地方性法规

B. 自治区人民代表大会制定的自治条例

C. 自治州人民代表大会制定的单行条例

D. 特别行政区立法机关制定的法律

40. 全国人大常委会全体委员有多少人出席会议时，召开会议才是合法有效的？(　　)

A. 3/4 以上多数　　B. 过半数

C. 2/3 多数　　D. 2/3 以上多数

41. 依照宪法，下列哪个领导人或机关或组织必须向全国人民代表大会报告工作？(　　)

A. 中华人民共和国主席

B. 中央军委主席

C. 全国人大常委会

D. 中国人民政治协商会议

42. 依据宪法和法律下列选项中哪一个不属于全国人大主席团的职权？(　　)

A. 向全国人大提出罢免国务院组成人员

B. 向全国人大提名国家主席、副主席的人选

C. 向全国人大提出宪法修正案

D. 主持全国人大会议

43. 每届全国人民代表大会第一次会议，由下列哪个机构召集？(　　)

A. 本届全国人民代表大会主席团

B. 全国人大常委会委员长

C. 上届全国人民代表大会主席团

D. 全国人民代表大会常委会

44. 根据我国《宪法》规定，下列选项哪个是全国人民代表大会常务委员会有权进行部分修改的规范性法律文件？(　　)

A. 宪法

B. 香港特别行政区法律

C. 基本法律

D. 国际条约

45. 根据我国宪法，乡、民族乡、镇的人民代表大会每届任期几年？(　　)

A. 3 年　　B. 4 年

C. 5 年　　D. 6 年

46. 在我国，行政公署是(　　)

A. 我国一级地方行政机关

B. 地区一级国家权力机关

C. 省级人民政府的派出机关

D. 省级国家权力机关的派出机关

47. 全国人民代表大会代表的名额不超过(　　)

A. 3500 人　　B. 3000 人

C. 2500 人　　D. 2000 人

48. 我国宪法规定，宪法的修改，由全国人大常委会提议；或者(　　)

A. 由 1/2 以上全国人大代表提议

B. 由 1/3 以上的全国人大代表提议

C. 由 1/4 以上的全国人大代表提议

D. 由 1/5 以上的全国人大代表提议

49. 全国人大举行会议时，主持会议的是(　　)

A. 全国人大常委会

B. 委员会

C. 委员长会议

D. 选举产生的大会主席团

50. 按照我国的宪法监督制度，全国人大常委会对于国务院制定的同宪法相抵触的行政法规、决定和命令有权(　　)

A. 改变　　B. 撤销

C. 改变或撤销　　D. 发回重议

51. 负责审查和监督行政法规、地方性法规是否同宪法、法律相抵触的机关是(　　)

A. 全国人民代表大会

B. 全国人大常委会

C. 国务院

D. 最高人民检察院

52. 在我国，有权决定特赦的国家机关是(　　)

A. 全国人民代表大会及其常务委员会

B. 全国人大常务委员会

C. 最高人民法院

D. 国务院

53. 现行宪法规定，我国有权决定全国或者个别省、自治区、直辖市进入紧急状态的机关是(　　)

A. 全国人民代表大会

B. 全国人大常委会

C. 国务院

D. 公安部

54. 处理全国人民代表大会常务委员会重要日常工作的是(　　)

A. 委员会　　B. 各专门委员会

C. 秘书长　　D. 委员长会议

55. 国家主席行使职权，除代表国家接受外国使节

外，都要根据(　　)
A. 全国人大决定
B. 全国人大常委会决定
C. 国务院决定
D. 全国人大和全国人大常委会决定

56. 现行宪法规定，享有国务院总理人选提名权的是(　　)
A. 全国人大主席
B. 全国人大常委会
C. 国家主席
D. 全国人大常委会委员会

57. 对于国务院反垄断委员会的机构定位和工作职责，下列哪一选项是正确的？(　　)（司考2009. 1. 24）
A. 是承担反垄断执法职责的法定机构
B. 应当履行协调反垄断行政执法工作的职责
C. 可以授权国务院相关部门负责反垄断执法工作
D. 可以授权省、自治区、直辖市人民政府的相应机构负责反垄断执法工作

58. 根据我国宪法规定，下列有关审计机关的表述哪一项是错误的？(　　)
A. 县级以上的地方各级人民政府设立审计机关
B. 国务院审计机关对国务院各部门和地方各级政府的财政收支，对国家的财政金融机构和企业事业组织的财政收支进行审计监督
C. 国务院审计机关在国务院总理领导下，依照法律规定独立行使审计监督权，不受其他行政机关、社会团体和个人的干涉
D. 地方各级审计机关依照法律规定独立行使审计监督权，不对同级人民政府负责

59. 有权领导和管理国防建设事务的机关是(　　)
A. 中央军委　　B. 中央军委主席
C. 解放军总后勤部　　D. 国务院

60. 国务院总理、副总理、国务委员、秘书长组成(　　)
A. 国务院全体会议　　B. 国务会议
C. 国务院常务会议　　D. 最高行政会议

61. 按照我国宪法的规定，国务院对各部、各委员会发布的不适当的命令有权(　　)
A. 改变　　B. 撤销
C. 改变或撤销　　D. 发回重议

62. 现行宪法规定，中央军委主席对(　　)
A. 全国人大负责
B. 全国人大负责并报告工作
C. 全国人大常委会负责并报告工作
D. 全国人大和全国人大常委会负责

63. 自治州、自治县的行政区域界线变更的审批机关是(　　)
A. 自治区人民代表大会
B. 自治区人民政府
C. 国务院
D. 全国人大常委会

64. 省、自治区、直辖市的行政区域界线的变更，审批机关是(　　)
A. 全国人民代表大会
B. 全国人大常委会
C. 国务院
D. 国务院办公厅

65. 省、自治区、直辖市的设立、撤销、合并、更名，其审议决定的机关是(　　)
A. 国务院
B. 全国人民代表大会
C. 全国人大常委会
D. 中共中央

66. 县级以上地方各级人民代表大会常务委员会对本级人民政府、人民法院、人民检察院行使(　　)
A. 领导权　　B. 监督权
C. 批评建议权　　D. 管理权

67. 宪法规定省、直辖市的人民代表大会和它的常务委员会制定的地方性法规，要报(　　)
A. 全国人民代表大会备案
B. 国务院备案
C. 全国人民代表大会常务委员会备案
D. 全国人民代表大会宪法和法律委员会备案

68. 根据《地方各级人民代表大会和地方各级人民政府组织法》的规定，区公所是我国(　　)
A. 市辖区人民政府的派出机关
B. 县、自治县人民政府的派出机关
C. 不设区的市人民政府的派出机关
D. 自治州人民政府的派出机关

69. 县级以上地方各级人民法院院长由(　　)
A. 本级人民代表大会选举和罢免
B. 本级人大常委会选举和罢免
C. 政法委员会提名、人大选举和罢免
D. 审判委员会选举和罢免

70. 现行宪法规定，人民检察院是国家的(　　)
A. 监察机关　　B. 法律监督机关
C. 法律检察机关　　D. 纪律检查机关

71. 地方各级人民检察院和专门人民检察院的工作受最高人民检察院(　　)
A. 指导　　B. 监督
C. 领导　　D. 帮助

72. 我国欲加入《公民权利和政治权利国际公约》，

下列选项中，批准该公约的职权依宪法应由哪个机关行使？（　　）

A. 全国人民代表大会

B. 全国人大常委会

C. 国务院

D. 外交部

73. 根据宪法和法律的规定，哪一项正确？（　　）

A. 全国人大通过的法律由主席团以公报的形式公布

B. 所有的行政法规都必须由总理签署国务院令公布

C. 全国人大常委会通过的法律由人大常委会委员长以决议形式公布

D. 单行条例经批准后由制定该条例的自治地方政府发布公告予以公布

74. 根据宪法和法律，哪一项不正确？（　　）

A. 各级人民法院审判委员会会议可以由院长主持，同级人民检察院检察长可以列席

B. 符合法官任职条件的法官助理，经遴选后可以按照法官任免程序任命为法官

C. 在地方人民代表大会闭会期间，如果本级人民代表大会常务委员会认为人民法院院长需要撤换，须报请上级人民代表大会常务委员会批准

D. 高级人民法院第一审案件的判决和裁定是发生法律效力的判决和裁定

75. 关于专门人民法院，下列哪一选项是正确的？（　　）（司考 2009.1.18）

A. 专门人民法院是设在特定部门或针对特定案件而设立，受理与设立部门相关的专业性案件的法院

B. 军事法院负责审判军事人员犯罪的刑事案件，军事法院的基层法院设在师级

C. 海事法院判决和裁定的上诉案件，由最高法院管辖

D. 铁路运输法院、森林法院只设基层法院

76. 根据《全国人大组织法》规定，下列关于全国人大代表团的哪一说法是正确的？（　　）（司考 2009.1.20）

A. 代表团团长、副团长由各代表团全体成员选举产生

B. 两个代表团以上可以向全国人大提出属于全国人大职权范围内的议案

C. 三个以上的代表团可以提出对于全国人大常委会的组成人员，国家主席、副主席，国务院和中央军事委员会的组成人员，最高人民法院院长和最高人民检察院检察长的罢免案

D. 一个代表团和三十名以上的代表可以联合提出对国务院及其各部、各委员会的质询案

77. 根据《各级人民代表大会常务委员会监督法》的规定，各级人大常务委员会对属于其职权范围内的事项，需要作出决议、决定，但对有关重大事实不清的，可以组织特定问题的调查委员会。关于特定问题的调查委员会，下列哪一选项是正确的？（　　）（司考 2008.1.18）

A. 经五分之一以上常务委员会组成人员书面联名提议或有关专门委员会提议，可以组织关于特定问题的调查委员会

B. 经调查委员会聘请，有关专家可以作为调查委员会的委员参加调查工作

C. 调查委员会在调查过程中，可以不公布调查的情况和材料

D. 调查委员会应当向有关专门委员会提出调查报告

78. 全国人大常委会是全国人大的常设机关，根据宪法规定，全国人大常委会行使多项职权，但下列哪一职权不由全国人大常委会行使？（　　）

A. 解释宪法，监督宪法的实施

B. 批准省、自治区、直辖市的建置

C. 废除同外国缔结的条约和重要协定

D. 审批国民经济和社会发展计划以及国家预算部分调整方案

79. 根据经济和社会发展的需要，某市拟将所管辖的一个县变为市辖区。根据宪法规定，上述改变应由下列哪一机关批准？（　　）

A. 全国人民代表大会

B. 全国人民代表大会常务委员会

C. 国务院

D. 所在的省人民代表大会常务委员会

80. 根据《全国人大组织法》规定，在必要的时候，下列哪一机构有权决定全国人民代表大会会议秘密举行？（　　）（司考 2010.1.20）

A. 十个以上代表团联名

B. 全国人大常委会委员长会议

C. 全国人大主席团和各代表团团长会议

D. 全国人大常委会和全国人大主席团

81. 根据《宪法》和《地方组织法》规定，下列哪一选项是正确的？（　　）（司考 2010.1.22）

A. 县级以上的地方各级人民代表大会常务委员会由主任、副主任若干人，秘书长、委员若干人组成

B. 县级以上的地方各级人民代表大会常务委员会根据需要，可以设法制（政法）委员会等专门委员会

C. 县级以上的地方各级人民代表大会可以组织关于特定问题的调查委员会
D. 县级以上的地方各级人民代表大会会议由本级人民代表大会常务委员会召集并主持

82. 根据《宪法》和法律规定，关于人民代表大会制度，下列哪一选项是不正确的？（　　）（司考2011.1.24）
A. 人民代表大会制度体现了一切权力属于人民的原则
B. 地方各级人民代表大会是地方各级国家权力机关
C. 全国人民代表大会是最高国家权力机关
D. 地方各级国家权力机关对最高国家权力机关负责，并接受其监督

83. 根据省政府制定的地方规章，省质监部门对生产销售不合格产品的某公司予以行政处罚。被处罚人认为，该省政府规章违反《产品质量法》规定，不能作为处罚依据，遂向法院起诉，请求撤销该行政处罚。关于对该省政府规章是否违法的认定及其处理，下列哪一选项是正确的？（　　）（司考2012.1.25）
A. 由审理案件的法院进行审查并宣告其是否有效
B. 由该省人大审查是否违法并作出是否改变或者撤销的决定
C. 由国务院将其提交全国人大常委会进行审查并作出是否撤销的决定
D. 由该省人大常委会审查其是否违法并作出是否撤销的决定

84. 根据《宪法》的规定，关于宪法文本的内容，下列哪一选项是正确的？（　　）（司考2013.1.21）
A.《宪法》明确规定了宪法与国际条约的关系
B.《宪法》明确规定了宪法的制定、修改制度
C. 作为《宪法》的《附则》，《宪法修正案》是我国宪法的组成部分
D.《宪法》规定了居民委员会、村民委员会的性质和产生，两者同基层政权的相互关系由法律规定

85. 根据《宪法》的规定，关于国家结构形式，下列哪一选项是正确的？（　　）（司考2013.1.24）
A. 从中央与地方的关系上看，我国有民族区域自治和特别行政区两种地方制度
B. 县、市、市辖区部分行政区域界线的变更由省、自治区、直辖市政府审批
C. 经济特区是我国一种新的地方制度
D. 行政区划纠纷或争议的解决是行政区划制度内容的组成部分

86. 根据《宪法》规定，关于全国人大的专门委员会，下列哪一选项是正确的？（　　）（司考2013.1.26）
A. 各专门委员会在其职权范围内所作决议，具有全国人大及其常委会所作决定的效力
B. 各专门委员会的主任委员、副主任委员由全国人大及其常委会任命
C. 关于特定问题的调查委员会的任期与全国人大及其常委会的任期相同
D. 全国人大及其常委会领导专门委员会的工作

87. 根据《宪法》和法律的规定，关于基层群众自治，下列哪一选项是正确的？（　　）（司考2014.1.25）
A. 村民委员会的设立、撤销，由乡镇政府提出，经村民会议讨论同意，报县级政府批准
B. 有关征地补偿费用的使用和分配方案，经村民会议讨论通过后，报乡镇政府批准
C. 居民公约由居民会议讨论通过后，报不设区的市、市辖区或者它的派出机关批准
D. 居民委员会的设立、撤销，由不设区的市、市辖区政府提出，报市政府批准

88. 根据《各级人民代表大会常务委员会监督法》的规定，关于监督程序，下列哪一选项是不正确的？（　　）（司考2014.1.26）
A. 政府可委托有关部门负责人向本级人大常委会作专项工作报告
B. 以口头答复的质询案，由受质询机关的负责人到会答复
C. 特定问题调查委员会在调查过程中，应当公布调查的情况和材料
D. 撤职案的表决采用无记名投票的方式，由常委会全体组成人员的过半数通过

89. 根据《宪法》和法律法规的规定，关于我国行政区划变更的法律程序，下列哪一选项是正确的？（　　）（司考2015.1.23）
A. 甲县欲更名，须报该县所属的省级政府审批
B. 乙省行政区域界线的变更，应由全国人大审议决定
C. 丙镇与邻近的一个镇合并，须报两镇所属的县级政府审批
D. 丁市部分行政区域界线的变更，由国务院授权丁市所属的省级政府审批

90. 中华人民共和国中央军事委员会领导全国武装力量。关于中央军事委员会，下列哪一表述是错误的？（　　）（司考2015.1.26）
A. 实行主席负责制
B. 每届任期与全国人大相同
C. 对全国人大及其常委会负责

D. 副主席由全国人大选举产生

91. 某县人大闭会期间，赵某和钱某因工作变动，分别辞去县法院院长和检察院检察长职务。法院副院长孙某任代理院长，检察院副检察长李某任代理检察长。对此，根据《宪法》和法律，下列哪一说法是正确的？（　　）（司考 2017. 1. 27）

A. 赵某的辞职请求向县人大常委会提出，由县人大常委会决定接受辞职

B. 钱某的辞职请求由上一级检察院检察长向该级人大常委会提出

C. 孙某出任代理院长由县人大常委会决定，报县人大批准

D. 李某出任代理检察长由县人大常委会决定，报上一级检察院和人大常委会批准

二、多项选择题

1. 下列关于司法机关依法独立行使职权原则的理解，错误的有哪些？（　　）

A. 审判人员依法独立行使审判权

B. 检察人员依法独立行使检察权

C. 司法机关依法独立行使职权

D. 司法机关及其工作人员依法独立行使职权

2. 中级人民法院审判下列哪些案件？（　　）

A. 法律规定由它管辖的第一审案件

B. 基层人民法院报请审理的第一审案件

C. 对基层人民法院判决或裁定的上诉案件

D. 检察院按照审判监督程序提起的再审案件

3. 依据我国《立法法》的规定，下列哪些主体可以向全国人民代表大会提出法律案，由主席团决定是否列入会议议程？（　　）

A. 全国人民代表大会常务委员会

B. 一个代表团

C. 三十名以上代表联名

D. 十名以上代表联名

4. 根据宪法和法律，国务院对地方各级国家行政机关的不适当的决定和命令具有下列哪些权力？（　　）

A. 有权予以改变　　B. 有权予以撤销

C. 有权责令其改变　　D. 拒绝适用

5. 根据宪法和法律，哪些是正确的？（　　）

A. 自治州的人大常委会组成人员 10 人以上联名，可以向本级人大常委会提出议案

B. 县级人大常委会组成人员 10 人以上联名，可以向本级人大常委会提出议案

C. 自治州的人大常委会组成人员 10 人以上联名，可以向本级人大常委会提出对本级政府、法院和检察院的质询案

D. 县级人大常委会组成人员 10 人以上联名，可以向本级人大常委会提出对本级政府、法院和检察院的质询案

6. 全国人大常委会的组成人员不得担任（　　）的职务。

A. 国家行政机关　　B. 审判机关

C. 中央军事委员会　　D. 检察机关

7. 我国《宪法》135 条规定，下列哪些机关在办理刑事案件时，应当分工负责，互相配合，互相制约，以保证准确有效地执行法律？（　　）

A. 人民法院　　B. 人民检察院

C. 公安机关　　D. 国家安全机关

8. 国务院有权决定下列哪些地区进入紧急状态？（　　）

A. 省　　B. 自治区

C. 直辖市　　D. 全国

9. 我国宪法规定，国务院有权行使以下哪些职权？（　　）

A. 规定行政措施　　B. 制定行政法规

C. 发布决定和命令　　D. 制定单行条例

10. 根据宪法和法律，下列哪些选项是正确的？（　　）

A. 全国人大有权改变其常委会制定的不适当的法律

B. 全国人大有权撤销其常委会批准的自治条例

C. 国务院有权改变或撤销不适当的部门规章

D. 国务院有权改变或撤销不适当的地方性法规

11. 根据法律规定，人民法院审理案件一律公开，但哪些案件除外？（　　）

A. 国家机密

B. 个人隐私

C. 商业秘密

D. 审判的时候被告人不满十八周岁的刑事案件

12. 根据我国宪法规定，中华人民共和国的一切权力属于人民，人民行使国家权力的机关是（　　）

A. 全国人大及其常委会

B. 国务院

C. 全国人大

D. 地方各级人大

13. 下列哪些人员由全国人民代表大会选举或决定？（　　）

A. 最高人民检察院检察长

B. 中华人民共和国主席、副主席

C. 根据中华人民共和国主席的提名，决定国务院总理的人选

D. 根据国务院总理的提名，决定国务院副总理、国务委员、各部部长、各委员会主任、审计长、秘书长的人选

14. 某县人民检察院检察长因为渎职，将被罢免，那么罢免该检察院检察长须经过下列哪些程序？(　　)
A. 由该县人民代表大会行使罢免权
B. 由该县人大常委会行使罢免权
C. 须报经上级人民检察院检察长提请该同级人民代表大会常务委员会批准
D. 须报经上级人民检察院检察长提请该同级人民代表大会批准

15. 下列哪些机关不具备决定战争和和平问题的权力？(　　)
A. 全国人民代表大会
B. 全国人民代表大会常务委员会
C. 中央军事委员会
D. 国务院

16. 关于县级以上的地方各级人民代表大会常委会职权的表述哪些是正确的？(　　)
A. 监督本级人民法院的工作
B. 撤销本级人民政府的不适当的决定和命令
C. 改变下一级人民代表大会的不适当的决议
D. 决定本行政区域内政治、经济、教育、科学、文化、卫生、环境和资源保护、民政、民族等工作的重大事项

17. 依据我国宪法和有关法律的规定，下列哪些表述是正确的？(　　)
A. 全国人民代表大会可以改变或者撤销全国人大常委会作出的不适当决议
B. 全国人民代表大会常委会有权改变或者撤销国务院制定的同宪法、法律相抵触的行政法规
C. 全国人民代表大会常委会有权撤销直辖市国家权力机关制定的同宪法、法律、行政法规相抵触的地方性法规，但不能改变
D. 全国人民代表大会常委会有权对最高人民法院的错误判决进行宪法监督，但不能改变或撤销判决

18. 全国人大常委会对国家生活中其他重要事项的决定权，主要表现在以下哪些方面？(　　)
A. 废除同外国缔结的条约
B. 决定驻外全权代表的任免
C. 决定宣布战争状态
D. 决定全国总动员

19. 根据宪法和全国人大组织法，全国人大专门委员会有：(　　)
A. 民族委员会　　B. 宪法和法律委员会
C. 华侨委员会　　D. 内务司法委员会

20. 根据宪法，国家主席的职权有：(　　)
A. 发布特赦令
B. 任免国务院总理
C. 授予军衔
D. 统帅国家武装力量

21. 根据宪法和法律规定，哪些事项由全国人大决定？(　　)
A. 兴建长江三峡大坝工程
B. 建立香港特别行政区
C. 设立重庆直辖市
D. 设立海南经济特区

22. 民主集中制是一种民主与集中相结合的制度，它包括以下哪些内容？(　　)
A. 在民主基础上的集中
B. 在集中基础上的民主
C. 在集中指导下的民主
D. 在民主指导下的集中

23. 我国现行《宪法》第 27 条规定，一切国家机关实行工作责任制。其基本含义包括(　　)
A. 国家机关必须对其行为所产生的后果负责
B. 国家机关必须对其工作人员的行为负责
C. 国家机关工作人员必须对其职务行为负责
D. 国家机关工作人员必须对其行为后果负责

24. 根据宪法和法律，我国国家机关的个人负责制包括以下哪些内容？(　　)
A. 由首长个人决定问题并承担相应一切责任的制度
B. 民主集中制的一种运用方式
C. 由单位首长说了算的法律术语
D. 由单位第一把手对其员工行为承担一切责任的制度

25. 根据我国宪法的规定，我国中央国家机关从其行使权力的属性来看，可以分为以下哪几种类型？(　　)
A. 国家权力机关
B. 国家元首和国家行政机关
C. 国家军事机关
D. 审判机关和检察机关

26. 根据宪法和法律，哪些是正确的？(　　)
A. 民族自治地方的人民法院和人民检察院应当用当地通用的语言审理和检察案件
B. 民族自治地方的人民法院和人民检察院应当合理地配备通晓当地少数民族语言的文字的人员
C. 民族自治地方的人民法院和人民检察院对于不通晓当地通用的语言文字的诉讼参与人，应当为他们提供翻译
D. 民族自治地方的人民法院和人民检察院的法律文书应当根据实际需要，使用当地通用的一种或几种文字

27. 根据宪法和法律，居民委员会、村民委员会设有下列选项中的哪些委员会？(　　)

A. 人民调解　　B. 治安保卫

C. 公共卫生　　D. 计划生育

28. 根据宪法规定，国家审计机关对哪些机关或组织行使审计监督权？(　　)

A. 乡人民政府的财政收支

B. 国家农业银行的财务收支

C. 中国电信的财务收支

D. 卫生局的财务收支

29. 各级人民代表大会常务委员会有权审查和批准决算、听取预算的执行情况报告。根据《宪法》和《监督法》的规定，下列表述正确的是：(　　)(司考 2008.1.93)

A. 县级以上地方各级人民政府应当在每年六月至九月期间，将上一年度的本级决算草案提请本级人大常委会审查和批准

B. 国务院应当在每年六月至九月期间向全国人大常委会报告本年度上一阶段预算的执行情况

C. 预算安排的农业、教育、科技、文化、卫生、社会保障等资金需要调减的，国务院和县级以上地方各级人民政府应当提请本级人大常委会审查和批准

D. 上级财政补助资金的安排和使用情况，是地方各级人大常委会对决算草案和预算执行情况重点审查的内容之一

30. 根据宪法和法律，哪些选项正确？(　　)

A. 我国民族区域自治地方的政府必须接受中央政府的统一领导

B. 我国基层政权应当对所在地的村民委员会和居民委员会的工作进行指导、支持和帮助

C. 我国特别行政区政府必须接受中央政府的管辖

D. 香港特别行政区直辖于中央人民政府

31. 根据现行法律，全国人大常委会对哪些规范性文件具有合宪性审查权？(　　)

A. 刑法　　B. 行政法规

C. 地方性法规　　D. 规章

32. 县人民代表大会开会期间，依据宪法有权提出对县人民法院院长的罢免案的是(　　)

A. 本级人大主席团

B. 本级人大常委会

C. 10 名以上的本级人大代表联名

D. 1/10 以上的本级人大代表联名

33. 在全国人大闭会期间，全国人大常委会根据最高人民法院院长的提请，可以任免哪些人员？(　　)

A. 最高人民法院副院长

B. 最高人民法院院长

C. 军事法院院长

D. 最高人民法院审判员和审判委员会委员

34. 省人民政府所在地的市人民政府制定行政规章应报哪些机关备案？(　　)

A. 市人民代表大会

B. 省人民代表大会常务委员会

C. 市人民代表大会常务委员会

D. 省人民政府

35. 在我国，哪些国家机关能够制定地方性法规？(　　)

A. 省、自治区、直辖市人民代表大会及其常委会

B. 自治州、自治县的人民代表大会及其常委会

C. 省级人民政府所在地的市人民代表大会及其常委会

D. 经国务院批准的较大的市人民代表大会及其常委会

36. 我国市辖区的人大常委会是由本级人民代表大会在代表中选举出的哪些人组成？(　　)

A. 主任　　B. 副主任若干人

C. 秘书长　　D. 委员若干人

37. 根据《全国人民代表大会组织法》的规定，下列哪些机构和人员可以提出对于全国人民代表大会常务委员会的组成人员，中华人民共和国主席、副主席、国务院和中央军事委员会组成人员，最高人民法院院长和最高人民检察院检察长的罢免案？(　　)

A. 全国人民代表大会三个以上的代表团

B. 全国人民代表大会 1/10 以上的代表

C. 全国人民代表大会主席团

D. 全国人民代表大会各专门委员会

38. 人民检察院依照法律规定独立行使检察权，不受(　　)

A. 行政机关干涉

B. 同级人大常委会干涉

C. 社会团体干涉

D. 个人干涉

39. 我国基层政权组织有(　　)

A. 不设区的市　　B. 市辖区

C. 乡、民族乡　　D. 镇

40. 地方各级人民政府的职权是(　　)

A. 制定地方性法规的职权

B. 执行本级权力机关的决议和上级行政机关的决定和命令

C. 决定本行政区域内的政治、经济、财政、文教、卫生等方面的重大事项

D. 依法保护和保障各方面的权利

41. 在下列人员中，属于省人民代表大会选举产生的有(　　)

A. 省长

B. 副省长

C. 高级人民法院院长

D. 省人大常委会主任

42. 我国最高人民法院要向最高国家权力机关负责，其表现是(　　)

A. 向全国人大及其常委会报告工作

B. 最高人民法院必要时请全国人大常委会解释法律

C. 接受全国人大及常委会的质询

D. 接受全国人大常委会对未决个案的监督

43. 依照宪法和法律，我国县人民政府的组成人员包括(　　)

A. 县长　　B. 副县长

C. 秘书长　　D. 局长

44. 我国宪法规定，全国人大代表享有不受法律追究的权利是指在(　　)

A. 全国人大各种会议上的发言

B. 各种会议上的发言

C. 全国人大各种会议上的表决

D. 进行视察活动时的一切行为

45. 根据《宪法》和法律规定，下列哪些选项是正确的？(　　)（司考 2009. 1. 65）

A. 中华人民共和国主席对全国人大及其常委会负责

B. 国务院对全国人大负责并报告工作，在全国人大闭会期间对全国人大常委会负责并报告工作

C. 最高人民法院、最高人民检察院对全国人大及其常委会负责

D. 中央军事委员会对全国人大负责并报告工作，在全国人大闭会期间对全国人大常委会负责并报告工作

46. 据《宪法》规定，关于国务院的说法，下列哪些选项是正确的？(　　)（司考 2010. 1. 61）

A. 国务院由总理、副总理、国务委员、秘书长组成

B. 国务院常务会议由总理、副总理、国务委员、秘书长组成

C. 国务院有权改变或者撤销地方各级国家行政机关的不适当的决定和命令

D. 国务院依法决定省、自治区、直辖市的范围内部分地区进入紧急状态

47. 关于民族自治地方的自治权，下列哪些说法是正确的？(　　)（司考 2010. 1. 63）

A. 民族自治地方有权自主管理地方财政

B. 自治州人大有权制定自治条例和单行条例

C. 自治县政府有权自主安排本县经济建设事业

D. 自治区政府有权保护和整理民族的文化遗产

48. 关于全国人大职权，下列哪些说法是正确的？(　　)（司考 2010. 1. 64）

A. 选举国家主席、副主席

B. 选举国务院总理、副总理

C. 选举最高人民法院院长、最高人民检察院检察长

D. 决定特别行政区的设立与建置

49. 关于特别行政区制度，下列哪些说法是不正确的？(　　)（司考 2010. 1. 65）

A. 香港特别行政区行政长官任职须年满四十五周岁

B. 香港特别行政区司法机关由其法院和检察院组成

C. 香港和澳门特别行政区的各级法院都有权解释本特别行政区基本法

D. 国务院有权对香港和澳门特别行政区的部分地区宣布进入紧急状态

50. 关于全国人大及其常委会的质询权，下列说法正确的是(　　)（司考 2010. 1. 93）

A. 全国人大会议期间，一个代表团可书面提出对国务院的质询案

B. 全国人大会议期间，三十名以上代表联名可书面提出对国务院各部的质询案

C. 全国人大常委会会议期间，常委会组成人员十人以上可书面提出对国务院各委员会的质询案

D. 全国人大常委会会议期间，委员长会议可书面提出对国务院的质询案

51. 根据《宪法》和《立法法》规定，关于全国人大常委会委员长会议，下列哪些选项是正确的？(　　)（司考 2011. 1. 61）

A. 委员长会议可以向常委会提出法律案

B. 列入常委会会议议程的法律案，一般应当经3次委员长会议审议后再交付常委会表决

C. 经委员长会议决定，可以将列入常委会会议议程的法律案草案公布，征求意见

D. 专门委员会之间对法律草案的重要问题意见不一致时，应当向委员长会议报告

52. 根据《宪法》和《村民委员会组织法》的规定，下列哪些选项是正确的？(　　)（司考 2011. 1. 63）

A. 村民会议由本村18周岁以上，没有被剥夺政治权利的村民组成

B. 乡、民族乡、镇的人民政府不得干预依法属于村民自治范围内的事项

C. 罢免村民委员会成员，须经参加投票的村民过半数通过

D. 村民委员会成员实行任期和离任经济责任审计

53. 根据《宪法》和《监督法》的规定，下列选项正确的是：（　　）（司考 2011. 1. 88）

A. 县级以上地方各级政府应当在每年 6 月至 9 月期间，将上一年度的本级决算草案提请本级人大常委会审查和批准

B. 人大常委会认为必要时，可以对审计工作报告作出决议；本级政府应在决议规定的期限内，将执行决议的情况向常委会报告

C. 最高法院作出的属于审判工作中具体应用法律的解释，应当在公布之日起 30 日内报全国人大常委会备案

D. 撤职案的表决采取记名投票的方式，由常委会全体组成人员的过半数通过

54. 根据《香港特别行政区基本法》和《澳门特别行政区基本法》的规定，下列哪些选项是正确的？（　　）（司考 2013. 1. 61）

A. 对世界各国或各地区的人入境、逗留和离境，特别行政区政府可以实行入境管制

B. 特别行政区行政长官依照法定程序任免各级法院法官、任免检察官

C. 香港特别行政区立法会议员因行为不检或违反誓言而经出席会议的议员三分之二通过谴责，由立法会主席宣告其丧失立法会议员资格

D. 基本法的解释权属于全国人大常委会

55. 根据《宪法》和法律的规定，关于立法权权限和立法程序，下列选项正确的是：（　　）（司考 2013. 1. 89）

A. 全国人大常委会在人大闭会期间，可以对全国人大制定的法律进行部分补充和修改，但不得同该法律的基本原则相抵触

B. 全国人大通过的法律由全国人民代表大会主席团予以公布

C. 全国人大法律委员会①审议法律案时，应邀请有关专门委员会的成员列席会议，发表意见

D. 列入全国人大常委会会议议程的法律案，除特殊情况外，应当在举行会议七日前将草案发给常委会组成人员

56. 根据《宪法》和法律的规定，关于国家机关组织和职权，下列选项正确的是：（　　）（司考 2013. 1. 90）

A. 全国人民代表大会修改宪法、解释宪法、监督宪法的实施

B. 国务院依照法律规定决定省、自治区、直辖市的范围内部分地区进入紧急状态

C. 省、自治区、直辖市政府在必要的时候，经国务院批准，可以设立若干派出机构

D. 地方各级检察院对产生它的国家权力机关和上级检察院负责

57. 根据《宪法》和《监督法》的规定，关于各级人大常委会依法行使监督权，下列选项正确的是：（　　）（司考 2013. 1. 91）

A. 各级人大常委会行使监督权的情况，应当向本级人大报告，接受监督

B. 全国人大常委会可以委托下级人大常委会对有关法律、法规在本行政区域内的实施情况进行检查

C. 质询案以书面答复的，由受质询的机关的负责人签署

D. 依法设立的特定问题调查委员会在调查过程中，可以不公布调查的情况和材料

58. 根据《宪法》和法律的规定，关于国家机构，下列哪些选项是正确的？（　　）（司考 2014. 1. 60）

A. 全国人民代表大会代表受原选举单位的监督

B. 中央军事委员会实行主席负责制

C. 地方各级审计机关依法独立行使审计监督权，对上一级审计机关负责

D. 市辖区的政府经本级人大批准可设立若干街道办事处，作为派出机关

59. 根据《立法法》的规定，下列哪些选项是不正确的？（　　）（司考 2014. 1. 61）

A. 国务院和地方各级政府可以向全国人大常委会提出法律解释的要求

B. 经授权，行政法规可设定限制公民人身自由的强制措施

C. 专门委员会审议法律案的时候，应邀请提案人列席会议，听取其意见

D. 地方各级人大有权撤销本级政府制定的不适当的规章

60. 根据《宪法》规定，关于行政建置和行政区划，下列选项正确的是：（　　）（司考 2014. 1. 96）

① 2018 年 3 月 11 日，第十三届全国人民代表大会第一次会议通过《中华人民共和国宪法修正案》，将“全国人大法律委员会”更名为“全国人大宪法和法律委员会”。

A. 全国人大批准省、自治区、直辖市的建置
B. 全国人大常委会批准省、自治区、直辖市的区域划分
C. 国务院批准自治州、自治县的建置和区域划分
D. 省、直辖市、地级市的人民政府决定乡、民族乡、镇的建置和区域划分

61. 我国《宪法》第38条明确规定："中华人民共和国公民的人格尊严不受侵犯……" 关于该条文所表现的宪法规范，下列哪些选项是正确的？(　　)(司考2015.1.61)
A. 在性质上属于组织性规范
B. 通过《民法通则》中有关姓名权的规定得到了间接实施
C. 法院在涉及公民名誉权的案件中可以直接据此作出判决
D. 与法律中的有关规定相结合构成一个有关人格尊严的规范体系

62. 预算制度的目的是规范政府收支行为，强化预算监督。根据《宪法》和法律的规定，关于预算，下列表述正确的是：(　　)(司考2015.1.93)
A. 政府的全部收入和支出都应当纳入预算
B. 经批准的预算，未经法定程序，不得调整
C. 国务院有权编制和执行国民经济和社会发展计划、国家预算
D. 全国人大常委会有权审查和批准国家的预算和预算执行情况的报告

63. 根据《宪法》和法律的规定，关于全国人大代表的权利，下列哪些选项是正确的？(　　)(司考2016.1.64)
A. 享有绝对的言论自由
B. 有权参加决定国务院各部部长、各委员会主任的人选
C. 非经全国人大主席团或者全国人大常委会许可，一律不受逮捕或者行政拘留
D. 有五分之一以上的全国人大代表提议，可以临时召集全国人民代表大会会议

64. 国家实行审计监督制度。为加强国家的审计监督，全国人大常委会于1994年通过了《审计法》，并于2006年进行了修正。关于审计监督制度，下列哪些理解是正确的？(　　)(司考2016.1.65)
A.《审计法》的制定与执行是在实施宪法的相关规定
B. 地方各级审计机关对本级人大常委会和上一级审计机关负责
C. 国务院各部门和地方各级政府的财政收支应当依法接受审计监督
D. 国有的金融机构和企业事业组织的财务收支应当依法接受审计监督

65. 根据《宪法》和《立法法》规定，关于法律案的审议，下列哪些选项是正确的？(　　)(司考2017.1.63)
A. 列入全国人大会议议程的法律案，由法律委员会根据各代表团和有关专门委员会的审议意见，对法律案进行统一审议，向主席团提出审议结果报告和法律草案修改稿
B. 列入全国人大会议议程的法律案，在交付表决前，提案人要求撤回的，应说明理由，经主席团同意并向大会报告，对法律案的审议即行终止
C. 列入全国人大常委会会议议程的法律案，因调整事项较为单一，各方面意见比较一致的，也可经一次常委会会议审议即交付表决
D. 列入全国人大常委会会议议程的法律案，因暂不付表决经过两年没有再次列入常委会会议议程审议的，由委员长会议向常委会报告，该法律案终止审议

66. 我国宪法规定，法院、检察院和公安机关办理刑事案件，应当分工负责，互相配合，互相制约。对此，下列哪些选项是正确的？(　　)(司考2017.1.65)
A. 分工负责是指三机关各司其职、各尽其责
B. 互相配合是指三机关以惩罚犯罪分子为目标，通力合作，互相支持
C. 互相制约是指三机关按法定职权和程序互相监督
D. 公、检、法三机关之间的这种关系，是权力制约原则在我国宪法上的具体体现

三、名词解释

1. 国家机构
2. 社会主义法治
3. 责任制原则
4. 全国人大各专门委员会
5. 国家元首
6. 四级两审制
7. 民族自治地方（中国人民大学2008年、2012年考研真题）
8. 人身特别保护权（中国人民大学2005年、2010年、2013年考研真题）

四、简答题

1. 简述我国居民委员会和村民委员会的性质，以及与同级基层政权机关的关系。

2. 简述地方各级人民代表大会的性质和地位。
3. 简述全国人民代表大会专门委员会的性质和任务。
4. 我国宪法规定国家主席有哪些职权？
5. 论述全国人大常委会监督权的主要内容。
6. 全国人民代表大会代表有哪些主要权利？（中国政法大学2014年考研真题）
7. 简述我国中央国家机关组织和活动中的责任制原则。

五、论述题

1. 试述我国人民检察院的职权。
2. 试述全国人大代表的权利和义务。
3. 试述我国地方制度的特点。
4. 根据宪法规定，中央国家机关贯彻民主集中制原则主要表现在哪些方面？
5. 论述我国宪法规定的人民法院依法独立行使审判权。（北京大学2013年考研真题）

六、案例题

2001年2月16日，《中国青年报》报道，在2月14日召开的辽宁省沈阳市第十二届人民代表大会全体会议上，在对沈阳市中级人民法院的工作报告进行表决时，应到代表508名，出席会议代表474名，报告获赞成票218票，反对票162票，弃权82人，9人未按表决器，致使法院的工作报告未获通过。同日，大会主席团作出了关于《沈阳市中级人民法院工作报告》继续审议的意见：沈阳市第十二届人民代表大会第四次会议对《沈阳市中级人民法院工作报告》进行了审议，经表决未获通过。大会主席团形成一致意见，由沈阳市人民代表大会常务委员会继续审议，并将审议结果向沈阳市第十二届人民代表大会第五次会议报告。

问题：

（1）人民代表大会没有通过法院的工作报告，法院应如何承担责任？

（2）人民代表大会没有通过法院的工作报告，人大常委会继续审议是否合适？

（3）我国人民代表大会应如何对人民法院的工作进行监督？

参考答案

一、单项选择题

1. **答案**：C。《宪法》第62条规定，全国人民代表大会行使下列职权：……（十二）改变或者撤销全国人民代表大会常务委员会不适当的决定。第89条规定，国务院行使下列职权：……（十四）改变或者撤销地方各级国家行政机关的不适当的决定和命令。《立法法》第8条，下列事项只能制定法律：……（二）各级人民代表大会、人民政府、人民法院和人民检察院的产生、组织和职权。

2. **答案**：B。《宪法》第67条规定：全国人民代表大会常务委员会行使下列职权：……（十三）根据最高人民检察院检察长的提请，任免最高人民检察院副检察长、检察员、检察委员会委员和军事检察院检察长，并且批准省、自治区、直辖市的人民检察院检察长的任免。《全国人民代表大会组织法》（2021年修正）第21条规定，全国人民代表大会会议期间，一个代表团或者三十名以上的代表联名，可以书面提出对国务院以及国务院各部门、国家监察委员会、最高人民法院、最高人民检察院的质询案。

3. **答案**：D。此题考查我国国家领导人的任职期限问题。根据我国宪法的规定，国务院总理、全国人大常委会委员长、最高人民法院院长、最高人民检察院检察长均有连续任职不得超过两届的规定，以避免任职上的终身制。因此选D。

4. **答案**：B。《宪法》第107条第3款规定：省、直辖市的人民政府决定乡、民族乡、镇的建置和区域划分。

5. **答案**：A。《宪法》第84条规定：中华人民共和国主席缺位的时候，由副主席继任主席的职位。中华人民共和国副主席缺位的时候，由全国人民代表大会补选。中华人民共和国主席、副主席都缺位的时候，由全国人民代表大会补选；在补选以前，由全国人民代表大会常务委员会委员长暂时代理主席职位。

6. **答案**：D。《宪法》第63条规定：全国人民代表大会有权罢免下列人员：（一）中华人民共和国主席、副主席；（二）国务院总理、副总理、国务委员、各部部长、各委员会主任、审计长、秘书长；（三）中央军事委员会主席和中央军事委员会其他组成人员；（四）国家监察委员会主任；（五）最高人民法院院长；（六）最高人民检察院检察长。

7. **答案**：D。《法官法》（2019年修订）第46条第1款规定，法官有下列行为之一的，应当给予处分；构成犯罪的，依法追究刑事责任：（一）贪污受贿、徇私舞弊、枉法裁判的；（二）隐瞒、伪造、变造、故意损毁证据、案件材料的；（三）泄露国家秘密、审判工作秘密、商业秘密或者个人隐私的；（四）故意违反法律法规办理案件的；（五）因重大过失导致裁判结果错误并造成严重后果的；（六）拖延办案，贻误工作的；（七）利用职权为自己或者他人谋取私利的；（八）接受当事人及其代理人利益输送，或者违反有关规定会见当事人及其代理人的；（九）违反有关规定从事或者参与营利性活动，在企业或者其他营利性组织中兼任职务的；（十）有其他违纪违法行为的。因此，A选项符合第（2）项，B选项符合第（5）项，C选项符合第（9）项，均不当选；D选项当选。

8. **答案**：A。《立法法》第98条第1项规定：行政法规报全国人民代表大会常务委员会备案。所给选项中，只有行政法规只报全国人大常委会备案，其他的还要同时报国务院备案。

9. **答案**：C。《立法法》第94条规定：法律之间对同一事项的新的一般规定与旧的特别规定不一致，不能确定如何适用时，由全国人民代表大会常务委员会裁决。行政法规之间对同一事项的新的一般规定与旧的特别规定不一致，不能确定如何适用时，由国务院裁决。A应适用特别法优于一般法的原则；B应适用新法优于旧法的原则；D由国务院裁决。

10. **答案**：B。《立法法》第8条规定：下列事项只能制定法律：……（四）犯罪和刑罚；（五）对公民政治权利的剥夺、限制人身自由的强制措施和处罚；……（九）基本经济制度以及财政、海关、金融和外贸的基本制度；（十）诉讼和仲裁制度。第9条规定，本法第8条规定的事项尚未制定法律的，全国人民代表大会及其常务委员会有权作出决定，授权国务院可以根据实际需要，对其中的部分事项先制定行政法规，但是有关犯罪和刑罚、对公民政治权利的剥夺和限制人身自由的强制措施和处罚、司法制度等事项除外。

11. **答案**：B。《选举法》第9条第1款规定：全国人民代表大会常务委员会主持全国人民代表大会代表的选举。省、自治区、直辖市、设区的市、自治州的人民代表大会常务委员会主持本级人民代表大会代表的选举。

12. 答案：A。《立法法》第14条规定：全国人民代表大会主席团可以向全国人民代表大会提出法律案，由全国人民代表大会会议审议。全国人民代表大会常务委员会、国务院、中央军事委员会、最高人民法院、最高人民检察院、全国人民代表大会各专门委员会，可以向全国人民代表大会提出法律案，由主席团决定列入会议议程。第26条规定：委员长会议可以向常务委员会提出法律案，由常务委员会会议审议。国务院、中央军事委员会、最高人民法院、最高人民检察院、全国人民代表大会各专门委员会，可以向常务委员会提出法律案，由委员长会议决定列入常务委员会会议议程，或者先交有关的专门委员会审议、提出报告，再决定列入常务委员会会议议程。如果委员长会议认为法律案有重大问题需要进一步研究，可以建议提案人修改完善后再向常务委员会提出。

13. 答案：A。《宪法》第86条规定：国务院实行总理负责制。各部、各委员会实行部长、主任负责制。本题考国务院的领导体制。全国人民代表大会及其常务委员会实行合议制度。

14. 答案：A。《宪法》第89条规定：国务院行使下列职权：……（十三）改变或者撤销各部、各委员会发布的不适当的命令、指示和规章，因此本题选A。

15. 答案：A。《立法法》第7条规定：全国人民代表大会和全国人民代表大会常务委员会行使国家立法权。全国人民代表大会制定和修改刑事、民事、国家机构的和其他的基本法律。全国人民代表大会常务委员会制定和修改除应当由全国人民代表大会制定的法律以外的其他法律；在全国人民代表大会闭会期间，对全国人民代表大会制定的法律进行部分补充和修改，但是不得同该法律的基本原则相抵触。

16. 答案：C。《立法法》第24条规定：法律草案修改稿经各代表团审议，由法律委员会根据各代表团的审议意见进行修改，提出法律草案表决稿，由主席团提请大会全体会议表决，由全体代表的过半数通过。

17. 答案：C。《宪法》第62条规定：全国人民代表大会行使下列职权：……（五）根据中华人民共和国主席的提名，决定国务院总理的人选；根据国务院总理的提名，决定国务院副总理、国务委员、各部部长、各委员会主任、审计长、秘书长的人选。

18. 答案：B。《法官法》第22条规定，法官不得兼任人民代表大会常务委员会的组成人员，不得兼任行政机关、监察机关、检察机关的职务，不得兼任企业或者其他营利性组织、事业单位的职务，不得兼任律师、仲裁员和公证员。

19. 答案：A。《宪法》第93条第1款规定：中华人民共和国中央军事委员会领导全国武装力量。

20. 答案：D。本题考中央国家机关与地方国家机关的划分标准。

21. 答案：A。《宪法》第60条规定：全国人民代表大会每届任期五年。全国人民代表大会任期届满的两个月以前，全国人民代表大会常务委员会必须完成下届全国人民代表大会代表的选举。

22. 答案：C。《宪法》第61条规定：全国人民代表大会会议每年举行一次，由全国人民代表大会常务委员会召集。如果全国人民代表大会常务委员会认为必要，或者有五分之一以上的全国人民代表大会代表提议，可以临时召集全国人民代表大会会议。

23. 答案：A。《宪法》第62条规定：全国人民代表大会行使下列职权：……（四）选举中华人民共和国主席、副主席。

24. 答案：B。《宪法》第63条，全国人民代表大会有权罢免下列人员：……（二）国务院总理、副总理、国务委员、各部部长、各委员会主任、审计长、秘书长。

25. 答案：D。《宪法》第79条第2款规定：有选举权和被选举权的年满四十五周岁的中华人民共和国公民可以被选为中华人民共和国主席、副主席。

26. 答案：B。《宪法》第91条规定：国务院设立审计机关，对国务院各部门和地方各级政府的财政收支，对国家的财政金融机构和企业事业组织的财务收支，进行审计监督。审计机关在国务院总理领导下，依照法律规定独立行使审计监督权，不受其他行政机关、社会团体和个人的干涉。

27. 答案：A。《地方各级人民代表大会和地方各级人民政府组织法》第59条规定，县级以上的地方各级人民政府行使下列职权：……（三）改变或者撤销所属各工作部门的不适当的命令、指示和下级人民政府的不适当的决定、命令。

28. 答案：D。《全国人民代表大会组织法》第21条规定，全国人民代表大会会议期间，一个代表团或者三十名以上的代表联名，可以书面提出对国务院以及国务院各部门、国家监察委员会、最高人民法院、最高人民检察院的质询案，由主席团决定交受质询机关书面答复，或者由受质询机关的领导人在主席团会议上或者有关的专门委员会会议上或者有关的代表团会议上口头答复。

29. 答案：B。《全国人民代表大会和地方各级人民代表大会代表法》第 32 条规定：县级以上的各级人民代表大会代表，非经本级人民代表大会主席团许可，在本级人民代表大会闭会期间，非经本级人民代表大会常务委员会许可，不受逮捕或者刑事审判。

30. **答案**：D。《宪法》第 109 条规定：县级以上的地方各级人民政府设立审计机关。地方各级审计机关依照法律规定独立行使审计监督权，对本级人民政府和上一级审计机关负责。

31. **答案**：B。《宪法》第 3 条第 1 款规定：中华人民共和国的国家机构实行民主集中制的原则。

32. **答案**：B。《宪法》第 139 条第 1 款规定：各民族公民都有用本民族语言文字进行诉讼的权利。人民法院和人民检察院对于不通晓当地通用的语言文字的诉讼参与人，应当为他们翻译。

33. **答案**：A。《宪法》第 116 条规定：民族自治地方的人民代表大会有权依照当地民族的政治、经济和文化特点，制定自治条例和单行条例。自治区的自治条例和单行条例，报全国人民代表大会常务委员会批准后生效。自治州、自治县的自治条例和单行条例，报省或者自治区的人民代表大会常务委员会批准后生效，并报全国人民代表大会常务委员会备案。自治区人大常委会无权制定自治条例和单行条例。

34. **答案**：A。《宪法》第 93 条第 3 款规定：中央军事委员会实行主席负责制。

35. **答案**：B。《宪法》第 71 条规定，全国人民代表大会和全国人民代表大会常务委员会认为必要的时候，可以组织关于特定问题的调查委员会，并且根据调查委员会的报告，作出相应的决议。调查委员会进行调查的时候，一切有关的国家机关、社会团体和公民都有义务向它提供必要的材料。

36. **答案**：B。《宪法》第 67 条规定，全国人民代表大会常务委员会行使下列职权：……（十四）决定驻外全权代表的任免。

37. **答案**：D。《全国人民代表大会组织法》第 21 条规定，全国人民代表大会会议期间，一个代表团或者三十名以上的代表联名，可以书面提出对国务院以及国务院各部门、国家监察委员会、最高人民法院、最高人民检察院的质询案。

38. **答案**：C。此题可用排除法来做，因 A、B、D 选项均是由等额选举产生的。

39. **答案**：B。《宪法》第 100 条第 1 款规定：“省、直辖市的人民代表大会和它们的常务委员会，在不同宪法、法律、行政法规相抵触的前提下，可以制定地方性法规，报全国人民代表大会常务委员会备案。”《宪法》第 116 条规定：“民族自治地方的人民代表大会有权依照当地民族的政治、经济和文化的特点，制定自治条例和单行条例。自治区的自治条例和单行条例，报全国人民代表大会常务委员会批准后生效。自治州、自治县的自治条例和单行条例，报省或者自治区的人民代表大会常务委员会批准后生效，并报全国人民代表大会常务委员会备案。”香港基本法第 17 条第 2 款规定：“香港特别行政区的立法机关制定的法律须报全国人民代表大会常务委员会备案。备案不影响该法律的生效。”澳门基本法第 17 条第 2 款也有相同规定。因此选 B 项。

40. **答案**：B。全国人大常委会的会议一般是每两个月举行一次。必要时可以临时召开，常委会会议由委员长召集和主持，也可委托副委员长主持会议。会议应有全体成员过半数出席，才能举行。因此选 B 项。

41. **答案**：C。《宪法》第 69 条规定：“全国人民代表大会常务委员会对全国人民代表大会负责并报告工作。”《宪法》第 94 条规定：“中央军事委员会主席对全国人民代表大会和全国人民代表大会常务委员会负责。”因此选 C 项。

42. **答案**：C。《全国人民代表大会组织法》第 20 条规定，全国人民代表大会主席团、三个以上的代表团或者十分之一以上的代表，可以提出对全国人民代表大会常务委员会的组成人员，中华人民共和国主席、副主席，国务院和中央军事委员会的组成人员，国家监察委员会主任，最高人民法院院长和最高人民检察院检察长的罢免案，由主席团提请大会审议。该法第 18 条规定，全国人民代表大会常务委员会委员长、副委员长、秘书长、委员的人选，中华人民共和国主席、副主席的人选，中央军事委员会主席的人选，国家监察委员会主任的人选，最高人民法院院长和最高人民检察院检察长的人选，由主席团提名，经各代表团酝酿协商后，再由主席团根据多数代表的意见确定正式候选人名单。该法第 12 条第 1 款规定，主席团主持全国人民代表大会会议。《宪法》第 64 条第 1 款规定：“宪法的修改，由全国人民代表大会常务委员会或者五分之一以上的全国人民代表大会代表提议，并由全国人民代表大会以全体代表的三分之二以上的多数通过。”因此选 C 项。

43. **答案**：D。《全国人民代表大会组织法》第 8 条规定，全国人民代表大会每届任期五年。全国人民代表大会会议每年举行一次，由全国人民代表大会常务委员会召集。全国人民代表大会常务委员会认为必要，或者有五分之一以上的全国人民代表大会代表提议，可以临时召集全国人民代表大会会议。因此选D。

44. 答案：C。《宪法》第67条规定：“全国人民代表大会常务委员会行使下列职权：……（三）在全国人民代表大会闭会期间，为全国人民代表大会制定的法律进行部分修改和补充，但是不得同该法律的基本原则相抵触……”《宪法》第62条规定：“全国人民代表大会行使下列职权：……（三）制定和修改刑事、民事、国家机构和其他的基本法律……”因此选C。

45. 答案：C。《宪法》第98条规定：地方各级人民代表大会每届任期五年。

46. 答案：C。依据《地方各级人民代表大会和地方各级人民政府组织法》第68条的规定，省、自治区的人民政府在必要的时候，经国务院批准，可以设立若干派出机关。

47. 答案：B。《选举法》第16条第2款规定：全国人民代表大会代表的名额不超过三千人。第17条第3款规定，全国人大代表名额的分配由全国人民代表大会常务委员会决定。

48. 答案：D。《宪法》第64条规定：宪法的修改，由全国人民代表大会常务委员会或者五分之一以上的全国人民代表大会代表提议，并由全国人民代表大会以全体代表的三分之二以上的多数通过。法律和其他议案由全国人民代表大会以全体代表的过半数通过。

49. 答案：D。依据《宪法》第61条第2款，全国人民代表大会举行会议的时候，选举主席团主持会议。

50. 答案：B。依据《宪法》第67条规定，全国人民代表大会常务委员会行使下列职权：……（七）撤销国务院制定的同宪法、法律相抵触的行政法规、决定和命令。

51. 答案：B。依据《宪法》第67条，全国人民代表大会常务委员会行使下列职权：……（七）撤销国务院制定的同宪法、法律相抵触的行政法规、决定和命令；（八）撤销省、自治区、直辖市国家权力机关制定的同宪法、法律和行政法规相抵触的地方性法规和决议。

52. 答案：B。依据《宪法》第67条，全国人民代表大会常务委员会行使下列职权：……（十八）决定特赦。

53. 答案：B。依据《宪法》第67条，全国人民代表大会常务委员会行使下列职权：……（二十一）决定全国或者个别省、自治区、直辖市进入紧急状态。

54. 答案：D。《宪法》第68条规定：“全国人民代表大会常务委员会委员长主持全国人民代表大会常务委员会的工作，召集全国人民代表大会常务委员会会议。副委员长、秘书长协助委员长工作。委员长、副委员长、秘书长组成委员长会议，处理全国人民代表大会常务委员会的重要日常工作。”

55. 答案：D。《宪法》第80条规定：“中华人民共和国主席根据全国人民代表大会的决定和全国人民代表大会常务委员会的决定，公布法律，任免国务院总理、副总理、国务委员、各部部长、各委员会主任、审计长、秘书长，授予国家的勋章和荣誉称号，发布特赦令，宣布进入紧急状态，宣布战争状态，发布动员令。”第81条规定：“中华人民共和国主席代表中华人民共和国，进行国事活动，接受外国使节；根据全国人民代表大会常务委员会的决定，派遣和召回驻外全权代表，批准和废除同外国缔结的条约和重要协定。”

56. 答案：C。依据《宪法》第80条规定，中华人民共和国主席根据全国人民代表大会的决定和全国人民代表大会常务委员会的决定，公布法律，任免国务院总理、副总理、国务委员、各部部长、各委员会主任、审计长、秘书长，授予国家的勋章和荣誉称号，发布特赦令，宣布进入紧急状态，宣布战争状态，发布动员令。

57. 答案：B。根据《反垄断法》第9条第1款的规定，国务院设立反垄断委员会，负责组织、协调、指导反垄断工作，履行下列职责：（一）研究拟订有关竞争政策；（二）组织调查、评估市场总体竞争状况，发布评估报告；（三）制定、发布反垄断指南；（四）协调反垄断行政执法工作；（五）国务院规定的其他职责。可以看出，反垄断委员会从事的工作主要是指导性的工作，不从事实际的执法工作，故正确答案为B。

58. 答案：D。《宪法》第91条规定：“国务院设立审计机关，对国务院各部门和地方各级政府的财政收支，对国家的财政金融机构和企业事业组织的财务收支，进行审计监督。审计机关在国务院总理领导下，依照法律规定独立行使审计监督权，不受其他行政机关、社会团体和个人的干涉。”选项B、C是正确的。

第109条规定：“县级以上的地方各级人民政府设立审计机关。地方各级审计机关依照法律规定独立行使审计监督权，对本级人民政府和上一级审计机关负责。”因此选项A正确，D是错误的。

59. 答案：D。《宪法》第89条规定，国务院行使下列职权：……（十）领导和管理国防建设事业。

60. **答案**：C。《宪法》第 88 条规定，总理领导国务院的工作。副总理、国务委员协助总理工作。总理、副总理、国务委员、秘书长组成国务院常务会议。总理召集和主持国务院常务会议和国务院全体会议。

61. **答案**：C。《宪法》第 89 条规定，国务院行使下列职权：……（十三）改变或撤销各部、各委员会发布的不适当的命令、指示和规章。

62. **答案**：D。《宪法》第 94 条规定，中央军事委员会主席对全国人民代表大会和全国人民代表大会常务委员会负责。

63. **答案**：C。《宪法》第 89 条规定，国务院行使下列职权：……（十五）批准省、自治区、直辖市的区域划分，批准自治州、县、自治县、市的建置和区域划分。

64. **答案**：C。《宪法》第 89 条规定，国务院行使下列职权：……（十五）批准省、自治区、直辖市的区域划分，批准自治州、县、自治县、市的建置和区域划分。

65. **答案**：B。《宪法》第 62 条规定，全国人民代表大会行使下列职权：……（十三）批准省、自治区和直辖市的建置。

66. **答案**：B。参见《地方各级人民代表大会和地方各级人民政府组织法》第 38 条。

67. **答案**：C。《宪法》第 100 条第 1 款规定，省、直辖市的人民代表大会和它们的常务委员会，在不同宪法、法律、行政法规相抵触的前提下，可以制定地方性法规，报全国人民代表大会常务委员会备案。

68. **答案**：B。《地方各级人民代表大会和地方各级人民政府组织法》第 68 条第 2 款规定，县、自治县的人民政府在必要的时候，经省、自治区、直辖市的人民政府批准，可以设立若干区公所，作为它的派出机关。

69. **答案**：A。《法官法》第 18 条第 4 款规定，地方各级人民法院院长由本级人民代表大会选举和罢免，副院长、审判委员会委员、庭长、副庭长和审判员，由院长提请本级人民代表大会常务委员会任免。

70. **答案**：B。《宪法》第 134 条规定，中华人民共和国人民检察院是国家的法律监督机关。

71. **答案**：C。《宪法》第 137 条规定，最高人民检察院是最高检察机关。最高人民检察院领导地方各级人民检察院和专门人民检察院的工作，上级人民检察院领导下级人民检察院的工作。

72. **答案**：B。根据《宪法》第 67 条的规定，条约的批准权专属于全国人大常委会，其他机构没有这一权力。

73. **答案**：B。《立法法》第 25 条规定：全国人民代表大会通过的法律由国家主席签署主席令予以公布。第 44 条规定，常务委员会通过的法律由国家主席签署主席令予以公布。第 70 条第 1 款规定，行政法规由总理签署国务院令公布。第 78 条第 4 款，自治条例和单行条例报经批准后，分别由自治区、自治州、自治县的人民代表大会常务委员会发布公告予以公布。

74. **答案**：D。《人民法院组织法》（2018 年修订）第 38 条第 2、3 款规定，审判委员会会议由院长或者院长委托的副院长主持。审判委员会实行民主集中制。审判委员会举行会议时，同级人民检察院检察长或者检察长委托的副检察长可以列席。因此，A 选项表述正确，不当选。《人民法院组织法》第 48 条第 2 款规定，符合法官任职条件的法官助理，经遴选后可以按照法官任免程序任命为法官。因此，B 选项表述正确，不当选。《人民法院组织法》第 44 条第 2 款规定，各级人民代表大会有权罢免由其选出的人民法院院长。在地方人民代表大会闭会期间，本级人民代表大会常务委员会认为人民法院院长需要撤换的，应当报请上级人民代表大会常务委员会批准。因此，C 选项表述正确，不当选。D 选项表述明显错误，详见《民事诉讼法》《刑事诉讼法》《行政诉讼法》的相关规定。

75. **答案**：A。专门人民法院是我国统一审判体系——人民法院体系中的一个组成部分，它和地方各级人民法院共同行使国家的审判权。专门人民法院包括军事法院、海事法院、铁路运输法院、森林法院、农垦法院、石油法院等。军事法院是基于军队的体制和作战任务的特殊性而设立的，其具体任务是通过审判危害国家与损害国防力量的犯罪分子，保卫国家安全，维护国家法制和军队秩序，巩固部队战斗力，维护军人和其他公民的合法权利。打击敌人，惩治犯罪和保护人民，宣传社会主义法治是军事法院的基本职能。军事法院分设三级：中国人民解放军军事法院；各大军区、军兵种级单位的军事法院；兵团和军级单位的军事法院。可见，B 项错误。海事法院管辖第一审海事案件和海商案件，不受理刑事案件和其他民事案件。各海事法院判决或裁定的上诉案件，由所在地高级人民法院受理。可见 C 项错误。铁路运输法院分设两级，即铁路管理局中级铁路运输法院和铁路管理分局基层铁路运输法院。中级铁路运输法院的审判活动受所在地高级人民法院监督。森林法院的任务是保护森林，审理破坏森林资源案件、严重责任事故案件及涉外案件。基层森林法院一般设置在某些特定林区的一些林业局（包括木材水运局）的所在地；在地区（盟）林业管理局所在地或国有森林集中连片地区设立森林中级法院。可见D项错误。因此，本题的正确答案应当是A项。

76. 答案：C。根据《全国人民代表大会组织法》第10条的规定，全国人民代表大会代表按照选举单位组成代表团。各代表团分别推选代表团团长、副团长。注意推选与选举的区别。可见A项错误。根据《全国人民代表大会组织法》第17条的规定，一个代表团或者三十名以上的代表联名，可以向全国人民代表大会提出属于全国人民代表大会职权范围内的议案。可见B项错误。根据《全国人民代表大会组织法》第20条的规定，全国人民代表大会主席团、三个以上的代表团或者十分之一以上的代表，可以提出对全国人民代表大会常务委员会的组成人员，中华人民共和国主席、副主席，国务院和中央军事委员会的组成人员，国家监察委员会主任，最高人民法院院长和最高人民检察院检察长的罢免案，由主席团提请大会审议。可见C项正确。根据《全国人民代表大会组织法》第21条规定，全国人民代表大会会议期间，一个代表团或者三十名以上的代表联名，可以书面提出对国务院以及国务院各部门、国家监察委员会、最高人民法院、最高人民检察院的质询案。可见D项错误。因此，本题的正确答案应当是C项。

77. 答案：C。根据《各级人民代表大会常务委员会监督法》第40条的规定：委员长会议或者主任会议可以向本级人民代表大会常务委员会提议组织关于特定问题的调查委员会，提请常务委员会审议。1/5以上常务委员会组成人员书面联名，可以向本级人民代表大会常务委员会提议组织关于特定问题的调查委员会，由委员长会议或者主任会议决定提请常务委员会审议，或者先交有关的专门委员会审议、提出报告，再决定提请常务委员会审议。可见，A项错误。根据第41条第1款的规定，调查委员会由主任委员、副主任委员和委员组成，由委员长会议或者主任会议在本级人民代表大会常务委员会组成人员和本级人民代表大会代表中提名，提请常务委员会审议通过。调查委员会可以聘请有关专家参加调查工作。可见，B项错误。根据第42条的规定，调查委员会进行调查时，有关的国家机关、社会团体、企业事业组织和公民都有义务向其提供必要的材料。提供材料的公民要求对材料来源保密的，调查委员会应当予以保密。调查委员会在调查过程中，可以不公布调查的情况和材料。可见，C项正确。根据第43条的规定，调查委员会应当向产生它的常务委员会提出调查报告。常务委员会根据报告，可以作出相应的决议、决定。可见，D项错误。

78. 答案：B。根据《宪法》第62条第（13）项的规定，全国人民代表大会批准省、自治区和直辖市的建置，因此B项不是全国人大常委会的职权。根据《宪法》第67条的规定，解释宪法，监督宪法的实施、废除同外国缔结的条约和重要协定、审批国民经济和社会发展计划以及国家预算部分调整方案等都是全国人大常委会的职权。

79. 答案：C。根据《宪法》第89条第（15）项的规定，国务院批准省、自治区、直辖市的区域划分，批准自治州、县、自治县、市的建置和区域划分。市拟将所管辖的一个县变为市辖区，涉及县的建置问题，应由国务院批准。因此C正确。

80. 答案：C。根据已失效的1982年《全国人民代表大会组织法》第20条规定：全国人民代表大会会议公开举行；在必要的时候，经主席团和各个代表团团长会议决定，可以举行秘密会议。该法于2021年作了修正，本题所考察的是修正前的法条。

81. 答案：C。选项A错误。《宪法》第103条第1款规定，县级以上的地方各级人民代表大会常务委员会由主任、副主任若干人和委员若干人组成，对本级人民代表大会负责并报告工作。选项B错误。《地方各级人民代表大会和地方各级人民政府组织法》第30条第1款规定，省、自治区、直辖市、自治州、设区的市的人民代表大会根据需要，可以设法制委员会、财政经济委员会、教育科学文化卫生委员会等专门委员会；县、自治县、不设区的市、市辖区的人民代表大会根据需要，可以设法制委员会、财政经济委员会等专门委员会。各专门委员会受本级人民代表大会领导；在大会闭会期间，受本级人民代表大会常务委员会领导。选项C正确。《地方各级人民代表大会和地方各级人民政府组织法》第31条第1款规定，县级以上的地方各级人民代表大会可以组织关于特定问题的调查委员会。选项D错误。《地方各级人民代表大会和地方各级人民政府组织法》第12条规定，县级以上的地方各级人民代表大会会议由本级人民代表大会常务委员会召集。第13条第3款规定，县级以上的地方各级人民代表大会举行会议的时候，由主席团主持会议。

82. 答案：D。《宪法》第 2 条规定，国家的一切权力属于人民。人民行使国家权力的机关是全国人民代表大会和地方各级人民代表大会。《宪法》第 3 条规定，全国人民代表大会和地方各级人民代表大会都由民主选举产生，对人民负责，受人民监督。国家行政机关、监察机关、审判机关、检察机关都由人民代表大会产生，对它负责，受它监督。A 选项正确。《宪法》第 96 条规定，地方各级人民代表大会是地方国家权力机关，B 选项正确。《宪法》第 57 条规定，全国人民代表大会是最高国家权力机关，C 选项正确。全国人大与地方各级人大之间没有隶属关系，上级人大有权监督下级人大的工作，D 选项不正确，是本题答案。

83. 答案：D。选项 A 错误。我国法院并无宪法监督的权力，不能自行审查法律、法规或规章，并宣告其无效。选项 B 错误。根据我国《立法法》第 97 条第 5 项的规定，地方人大常委会仅有权撤销本级人民政府制定的不适当的规章，而无权改变之。从法理上说，我国宪法确立了国家机关之间的分工和制约原则，这意味着立法机关只能对行政机关进行监督，但无权取代行政机关去履行行政机关的职能，因此，地方人大只能撤销而不能改变地方政府的规章。选项 C 错误。根据《立法法》第 97 条第 2、3、5 项规定，全国人大常委会无权审查并撤销地方规章，地方规章的撤销权归属于国务院和同级地方人大常委会。选项 D 是正确的，为应选项。

84. 答案：D。本题考查中国宪法的结构和内容。A 选项是错误的，在中国宪法中并没有明确规定宪法与国际条约的关系，而事实上关于宪法与国际条约的效力位阶，以及国际条约在国内的适用问题，在理论上也是存在争论的。B 选项是错误的，在中国宪法中明确规定了宪法的修改，即规定全国人民代表大会的职权包括了“修改宪法”的权力，并且详细规定了宪法修改的程序“由全国人民代表大会常务委员会或者五分之一以上的全国人民代表大会代表提议，并由全国人民代表大会以全体代表的三分之二以上的多数通过”；但是在宪法文本中并没有明确规定“宪法的制定”，宪法序言中仅是对宪法制定的历史背景进行了叙述，而宪法制定的程序和过程并没有涉及。C 选项是错误的，我国宪法并不包括“附则”的内容，《宪法修正案》是宪法的组成部分，但并不是附则。D 选项是正确的，《宪法》第 111 条规定：城市和农村按居民居住地区设立的居民委员会或者村民委员会是基层群众性自治组织。居民委员会、村民委员会的主任、副主任和委员由居民选举。居民委员会、村民委员会同基层政权的相互关系由法律规定。

85. 答案：D。国家结构形式是指特定国家的统治阶级根据一定原则采取的调整国家整体与部分、中央与地方相互关系的形式。我国实行单一制国家结构形式，但是在我国单一制国家结构形式建立和运转过程中，由于存在特定国情，因而使我国的单一制表现出自己的特点。具体而言，即在一般的地方行政区划外，通过建立民族区域自治制度解决单一制下的民族问题，通过建立特别行政区制度解决单一制下的历史遗留问题。所以，A 选项的表述是错误的，在我国中央与地方关系上，存在一般行政区划、民族区域自治和特别行政区三种地方制度，而后两者是比较特殊的地方制度。

行政区域的变更包括行政区域的设立、调整、撤销和更名。这些都必须根据一定的法律程序进行。根据我国现行法律的规定，县、市、市辖区部分行政区域界线的变更，由国务院授权省、自治区、直辖市人民政府审批。所以，B 选项是错误的。

经济特区是在国内划定一定范围，在对外经济活动中采取较国内其他地区更加开放和灵活的特殊政策的特定地区。经济特区并不是我国一种新的地方制度，其仅仅是为了促进经济发展而设立的特殊地区。所以 C 选项表述是错误的。

行政区划制度不仅包括行政区划的分级、划分，以及行政区域的变更，也包括行政区划争议或纠纷的解决，对此国务院制定了专门的行政法规。因此，D 选项正确。

86. 答案：D。全国人大各专门委员会是由全国人民代表大会产生，受全国人民代表大会领导，闭会期间受全国人大常委会领导的常设性工作机构。其主要职责是在全国人大及其常委会的领导下，研究、审议和拟定有关议案。全国人大各专门委员会由主任委员、副主任委员、委员组成。它们都是全国人大主席团从代表中提名，由大会通过。据此，A 选项表述是错误的，各专门委员会主要职责是对相关问题的提案进行研究、提出意见，其作为受全国人大及其常委会领导的工作机构，其决议的效力低于全国人大及其常委会所作决定。B 选项是错误的，各专门委员会由主任委员、副主任委员人选由主席团在代表中提名，大会通过；在大会闭会期间，全国人民代表大会常务委员会可以补充任命专门委员会的个别副主任委员和部分委员，由委员长会议提名，常务委员会会议通过，所以并非由全国人大及其常委会任命的。C选项是错误的，特定问题调查委员会是全国人大及其常委会为查证某个重大问题而依照法定程序成立的临时性调查组织，其任期是由问题的查证情况决定的，而不是与全国人大及其常委会的任期相同。D选项是正确的，全国人大各专门委员会受全国人民代表大会领导，闭会期间受全国人大常委会领导。

87. 答案：A。本题考查的是基层群众自治的方式。按照《村民委员会组织法》第3条的规定，村民委员会根据村民的居住状况、人口多少，按照便于自治的原则设立。一般情况下，在每个自然村设立一个村民委员会，而人口较多、居住分散的自然村可以设立两个村民委员会，或者在两个人口较少的自然村一共设立一个村民委员会。村民委员会的设立、撤销、范围调整，由乡、民族乡、镇的人民政府提出，经村民会议讨论同意后，报县级人民政府批准。所以，A选项的表述是正确的。

《宪法》第111条第2款和《村民委员会组织法》第2条第2款明确规定了村民自治的事务范围，即办理本村的公共事务和公益事业，调解民间纠纷，协助维护社会治安，向人民政府反映村民的意见、要求和提出建议。按照最为广泛的理解，任何涉及村民共同体的事务、涉及其公共利益的事业，都是村民群众“自己的事情”，属于自治事务。然而，村民委员会并不属于政权组织，特别是不直接隶属于基层政权，它们之间的职权是相互独立的，乡镇人民政府不得干预属于村民自治范围内的事项。有关征地补偿费用的使用和分配方案属于村民的公共事务，应当经村民委员会议讨论通过，但不需要报乡镇政府批准，否则就违背了村民自治的立法初衷，所以B选项的表述是错误的。

根据《城市居民委员会组织法》第15条的规定，居民公约由居民会议讨论制定，报不设区的市、市辖区的人民政府或者它的派出机关备案，由居民委员会监督执行。居民应当遵守居民会议的决议和居民公约。居民公约的内容不得与宪法、法律、法规和国家的政策相抵触。事实上，作为基层群众自治组织，基层政府对居民委员会的工作仅是给予指导、支持和帮助，而非领导居委会的工作，所以居民公约属于居委会的自治事项，仅需向基层政府备案即可，而不需要批准，所以C选项的表述是错误的。

根据《城市居民委员会组织法》第6条的规定，居民委员会根据居民居住状况，按照便于居民自治的原则，一般在100户至700户的范围内设立。居民委员会的设立、撤销、规模调整，由不设区的市、市辖区的人民政府决定。所以，D选项的表述也是错误的，不设区的市、市辖区政府可以直接决定居委会的设置和变更。

88. 答案：C。本题考查的是《各级人民代表大会常务委员会监督法》中规定的相关程序。根据《各级人民代表大会常务委员会监督法》第8条的规定，各级人民代表大会常务委员会每年选择若干关系改革发展稳定大局和群众切身利益、社会普遍关注的重大问题，有计划地安排听取和审议本级人民政府、人民法院和人民检察院的专项工作报告。专项工作报告由人民政府、人民法院或者人民检察院的负责人向本级人民代表大会常务委员会报告，人民政府也可以委托有关部门负责人向本级人民代表大会常务委员会报告。所以，A选项的表述是正确的。

《各级人民代表大会常务委员会监督法》同时规定，质询案既可以以书面方式提出，也可以以口头形式提出。质询案以口头答复的，由受质询机关的负责人到会答复。质询案以书面答复的，由受质询机关的负责人签署。所以，B选项的表述也是正确的。

关于特定问题调查，《各级人民代表大会常务委员会监督法》规定，调查委员会进行调查时，有关的国家机关、社会团体、企业事业组织和公民都有义务向其提供必要的材料。提供材料的公民要求对材料来源保密的，调查委员会应当予以保密。调查委员会在调查过程中，可以不公布调查的情况和材料。所以，选项C的表述是错误的。

《各级人民代表大会常务委员会监督法》对于撤职案的表决问题，规定撤职案的表决采用无记名投票的方式，由常务委员会全体组成人员的过半数通过。所以，D选项的表述是正确的。

89. 答案：D。根据《宪法》规定，我国行政区域变更的法律程序包括：(1) 省、自治区、直辖市的设立、撤销、更名，特别行政区的设立，应由全国人大审议决定（《宪法》第62条）；(2) 省、自治区、直辖市行政区域界线的变更，自治州、县、自治县、市、市辖区的设立、撤销、更名或者隶属关系的变更，自治州、自治县的行政区域界线的变更，县、市的行政区域界线的重大变更，都须经国务院审批（《宪法》第89条）；(3) 县、市、市辖区的部分行政区域界线的变更，由国务院授权省、自治区、直辖市人民政府审批（《行政区划管理条例》第 8 条）；（4）乡、民族乡、镇的设立、撤销、更名或者变更行政区域的界线，由省、自治区、直辖市人民政府审批（《宪法》第 107 条）。据此可知，A 项错误，甲县更名须经国务院审批；B 项错误，乙省行政区域界线的变更，须经国务院审批；C 项错误，丙镇与邻镇合并，由两镇所属的省级政府审批。D 项正确。

90. **答案**：D。根据《宪法》第 93 条、第 94 条规定，中央军事委员会实行主席负责制。中央军事委员会每届任期同全国人民代表大会每届任期相同。中央军事委员会主席对全国人民代表大会和全国人民代表大会常务委员会负责。故 A、B、C 项表述正确。根据《宪法》第 62 条和第 67 条规定，中央军委副主席由全国人大根据中央军委主席的提名决定产生；在全国人大闭会期间，由全国人大常委会根据中央军委主席的提名决定产生。故 D 项错误。

91. **答案**：A。《地方各级人民代表大会和地方各级人民政府组织法》第 27 条第 1 款规定："县级以上的地方各级人民代表大会常务委员会组成人员和人民政府领导人员，人民法院院长，人民检察院检察长，可以向本级人民代表大会提出辞职，由大会决定是否接受辞职；大会闭会期间，可以向本级人民代表大会常务委员会提出辞职，由常务委员会决定是否接受辞职。常务委员会决定接受辞职后，报本级人民代表大会备案。人民检察院检察长的辞职，须报经上一级人民检察院检察长提请该级人民代表大会常务委员会批准。"故 A 正确，B 错误。第 44 条第 1 款第 9 项规定，县级以上的地方各级人大常委会在本级人大闭会期间，决定副省长、自治区副主席、副市长、副州长、副县长、副区长的个别任免；在省长、自治区主席、市长、州长、县长、区长和人民法院院长、人民检察院检察长因故不能担任职务的时候，从本级人民政府、人民法院、人民检察院副职领导人员中决定代理的人选；决定代理检察长，须报上一级人民检察院和人民代表大会常务委员会备案。故 C、D 项错误。

二、多项选择题

1. **答案**：ABD。本题考查司法机关依法独立行使职权的原则。司法机关依法独立行使职权，是就司法机关而言的。因此，选项中的"审判人员依法独立行使审判权""检察人员依法独立行使检察权""司法机关及其工作人员依法独立行使职权"的理解都是错误的。

2. **答案**：ABCD。《人民法院组织法》第 23 条规定，中级人民法院审理下列案件：（一）法律规定由其管辖的第一审案件；（二）基层人民法院报请审理的第一审案件；（三）上级人民法院指定管辖的第一审案件；（四）对基层人民法院判决和裁定的上诉、抗诉案件；（五）按照审判监督程序提起的再审案件。

3. **答案**：ABC。《立法法》第 15 条规定：一个代表团或者三十名以上的代表联名，可以向全国人民代表大会提出法律案，由主席团决定是否列入会议议程，或者先交有关的专门委员会审议、提出是否列入会议议程的意见，再决定是否列入会议议程。第 14 条规定：全国人民代表大会主席团可以向全国人民代表大会提出法律案，由全国人民代表大会会议审议。全国人民代表大会常务委员会、国务院、中央军事委员会、最高人民法院、最高人民检察院、全国人民代表大会各专门委员会，可以向全国人民代表大会提出法律案，由主席团决定列入会议议程。

4. **答案**：AB。《宪法》第 89 条规定：国务院行使下列职权：……（十四）改变或者撤销地方各级国家行政机关的不适当的决定和命令。

5. **答案**：ABCD。根据《地方各级人民代表大会和地方各级人民政府组织法》第 18 条规定，地方各级人民代表大会举行会议的时候，主席团、常务委员会、各专门委员会、本级人民政府和代表（县级以上 10 人，乡、民族乡、镇 5 人以上），都可以提出议案。

6. **答案**：ABD。此题考查全国人大常委会的组成人员的任职限制问题。

全国人大常委会组成人员实行专职制，不得担任国家行政机关、审判机关和检察机关的职务。因此此题选 ABD。

7. **答案**：ABC。《宪法》第 140 条规定：人民法院、人民检察院和公安机关办理刑事案件，应当分工负责，互相配合，互相制约，以保证准确有效地执行法律。

8. **答案**：ABC。《宪法》第 89 条规定：国务院行使下列职权：……（十六）决定省、自治区、直辖市的范围内部分地区进入紧急状态。

9. **答案**：ABC。《宪法》第 89 条规定：国务院行使下列职权：（一）根据宪法和法律，规定行政措施，制定行政法规，发布决定和命令。

10. **答案**：ABC。《宪法》第 62 条规定：全国人民代表大会行使下列职权：……（十二）改变或者撤销全国人民代表大会常务委员会不适当的决定。第 89 条规定：国务院行使下列职权：……（十三）改变或者撤销各部、各委员会发布的不适当的命令、指示和规章；（十四）改变或者撤销地方各级国家行政机关的不适当的决定和命令。

11. **答案**：ABD。《民事诉讼法》第134条规定，人民法院审理民事案件，除涉及国家秘密、个人隐私或者法律另有规定的以外，应当公开进行。离婚案件，涉及商业秘密的案件，当事人申请不公开审理的，可以不公开审理。《行政诉讼法》第54条规定，人民法院公开审理行政案件，但涉及国家秘密、个人隐私和法律另有规定的除外。涉及商业秘密的案件，当事人申请不公开审理的，可以不公开审理。《刑事诉讼法》第188条第1款，人民法院审判第一审案件应当公开进行。但是有关国家秘密或者个人隐私的案件，不公开审理；涉及商业秘密的案件，当事人申请不公开审理的，可以不公开审理。因此，涉及国家秘密和个人隐私的案件一律不公开审理，涉及商业秘密的案件需要当事人申请不公开审理，A、B选项当选，C选项不当选。《刑事诉讼法》第285条规定，审判的时候被告人不满十八周岁的案件，不公开审理。但是，经未成年被告人及其法定代理人同意，未成年被告人所在学校和未成年人保护组织可以派代表到场。因此，D选项当选，派代表到场并不意味着"公开审理"。

12. **答案**：CD。《宪法》第2条规定：中华人民共和国的一切权力属于人民。人民行使国家权力的机关是全国人民代表大会和地方各级人民代表大会。

13. **答案**：ABCD。《宪法》第62条规定：全国人民代表大会行使下列职权：……（四）选举中华人民共和国主席、副主席；（五）根据中华人民共和国主席的提名，决定国务院总理的人选；根据国务院总理的提名，决定国务院副总理、国务委员、各部部长、各委员会主任、审计长、秘书长的人选；……（九）选举最高人民检察院检察长。

14. **答案**：AC。《宪法》第101条第2款规定：县级以上的地方各级人民代表大会选举并且有权罢免本级人民法院院长和本级人民检察院检察长。选出或者罢免人民检察院检察长，须报上级人民检察院检察长提请该级人民代表大会常务委员会批准。

15. **答案**：BCD。《宪法》第62条规定：全国人民代表大会行使下列职权：……（十五）决定战争和和平的问题。

16. **答案**：ABD。《宪法》第104条规定：县级以上的地方各级人民代表大会常务委员会讨论、决定本行政区域内各方面工作的重大事项；监督本级人民政府、人民法院和人民检察院的工作；撤销本级人民政府的不适当的决定和命令；撤销下一级人民代表大会的不适当的决议；依照法律规定的权限决定国家机关工作人员的任免；在本级人民代表大会闭会期间，罢免和补选上一级人民代表大会的个别代表。

17. **答案**：ACD。《立法法》第97条第（1）项、第（2）项规定：改变或者撤销法律、行政法规、地方性法规、自治条例和单行条例、规章的权限是：（一）全国人民代表大会有权改变或者撤销它的常务委员会制定的不适当的法律，有权撤销全国人民代表大会常务委员会批准的违背宪法和本法第75条第2款规定的自治条例和单行条例；（二）全国人民代表大会常务委员会有权撤销同宪法和法律相抵触的行政法规，有权撤销同宪法、法律和行政法规相抵触的地方性法规，有权撤销省、自治区、直辖市的人民代表大会常务委员会批准的违背宪法和本法第75条第2款规定的自治条例和单行条例。

18. **答案**：ABCD。《宪法》第67条规定：全国人民代表大会常务委员会行使下列职权：……（十四）决定驻外全权代表的任免；（十五）决定同外国缔结的条约和重要协定的批准和废除；……（十九）在全国人民代表大会闭会期间，如果遇到国家遭受武装侵犯或者必须履行国际共同防止侵略的条约的情况，决定战争状态的宣布；（二十）决定全国总动员或者局部动员。

19. **答案**：ABCD。《全国人民代表大会组织法》第34条第1款规定，全国人民代表大会设立民族委员会、宪法和法律委员会、监察和司法委员会、财政经济委员会、教育科学文化卫生委员会、外事委员会、华侨委员会、环境与资源保护委员会、农业与农村委员会、社会建设委员会和全国人民代表大会认为需要设立的其他专门委员会。各专门委员会受全国人民代表大会领导；在全国人民代表大会闭会期间，受全国人民代表大会常务委员会领导。

20. **答案**：AB。《宪法》第80条规定：中华人民共和国主席根据全国人民代表大会的决定和全国人民代表大会常务委员会的决定，公布法律，任免国务院总理、副总理、国务委员、各部部长、各委员会主任、审计长、秘书长，授予国家的勋章和荣誉称号，发布特赦令，宣布进入紧急状态，宣布战争状态，发布动员令。

21. **答案**：ABCD。《宪法》第62条规定：全国人民代表大会行使下列职权：……（十三）批准省、自治区和直辖市的建置；（十四）决定特别行政区的设立及其制度；……（十六）应当由最高国家权力机关行使的其他职权。

22. 答案：AC。本题主要考查民主集中制的内容，它是民主与集中的统一。

23. 答案：AC。本题主要考查国家机关责任制的基本含义。

24. 答案：AB。本题主要考查国家机关个人负责制的基本内容。

25. 答案：ABCD。《宪法》中对如下国家机构作了详细规定：全国人民代表大会、中华人民共和国主席、国务院、中央军事委员会、地方各级人民代表大会和地方各级人民政府、民族自治地方的自治机关，人民法院和人民检察院。

26. 答案：ABCD。《宪法》第 139 条规定：各民族公民都有用本民族语言文字进行诉讼的权利。人民法院和人民检察院对于不通晓当地通用的语言文字的诉讼参与人，应当为他们翻译。在少数民族聚居或者多民族共同居住的地区，应当用当地通用的语言进行审理；起诉书、判决书、布告和其他文书应当根据实际需要使用当地通用的一种或者几种文字。

27. 答案：ABC。《宪法》第 111 条第 2 款规定：居民委员会、村民委员会设人民调解、治安保卫、公共卫生等委员会，办理本居住地区的公共事务和公益事业，调解民间纠纷，协助维护社会治安，并且向人民政府反映群众的意见、要求和提出建议。

28. 答案：ABCD。《宪法》第 91 条规定：国务院设立审计机关，对国务院各部门和地方各级政府的财政收支，对国家的财政金融机构和企业事业组织的财务收支，进行审计监督。审计机关在国务院总理领导下，依照法律规定独立行使审计监督权，不受其他行政机关、社会团体和个人的干涉。

29. 答案：ABCD。根据《各级人民代表大会常务委员会监督法》第 15 条第 1 款、第 2 款的规定，国务院应当在每年 6 月，将上一年度的中央决算草案提请全国人民代表大会常务委员会审查和批准。县级以上地方各级人民政府应当在每年 6 月至 9 月期间，将上一年度的本级决算草案提请本级人民代表大会常务委员会审查和批准。可见，A 项正确。根据第 16 条的规定，国务院和县级以上地方各级人民政府应当在每年 6 月至 9 月期间，向本级人民代表大会常务委员会报告本年度上一阶段国民经济和社会发展计划、预算的执行情况。可见，B 项正确。根据第 17 条第 2 款的规定，严格控制不同预算科目之间的资金调整。预算安排的农业、教育、科技、文化、卫生、社会保障等资金需要调减的，国务院和县级以上地方各级人民政府应当提请本级人民代表大会常务委员会审查和批准。可见，C 项正确。根据第 18 条的规定，常务委员会对决算草案和预算执行情况报告，重点审查下列内容：（一）预算收支平衡情况；（二）重点支出的安排和资金到位情况；（三）预算超收收入的安排和使用情况；（四）部门预算制度建立和执行情况；（五）向下级财政转移支付情况；（六）本级人民代表大会关于批准预算的决议的执行情况。除前款规定外，全国人民代表大会常务委员会还应当重点审查国债余额情况；县级以上地方各级人民代表大会常务委员会还应当重点审查上级财政补助资金的安排和使用情况。可见，D 项正确。

30. 答案：ABCD。《香港特别行政区基本法》第 12 条规定：香港特别行政区是中华人民共和国的一个享有高度自治权的地方行政区域，直辖于中央人民政府。《宪法》第 89 条规定，国务院行使下列职权：……（四）统一领导全国地方各级国家行政机关的工作，规定中央和省、自治区、直辖市的国家行政机关的职权的具体划分。

31. 答案：BCD。《立法法》第 97 条规定：改变或者撤销法律、行政法规、地方性法规、自治条例和单行条例、规章的权限是：……（二）全国人民代表大会常务委员会有权撤销同宪法和法律相抵触的行政法规，有权撤销同宪法、法律和行政法规相抵触的地方性法规，有权撤销省、自治区、直辖市的人民代表大会常务委员会批准的违背宪法和本法第 75 条第 2 款规定的自治条例和单行条例。

32. 答案：ABD。根据宪法和选举法的规定，县级以上地方各级人民代表大会会议期间，主席团、常委会或者 1/10 以上代表联名，可以提出对本级人大常委会组成人员、人民政府组成人员、法院院长、检察院检察长的罢免案，由主席团提请大会审议。因此选 A、B、D 项。

33. 答案：ACD。B 项中最高法院院长应由全国人大任命。注意《宪法》规定的全国人大和其常委会在立法权和任免权等方面的分工。见《宪法》第 62 条、第 67 条。

34. 答案：BCD。此外，关于备案方面，有省、直辖市的地方性法规报全国人大常委会备案，自治州、自治县自治条例和单行条例，报省和自治区的人大常委会批准生效，并报全国人大常委会备案，等等。

35. 答案：ACD。B 中自治州、自治县的人民代表大会及其常委会可以制定自治条例和单行条例，报省或者自治区的人民代表大会常务委员会批准后生效，并报全国人民代表大会常务委员会备案。

36. 答案：ABD。《宪法》第 103 条第 1 款规定："县级以上的地方各级人民代表大会常务委员会由主任、副主任若干人和委员若干人组成，对本级人民代表大会负责并报告工作。"因此选 ABD 项。

37. 答案：AB。《全国人民代表大会组织法》第 20 条规定，全国人民代表大会主席团、三个以上的代表团或者十分之一以上的代表，可以提出对全国人民代表大会常务委员会的组成人员，中华人民共和国主席、副主席，国务院和中央军事委员会的组成人员，国家监察委员会主任，最高人民法院院长和最高人民检察院检察长的罢免案，由主席团提请大会审议。因此有权提出罢免案的主体是 3 个以上代表团或者 1/10 以上的代表。

38. 答案：ACD。《宪法》第 136 条规定：人民检察院依照法律规定独立行使检察权，不受行政机关、社会团体和个人的干涉。

39. 答案：ABCD。基层政权是指国家为实现其政治、经济和文化职能，依法在基层行政区域内设立的国家机关及其所行使的权力的统一体。在农村，它指的是乡镇人民代表大会和乡镇人民政府及其职权的统一体；在城市，它指的是不设区的市、市辖区的人民代表大会及其常委会和人民政府及其权力的统一体。

40. 答案：BCD。《宪法》第 107 条规定：县级以上地方各级人民政府依照法律规定的权限，管理本行政区域内的经济、教育、科学、文化、卫生、体育事业、城乡建设事业和财政、民政、公安、民族事务、司法行政、计划生育等行政工作，发布决定和命令，任免、培训、考核和奖惩行政工作人员。乡、民族乡、镇的人民政府执行本级人民代表大会的决议和上级国家行政机关的决定和命令，管理本行政区域内的行政工作。省、直辖市的人民政府决定乡、民族乡、镇的建置和区域划分。

41. 答案：ABCD。《宪法》第 101 条规定：地方各级人民代表大会分别选举并且有权罢免本级人民政府的省长和副省长、市长和副市长、县长和副县长、区长和副区长、乡长和副乡长、镇长和副镇长。县级以上的地方各级人民代表大会选举并且有权罢免本级人民法院院长和本级人民检察院检察长。选出或者罢免人民检察院检察长，须报上级人民检察院检察长提请该级人民代表大会常务委员会批准。

42. 答案：ABC。我国最高人民法院由全国人大产生，向全国人大负责。这种责任主要表现在下述方面：（1）最高人民法院要在全国人大每次会议上报告工作；在全国人大闭会期间，向全国人大常委会负责、报告工作；（2）对于适用法律过程中遇到的法律理解问题，最高人民法院可以向全国人大常委会请求法律解释，以了解立法意图，正确适用法律。常委会如果作出解释，最高人民法院必须遵照适用；（3）全国人大及其常委会组成人员可以依法定程序向最高人民法院提出质询，要求解释；（4）全国人大及其常委会可以组织针对最高人民法院工作的特别调查委员会，就严重的违法失职等司法腐败行为进行调查听证，对有关司法人员作出处理；（5）全国人大常委会可以依据宪法授予的监督权，对最高人民法院作出的生效裁判进行个案监督，指出裁判违反法律的地方，由法院自行依照法定程序更正裁判。故 A、B、C 正确，D 错误。

43. 答案：ABD。根据《地方各级人民代表大会和地方各级人民政府组织法》的规定，县、自治县、不设区的市、市辖区的人民政府分别由县长、副县长；市长、副市长，区长、副区长和局长、科长等组成。

44. 答案：AC。此题考查全国人大代表享有的不受法律追究的权利的内容问题。我国《宪法》第 75 条规定，全国人民代表大会代表在全国人民代表大会各种会议上的发言和表决，不受法律追究。因此此题选 AC。

45. 答案：BC。《宪法》没有规定国家主席对全国人大及其常委会负责，可见 A 项错误。根据《宪法》第 92 条的规定，国务院对全国人民代表大会负责并报告工作；在全国人民代表大会闭会期间，对全国人民代表大会常务委员会负责并报告工作。可见 B 项正确。根据《宪法》第 133 条的规定，最高人民法院对全国人民代表大会和全国人民代表大会常务委员会负责。地方各级人民法院对产生它的国家权力机关负责。根据《宪法》第 138 条的规定，最高人民检察院对全国人民代表大会和全国人民代表大会常务委员会负责。地方各级人民检察院对产生它的国家权力机关和上级人民检察院负责。可见 C 项正确。根据《宪法》第 94 条的规定，中央军事委员会主席对全国人民代表大会和全国人民代表大会常务委员会负责。可见，D 项错误。因此，本题的正确答案应当是 BC 项。

46. 答案：BCD。选项 A 错误。《宪法》第 86 条规定，国务院由下列人员组成：总理，副总理若干人，国务委员若干人，各部部长，各委员会主任，审计长，秘书长。选项B正确。《宪法》第88条第2款规定，总理、副总理、国务委员、秘书长组成国务院常务会议。选项C、D正确。《宪法》第89条规定，国务院行使下列职权：……（十四）改变或者撤销地方各级国家行政机关的不适当的决定和命令；……（十六）依照法律规定决定省、自治区、直辖市的范围内部分地区进入紧急状态；……

47. 答案：ABCD。综观四个选项，首先需要判断是否有这些自治权，其次要判断是否是有权主体。民族自治的地方的自治机关是自治区、自治州和自治县的人民代表大会和人民政府。根据宪法和法律的规定，民族自治地方的自治权主要包括以下几个方面：(1) 制定自治条例和单行条例；（选项B正确）(2) 根据当地民族的实际情况，贯彻执行国家的法律和政策；(3) 自主地管理地方财政；（选项A正确）(4) 自主地管理地方性经济建设；（选项C正确）(5) 自主地管理教育、科学、文化、卫生、体育事业；（选项D正确）(6) 组织维护社会治安的公安部队；(7) 使用本民族的语言文字。

48. 答案：AC。《宪法》第62条规定，全国人民代表大会行使下列职权：（一）修改宪法；（二）监督宪法的实施；（三）制定和修改刑事、民事、国家机构的和其他的基本法律；（四）选举中华人民共和国主席、副主席；（五）根据中华人民共和国主席的提名，决定国务院总理的人选；根据国务院总理的提名，决定国务院副总理、国务委员、各部部长、各委员会主任、审计长、秘书长的人选；（六）选举中央军事委员会主席；根据中央军事委员会主席的提名，决定中央军事委员会其他组成人员的人选；（七）选举国家监察委员会主任；（八）选举最高人民法院院长；（九）选举最高人民检察院检察长；（十）审查和批准国民经济和社会发展计划和计划执行情况的报告；（十一）审查和批准国家的预算和预算执行情况的报告；（十二）改变或者撤销全国人民代表大会常务委员会不适当的决定；（十三）批准省、自治区和直辖市的建置；（十四）决定特别行政区的设立及其制度；（十五）决定战争和和平的问题；（十六）应当由最高国家权力机关行使的其他职权。

49. 答案：ABD。选项A错误。根据《香港特别行政区基本法》第44条规定，特别行政区行政长官任职须年满40周岁。选项B错误。《香港特别行政区基本法》第80条规定，香港特别行政区各级法院是香港特别行政区的司法机关，行使香港特别行政区的审判权。选项C正确。《香港特别行政区基本法》第158条第2款规定，全国人民代表大会常务委员会授权香港特别行政区法院在审理案件时对本法关于香港特别行政区自治范围内的条款自行解释。《澳门特别行政区基本法》第143条第2款，全国人民代表大会常务委员会授权澳门特别行政区法院在审理案件时对本法关于澳门特别行政区自治范围内的条款自行解释。选项D错误。《香港特别行政区基本法》第18条第4款规定，全国人民代表大会常务委员会决定宣布战争状态或因香港特别行政区内发生香港特别行政区政府不能控制的危及国家统一或安全的动乱而决定香港特别行政区进入紧急状态，中央人民政府可发布命令将有关全国性法律在香港特别行政区实施。《澳门特别行政区基本法》第18条第4款规定，在全国人民代表大会常务委员会决定宣布战争状态或因澳门特别行政区内发生澳门特别行政区政府不能控制的危及国家统一或安全的动乱而决定澳门特别行政区进入紧急状态时，中央人民政府可发布命令将有关全国性法律在澳门特别行政区实施。

50. 答案：ABC。《全国人民代表大会组织法》第21条规定，全国人民代表大会会议期间，一个代表团或者三十名以上的代表联名，可以书面提出对国务院以及国务院各部门、国家监察委员会、最高人民法院、最高人民检察院的质询案。第33条规定，在常务委员会会议期间，常务委员会组成人员十人以上，可以向常务委员会书面提出对国务院和国务院各部、各委员会的质询案……

51. 答案：AD。《立法法》第26条规定，委员长会议可以向常务委员会提出法律案，由常务委员会会议审议。A选项正确。《立法法》第29条规定，列入常务委员会会议议程的法律案，一般应当经三次常务委员会会议审议后再交付表决。注意，是“常委会审议”而不是“委员长会议审议”，B选项错误。《立法法》第37条规定，列入常务委员会会议议程的法律案，应当在常务委员会会议后将法律草案及其起草、修改的说明等向社会公布，征求意见，但是经委员长会议决定不公布的除外。因此，法律草案应当公布，经委员会会议决定不公布的除外，C选项错误。《立法法》第35条规定，专门委员会之间对法律草案的重要问题意见不一致时，应当向委员长会议报告。D选项正确。

52. 答案：BD。《村民委员会组织法》第21条规定，村民会议由本村18周岁以上的村民组成。这里并未对村民是否被剥夺政治权利作出限定，A选项错误。《村民委员会组织法》第5条规定，乡、民族乡、镇的人民政府对村民委员会的工作给予指导、支持和帮助，但是不得干预依法属于村民自治范围内的事项，B选项正确。《村民委员会组织法》第16条规定，罢免村民委员会成员，须有登记参加选举的村民过半数投票，并须经投票的村民过半数通过。注意必须要两个条件都满足才能罢免，C选项忽略了“须有登记参加选举的村民过半数投票”这个条件，因此错误。《村民委员会组织法》第35条规定，村民委员会成员实行任期和离任经济责任审计，D选项正确。

53. 答案：ABC。《各级人民代表大会常务委员会监督法》第15条第2款规定，县级以上地方各级人民政府应当在每年6月至9月期间，将上一年度的本级决算草案提请本级人民代表大会常务委员会审查和批准。A选项正确。第20条规定，常务委员会认为必要时，可以对审计工作报告作出决议；本级人民政府应当在决议规定的期限内，将执行决议的情况向常务委员会报告。B选项正确。第31条规定，最高人民法院、最高人民检察院作出的属于审判、检察工作中具体应用法律的解释，应当自公布之日起30日内报全国人民代表大会常务委员备案。C选项正确。第46条规定，撤职案的表决采用无记名投票的方式，由常务委员会全体组成人员的过半数通过。D选项错误。本题选ABC。

54. 答案：ACD。《香港特别行政区基本法》第154条和《澳门特别行政区基本法》第139条规定：对世界各国或各地区的人入境、逗留和离境，特别行政区政府可实行出入境管制。这事实上是特别行政区行使管理职权的具体体现，所以A项是正确的。

《香港特别行政区基本法》第48条规定的香港特别行政区行政长官行使的职权，包括了“依照法定程序任免各级法院法官”的权力，但是需要特别注意的是，香港的司法体制中并不存在检察院，所以B选项的说法是错误的。

《香港特别行政区基本法》第79条规定了香港特别行政区立法会议员丧失资格的情况，其中包括了“行为不检或违反誓言而经立法会出席会议的议员三分之二通过谴责”，此时由立法会主席宣告其丧失立法会议员的资格。所以，C选项的表述是正确的。

《香港特别行政区基本法》第158条和《澳门特别行政区基本法》第143条规定：基本法的解释权属于全国人民代表大会常务委员会。所以，D选项的说法是正确的。

【陷阱】本题的陷阱在于对香港司法体制和澳门司法体制的比较考察：在香港司法机关仅是指特别行政区各级法院，具体包括了终审法院、高等法院、区域法院、裁判署法庭和其他专门法庭，香港并没有“检察院”的机构设置；而在澳门司法机关既包括了法院，也有检察院，法院独立进行审判，包括了初级法院、中级法院和终审法院，检察院独立行使法律赋予的检察职能。

55. 答案：AD。A选项正确，《宪法》中有关全国人大与全国人大常委会在立法权限上的分工是：全国人大制定和修改刑事、民事、国家机构的和其他的基本法律；全国人大常委会制定和修改除应当由全国人民代表大会制定的法律以外的其他法律。同时，《宪法》第67条规定的全国人大常委会的职权包括：在全国人民代表大会闭会期间，对全国人民代表大会制定的法律进行部分补充和修改，但是不得同该法律的基本原则相抵触。

B选项的表述是错误的。根据《立法法》第25条规定，全国人大通过的法律应由国家主席予以公布，而不是由全国人民代表大会主席团公布。

C选项的表述是错误的。根据《立法法》第32条第2款规定，有关的专门委员会审议法律案时，可以邀请其他专门委员会的成员列席会议，发表意见。所以，邀请有关的专门委员会的成员列席会议并非必须为之。

D选项的表述是正确的。《立法法》第28条第1款规定：列入常务委员会会议议程的法律案，除特殊情况外，应当在会议举行的7日前将法律草案发给常务委员会组成人员。

【陷阱】本题的陷阱在于对宪法修正案、法律、法律修改以及法律解释公布主体的对比辨析和掌握。（1）《宪法》第80条规定的国家主席的职权包括：根据全国人民代表大会的决定和全国人民代表大会常务委员会的决定，公布法律。所以，全国人大及其常委会制定的法律，均由国家主席予以公布。（2）在我国，宪法并未明确规定宪法修正案的公布机关。但是，数次修宪过程中已经形成了公布修正案的宪法惯例，即由全国人大主席团公布宪法修正案。1982年宪法的五次修正案都是历届全国人大主席团公布的。（3）对于法律的修改（包括了修订、修改决定和修正案三种形式），一般也是由国家主席进行公布。（4）法律解释是由全国人大常委会予以公布，根据《立法法》第49条的规定，法律解释草案表决稿由常务委员会全体组成人员的过半数通过，由常务委员会发布公告予以公布。

56. 答案：BD。本题考查的是国家机构的职权分工和领导体制问题。A选项的表述不准确，《宪法》第62条规定的全国人大的职权包括了修改宪法和监督宪法的实施，第67条规定的全国人大常委会的职权包括解释宪法，监督宪法的实施。所以，一般认为解释宪法是全国人大常委会的职权，全国人大不进行宪法解释。

B选项是正确的。《宪法》第67条规定，全国人大常委会决定全国或者个别省、自治区、直辖市进入紧急状态；第89条规定，国务院依照法律规定决定省、自治区、直辖市的范围内部分地区进入紧急状态。

C选项是错误的。省、自治区的政府在必要的时候，经国务院批准，可以设立若干派出机关。所设立的派出机关一般被称为“行政公署”(行署)。而且“派出机关”与“派出机构”的含义是不一致的。派出机关是由有权地方人民政府在一定行政区域内设立，代表设立机关管理该行政区域内各项行政事务的行政机构。派出机构是由有权地方人民政府的职能部门在一定行政区域内设立，代表该设立机构管理该行政区域内某一方面行政事务的行政机构。派出机关和派出机构最大的区别在于，派出机关是独立的行政主体，能够独立承担责任，而派出机构则不是独立的行政主体，不能以自己的名义行使权力，除非它有法律法规的明确授权。

D选项也是正确的。《宪法》第138条规定，最高人民检察院对全国人民代表大会和全国人民代表大会常务委员会负责。地方各级人民检察院对产生它的国家权力机关和上级人民检察院负责。

57. 答案：ACD。《各级人民代表大会常务委员会监督法》第6条规定：各级人民代表大会常务委员会行使监督职权的情况，应当向本级人民代表大会报告，接受监督。因此，A项表述正确。

B选项的表述是错误的。《各级人民代表大会常务委员会监督法》第25条规定：全国人民代表大会常务委员会和省、自治区、直辖市的人民代表大会常务委员会根据需要，可以委托下一级人民代表大会常务委员会对有关法律、法规在本行政区域内的实施情况进行检查。受委托的人民代表大会常务委员会应当将检查情况书面报送上一级人民代表大会常务委员会。需要注意此处正确的表述是“下一级”而不是“下级”，这意味着不能“隔级委托”，只能委托给下一级。

C选项表述是正确的。根据《各级人民代表大会常务委员会监督法》第38条的规定：质询案以口头答复的，由受质询机关的负责人到会答复。质询案以书面答复的，由受质询机关的负责人签署。

D选项表述也是正确的。根据《各级人民代表大会常务委员会监督法》第42条规定：调查委员会在调查过程中，可以不公布调查的情况和材料。

58. 答案：AB。本题考查的是国家机构的组织和职权。选举法明确规定，全国和地方各级人民代表大会的代表受选民和原选举单位的监督。根据这一规定，不设区的市、市辖区、县、自治县、乡、民族乡、镇的人大代表受原选区选民的监督；全国人大代表，省、自治区、直辖市人大代表，设区的市、自治州人大代表受原选举单位的监督。所以，A选项的表述是正确的。

《宪法》第93条规定，中央军事委员会实行主席负责制。所以，B选项的表述是正确的。

《审计法》第5条规定，审计机关依照法律规定独立行使审计监督权，不受其他行政机关、社会团体和个人的干涉。第9条规定，地方各级审计机关对本级人民政府和上一级审计机关负责并报告工作，审计业务以上级审计机关领导为主。因此，地方审计机关为双重领导体制，选项C错误。

根据《地方各级人民代表大会和地方各级人民政府组织法》第68条规定：省、自治区的人民政府在必要的时候，经国务院批准，可以设立若干派出机关。县、自治县的人民政府在必要的时候，经省、自治区、直辖市的人民政府批准，可以设立若干区公所，作为它的派出机关。市辖区、不设区的市的人民政府，经上一级人民政府批准，可以设立若干街道办事处，作为它的派出机关。所以，D选项的表述是错误的，市辖区的政府设立街道办事处，应该经上一级人民政府批准，而非本级人大的批准。

59. 答案：ABCD。本题考查的是《立法法》① 中关于立法权限、程序、解释和监督的规定。根据《立法法》第42条、第43条的规定，法律解释权属于全国人民代表大会常务委员会；国务院、中央军事委员会、最高人民法院、最高人民检察

① 《立法法》2015年作了修正，本题所考察的是修正前的法条。

院和全国人民代表大会各专门委员会以及省、自治区、直辖市的人民代表大会常务委员会可以向全国人民代表大会常务委员会提出法律解释要求。由此可见，有权提出法律解释要求的主体是特定的，在地方国家机关层面上，仅是省、自治区、直辖市的人民代表大会常务委员会可以提出，而非地方各级政府均可以向全国人大常委会提出法律解释的要求。所以，A 选项的表述是错误的。

《立法法》第 8 条规定的法律保留事项包括“对公民政治权利的剥夺、限制人身自由的强制措施和处罚”，第 9 条进一步规定了“有关犯罪和刑罚、对公民政治权利的剥夺和限制人身自由的强制措施和处罚、司法制度”属于绝对法律保留的事项，全国人大及其常委会不得授权国务院制定行政法规。所以，B 选项的表述是错误的。

《立法法》第 13 条规定，一个代表团或者 30 名以上的代表联名，可以向全国人民代表大会提出法律案，由主席团决定是否列入会议议程，或者先交有关的专门委员会审议、提出是否列入会议议程的意见，再决定是否列入会议议程。专门委员会审议的时候，可以邀请提案人列席会议，发表意见。所以，C 选项的表述是错误的，邀请提案人参与议案审议是“可以”而非“应当”。

《立法法》第 88 条规定，地方人民代表大会常务委员会有权撤销本级人民政府制定的不适当的规章。所以对人民政府制定的不适当规章的撤销权在本级人大常委会，而非本级人民代表大会，所以 D 选项的表述是错误的。

60. 答案：AC。本题考查的是我国行政区划的设立和变更制度。行政区域的设立及其变更必须严格地依法进行，它是国家实现其职能的保障。根据《宪法》第 62 条的规定，全国人大批准省、自治区和直辖市的建置。选项 A 正确。

根据《宪法》第 89 条的规定，国务院批准省、自治区、直辖市的区域划分，批准自治州、县、自治县、市的建置和区域划分。因此，选项 B 错误，C 项正确。

《宪法》第 107 条第 3 款规定，省、直辖市的人民政府决定乡、民族乡、镇的建置和区域划分。因此，D 项错误。

61. 答案：BD。组织性规范主要涉及国家政权机构的建立与具体的职权范围等。宪法中有关国家机构部分主要体现组织性规范的要求。题中条文不属于组织性规范，故 A 项错误。我国宪法尚不能在司法判决中直接引用，故 C 项错误。姓名权是人格权的一种，B 项正确。D 项表述明显是正确的。

62. 答案：ABC。根据《宪法》第 89 条规定，国务院编制和执行国民经济和社会发展计划和国家预算。第 62 条、第 67 条规定，全国人大审查和批准国民经济和社会发展计划和计划执行情况的报告，审查和批准国家的预算和预算执行情况的报告；全国人大常委会在全国人民代表大会闭会期间，审查和批准国民经济和社会发展计划、国家预算在执行过程中所必须作的部分调整方案。故 C 项正确，D 项错误。AB 项符合《预算法》的规定。

63. 答案：BD。全国人大代表享有言论免责权，“全国人民代表大会代表在全国人民代表大会各种会议上的发言和表决，不受法律追究。”（《宪法》第 75 条）可见，这并非绝对的言论自由，故 A 项错误。全国人大代表享有参与人事任免权，根据宪法规定，全国人民代表大会“根据中华人民共和国主席的提名，决定国务院总理的人选；根据国务院总理的提名，决定国务院副总理、国务委员、各部部长、各委员会主任、审计长、秘书长的人选”（《宪法》第 62 条），故 B 项正确。全国人大代表享有人身特别保护权，“全国人民代表大会代表，非经全国人民代表大会会议主席团许可，在全国人民代表大会闭会期间非经全国人民代表大会常务委员会许可，不受逮捕或者刑事审判。”（《宪法》第 74 条）故 C 项错误，不包括不受行政拘留权。《宪法》第 61 条规定：“全国人民代表大会会议每年举行一次，由全国人民代表大会常务委员会召集。如果全国人民代表大会常务委员会认为必要，或者有五分之一以上的全国人民代表大会代表提议，可以临时召集全国人民代表大会会议。”故 D 项正确。

64. 答案：ACD。《宪法》第 91 条规定：“国务院设立审计机关，对国务院各部门和地方各级政府的财政收支，对国家的财政金融机构和企业事业组织的财务收支，进行审计监督。审计机关在国务院总理领导下，依照法律规定独立行使审计监督权，不受其他行政机关、社会团体和个人的干涉。”第 109 条规定：“县级以上的地方各级人民政府设立审计机关。地方各级审计机关依照法律规定独立行使审计监督权，对本级人民政府和上一级审计机关负责。”《审计法》亦有相关规定。可知，A 项正确。B 项错误，地方各级审计机关对本级政府和上一级审计机关负责。C、D 正确，国务院各部门和地方各级政府的财政收支，国家的财政金融机构和企业事业组织的财务收支，都应当依法接受审计监督。

65. 答案：ABCD。《立法法》第 20 条规定：“列入全国人民代表大会会议议程的法律案，由法律委员会根据各代表团和有关的专门委员会的审议意见，对法律案进行统一审议，向主席团提出审议结果报告和法律草案修改稿，对重要的不同意见应当在审议结果报告中予以说明，经主席团会议审议通过后，印发会议。”故 A 正确。第 22 条规定：“列入全国人民代表大会会议议程的法律案，在交付表决前，提案人要求撤回的，应当说明理由，经主席团同意，并向大会报告，对该法律案的审议即行终止。”故 B 正确。第 30 条规定：“列入常务委员会会议议程的法律案，各方面意见比较一致的，可以经两次常务委员会会议审议后交付表决；调整事项较为单一或者部分修改的法律案，各方面的意见比较一致的，也可以经一次常务委员会会议审议即交付表决。”故 C 正确。第 42 条规定：“列入常务委员会会议审议的法律案，因各方面对制定该法律的必要性、可行性等重大问题存在较大意见分歧搁置审议满两年的，或者因暂不付表决经过两年没有再次列入常务委员会会议议程审议的，由委员长会议向常务委员会报告，该法律案终止审议。”故 D 正确。

66. 答案：ACD。互相配合，是指三机关在分工负责的基础上，通力合作，密切配合，依法办理刑事案件。互相配合是基于三机关在工作目的和任务的一致性。从目的上看，包括惩罚犯罪和保护人民两个方面，故 B 表述不够完全。A、C、D 表述正确。

三、名词解释

1. 答案：国家机构是国家借助国家权力为实现政治统治和政治管理职能，依照宪法和法律规定建立起来的国家机关的总和。它包括立法机关、行政机关、审判机关、检察机关和军事机关等。

2. 答案：社会主义法治是指以反映广大群众根本意志和利益的法律为依据来治理国家，形成一种稳定有序的社会状态。法治原则强调法的统治，而不是将法仅仅作为一种工具，因而它体现了法律至上的思想。

3. 答案：责任制原则是指国家机关及其工作人员行使职权履行职权均应对其后果负责。责任制原则是我国国家机关活动的普遍原则，行政机关、监察机关、审判机关、检察机关等都要向权力机关负责，而后者要向人民负责；责任制主要表现为两种形式：集体负责制和个人负责制。

4. 答案：全国人大各专门委员会是隶属于全国人大的工作机构，在全国人大闭会期间，受全国人大常委会领导，是由全国人大从代表中选举产生，并按照专业进行分工。它不是独立行使职权的国家机关，只负有帮助全国人大及其常委会审议及拟订议案的职责，它的决议只是向全国人大及其常委会提出的意见、建议或议案。

5. 答案：国家元首是一个国家的最高代表，在国际上代表本国，是国家机构的重要组成部分，并按照宪法规定履行职责。享有元首职权是世界各国元首共同的重要特征。

6. 答案：四级两审制是我国人民法院实行的审级制度。即案件经两级人民法院审理即告终结的制度。根据法律规定，当事人如果对地方各级人民法院所作的第一审判决和裁定不服，可以按法定程序向上一级人民法院上诉；如果人民检察院认为确有错误，应依法向上一级人民法院抗诉；上一级人民法院作出的判决和裁定，是终审的、发生法律效力的判决和裁定，当事人不得再上诉；最高人民法院作为第一审法院审判的案件都是终审案件。

7. 答案：民族自治地方是各少数民族聚居并实行区域自治的行政区域，是实行民族区域自治的基础。民族自治地方按行政地位，分为自治区、自治州、自治县。

8. 答案：人身特别保护权是指人大代表享有的非经特别许可不受逮捕或审判及其他限制人身自由的权利。代表法规定，县级以上的各级人大代表，非经本级人大主席团许可，在人大会议闭会期间，非经本级人大常委会许可，不受逮捕或者刑事审判。如果因为是现行犯被拘留，执行拘留的机关应当立即向该级人大主席团或者人大常委会报告。对县级以上的各级人大代表，如果采取法律规定的其他限制人身自由的措施，应当经该级人大主席团或者人大常委会许可。乡、民族乡、镇的人大代表，如果被逮捕、受刑事审判或者被采取法律规定的其他限制人身自由的措施，执行机关应当立即报告乡、民族乡、镇的人大。

四、简答题

1. 答案：我国居民委员会和村民委员会是群众性的基层自治组织。它制定的乡规民约，不以国家强制力作后盾，对违反公约的行为，主要靠说服教育，并辅之以一定的经济制裁。基层政权机关同居民委员会和村民委员会的关系，不是上下级的行政领导关系，而是国家政权机关对群众自治组织的指导关系。

2. 答案：（1）性质：地方各级人民代表大会是地方国家权力机关。

（2）地位：就全国而言，全国人民代表大会是最高的国家权力机关。对于地方来说，同级人民代表大会就是该地方的国家权力机关。它决定本行政区域内的重大事项；本级的地方国家行政机关、审判机关、检察机关都由它产生，对它负责，受它监督。它们是各该行政区域内的人民行使地方国家权力的机关。

3. 答案：(1) 专门委员会是全国人大的辅助性的工作机构，是从代表中选举产生的按照专业分工的工作机关。

(2) 任务：在全国人大及其常委会的领导下，研究、审议、拟订有关议案。

(3) 专门委员会在讨论其所属的专门问题之后，虽然也作出决议，但这种决议必须经过全国人大或者全国人大常委会审议通过之后，才具有国家权力机关所作的决定的效力。

4. 答案：我国国家主席是国家机构的重要组成部分，是一个相对独立的国家机关。国家主席同最高国家权力机关结合起来行使国家元首职权，对外代表国家，是集体的国家元首。我国国家主席行使如下职权：

(1) 公布法律、发布命令。我国《宪法》第80条规定，中华人民共和国主席根据全国人民代表大会的决定和全国人民代表大会常务委员会的决定，公布法律。发布特赦令，宣布进入紧急状态，宣布战争状态，发布动员令。

(2) 任免国务院组成人员。我国《宪法》第80条规定，中华人民共和国主席根据全国人民代表大会的决定和全国人民代表大会常务委员会的决定，任免国务院总理、副总理、国务委员、各部部长、各委员会主任、审计长、秘书长。

(3) 荣典权。我国《宪法》第80条规定，中华人民共和国主席根据全国人民代表大会的决定和全国人民代表大会常务委员会的决定，授予国家的勋章和荣誉称号。

(4) 外交权。我国《宪法》第81条规定，中华人民共和国主席代表中华人民共和国，进行国事活动，接受外国使节；根据全国人民代表大会常务委员会的决定，派遣和召回驻外全权代表，批准和废除同外国缔结的条约和重要协定。

(5) 我国《宪法》第82条规定，中华人民共和国副主席协助主席工作。中华人民共和国副主席受主席的委托，可以代行主席的部分职权。

5. 答案：全国人大常委会行使的监督权主要有两类，一类是监督宪法的实施，另一类是对国务院、最高人民法院、最高人民检察院的监督，其具体内容如下：

(1) 全国人大常委会对宪法实施的监督。我国《宪法》第67条规定：全国人民代表大会常务委员会有权监督宪法的实施。全国人大常委会是我国法定的宪法监督机关，其实施监督权的具体形式是行使撤销权。全国人大常委会有权撤销国务院制定的同宪法、法律相抵触的行政法规、决定和命令；有权撤销省、自治区、直辖市国家权力机关制定的同宪法、法律和行政法规相抵触的地方性法规和决议。全国人大常委会通过撤销权的行使，使违宪的法律、法规得到撤销，维护了宪法尊严，也维护了法制的统一性。

(2) 全国人大常委会对国务院、最高人民法院和最高人民检察院的监督，即通常所说的对“一府两院”的监督。在全国人民代表大会闭会期间，全国人大常委会有权根据国务院总理的提名，决定部长、委员会主任、审计长、秘书长的人选；有权根据中央军事委员会主席的提名，决定中央军事委员会其他组成人员的人选；有权根据最高人民法院院长的提请，任免最高人民法院副院长、审判员、审判委员会委员和军事法院院长；有权根据最高人民检察院检察长的提名任免最高人民检察院副检察长、检察员、检察委员会委员和军事检察院检察长；并批准省、自治区、直辖市的人民检察院检察长的任免，我国《宪法》第73条规定，全国人民代表大会代表在全国人民代表大会开会期间，全国人民代表大会常务委员会组成人员在常务委员会开会期间，有权依照法律规定的程序提出对国务院或者国务院各部、委员会的质询案，受质询的机关必须负责答复。

6. 答案：现行宪法和《全国人大组织法》规定，全国人大代表的权利有：

(1) 提出议案和建议、批评、意见的权利；

(2) 提出人事罢免案的权利；

(3) 提出质询案和进行询问的权利；

(4) 在全国人大召开的各种会议上的发言和表决不受追究；

(5) 在大会开会或闭会期间，非经许可，不受逮捕和刑事审判；

(6) 对围绕人大审议议题及有关内容，有视察的权利；

(7) 在出席全国人大会议和执行其他属于代表职务的时候，国家和社会应根据实际需要为代表提供保障。

7. 答案：责任制原则是指中央国家机关及其工作人员无论是行使职权，还是履行职务，都必须对其产生的后果负责。责任制原则在不同的中央国家机关内部，由于机关性质的不同而有不同的表现。根据宪法和有关国家机关组织法的规定，它具体表现为集体负责制和个人负责制两种。集体负责制是指全体组成人员和领导成员的地位和权利平等，在重大问题的决定上，由全体组成人员集体讨论。并且按照少数服从多数的原则作出决定，集体承担责任。全国人民代表大会及其常务委员会、最高人民法院和最高人民检察院等即是集体领导。个人负责制是由首长个人决定问题并承担相应责任的领导体制。在我国，国务院及其各部、委，中央军委等都实行个人负责制。

五、论述题

1. 答案：根据我国《宪法》和《人民检察院组织法》的规定，人民检察院主要有以下职权：

（1）法纪监督。法纪监督的主要内容有：①对背叛国家、分裂国家以及严重破坏国家法律、政策、法令、政令统一实施的重大犯罪案件，行使检察权。也称特种法纪监督。②对有关刑事案件行使侦查权，包括对司法工作人员利用职权实施的非法拘禁、刑讯逼供、非法搜查等侵犯公民权利、损害司法公正的犯罪案件，以及国家机关工作人员利用职权实施的重大犯罪案件等行使侦查权。③对直接受理的案件决定是否逮捕、起诉。

（2）侦查和调查监督。包括对公安机关侦查的案件、监察机关调查的案件进行审查，决定是否逮捕、起诉或不起诉；对公安机关的侦查活动是否合法实行监督。

（3）公诉和审判监督。包括：人民检察院对刑事案件提起公诉；支持公诉；对人民法院的审判活动是否合法进行监督；如认为人民法院的判决和裁定确有错误，可以依法提出抗诉，依照法律规定提起公益诉讼。

（4）对刑事案件判决、裁定的执行和监狱、看守所的活动是否合法进行监督。

2. 答案：根据 1982 年《宪法》和《全国人民代表大会组织法》的有关规定，全国人民代表大会代表享有如下权利：

（1）出席全国人民代表大会会议，参与国家重大问题的讨论。在全国人大每次会议召开前一个月，常委会要把开会日期和建议大会讨论的主要事项通知给代表，以使代表有所准备。（2）根据法律规定的程序提出议案，或提出批评、意见和建议。（3）提出质询或询问。全国人大 30 名以上的代表联名可以提出对国务院或者国务院各部、委，国家监察委员会，最高人民法院和最高人民检察院的质询案。代表对受质询机关的答复不满意时，主席团可决定由受质询机关再作答复。询问是代表就某一问题要求有关国家机关负责人说明情况，以便对报告或议案进行审议。（4）对议案进行审议、表决，参加国家机关领导人的选举、决定以及罢免。

代表的义务。根据宪法和法律的规定，全国人大代表还必须履行以下相应的义务：（1）模范遵守宪法和法律，宣传法制，协助宪法和法律的实施。（2）保守国家秘密。（3）接受原选举单位和群众的监督。经原选举单位过半数同意可以罢免全国人大代表的代表资格。（4）密切联系群众和原选举单位，倾听广大人民群众的意见，等等。

3. 答案：我国地方制度同其他国家相比，有自己的一些特点，这就是：

（1）多层次性。我国土地辽阔，人口众多，再加上我国由于经济上、历史上和生活上的特点及特殊的民族成分，为了有效地管理国家，地方政权的建立必须多层次。总的来说，可以分为三种类型：即一般地方、民族自治地方和特别行政区。

（2）灵活多样性。我国地方国家机关的建立及其职权范围不是只有一种形式，而是根据我国国情和各地之间的差别，采取多种形式。例如，为了适应对外开放的需要，我国从 1980 年以来建立四个经济特区，所采取的经济政策和管理办法又有其特殊性。至于特别行政区更不同于其他地区，将保持另外一种社会制度，其自治程度又比自治区高得多。这都体现了我国建立地方制度的灵活性。

（3）独创性。我国从具体国情出发，在地方制度建设方面，积累了许多好的经验，有许多独创的制度。例如，在处理中央和地方关系上，我们一直采取“统一领导，分级管理，因地制宜，因事制宜”的方针；在“一国两制”方针的指导下，设立特别行政区；等等。这些都创造性地丰富和发展了马克思列宁主义关于国家地方制度的理论。

（4）原则性。我国地方制度虽然是灵活多样的，并且具有独创性，但都离不开有利于国家的统一和有利于社会主义现代化建设这个总原则。这一原则体现了全国人民的最高利益，因而也是地方制度的根本原则。地方制度的一切做法和一切形式，归根结底都要服从和服务于这个根本原则。

4. 答案：（1）全国人民代表大会由民主选举产生，对人民负责，受人民监督。同时，全国人民代表大会的工作主要是制定法律，集体决定国家的重大问题。因此，其工作过程实际上就是集中人民的意志，按人民的意志办事的过程。

（2）一方面，最高国家行政机关、最高国家审判机关、最高国家检察机关和最高国家军事机关等都由全国人大选举产生，对它负责，受它监督。另一方面，这些机关都根据宪法和法律规定的权限，分别处理属于各自职权范围的国家事务，这又是集中方面的表现。

(3) 中央和地方国家机构职权的划分，遵循在中央统一领导下，充分发挥地方的主动性、积极性原则。由于我国是一个统一的多民族的国家，中央国家机关是整体的代表，因此在处理中央和地方国家机构的关系时，必须坚持中央集中统一领导。但与此同时，又必须充分照顾地方的具体情况，发挥地方的主动性和积极性。

(4) 在中央国家机关内部的领导体制上，全国人民代表大会及其常委会实行少数服从多数的集体领导制度，而国务院、中央军委则实行首长个人负责制。两种领导制度虽然各有不同，但它们都是民主集中制原则的具体运用。

5. 答案：审判独立原则，对于这项司法的最高原则，应作如下理解：

(1) 我国的审判独立是指法院的独立审判，而不是法官个人的独立审判。对于重大疑难和合议庭意见不一致的案件，应当提交审判庭直至审判委员会作出判断，然后由合议庭作出裁判。

(2) 不受行政机关的干涉主要是因为行政机关在我国社会生活中传统上占主导地位，容易在各方面干涉法院的审判活动。

(3) 不受社会团体的干涉，主要指：一是不受新闻单位的干预，在案件没有作出生效裁判之前，新闻机构不应对案件发表有倾向性的评论，以免影响法院的判断；二是不受中国共产党有关机构的干涉，尽管在思想、组织等方面要自觉接受党的领导。

(4) 不受个人干涉是指任何人都不能对案件的审判施加个人影响，引导法院的判断。这里特别是指各级国家机关的领导人不能干涉法院的审判。但是，我国的审判独立原则不是绝对的，是司法相对独立的原则。我国的人民代表大会制政体，决定了司法权不能独立于最高国家权力机关的权力。最高人民法院既然由全国人大产生，就要向全国人大负责。

六、案例题

答案：(1) 我国宪法只有人民法院向人民代表大会负责的规定，而没有向人大报告工作的规定。法院向人大报告工作是由《人民法院组织法》和《全国人民代表大会议事规则》以及《地方人民代表大会和地方人民政府组织法》等法律规定的。由于这些法律本身有违宪的嫌疑，而这些法律对于人民代表大会没有通过法院的工作报告，法院应承担什么责任又没有明确的规定。首先，责任主体无法确定。根据法律规定，法官只对法律负责，并不要求其接受院长的指示。所以应由院长还是法官，抑或院长和法官集体承担无法确定。其次，内容无法确定。是院长辞职，还是别的什么，没有明确规定。

(2) 人民代表大会没有通过的工作报告由人大常委会继续审议是不合适的。根据法律规定，人大常委会是人民代表大会在闭会期间的权力机关，它从属于人民代表大会。人大常委会继续审议工作报告，无非两种结果：通过或是不通过。如果通过报告，则有更改人民代表大会的决定之嫌。如果不通过，继续审议的意义又何在？所以，人大没有通过的法院工作报告，人大常委会是无权进行继续审议的。如果因会期安排原因，本次人大会议没有时间解决这一问题，应按有关法律的规定召开人民代表大会临时会议讨论解决。

(3) 人民代表大会作为国家的权力机关，有权监督由其产生的法院。但宪法同时规定，法院的审判独立。这两个由宪法所确立的原则必须兼顾。所以，人大对法院的监督，应主要集中在对法院的人事监督上，如从严把握法官和院长的任命，及时罢免违法犯罪的法官。而法院具体行使审判工作的过程应充分尊重法院的权威。

第十七章　政党制度

基础知识图解

- 政党制度
  - 政党与政党制度
    - 概述：概念、特征、历史发展、功能、作用
    - 宪法与政党制度
  - 共产党领导的多党合作制度
    - 中国特色的新型政党制度
    - 内容和形式
    - 坚持和完善

配套测试

一、单项选择题

1. 在中国共产党领导的多党合作制下，下列选项中关于各民主党派的地位和性质的表述正确的是哪一项？（　　）

A. 执政党　　B. 反对党
C. 在野党　　D. 参政党

2. 我国宪法序言规定："中国共产党领导的多党合作和政治协商制度将长期存在和发展。"关于中国人民政治协商会议，下列选项正确的是：（　　）（司考 2017.1.91）

A. 由党派团体和界别代表组成，政协委员由选举产生
B. 全国政协委员列席全国人大的各种会议
C. 是中国共产党领导的多党合作和政治协商制度的重要机构
D. 中国人民政治协商会议全国委员会和各地方委员会是国家权力机关

二、多项选择题

1. 下列有关中国人民政治协商会议的论述，正确的是哪些？（　　）

A. 它是中央国家机关
B. 它只是一般的人民团体
C. 它是中国人民爱国统一战线的组织形式
D. 它的主要工作方式是政治协商、民主监督和参政议政

2. 我国《宪法》规定"中国共产党领导的多党合作和政治协商制度将长期存在和发展"，下列哪些选项是关于多党合作制度的正确表述？（　　）

A. 中国共产党与各民主党派都必须以宪法为基本活动准则
B. 共产党是执政党，各民主党派是参政党
C. 共产党与各民主党派合作的方针是"长期共存、互相监督、肝胆相照、荣辱与共"
D. 共产党与各民主党派合作的政治基础是坚持四项基本原则

3. 中国人民政治协商会议全国委员会由（　　）和各界代表、台湾同胞、港澳同胞和归国华侨代表以及特别邀请的人士组成。

A. 中国共产党和各民主党派
B. 无党派爱国民主人士
C. 人民团体
D. 各少数民族

4. 我国宪法规定：共产党领导的（　　）将长期存在和发展。

A. 参政议政制度　　B. 民主监督制度
C. 政治协商制度　　D. 多党合作制度

5. 中国人民政治协商会议的主要职能包括下列哪几个选项？（　　）

A. 参政议政　　B. 政治协商
C. 民主监督　　D. 起草法律

6. 根据我国宪法的规定，下列哪些选项是正确的？（　　）

A. 中国人民政治协商会议是我国统一战线的组织形式
B. 中国人民政治协商会议是我国国家机构体系的重要组成部分

C. 1993 年我国通过的宪法修正案将“中国共产党领导的多党合作和政治协商将长期存在和发展”写进了宪法

D. 中国人民政治协商会议有权审议政府工作报告

7. 根据《宪法》，关于中国人民政治协商会议，下列哪些选项是正确的？（　　）（司考 2013. 1. 62）

A. 中国人民政治协商会议是具有广泛代表性的统一战线组织

B. 中国人民政治协商会议是重要的国家机关

C. 中国共产党领导的多党合作和政治协商制度将长期存在和发展

D. 中国共产党领导的爱国统一战线将继续巩固和发展

三、名词解释

1. 政党

2. 政党制度

四、简答题

简述具有中国特色的新型政党制度。

五、论述题

1. 概述我国政党制度的基本内容和主要特点。
2. 论新形势下怎样坚持和完善中国共产党领导下的多党合作制度？
3. 契尔金在论及政党制度与政权机制的关系时曾经指出：“每当危机到来的时候，资产阶级实际上仍然实行一党制。在集权主义的国家政体中，政党与国家机构相互融为一体。”请评述契尔金的上述观点并试述社会主义国家政党制度与政权之间的关系。

参考答案

一、单项选择题

1. **答案**：D。在中国共产党领导的多党合作制下，各民主党派的关系是参政党，而非反对党或在野党。

2. **答案**：C。《中国人民政治协商会议章程》总纲规定，中国人民政治协商会议是中国人民爱国统一战线的组织，是中国共产党领导的多党合作和政治协商的重要机构。故C正确。作为爱国统一战线的组织形式，中国人民政治协商会议是由中国共产党领导的，有各民主党派和各人民团体参加的政治联盟。但政协委员不是由选举产生的。《中国人民政治协商会议章程》第30条第1款规定："每届中国人民政治协商会议全国委员会的参加单位、委员名额和人选及界别设置，经上届全国委员会主席会议审议同意后，由常务委员会协商决定。"第41条第1款规定："每届中国人民政治协商会议地方委员会的参加单位、委员名额和人选及界别设置，经上届地方委员会主席会议审议同意后，由常务委员会协商决定。"故A错误。从本质上讲，政协不是国家机关，但是它同我国国家权力机关的活动有着极为密切的联系。比如全国人民代表大会召开会议的时候，一般均吸收政协全国委员会的委员列席。故B、D错误。

二、多项选择题

1. **答案**：CD。根据宪法规定，中国人民政治协商会议不是国家机关，也不是一般的人民团体，而是中国人民爱国统一战线的组织形式，是实现中国共产党领导的多党合作和政治协商制度的重要机构。其主要工作方式是政治协商、民主监督和参政议政。另见《宪法》序言。

2. **答案**：ABCD。见《宪法》序言第十自然段。

3. **答案**：ABCD。本题考查全国政协代表的组成。

4. **答案**：CD。宪法序言第十段最后，中国共产党领导的多党合作和政治协商制度将长期存在和发展。

5. **答案**：ABC。本题考查政协的主要职能。

6. **答案**：AC。根据宪法的规定，中国人民政治协商会议是中国人民爱国统一战线的组织，是中国共产党领导的多党合作和政治协商的重要机构，是我国政治生活中发扬社会主义民主的重要形式。因此A项正确。1993年宪法修正案第4条规定："宪法序言第十自然段末尾增加：'中国共产党领导的多党合作和政治协商制度将长期存在和发展。'"因此C正确。关于B，中国人民政治协商会议不是我国国家机构。故B错误。关于D，中国人民政治协商会议可以参政、议政，但并不能审议政府工作报告，虽然政协委员列席人大会议，审议政府工作报告，但只是个别行为，政治协商会议上并不审议。故D错误。

7. **答案**：ACD。中国人民政治协商会议是中国爱国统一战线的组织形式，是实现中国共产党领导的多党合作和政治协商制度的重要机构。它既不是国家机关，又不是一般的社会团体。因此A选项正确，B选项错误，中国人民政治协商会议不是国家机关，其行使政治协商的职能不能代替国家权力机关和行政机关的决策和管理国家事务，而是参与和介入国家事务；C选项的表述是正确的，《宪法》序言中规定：中国共产党领导的多党合作和政治协商制度将长期存在和发展；D选项的表述是正确的，《宪法》序言中规定：在长期的革命和建设过程中，已经结成由中国共产党领导的，有各民主党派和各人民团体参加的，包括全体社会主义劳动者、社会主义事业的建设者、拥护社会主义的爱国者和拥护祖国统一的爱国者的广泛的爱国统一战线，这个统一战线将继续巩固和发展。

三、名词解释

1. **答案**：政党是由一定阶级、阶层或集团中的中坚分子组成的、并为实现反映其政治、经济利益的政治纲领、政治主张而奋斗的政治组织。从广义上讲，政党也属于利益集团的范围。

2. **答案**：政党制度是有关政党的地位和作用，特别是有关政党执掌、参与或影响国家政权的各种制度的统称，是现代国家政治制度的重要组成部分。

四、简答题

答案：中国共产党领导的多党合作制度是中国特色社会主义的新型政党制度，是中国特色社会主义一项基本政治制度，是我国社会主义民主政治的重要组成部分。它明显不同于西方国家的两党制和多党制，在性质上也区别于某些西方国家多党制下的一党长期独立执政的政党制度。这种制度是指在我国社会主义国家中，代表工人阶级即无产阶级的政党邀请其他政党参与执政，共同管理国家事务。它根源于我国的国家性质即以工人阶级为领导，以工农联盟为基础的人民民主专政。其具体表现为：中国共产党居于国家政权的领导地位，是执政党；而各民主党派则是同中国共产党合作的参政党。但这种合作以接受中国共产党的领导为前提。

中国共产党领导的多党合作制度是在我国新民主主义革命和社会主义革命和建设的历史进程中，在共产党与各民主党派长期合作的基础上逐渐形成和发展起来的，因而是我国具体历史条件下的产物。首先，从民主党派形成和发展的历史看，民主党派历来不是单纯的阶级的政党，而是一种具有政党形式的政治组织，具有阶级联盟或政治联盟的性质。其次，从民主党派成立时起，它们就是“以民族资产阶级为主体的带有统一战线和阶级联盟性质的政党”，它们一开始“就是通过联盟形式组织政党走上革命道路”。在我国社会主义改造完成以后，它们已不再是以原来的民族资产阶级、城市小资产阶级以及与之相联系的知识分子为主体的阶级联盟性质的政党，而是成为各自所联系的部分社会主义劳动者和部分拥护社会主义的爱国者的政治联盟，是中国共产党领导的为社会主义事业服务的政治力量。最后，民主党派从成立时起就和中国共产党建立了良好的合作关系。在新民主主义革命时期，民主党派关于民族独立、统一、民主、和平的主张是与中国共产党的政治纲领相一致的。中国共产党与民主党派的合作关系为最后形成今日中国多党合作的政党制度奠定了客观基础。而各民主党派作为中国共产党的合作者和同盟者出现在现当代的历史舞台上，是由民主党派形成的历史条件和本身特性，中国共产党的统一战线政策，和中国共产党作为无产阶级政党的性质共同决定的。

五、论述题

1. **答案**：我国的政党制度是中国共产党领导的多党合作制。第八届全国人大第一次会议通过的《宪法修正案》第4条规定，中国共产党领导的多党合作和政治协商制度将长期存在和发展。我国政党制度的主要内容是：

（1）中国共产党的领导为前提：①要依靠党的正确纲领、方针路线和广大党员的先锋模范作用，影响各民主党派及其成员，把他们团结在党的周围，为实现共同目标和任务而奋斗。②要与民主党派平等协商，认真听取意见，集思广益，接受监督，寓党的领导于协商过程之中，从而使贯彻党的方针政策成为各民主党派自觉的一致行动。③充分尊重和照顾民主党派及其成员的利益，了解他们的思想情况和具体要求，坚持真诚服务，切实帮助他们排忧解难，解决实际问题，这是新形势下统一战线增强凝聚力和感召力的重要途径，是实现党对民主党派领导的不可缺少的条件。④要对同盟者进行思想教育，做细致的思想政治工作。既要有原则性，又要有灵活性，既要讲团结、合作、友谊、人情，又要有善意的帮助和教育，在政治思想上给予民主党派积极、真诚的帮助。

（2）与多民主党派合作和政治协商：①中国共产党同民主党派之间的合作与协商。一是中共中央邀请各民主党派领导人和无党派代表人士举行民主协商会议，就大政方针问题进行协商；二是邀请民主党派领导人和无党派人士举行谈心活动；三是召开民主党派、无党派人士座谈会，通报交流情况，传达重要文件，听取意见建议，或讨论某些专题。各民主党派和无党派人士，也可以就国家大政方针及其他重大问题，约请中共中央负责人进行交谈。上述各种协商形式，原则上也适用于中共地方党委和民主党派地方组织之间的协商。②在人民代表大会中发挥民主党派成员、无党派人士的作用。在人大代表、人大常委会委员和人大常设专门委员会中，民主党派、无党派人士应占有适当比例；中共人大党组成员应与担任人大领导职务的民主党派、无党派人士经常沟通思想，交流情况，交换意见；人大、人大常委会在组织关于特定问题的调查委员会，人大各专门委员会在组织有关问题的调查研究时，应吸收人大代表中的民主党派成员和无党派人士参加，并可聘请民主党派、无党派的有关专家参与。③在各级人民政府中共党员同民主党派成员、无党派人士的合作共事。举荐民主党派成员、无党派人士担任国家和政府及检察、审判机关的领导职务；国务院和各级地方政府召开全体会议和有关会议讨论工作时，视需要邀请民主党派和无党派人士列席；政府及有关部门可聘请民主党派成员和无党派人士兼职、任顾问，或参加咨询机构，也可就某些专题，请民主党派进行调查研究，提出建议。政府有关部门可就专业性问题同民主党派对口协商，在决定某些重大政策措施前，组织有关民主党派座谈，征求意见。聘请一些符合条件和有专门知识的民主党派成员、无党派人士担任特约监察员、检察员、审计员和教育督导员等。④在人民政协中发挥民主党派的作用，在政协的各种会议上要切实保障政协委员提出批评的自由和发表不同意见的自由。要保证民主党派和无党派人士在政协常委和政协领导人中占有一定比例；在政协会议上，民主党派可以本党名义发言，提出提案；政协各专门委员会要有民主党派和无党派人士参加；政协机关中应有一定数量的民主党派和无党派人士担任专职领导干部。

中国共产党领导的多党合作和政治协商制度，是马克思主义政党理论和统一战线学说与我国实际相结合的产物，是符合中国国情的社会主义政党制度，是我国的一项基本政治制度。它既不同于西方资本主义国家的多党制或两党制，也有别于一些国家实行的一党制。中国共产党领导的多党合作和政治协商制度是在我国长期革命和建设中形成和发展起来的，也是中国共产党和各民主党派的共同创造。

我国政党制度的主要特点是：

(1) 在我国政党制度的主要特点中，最根本的是共产党领导。共产党是我国革命、建设和改革事业的领导核心，始终代表中国先进生产力的发展要求，代表中国先进文化的发展方向，代表中国最广大人民群众的根本利益，是我国革命、建设和改革事业不断从胜利走向胜利的根本保证。在我国多党合作制度中，共产党领导是基本前提，也是各民主党派的自觉选择。半个世纪的历史实践证明，只有坚持中国共产党的领导，才能保持多党合作的正确的政治方向，才能使各民主党派在与共产党的团结合作中不断取得历史性的进步，才能同心协力地把共同事业不断推向前进。可以说，在共产党领导下，各民主党派与共产党长期共存，互相监督，亲密合作，为共同的目标团结奋斗，是我国政党制度区别于西方多党制的根本特点。

(2) 在我国政党制度的主要特点中，各民主党派是与共产党共同致力于有中国特色社会主义事业的亲密友党，是参政党，而不是反对党或在野党。这是因为我国民主党派与共产党在政治目标和根本利益上具有一致性。在新民主主义革命时期，各民主党派同中国共产党共同进行推翻三座大山的伟大斗争。中华人民共和国成立后，各民主党派与中国共产党以《共同纲领》为共同政治基础，进行了向社会主义的伟大转变。在改革开放和现代化建设新时期，各民主党派与中国共产党共同致力于建设有中国特色社会主义伟大事业。在中国共产党执政的半个世纪中，各民主党派作为参政党，参与国家政权，参与国家大政方针和国家领导人选的协商，参与国家事务管理，参与国家方针、政策、法律、法规的制定执行，积极发挥参政议政和民主监督作用，从而使我国既保持了团结稳定的政治局面，又创造了振奋活跃的民主气氛。

(3) 中国共产党的领导和执政地位与各民主党派作为亲密友党和参政党地位，决定了我国多党合作制度的实质是团结合作。各民主党派与中国共产党的关系是肝胆相照、荣辱与共的挚友、诤友关系，是参政党与执政党在国家政治生活中亲密团结、合作共事的关系，而不是多党竞争、轮流执政、互为对手、彼此倾轧的势不两立的关系。这种团结合作关系，既有利于共产党与各民主党派在共同政治基础上加强团结合作，通过平等协商形成科学决策，集中力量办大事；又有利于避免多党竞争、互相倾轧造成的政治动荡和一党专制、缺少监督造成的种种弊端。

1989 年年底，中共中央经与各民主党派充分协商后制定了《中共中央关于坚持和完善中国共产党领导的多党合作和政治协商制度的意见》。1992 年中共十四大把完善中国共产党领导的多党合作和政治协商制度，作为建设有中国特色社会主义理论的主要内容之一。1993 年第八届全国人大一次会议通过的宪法修正案将“中国共产党领导的多党合作和政治协商制度将长期存在和发展”载入宪法，成为国家意志。1997 年中共十五大把坚持和完善中国共产党领导的多党合作和政治协商制度，提高到建设有中国特色社会主义政治的高度，列入社会主义初级阶段基本纲领，并把坚持和完善这一制度作为社会主义民主政治建设和政治体制改革的重要内容之一。2005 年 2 月《中共中央关于坚持和完善中国共产党领导的多党合作和政治协商制度的意见》，强调进一步加强中国共产党领导的多党合作和政治协商制度建设。

坚持和完善中国共产党领导的多党合作和政治协商制度，既有利于坚持和改善中国共产党的领导，又能充分吸纳各方面的意见，集中全国人民的意志和力量，实现广泛民主和集中领导的统一，充满活力和富有效率的统一。坚持和完善这一制度，有利于调动一切积极因素、实现国家跨世纪发展宏伟目标；有利于发展社会主义民主政治；有利于妥善处理新时期人民内部矛盾，保持我国的政治稳定、经济发展、民族团结、社会进步。坚持和完善这项制度，对于巩固和发展社会主义制度，推进建设有中国特色的社会主义事业，具有重要的战略意义。

2. 答案：(1) 中国共产党领导的多党合作制度是中国特色社会主义的新型政党制度，是中国特色社会主义一项基本政治制度，是我国社会主义民主政治的重要组成部分。它明显不同于西方国家的两党制和多党制，在性质上也明显区别于某些西方国家多党制下的一党长期独立执政的政党制度。从形式上讲，它同样有别于苏联、罗马尼亚和匈牙利等社会主义国家的一党制。这种制度是指在我国社会主义国家中，代表工人阶级即无产阶级的政党邀请其他政党参加执政，共同管理国家事务。它根源于我国的国家性质即以工人阶级为领导，以工农联盟为基础的人民民主专政。其具体表现为：中国共产党居于国家政权的领导位置，是执政党；而各民主党派则是同中国共产党合作的参政党。但这种合作以接受中国共产党的领导为前提。目前，同中国共产党合作共事的有8个民主党派。它们是：中国国民党革命委员会、中国民主同盟、中国民主建国会、中国民主促进会、中国农工民主党、中国致公党、九三学社、台湾民主自治同盟。

（2）新形势下坚持和完善共产党领导的多党合作制度，就要用制度保障执政党和参政党的关系。因为制度建设是带根本性、长期性和稳定性的。由于在中共与参政党的合作与协商形式中，中国共产党始终起着主导的、决定的作用，所以执政党应在多党合作制度建设问题上表现出更多的积极主动性。根据目前执政党与参政党关系问题上存在的现象，应该着重解决好以下几个问题：

第一，多党合作制度的内容应进一步具体化。当前，我国多党合作的协商监督制度在总体实施上是比较好的。但在不同时期不同地区的具体实践操作中，不同程度地存在随意性和形式主义的现象。这其中重要的原因之一，就是我们的协商监督制度虽有全国政协的暂行规定，但各地缺乏具体的配套实施细则。实践中对协商、监督的内容、范围、形式、具体程序、议事规则、实施办法等方面的内容缺乏具体的分层次、分领域的细则规定。各地在执行过程中也就存在弹性很强，因时、因地、因人变化很大的现象。因此，我们必须制定一系列配套的相对稳定的参政议政、协商监督的具体操作细则规定。就协商制度而言，应把各个层次的协商内容加以具体化。哪些内容必须协商、哪些内容可以由哪些级别协商、采取何种会议形式协商等，有了这样明确的规定，操作起来一目了然，参政议政的关系就比较协调了。就监督制度而言，要用具体制度明确党派监督内容的层次性、分级分类的确定性；明确党派监督的方式、渠道以及怎样与其他监督渠道形成合理分工又能增强合力。有了这些制度，参政党和执政党就可以自觉主动地进行互相监督，既杜绝了主观随意性，也提高了监督的质量。

第二，多党合作协商监督的运作要实现程序化。要加快多党合作、政治协商的制度化建设，必须重视进一步完善实践操作环节，实现运作程序化。程序性制度的完善，是多党合作制度得以实现的重要保证。实现协商监督的运作程序化，就是要在实际操作过程中，要制定协商监督的计划和工作程序，把参政党派的协商监督活动纳入共产党的具体组织活动程序之中，由此提高协商监督的质量和效益。

3. 答案：（1）契尔金的观点，揭示了在资本主义国家中，政党制度对政权机制影响的本质特点。虽然资本主义国家中的两党制与多党制，以及不同国家的两党制，对政权机制的影响并不一样，但资产阶级政党影响政权机制的根本任务和目的在于，通过控制政权机构，维护本阶级的利益。尽管在选举过程和政权机构运作过程中，不同政党集团间的竞争激烈，但在反对劳动人民和工人阶级政党的斗争中，极力维护资产阶级利益的目的则是一致的。

因此，正如契尔金指出，每当面临以上危机，资产阶级的政党，无论是两党制，还是多党制，其影响政权机制的目的都是一样的，从本质上说它们实际上都是一党制。同时，在对待以上问题时，资产阶级政党与政权机制实现了高度统一，彼此间“相互融为一体”。

（2）社会主义国家的政党制度与资本主义国家的政党制度对政权机制的影响，不仅表现在性质上根本对立，而且表现在影响内容和影响方式上也存在不同。

在社会主义国家中，无论在政权组织，还是政权运行过程中，共产党都处于政治领导地位。而政党唯一的任务是通过自身的活动充分代表人民群众的利益，满足人民群众的要求，即使在存在多个政党的国家，其他政党也自愿接受共产党对社会和国家的领导。因此，社会主义国家的整个政党制度和政权机制，都服从一个根本目的：维护和实现广大人民的利益。

第三编　宪 法 实 施

第十八章　宪法实施及其保障

基础知识图解

- 宪法实施及其保障
  - 概述
    - 概念、方式、特点
    - 原则：最高权威性、民主、合法、程序、稳定、发展
    - 宪法实施与宪法实现的关系
  - 宪法实施的条件及过程
    - 主要条件
      - 外部条件：政治、经济、思想意识
      - 自身条件
    - 过程
      - 特点：实效性、动态性、阶段性、整体性、权威性
      - 主要阶段：准备阶段、实际实施阶段、实施评价阶段
  - 宪法实施保障
    - 概说
      - 基本内容
      - 意义
    - 体制
      - 由司法机关负责保障
      - 由立法机关负责保障
      - 由专门机关负责保障
      - 其他：如瑞士实行由议会、政府和法院共同保障、朝鲜实行由国家权力的最高领导机关和检察机关共同保障；伊拉克实行总统保障宪法实施的体制
  - 基本方式：
    - 以被审查的对象是否已生效分：事先审查、事后审查、事先与事后审查相结合
    - 以审查的起因分：附带审查、起诉审查、提请审查
  - 我国的宪法实施保障机制：政治保障、法律保障、组织保障、依靠人民群众
  - 宪法实施评价
    - 概述：概念、体系——实施行为评价、实施结果评价
    - 标准：宪法规范标准、宪法价值标准
    - 机制

配套测试

一、单项选择题

1. 由立法机关负责保障宪法实施的体制，起源于（　　）

A. 英国宪法　　B. 美国宪法
B. 法国宪法　　D. 苏俄宪法

2. 由专门机关负责保障宪法实施的规定始于下列哪一部宪法？（　　）（司考 2009. 1. 17）

A. 1958 年法国宪法　　B. 1787 年美国宪法
C. 1799 年法国宪法　　D. 1908 年苏俄宪法

3. 关于宪法实施，下列哪一选项是不正确的？（　　）（司考 2012. 1. 22）

A. 宪法的遵守是宪法实施最基本的形式
B. 制度保障是宪法实施的主要方式

C. 宪法解释是宪法实施的一种方式
D. 宪法适用是宪法实施的重要途径

二、多项选择题

1. 宪法实施的基本构成包括以下哪些内容？（　　）
A. 宪法的修改
B. 宪法的解释
C. 宪法的遵守
D. 宪法的执行和适用

2. 宪法实施通常有以下哪些特点？（　　）
A. 广泛性和综合性
B. 最高性和原则性
C. 直接性和间接性
D. 灵活性和应变性

3. 世界各国宪法实施保障的体制主要有：（　　）
A. 立法机关负责保障实施的体制
B. 司法机关负责保障实施的体制
C. 执政党负责保障实施的体制
D. 专门机构负责保障实施的体制

4. 在我国制定颁布的四部宪法中，规定由全国人民代表大会行使宪法实施监督权的有（　　）
A. 1954 年宪法　　B. 1975 年宪法
C. 1978 年宪法　　D. 1982 年宪法

5. 宪法实施的外部条件主要表现在哪些方面？（　　）
A. 政治条件　　B. 经济条件
C. 思想意识条件　　D. 自然环境

6. 宪法实施的自身条件主要表现在哪几个方面？（　　）
A. 宪法本身是否科学
B. “书面宪法”与“现实宪法”是否脱节
C. 是否设立宪法委员会
D. 宪法本身是否规定了完善的实施机制

7. 我国宪法实施保障主要包括下列哪些内容？（　　）
A. 保障法律的合宪性
B. 保障国家权力行使的合宪性
C. 保障执政党的行为的合法性
D. 保障宪法性文件的合法性

8. 宪法实施保障包括哪些方式？（　　）
A. 事后审查　　B. 预防性审查
C. 附带性审查　　D. 宪法控诉

9. 现阶段我国宪法实施的保障机制主要有？（　　）
A. 政治保障　　B. 法律保障
C. 组织保障　　D. 依靠人民群众

10. 附带性审查和宪法控诉都是宪法实施保障的重要方式，关于二者的区别的表述，以下正确的是：（　　）
A. 在附带性审查中，提出审查的主体既可能是诉讼中的原告，也可能是诉讼中的被告；而在宪法控诉中，提出审查的是普通公民
B. 附带性审查必须有具体的争诉；而宪法控诉则不要求有具体的纠纷存在
C. 附带性审查是一种主动性审查，由法官对于法律进行附带的主动审查，而宪法控诉是被动性审查，依赖于诉讼的存在
D. 在附带性审查中，被裁决为违宪的法律、法规没有溯及既往的效力；而在宪法控诉中，被裁决为违宪的法律、法规具有溯及力

11. 根据《立法法》，关于规范性文件的备案审查制度，下列哪些选项是正确的？（　　）（司考 2017.1.66）
A. 全国人大有关的专门委员会可对报送备案的规范性文件进行主动审查
B. 自治县人大制定的自治条例与单行条例应按程序报全国人大常委会和国务院备案
C. 设区的市市政府制定的规章应报本级人大常委会、市所在的省级人大常委会和政府、国务院备案
D. 全国人大法律委员会经审查认为地方性法规同宪法相抵触而制定机关不予修改的，应向委员长会议提出予以撤销的议案或者建议

三、名词解释

1. 宪法实施
2. 宪法适用
3. 宪法遵守
4. 宪法实施的条件
5. 事先审查
6. 事后审查
7. 附带审查
8. 起诉审查
9. 提请审查
10. 宪法实施过程
11. 宪法的实际实施阶段
12. 宪法实施评价阶段
13. 宪法实施评价

四、简答题

1. 简要说明宪法实现及其与宪法实施之间的相互关系。
2. 简要说明监督宪法实施的主要内容。
3. 宪法实施保障的基本内容。
4. 加强宪法实施过程研究有什么重要意义？
5. 简述宪法实施过程的主要阶段。

五、论述题

1. 试论宪法实施所要遵循的基本原则。
2. 试论宪法实施有哪些特点。
3. 试论宪法实施的主要条件。
4. 试论宪法实施保障体制。
5. 试述宪法实施过程的特点。

参考答案

一、单项选择题

1. **答案**：A。此题考查由立法机关负责保障宪法实施的体制的起源问题。由立法机关负责保障宪法实施的体制起源于英国，英国长期奉行“议会至上”的原则，认为议会是代表人民的民意机关，是主权机关。作为立法机关的议会应当高于行政机关和司法机关，法律是否违宪，由议会来判断。因此选A。

2. **答案**：C。本题属于纯知识型试题，与2006年司法考试第62题考点相似。该题考查宪法保障机制。一般认为，由专门机关负责保障宪法实施的国家是法国和德国，所以B和D排除。由专门机关负责保障宪法实施的体制起源于1799年法国宪法设立的护法元老院。从发展趋势来看，由专门机关负责保障宪法实施的体制，已受到许多国家的重视，并有可能成为占主导地位的体制之一。其中，宪法法院和宪法委员会是专门机关负责保障宪法实施体制的两种主要形式。我国没有负责保障宪法实施的专门机关，全国人民代表大会及其常务委员会负责监督宪法的实施。本题答案为C。

3. **答案**：B。宪法的实施是指宪法规范在现实生活中的贯彻落实，使宪法规范的内容转化为具体社会关系中的人的行为。宪法的实施主要包括：宪法适用和宪法遵守。宪法的遵守既是宪法实施最基本的要求，也是宪法实施最基本的方式。A项正确。宪法适用不仅是宪法实施的重要途径，也是法治国家树立宪法权威的重要内容。D项正确。宪法解释是宪法适用的必然环节和内在要素，因为有权机关必须先解释宪法规范的意义才能将之适用于具体事件，因此，宪法解释是宪法实施的一种方式。C项正确。对于B项，制度保障是宪法实施保障机制的重要方面，而非宪法实施的方式，更不能说是主要方式，B项错误。综上，本题答案为B项。

二、多项选择题

1. **答案**：CD。本题主要考查宪法实施的含义。

2. **答案**：ABC。本题考查宪法实施的特点。

3. **答案**：ABD。此题考查世界各国宪法实施保障的体制的种类问题。

宪法实施保障，是指立宪国家为促进宪法的贯彻实施而建立的制度和开展的活动的总称。综观世界各国的宪法规定，宪法实施保障体制主要有以下三种：（1）由司法机关负责保障宪法实施的体制；（2）由立法机关负责保障宪法实施的体制；（3）由专门机关负责保障宪法实施的体制。

4. **答案**：ACD。我国制定颁布的四部宪法中，只有1975年宪法没有规定全国人民代表大会行使宪法实施监督权。

5. **答案**：ABC。本题主要考查宪法实施的外部条件。

6. **答案**：ABD。本题主要考查宪法实施的自身条件。

7. **答案**：ABC。本题主要考查我国宪法实施保障的主要内容。

8. **答案**：ABCD。本题主要考查宪法实施的保障方式。

9. **答案**：ABCD。本题主要考查现阶段我国宪法实施的保障机制。

10. **答案**：ABD。附带性审查是一种被动性审查，审查机关不主动启动一个审查程序，而宪法控诉则是一种主动性审查，它不依赖于诉讼的存在，所以C错误。需要注意的是，二者在审查主体方面也有区别，附带性审查在多数国家由普通法院进行；而宪法控诉是德国宪法法院实行的审查方式，是由宪法法院这一特定的机关对于法律、法规和规范性文件的合宪性进行审查。而且，审查的后果也不同，附带性审查的后果是凡被法院宣布为违宪的法律，一般不再被援用，它并不导致这一法律在法典或法律性文件上被删除的后果，而在宪法控诉中，如某一法律被宣布为违宪，一般需要以公告的方式宣布该法规失效。

11. **答案**：ABCD。《立法法》第99条第3款规定：“有关的专门委员会和常务委员会工作机构可以对报送备案的规范性文件进行主动审查。”故A正确。第98条第3项规定：“自治州、自治县的人民代表大会制定的自治条例和单行条例，由省、自治区、直辖市的人民代表大会常务委员会报全国人民代表大会常务委员会和国务院备案；自治条例、单行条例报送备案时，应当说明对法律、行政法规、地方性法规作出变通的情况。”

故B正确。第98条第4项规定："部门规章和地方政府规章报国务院备案；地方政府规章应当同时报本级人民代表大会常务委员会备案；设区的市、自治州的人民政府制定的规章应当同时报省、自治区的人民代表大会常务委员会和人民政府备案。"故C正确。第100条第3款规定："全国人民代表大会法律委员会、有关的专门委员会、常务委员会工作机构经审查、研究认为行政法规、地方性法规、自治条例和单行条例同宪法或者法律相抵触而制定机关不予修改的，应当向委员长会议提出予以撤销的议案、建议，由委员长会议决定提请常务委员会会议审议决定。"故D正确。

三、名词解释

1. **答案**：宪法实施是法律实施的一种具体形式，是指宪法规范在现实生活中的贯彻落实，即将宪法文字上的、抽象的权利义务关系转化为现实生活中生动的、具体的权利义务关系，进而将宪法规范所体现的人民意志转化为具体社会关系中的人的行为。
2. **答案**：宪法适用是一定国家机关对宪法实施所进行的有目的的干预。它一方面是指国家代议机关和国家行政机关对宪法实现的干预；另一方面则指国家司法机关在司法活动中对宪法实施的干预。
3. **答案**：宪法遵守是指一切国家机关、社会组织和公民个人严格依照宪法的规定从事各项行为。宪法遵守通常包括三层含义：一是享有宪法赋予的权利；二是履行宪法规定的作为义务；三是遵循宪法规定的禁止性命令。
4. **答案**：宪法实施的条件是指影响和制约宪法能否实施以及宪法实施程度的各种内外因素。宪法实施的条件概括起来主要是两个方面，即宪法实施需要相应的外部环境和相应的自身条件。
5. **答案**：事先审查又称预防性审查，是指在法律、法规和法律性文件正式颁布实施之前，由有权机关对其是否合宪进行审查，如果在审查过程中发现其违宪，即予立即修改、纠正。这种方式通常适用于法律、法规和法律性文件的制定过程中。
6. **答案**：事后审查是指在法律、法规和法律性文件颁布实施之后，或者在特定行为产生实际影响之后，由有关机关对其是否合宪进行的审查。
7. **答案**：附带审查是指司法机关在审理案件过程中，因涉及拟适用的法律、法规和法律性文件是否违宪的问题，而对该法律、法规和法律文件所进行的合宪性审查。
8. **答案**：起诉审查是指有关国家机关、社会组织或者公民个人在自己宪法上的权力或权利受到侵犯或者可能受到侵犯时，依法诉请宪法实施保障机关对特定法律性文件和行为的合宪性进行审查。
9. **答案**：提请审查是指特定的国家机关或国家领导人依法将有异议的法律性文件或行为，提请该国的宪法实施保障机关进行合宪性审查。
10. **答案**：宪法实施过程即宪法作用于社会生活的过程，是指宪法实施的连续性在时间和空间上的表现。它既是宪法在人类社会中存在和发展总过程的一部分，又由若干具体过程构成。
11. **答案**：宪法的实际实施阶段是宪法实施程序中的主要环节，是宪法规范调整各种社会关系的具体表现，是体现在宪法规范中的立宪价值和法治精神能否得以实现的关键。
12. **答案**：宪法实施评价阶段是指有关国家机关或者公民个人以宪法规范、立宪价值取向及社会发展需要等为标准，对宪法实施主体的行为及其效果进行检查对照，并作出明确判断的活动。
13. **答案**：宪法实施评价是指国家有关机关和公民个人以宪法规范、立宪价值取向及社会发展需要等为标准，对宪法实施行为和实施结果所作的价值评判。它反映了评价主体对宪法及其实施的态度和倾向。宪法实施评价包括实施行为评价和实施结果评价。

四、简答题

1. **答案**：首先，宪法实现是宪法作用于社会的结果。尽管宪法实现在不同的社会或国家中会存在区别，但它们都应当体现两个统一：一是程序上的贯彻落实与实体内容的实现相统一；二是宪法规范的实现与宪法精神和价值的实现相统一。具体说来，宪法实现包括三层内涵：（1）宪法规范程序上的贯彻和实行，包括宪法规范实施的主体、实施行为、实施方式和方法及实施程序。（2）宪法实体内容的实现，主要体现为宪法所规定的权利和义务转化为现实，并根据立宪的要求形成具体的宪法关系和宪法秩序。（3）宪法体现的精神和价值得到实现。以上三个方面构成宪法实现的三个系统，即宪法的规范系统→宪法的实施系统→宪法实现的结果系统。

　　其次，宪法实施是法律实施的一种具体形式，是指一定主体在现实生活中贯彻落实宪法规范的活动。宪法实现即宪法规范和宪法价值的落实，是指宪法的规范要求转化为宪法主体的行为，从而形成现实宪法关系的状态。宪法实施与宪法实现的关系表现为：

(1) 宪法实施与宪法实现存在着极为密切的联系，宪法实施实际上是宪法实现的中心环节和主体部分。没有宪法的实施就不可能有宪法的实现，宪法实施是宪法实现的前提；没有宪法实现，宪法的实施则丧失了实际意义，宪法实现是宪法实施的目的所在。

(2) 宪法实施和宪法实现的区别表现在：①从含义上看，宪法实施是一种实际的活动过程，宪法实现不仅包括这一活动过程，而且还包括这一活动过程所产生的结果。②从内容上看，宪法实施主要侧重于宪法的执行、适用及遵守，而宪法实现除了以上内容之外，还特别强调宪法的监督和保障。③从结果上看，宪法实施既可能是正值，也可能是负值，但宪法实现则肯定是正值。④从逻辑关系上看，宪法实施是过程、是手段，宪法实现则是目的、是结果。

2. 答案：监督宪法实施的主要内容为：

(1) 审查法律、法规及法律性文件的合宪性；(2) 审查国家机关及其工作人员的行为的合宪性；(3) 审查各政党、团体、企业等组织以及全体公民的行为的合宪性。

3. 答案：宪法实施保障在一定意义上亦即宪法监督，是立宪国家为了促进宪法的贯彻落实而建立的制度和开展的活动的总称。宪法实施保障的基本内容主要包括两大方面：(1) 保障法律、法规和法律性文件的合宪性。宪法是国家法律体系的基础，因而一般法律、法规和法律性文件，都必须以宪法为依据，不得与宪法相抵触。宪法的原则精神只有通过普通法律、法规的具体化，通过整个国家法律体系的健全和完备才能有效实施。(2) 保障国家机关及其工作人员、各政党、武装力量、社会团体、企业事业组织和全体公民的行为的合宪性。宪法是国家根本法，一切国家机关、社会组织和公民个人都必须将宪法作为自己根本的行为准则。

如果立宪国家的机关、组织和个人的行为背离宪法所确立的原则，同样也有损宪法的权威和尊严。

4. 答案：加强宪法实施过程的研究，对于实现立宪目的具有重要意义。具体表现在以下方面：(1) 加强宪法实施过程的研究，有利于顺利、有效地实施宪法。(2) 加强宪法实施过程的研究，有利于发现和解决宪法实施可能面临的问题和障碍。(3) 加强宪法实施过程的研究，有利于准确评价宪法的合理性，并进而完善和发展宪法。(4) 加强宪法实施过程的研究，有利于分解和细化宪法实施的目标和任务，增强人们实施宪法的信心。

5. 答案：(1) 准备阶段。宪法实施准备阶段的基本任务是为宪法的实际实施创造条件、打好基础。主要包括：①以实施宪法的目标为中心，明确宪法实施的指导思想，用以指导宪法的实施活动，保证宪法实施活动的顺利进行。②设计宪法实施方案。③建立健全合理的宪法实施机构。

(2) 实际实施阶段。宪法的实际实施阶段是宪法实施程序中的主要环节，是宪法规范调整各种社会关系的具体表现，是体现在宪法规范中的立宪价值和法治精神能否得以实现的关键。为了确实保障宪法的实际实施，必须注意：①加强宪法的学习、宣传，提高宪法实施主体的宪法意识，使宪法实施主体的行动与宪法的要求相一致。②掌握实施进度，把握实施方向。③保证实施机制运转，提高实施效率。

(3) 实施评价阶段。宪法实施评价是指有关国家机关或者公民个人以宪法规范、宪法价值取向及社会发展需要为标准，对宪法实施主体的行为及其效果进行检查对照，并作出明确判断的活动。在进行宪法实施评价时，必须注意以下两点：①在评价时，必须正确处理好整体与部分、宏观与微观之间的关系，既立足全局、宏观评价宪法的整体实施状况，又立足局部、微观评价个别宪法规范的实施效果，并将它们有机统一起来。②必须确立评价宪法实施状况的标准。

五、论述题

1. 答案：宪法实施必须遵循以下原则：

(1) 最高权威性原则

宪法实施的最高权威性原则是由宪法作为国家根本大法的性质决定的。宪法的这种地位，决定了在实施宪法过程中，必须始终维护宪法的权威和尊严。这种维护既体现在宪法规范得到一切机关、组织和个人的一体遵行以及宪法的具体内容得到充分实施方面，也体现在一切法律、法规等规范性文件不得与宪法相抵触方面。如果宪法在实施过程中不能树立起应有的权威，或者说宪法实施主体未能切实贯彻宪法的最高权威性原则，有效实施宪法就是根本不可能的。

（2）民主原则

宪法实施的民主原则是由宪法的本质内容决定的。近代宪法是资产阶级革命的产物，宪法是民主事实法律化的基本形式。尽管商品经济的普遍化发展是宪法产生的根本原因，但如果没有资产阶级民主思想的产生和传播，没有资产阶级民主事实的形成，没有民主主体至少在形式上的普遍化，也就不可能有宪法，因而宪法的精髓就在于民主。因此，在实施宪法过程中，民主应该成为贯穿宪法实施活动的一条红线。

（3）合法原则

宪法实施的合法原则是指宪法实施主体的身份必须符合宪法和法律的规定，宪法实施主体的权限范围、行使权限的方式和方法以及宪法实施的具体程序等都应有宪法和法律依据。既然宪法实施是宪法实施主体的活动，那么无论是宪法实施主体本身，还是宪法实施主体的行为，都必须具有合法性基础。这实际上是宪法实施应有的最基本的前提。

（4）程序原则

宪法实施的程序原则是指宪法本身必须有实施程序方面的规定，宪法实施主体必须依照法定程序实施宪法。从法理上讲，程序具有两个方面的价值：①程序是贯彻实体规定的手段，这是程序的工具性价值；②程序反映法律运作的客观规律，具有内在的正当性基础，这是程序的目的性价值。程序对于宪法也同样具有这两个方面的价值。宪法中的程序规范是实施宪法实体规范的必要条件；没有相应的程序规范作保障，实体规范的实施往往沦为空谈。同时，宪法实施遵循一定的程序也是宪法目的实现的客观要求，程序本身反映着宪法的基本价值取向。具体说来，宪法实施的程序原则有两个要求：①程序法定，即宪法在设定具体的实体规范时，要设立实施该实体规范的程序性规范，且这种程序性规范应该是科学的、必要的和充分的。②依照程序，即有关主体在实施宪法时，既要遵守宪法的实体性规范，又要遵守宪法的程序性规范，即通过严格遵守宪法的程序性规范来贯彻落实宪法的实体性规范。

（5）稳定原则

宪法实施的稳定原则是指实施宪法过程中必须保持宪法的相对稳定，不得朝令夕改。由于宪法是国家的根本大法，宪法的频繁变动不仅关系到整个国家和社会的稳定，而且关系到宪法能否保持应有的权威和尊严，因而宪法必须具有稳定性。但这种稳定性只是相对稳定性。随着社会历史条件的变化发展，宪法也要相应地变化发展。

（6）发展原则

宪法实施的发展原则是指在宪法实施过程中，应该根据各种客观形势的变化，对宪法的内容进行相应的修改和解释，以推动宪法本身的发展。如前所述，宪法的实施过程就是宪法不断丰富和完善的过程，或者说是重新塑造宪法的过程。因此，实施宪法就不仅应该切实贯彻落实宪法的条文内容，从而使书面宪法转化为现实宪法，而且要根据现实生活中各种新情况、新问题形成的客观需要来发展宪法。

必须明确的是，宪法实施除了必须遵循和贯彻上述六项主要原则以外，还必须遵循和贯彻宪法实施的公开原则、效益原则和监督原则等。

2. 答案：宪法作为法律的一种，自然具有不同于普通法律实施的特点，这是由其自身的性质以及宪法在整个国家法律体系中的地位和作用来决定的。主要表现在：

（1）宪法实施的广泛性

宪法实施的广泛性包括宪法实施范围的广泛性和宪法实施主体的广泛性。宪法调整的范围涉及国家政治、经济、文化和社会生活等各个方面，同时宪法的实施需要通过社会关系中一切主体的行为来实现，因此，宪法实施的主体也相应具有广泛性和多样性。

（2）宪法实施的综合性

所谓宪法实施的综合性是指宪法的实施不可能单纯是宪法本身或者社会生活某一方面的问题，而是整个国家具有高度综合性的社会问题。在实施宪法的过程中，必须综合考虑国家和社会生活中的各种因素，从而在整体上宏观切实推进宪法的实施进程。

（3）宪法实施的原则性

宪法实施的原则性是由宪法的内容和地位决定的。宪法的实施过程，表现为宪法规范从宏观上、总体上对所调整的社会关系进行原则指导的过程。这种原则指导主要表现在两方面：一是宪法确定的是社会关系主体行为的基本方向和原则标准，一般不涉及人们行为的具体模式，这些具体模式通常由普通法律进行调整；二是宪法在实施过程中，对人们的行为后果往往只从总体上作出肯定或者否定评价，从而为普通法律对人们的行为进行具体评价和追究法律责任提供基础和依据。

（4）宪法实施的多层级性

宪法规范的原则性和根本性，决定了宪法实施的多层级性。所谓宪法实施的多层级性，是指宪法在实施过程中往往要经过许多中间环节，逐级落实以达到立宪目的的最终实现。

（5）宪法实施的持续性

宪法实施的持续性是指宪法一经制定颁布，其实施便成为国家政治生活中的日常事项，须臾不可中断。

（6）宪法实施的保障性

所谓宪法实施的保障性，是指宪法的实施客观上需要专门监督制度来保障；离开宪法实施保障机制的有效运作，宪法实施则往往成为一句空话。

（7）宪法实施方式的具体多样性

由宪法的原则性和广泛性特点所决定，不同性质和内容的宪法规范，要求不同的实施方式，而所有宪法规范实施的方式则呈现出多样性的特色。

3. 答案：宪法实施条件包括两大方面，即宪法实施的外部条件和宪法实施的自身条件。

（1）宪法实施的外部条件

宪法实施的外部条件是指宪法实施的外部社会环境。由于宪法实施都是在一定社会范围内进行的，从根本上来说，它要以社会为基础，因而宪法实施同它所赖以存在的社会条件之间存在着极为密切的联系：如果社会现实中不具备宪法实施的条件，那么不仅不可能产生科学的宪法，而且即使因政治需要而制定出一部宪法，也不可能得到实施，而只能是一种摆设；如果社会现实中具备宪法实施的一定条件，但由于立宪者不能正确地反映和利用这些条件，那么宪法的实施状况也会大打折扣。因此，从理论上研究宪法实施应该具备的外部条件，从而努力创造这些条件，也就成为宪法实施过程中非常重要的环节。具体说来，宪法实施的外部条件主要包括政治、经济和思想三个方面。

①宪法实施的政治条件。

宪法实施的政治条件既包括政治基础条件，也包括政治形势条件。民主政治就是宪法实施的政治基础条件。如果是宪法与政治紧密相连，那么民主则是联系宪法与政治的媒介、桥梁，同时民主政治不仅对宪法制定起着决定性的作用，而且对宪法实施也具有极大的影响。可以说，政治的民主化程度决定着宪法实施的程度，加强民主政治建设的过程，也就是贯彻落实宪法的过程。宪法实施的政治形势条件，则是指要有效地实施宪法，就必须具备稳定的政治环境，保持安定的政治局面。

②宪法实施的经济条件。

宪法实施的经济条件既包括宪法和宪法实施得以生存的物质基础，也包括经济发展本身通过政治、思想等，提出对于宪法和宪法实施的内在需求。如前所述，商品经济的普遍化发展是宪法产生的根本原因。也就是说，如果没有商品经济的普遍化发展，也就不存在对最高行为规范的需求，也就更加谈不上有效地实施宪法。因此，在一定意义上可以说，商品经济的发展程度，决定着宪法实施的程度。我国现阶段以建立社会主义市场经济体制为经济体制改革的目标，则为宪法的实施从经济方面提供了动力和保障。

③宪法实施的思想意识条件。

任何组织和个人的行为都离不开思想意识的指导。所谓宪法实施的思想意识条件，主要即指人们对宪法的认识状况对于宪法实施的制约和影响。表现在：第一，科学的宪法规范是宪法得以有效实施的前提，但科学宪法的制定却离不开科学的宪法意识作指导。第二，任何宪法在颁布实施过程中，都面临随着社会实际生活的变化发展而不断修改和完善的问题。尽管社会客观条件和社会关系的变化，是修改和完善宪法的根本依据，但这些变化只有在人们的宪法意识中得到反映，才能最终落实到具体的宪法规范之中。第三，如前所述，宪法实施通常有两条途径：一是宪法的适用，即一定国家机关对宪法实现所进行的有目的的干预；二是宪法的遵守，即一切机关、组织和个人享有与履行宪法规定的权利义务，使宪法规范由具体的组织和人员落实。由于宪法规范具有纲领性、原则性、概括性，因而在宪法的适用和遵守中，宪法意识的指导作用显得尤为突出。

（2）宪法实施的自身条件

宪法实施的政治条件、经济条件和思想意识条件，作为外在的客观基础，为宪法的有效实施提供了可能性。但是，一个国家或者一个国家的一定历史时期，能否利用这些条件，将宪法的实施从可能变为现实，关键还在于宪法实施的自身条件。所谓内因是变化的根据，外因是变化的条件在这个问题上也同样适用。具体说来，宪法实施的自身条件主要包括宪法本身是否科学和宪法本身是否规定了完善的实施机制等方面。

4. 答案：宪法实施保障体制一般是指在立宪国家，由哪种机关承担保障宪法实施的职责，以及该机关保障宪法实施的权限和方式。综观世界各国的宪法规范、宪法惯例及宪法判例，宪法实施保障体制主要有如下三种。

（1）由司法机关负责保障宪法实施的体制

由司法机关负责保障宪法实施的体制起源于美国。1803 年，美国联邦最高法院在审理马伯里诉麦迪逊一案的判决中明确宣布：违宪的法律不是法律；阐明法律的意义是法院的职责，从而开创了由联邦最高法院审查国会制定的法律是否符合宪法的先例。从此以后，有些国家受美国的影响，也采取由司法机关负责保障宪法实施的体制，通过具体案件的审理以审查确定其所适用的法律是否符合宪法。在这类国家中，合宪性审查权一般为最高司法机关所享有，但日本等个别国家的地方法院也行使这项权力。

（2）由立法机关负责保障宪法实施的体制

由立法机关负责保障宪法实施的体制源于英国。英国长期奉行“议会至上”原则，认为议会是代表人民的民意机关，是主权机关，因此作为立法机关的议会应当高于行政机关和司法机关，而且英国的宪法和法律没有明显的区分，因而法律是否违宪，只能由议会作出判断。因此，应该由作为立法机关的议会负责保障宪法实施。社会主义国家的中央立法机关一般都是国家的最高权力机关，其他中央国家机关由它产生，对它负责，执行它所通过的法律和决议。在这种具体“议行合一”特征的政权框架下，最高法院等其他国家机关自然不具有保障宪法实施的职责，保障宪法实施的职责只能落在最高国家权力机关身上。因此，大多数社会主义国家都采取这种由立法机关负责保障宪法实施的体制。

（3）由专门机关负责保障宪法实施的体制

由专门机关负责保障宪法实施的体制起源于 1799 年《法国宪法》设立的护法元老院。这部宪法规定，护法元老院有权撤销违反宪法的法律。1920 年《奥地利宪法》最早规定设立宪法法院，由宪法法院对法律、法规进行合宪性审查。第二次世界大战后，联邦德国、意大利、法国率先设立保障宪法实施的专门机关；在它们的影响下，世界上许多国家也相继设立了类似的机关。从发展趋势看，由专门机关保障宪法实施的国家一直在逐渐增多；可以预计，这种体制很可能成为占主导地位的宪法实施保障体制。

需要特别说明的是，除上述三种主要的体制外，还存在一些特别的宪法实施保障体制。比如，瑞士实行由议会、政府和法院共同保障宪法实施的体制。朝鲜实行由国家权力的最高领导机关和检察机关共同保障宪法实施的体制。

最后，需要说明的是，以上关于宪法实施保障体制的概括和归纳主要以各国的宪法规范为依据。实际上，不少国家宪法实施保障的实践与该国宪法的有关规定存在一定差距；甚至在有些国家，主要由于其政治体制上的原因，有关宪法实施保障的宪法规范根本不能或没有发挥应有的作用，所谓的宪法实施保障体制形同虚设。

5. 答案：宪法实施过程，即宪法作用于社会生活的过程，是指宪法实施的连续性在时间和空间上的表现。它既是宪法在人类社会中存在和发展总过程的一部分，同时又由若干具体过程所构成。概括说来，宪法实施过程具有如下特点：

（1）宪法实施过程的实效性

宪法一旦进入实施过程，就必然影响特定的社会关系，对特定的主体产生直接或间接的作用。宪法的法律效力和社会影响力正是通过宪法实施过程发挥出来的。

（2）宪法实施过程的动态性

一方面，宪法实施表现为人的主观能动性的发挥；另一方面，宪法实施又影响和制约着人的行为方式。人的主动和受动的循环往复，构成宪法实施的动态过程。

（3）宪法实施过程的阶段性

宪法实施及其社会功能的发挥，表现为宪法规范与社会生活的彼此结合，这一结合必须按一定的步骤逐次进行。没有前一步骤的铺垫，后一步骤便失去基础；而没有后一步骤的推进，前一步骤也便失去意义。从前一步骤向后一步骤的依次拓展，构成了宪法实施过程的阶段性。

（4）宪法实施过程的整体性

宪法实施过程虽然具有阶段性的特点，但过

程中的各个阶段并不是孤立存在、毫无联系的。宪法实施目标的实现，离不开宪法实施过程的完整性。

(5) 宪法实施过程的权威性

宪法的最高权威性决定了宪法实施过程的权威性。宪法一旦进入实施过程，就只能按照法定的程序和规则来操作和执行。宪法实施过程不得擅自中断，也不得随意改变其构成。

第十九章　宪法解释

基础知识图解

- 宪法解释
  - 概说
    - 含义——辨析宪法解释和法律解释，宪法解释和宪法修改
    - 必要性
      - 宪法都是普遍性、原则性规范，抽象性强
      - 维护法制统一和法律公正的需要
      - 使宪法适应社会关系的发展变化，保持宪法的生机和活力
      - 改正宪法缺陷的需要
    - 分类
      - 依解释的主体与效力分：有权解释、学理解释
      - 依解释的目的分：违宪解释、补充解释
      - 依解释的方法分：语法解释、逻辑解释、系统解释、历史解释
      - 依解释的尺度分：字面解释、限制解释、扩充解释
      - 依解释者动机分：立宪解释、行宪解释、合宪性解释、监督解释
      - 依解释机关分：立法机关解释、司法机关解释、专门机关解释
  - 机关
    - 国家元首解释制
    - 立法机关解释制
    - 普通法院解释制
    - 特设机关解释制
    - 公民团体解释制
  - 原则、方法及程序
    - 原则：依法解释、符合制宪目的、以宪法的根本精神和基本原则为指导、适应社会发展需要、字面解释、整体解释
    - 方法：文义解释、体系解释、历史解释、目的解释
    - 程序：提出⟶审查⟶决议⟶公布

配套测试

一、单项选择题

我国现行宪法规定，下列选项中哪项是全国人大常委会的法定职权？（　　）

A. 宪法的制定权　　B. 宪法的修改权

C. 宪法的实施权　　D. 宪法的解释权

二、多项选择题

1. 近代世界各国解释宪法的机关不尽一致，综合起来大致有以下几种？（　　）

A. 国家元首解释　　B. 立法机关解释

C. 司法机关解释　　D. 特设机关解释

2. 按照我国《宪法》和1981年全国人大常委会《关于加强法律解释工作的决议》，下列选项哪些不属于有权法律解释？（　　）

A. 司法机关对宪法和法律的解释

B. 国务院对宪法和法律的解释

C. 全国人民代表大会常务委员会对宪法和法律的解释

D. 法律专家对宪法和法律的解释

3. 下列说法哪些符合我国宪法的规定？（　　）

A. 宪法解释自公布之日起发生法律效力

B. 宪法解释自通过之日起发生法律效力

C. 宪法解释的主体是全国人民代表大会常务委员会

D. 宪法解释的主体是全国人民代表大会

4. 宪法的特设机关解释的主要特点包括（　　）
A. 专门性　　B. 权威性
C. 解释方法的多样性　　D. 一致性

5. 宪法解释是保障宪法实施的一种手段和措施。关于宪法解释，下列选项正确的是：（　　）（司考2015.1.94）
A. 由司法机关解释宪法的做法源于美国，也以美国为典型代表
B. 德国的宪法解释机关必须结合具体案件对宪法含义进行说明
C. 我国的宪法解释机关对宪法的解释具有最高的、普遍的约束力
D. 我国国务院在制定行政法规时，必然涉及对宪法含义的理解，但无权解释宪法

6.《全国人民代表大会常务委员会关于〈中华人民共和国民法通则〉第九十九条第一款、〈中华人民共和国婚姻法〉第二十二条的解释》规定："公民依法享有姓名权。公民行使姓名权，还应当尊重社会公德，不得损害社会公共利益。"关于该解释，下列哪些选项是正确的？（　　）（司考2017.1.64）
A. 我国宪法明确规定了姓名权，故该解释属于宪法解释
B. 与《民法通则》和《婚姻法》具有同等效力
C. 由全国人大常委会发布公告予以公布
D. 法院可在具体审判过程中针对个案对该解释进行解释

三、名词解释

1. 宪法解释（中国人民大学2005年、2011年考研真题、华东师范大学2012年考研真题）
2. 国家元首解释制
3. 普通法院解释制
4. 特设机关解释制

四、简答题

1. 简述宪法解释权与宪法修改权的关系。（中国人民大学2014年考研真题、武汉大学2012年考研真题）
2. 宪法解释的社会功能。
3. 如何理解宪法解释与法律解释的关系。
4. 简述宪法解释的基本原则。（中国人民大学2015年考研真题）

五、论述题

试述宪法解释的必要性何在。

参考答案

一、单项选择题

答案：D。《宪法》第 67 条，全国人民代表大会常务委员会行使下列职权：(一）解释宪法，监督宪法的实施。

二、多项选择题

1. **答案**：ABCD。本题主要考查宪法解释的机关。
2. **答案**：ABD。国务院、司法机关都不是《宪法》规定的法定有权解释机关。法律专家的法理解释并不具有法律上的效力。
3. **答案**：AC。宪法解释自公布之日起发生法律效力，故 A 项正确。《宪法》第 67 条规定，全国人民代表大会常务委员会有权解释宪法，故 C 项正确。
4. **答案**：ABC。特设机关解释制又称为专门机关解释制，它指的是设立专门的宪法法院（如德国、奥地利等）或者宪法委员会负责处理宪法争议，并就其中相关宪法条文的含义进行释义的制度。主要特点有三：(1）专门性；(2）权威性；(3）解释方法的多样性。
5. **答案**：ACD。各国宪法解释的机关主要分为代议机关、司法机关和专门机关三类。由司法机关按照司法程序解释宪法的体制起源于美国，即司法审查制度，它是指法院一般遵循“不告不理”和附带性审查的原则，只有在审理案件时才可以附带性地审查其所适用的法律是否违宪，如果认为违宪可宣布拒绝在本案中适用。故 A 项正确。德国的宪法解释机关是宪法法院，其对宪法含义的解释跟司法审查制不同，不是必须结合具体案件。故 B 项错误。我国的宪法解释权由全国人大常委会行使，全国人大常委会的宪法解释具有最高的、普遍的约束力。故 C 项正确。国务院无宪法解释权，因为宪法是根本法，国务院在制定行政法规时不得与宪法相违背，必然涉及对宪法含义的理解。故 D 项正确。
6. **答案**：BCD。该解释是对《民法通则》和《婚姻法》相关规定的解释，属于法律解释（立法解释），不属于宪法解释。故 A 错误。根据《立法法》第 49 条规定：“法律解释草案表决稿由常务委员会全体组成人员的过半数通过，由常务委员会发布公告予以公布。”故 C 正确。第 50 条规定：“全国人民代表大会常务委员会的法律解释同法律具有同等效力。”故 B 正确。法院适用法律的过程，也是一个法律证成的过程，必然包含对法律的理解和解释。故 D 正确。

三、名词解释

1. **答案**：宪法解释是指在宪法实施过程中，当人们对宪法的有关条文内容存在不同理解时，由有权解释机关依照法定程序阐明其含义并具有法律效力的行为。
2. **答案**：国家元首解释制是指由国家元首作为解释宪法的主体的制度，该种制度始于君主制，最早在宪法中确立这一制度的是《日本明治宪法》。
3. **答案**：普通法院解释制是指以普通法院作为解释宪法的机关，最后决定权属于国家最高法院的宪法解释体制。
4. **答案**：特设机关解释制又称为专门机关解释制，是指设立专门的宪法法院或者宪法委员会负责处理宪法争议，并就其中相关宪法条文的含义进行释义的制度。

四、简答题

1. **答案**：宪法解释权是宪法的正式解释，即由宪法授权的机关或宪法惯例所认可的机关依据一定的标准或原则对宪法条文所作的具有法律效力的说明的权力；宪法修改权是由宪法所授权的机关或宪法惯例所认可的机关对宪法条文或内容进行修改的权力。宪法解释权与宪法修改权既有联系又有区别。它们的联系是：①二者都是由宪法所规定或由宪法惯例所认可的；②二者都是极其重要的国家权力，影响一国根本大法宪法的实施；③二者都能起到变更宪法的效果。宪法修改权直接改变宪法的意义及含义；而宪法解释通过不同的解释，实际上也变更了宪法的含义。它们的区别是：①权力的归属不同，我国宪法明确规定，全国人民代表大会有权修改宪法，宪法修改权专属于全国人大；全国人民代表大会常务委员会有权解释宪法，同时虽然宪法没有明确规定全国人大有解释宪法之权，但在我国，全国人大享有制定权和立法权，当然拥有不言而喻的宪法解释权。②二者的程度不同，宪法解释权和宪法修改权虽然都能起到变更宪法的作用，但宪法解释权受限于宪法具体条文的规定，权力机关仅能在一定程度范围内作出解释，不可超越宪法本义，而宪法修改权则是彻底改变宪法条文，不受原条文内容的限制。③二者行使的程序不同，由于宪法修改权是对宪法影响更大的权力，因此宪法修改适用的程序要较宪法解释适用的程序严格，受到的限制也更大，如有人数要求、会议程序要求等。④二者行使的方式不同，宪法解释权一般是通过立法的方式或发布解释案的方式行使；宪法修改权一般是通过直接修改宪法原文或宪法修正案的方式行使，我国目前采取宪法修正案的方式。

2. **答案**：不管是在成文宪法的国家里，还是在不成文宪法的国家里；不管是在有宪法诉讼的国家里，还是在没有宪法诉讼的国家里，作为一座架构宪法规范与社会现实、立宪与修宪的桥梁，宪法解释已经成为保证宪法的实现、监督宪法的实施、维护宪法的权威、稳定法律秩序的一项不可缺少的手段。其社会作用主要体现在：

第一，是架构宪法规范与社会现实的桥梁，宪法解释在宪法的运行中使得宪法本身活跃起来。宪法解释赋予已经"老化"的宪法条文以新的生命和内容，扩大宪法的原有容量，使之能适应新的情况，解决新的问题。宪法解释可以在不修改宪法条文的情况下，使之具有强有力的生命力，满足变革社会对它的需求，进而更有力地推动社会的加速发展。宪法解释者通过阐释法条疑义、补充宪法缺漏，协调宪法规范与社会现实的矛盾与冲突，不断丰富宪法的内容。

任何一部宪法只能是国家在一定历史时期政治、经济、文化等方面所取得成果的记载和总结，当宪法颁行生效后，社会关系和社会经济生活发生变化，这就产生了原有的宪法规范与社会现实之间不协调的矛盾。宪法规范所普遍具有的原则性和概括性等特征，以及社会变化的迅猛性决定了世界上任何国家的宪法都需要解释。宪法解释作为一种使宪法规范适应社会现实的主要方法，长期以来一直被世界各国所重视。

进入21世纪，知识经济已初现端倪，信息时代的迅猛发展已经极大地改变了社会现实，众多的法律新问题也将层出不穷。对这些新问题进行宪法解释将是社会现实迅速变化的必然要求。

第二，宪法的正当性、合理性、适应性等特性也正是通过不断的宪法解释获得实证，使得宪法本身获得强大的生命力的。宪法在一国法律体系中具有最高的权威性，一切法律、法规以及国家机关及其工作人员行使职权的行为都不得与宪法相抵触。然而，有宪法必然会有违宪。要解决违宪问题，就必须将宪法作为法律来适用，这就要求对宪法进行解释，保障宪法权威性的实现。宪法解释不断协调宪法规范与社会现实的矛盾与冲突，更是宪法正当性得以保持的重要手段。因此，宪法解释在真正发挥宪法的至上性、权威性等作用方面功不可没。

第三，宪法解释是立宪与修宪的桥梁。从社会意义角度看，主要体现在宪法修改能够避免宪法修改所带来的负面作用：

（1）宪法解释的成本要远远低于宪法修改。宪法修改应付出的成本是较大的：宪法作为国家的根本法，其修改程序严格；宪法修改带来对宪法稳定性的影响，将损害其在人民心目中的权威性等。相比较而言，宪法解释是有权机关在其职责范围内行使职权的结果，与宪法修改相比较，成本价值几乎是零。

（2）宪法解释的收益远远大于宪法修改。出现"违宪"事实而有关机关对之熟视无睹或睹而不作为，则是对宪法的亵渎。相反，若能及时运用宪法解释，不仅有利于法律秩序、社会秩序的稳定，而且宪法解释的效力等同于宪法本身，使得静态宪法活跃起来，变成动态宪法。而若空等修改的时机来临，或尚未有修改之必要，强行加以修改，其负面作用不言而喻。

在宪法规范尚能包容社会现实的变革时，不充分发挥宪法解释的功效而舍近求远，以宪法修改代之，显然其成本价值要远远高于宪法解释。另外，在我国合宪性审查制度完善之前，宪法解释还是监督宪法实施的暂时性替代机制。

3. **答案**：宪法解释和法律解释的关系可以从宪法与法律之间的关系角度进行理解。具体说来：（1）宪法解释是一种广义上的法律解释，因为宪法是法律的一种，所以宪法解释的原则、方法、程序以及运作的一般原理都应遵循法律解释的一般规律。（2）宪法是"法律的法律"，是一种特殊的法律，所以宪法解释与普通法律解释又有区别。宪法相对于普通法律而言，具有历史性、包容性、妥协性和敏感性等特点，因此在解释宪法与适用宪法的时候，必须照顾宪法规定之整体；同时，阐释法条和补充解释对宪法解释来说比对普通法律的解释更加重要。（3）由于宪法是国家根本法，因此宪法的解释程序比普通法律的解释程序更加严格。

4. **答案**：宪法解释的原则可分为总原则和具体原则两个层次。

（1）就总原则来说，主张应当坚持从严原则的认为，宪法解释必须严格按照制宪者的意愿进行，否则会破坏人民的制宪权。而主张宪法解释应遵循从宽原则的认为，宪法的规定不是为了说明过去，而是为了说明未来，由于制宪者不可能准确预见未来，因而为了适应社会发展的需要，应当根据新的形势对宪法作出新的解释。因此，宪法解释应该是广义的、灵活的，对宪法应该从宽解释。既然宪法是国家的根本大法，所产生的影响远比其他法律深远，那么对宪法进行解释就应该采取从严原则。但宪法的原则性、规范性和纲领性则决定了必须根据不断发展的新形势对宪法进行及时解释。因此，合理的解释原则应该是，以从严解释为主，但并不排除在个别情况下一定的灵活解释。

（2）就宪法解释的具体原则来说，主要有：①依法解释原则；②符合制宪目的原则；③以宪法的根本精神和基本原则为指导；④适应社会发展需要的原则；⑤字面解释原则；⑥整体解释原则。

五、论述题

答案：宪法解释的必要性在于：（1）宪法都是普遍性、原则性规范，其抽象性较强，因而要使宪法能得到正确遵守和实施，就有必要对宪法的含义进行准确说明。（2）宪法解释是维护法制统一和法律公正的需要。宪法是民主的基石、法治的核心，是最高和最根本的行为准则，如果人们对宪法的理解不一，就会影响法律的公正性和权威性。（3）宪法解释是使宪法适应社会关系的发展变化，从而保持宪法生机和活力的重要手段。宪法是一种相对稳定的行为规范，而社会关系则在不断变化发展，因而在宪法制定后往往需要通过解释赋予宪法规范以新的含义，使之能够适应新的社会关系的需要，而且宪法自身也在解释中得到发展。如美国宪法之所以能够适应 200 多年来美国的各种情势变迁，美国联邦最高法院的解释功不可没。（4）宪法解释也是改正宪法缺陷的需要，立宪是一项艰巨复杂的工作，往往难以做到完美无缺。宪法制定与实施后很可能出现不完善，甚至自相矛盾之处，为了维护宪法的相对稳定，宪法解释就成为必不可少的方法和手段。（5）宪法解释也是提高公民宪法意识的需要。在宪法实施中，公民的宪法意识起着重要作用，没有成熟的公民宪法意识，宪法实施就会遇到各种障碍。而提高公民宪法意识的重要途径也是及时地作出宪法解释，使公民在具体的宪法解释案例中感受到宪法的存在，在实际生活中关注宪法问题，实现和维护自己的利益。

第二十章　宪法修改

基础知识图解

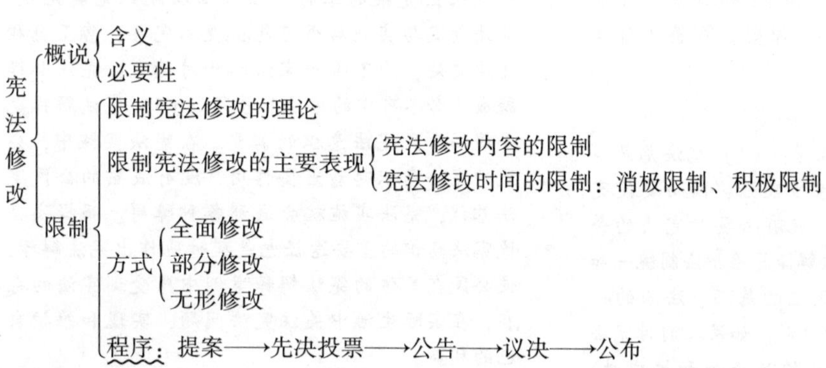

配套测试

一、单项选择题

1. 根据我国宪法规定，宪法修改，由全国人大常委会或者1/5以上的全国人大代表提议，并由全国人大以全体代表法定多数通过。这里的法定多数是指下列选项中的哪一项？（　　）

A. 3/4以上

B. 2/3以上

C. 3/5以上

D. 1/2以上

2. 我国哪一年修改宪法，将“依法治国，建设社会主义法治国家”写进宪法？（　　）

A. 1999年　　B. 1988年

C. 1993年　　D. 1995年

3. 下列关于宪法的修改的表述哪一项违背了我国现行宪法的规定？（　　）

A. 中共中央提议

B. 全国人大常委会提议

C. 1/5以上的全国人大代表提议

D. 全国人大以全体代表大会2/3以上的多数通过

4. 在宪法实践中，虽然宪法条文内容没有改变，但其含义却变更了，这种情况被称为：（　　）

A. 良性违宪

B. 宪法的演变

C. 宪法的无形修改

D. 宪法的量变

5. 下列关于美国宪法修改的表述哪项是正确的？（　　）

A. 国会如遇众议院2/3多数认为必要时，得提出宪法的修正案

B. 国会提出的修正案必须经过3/4的州议会批准

C. 美国宪法修正案前十条被称为“权利法案”

D. 美国宪法修正案被称为“权利法案”

6. 将国家建立健全同经济发展水平相适应的社会保障制度载入现行宪法的是下列哪一宪法修正案？（　　）（司考2010.1.18）

A. 1988年宪法修正案

B. 1993年宪法修正案

C. 1999年宪法修正案

D. 2004年宪法修正案

7. 关于我国宪法的修改，下列哪一说法是错误的？（　　）（司考2010.1.23）

A.《宪法》没有专章规定修改程序

B.《宪法》规定的修宪机关是全国人民代表大会

C.《立法法》规定，宪法修正案由国家主席令公布

D.《全国人大议事规则》规定，宪法修改以投票方式表决

8. 关于我国宪法修改，下列哪一选项是正确的？

(　　)（司考 2014. 1. 22）

A. 我国修宪实践中既有对宪法的部分修改，也有对宪法的全面修改

B. 经十分之一以上的全国人大代表提议，可以启动宪法修改程序

C. 全国人大常委会是法定的修宪主体

D. 宪法修正案是我国宪法规定的宪法修改方式

9. 宪法的制定是指制宪主体按照一定程序创制宪法的活动。关于宪法的制定，下列哪一选项是正确的？(　　)（司考 2015. 1. 20）

A. 制宪权和修宪权是具有相同性质的根源性的国家权力

B. 人民可以通过对宪法草案发表意见来参与制宪的过程

C. 宪法的制定由全国人民代表大会以全体代表的三分之二以上的多数通过

D. 1954 年《宪法》通过后，由中华人民共和国主席根据全国人民代表大会的决定公布

10. 2018 年进行了宪法修正，将 1982 年宪法第 70 条第 1 款中“法律委员会”修改为“宪法和法律委员会”。关于宪法和法律委员会，下列说法正确的是：(　　)

A. 成员人选由全国人大主席团在全国人大代表中决定

B. 为全国人大常委会设立的专门委员会

C. 统一审议向全国人大或其常委会提出的法律草案

D. 为合宪性审查的专门机关

二、多项选择题

1. 全国人大于 1988 年通过的宪法修正案主要包括以下哪些内容？(　　)

A. 承认私营经济的合法地位

B. 允许土地使用权依法转让

C. 承认“个体经济”的合法地位

D. 将“国营经济”改为“国有经济”

2. 综观世界各国，宪法修改大体上有(　　)

A. 全面修改　　B. 部分修改

C. 无形修改　　D. 条文修改

3. 从各国宪法规定和宪法实践来看，宪法的修改程序一般包括哪几个阶段？(　　)

A. 提案　　B. 审定

C. 起草　　D. 决议和公布

4. 下列选项中属于 1999 年宪法修正案新修改的内容有哪些？(　　)

A. 我国将长期处于社会主义初级阶段

B. 农村集体经济组织实行家庭承包为基础、统分结合的双层经营体制

C. 中华人民共和国实行依法治国，建设社会主义法治国家

D. 规定公民享有迁徙自由

5. 根据我国宪法的规定，下列选项中哪些是可以提出宪法修改有效议案的主体？(　　)

A. 全国人民代表大会常务委员会

B. 全国人民代表大会的一个代表团

C. 1/5 以上的全国人民代表大会代表

D. 全国人民代表大会主席团

6. 1999 年九届全国人大通过的宪法修正案对我国宪法作了重要修改，下列哪些内容是这一修正案包括的主要内容？(　　)

A. 明确把“发展社会主义市场经济”写进宪法

B. 明确把“依法治国，建设社会主义法治国家”写进宪法

C. 明确规定“国家加强立法，完善宏观调控”

D. 明确规定“国家保护个体经济、私营经济的合法的权利和利益”

7. 我国 1993 年的宪法修正案涉及下列哪些方面的内容？(　　)

A. 明确把“坚持改革开放”写进宪法

B. 增加规定“土地的使用权可以依照法律的规定转让”

C. 明确把“我国将长期处于社会主义初级阶段”写进宪法

D. 把县级人民代表大会的任期由 3 年改成 5 年

8. 根据 2004 年通过的《中华人民共和国宪法修正案》，下列有关国家对个体经济等非公有制经济实行的政策的文字表述，哪些是正确的？(　　)

A. 国家通过行政管理，指导、帮助和监督个体经济

B. 国家对个体经济、私营经济实行引导、监督和管理

C. 国家鼓励、支持和引导非公有制经济的发展

D. 国家对非公有制经济依法实行监督和管理

9.《中华人民共和国宪法修正案》第 2 条、第 20 条分别对宪法第 10 条第 4 款、第 3 款进行了修改。关于这些修改，下列哪些说法是正确的？(　　)

A. 明确了土地的使用权可以依照法律的规定转让

B. 确认了国家对土地所有权和土地使用权的支配权力

C. 明令禁止侵占、买卖、出租或者以其他形式非法转让土地

D. 明确了国家对土地实行征收或者征用的公共目的和补偿义务

10. 我国宪法第六至十八条对经济制度作了专门规定。关于《宪法修正案》就我国经济制度规定所作的修改，下列哪些选项是正确的？（　　）（司考 2011. 1. 60）

A. 中华人民共和国实行依法治国，建设社会主义法治国家

B. 国家实行社会主义市场经济

C. 除第九、十二、十八条外，其他各条都进行过修改

D. 农村中的生产、供销、信用、消费等各种形式的合作经济，是社会主义劳动群众集体所有制经济

11. 宪法修改是指有权机关依照一定的程序变更宪法内容的行为。关于宪法的修改，下列选项正确的是：（　　）（司考 2016. 1. 93）

A. 凡宪法规范与社会生活发生冲突时，必须进行宪法修改

B. 我国宪法的修改可由五分之一以上的全国人大代表提议

C. 宪法修正案由全国人民代表大会公告公布施行

D. 我国 1988 年《宪法修正案》规定，土地的使用权可依照法律法规的规定转让

三、名词解释

1. 宪法修改

2. 宪法的全面修改

3. 宪法的部分修改

4. 宪法的无形修改

5. 宪法修正案（中国人民大学 2012 年考研真题）

四、简答题

1. 宪法修改的限制。（中国人民大学 2004 年考研真题）

2. 简答我国宪法修改的程序。

3. 为什么需要修改宪法？

五、论述题

论述我国的三种修宪方式及特点。

参考答案

一、单项选择题

1. **答案**：B。《宪法》第64条规定：宪法的修改由全国人民代表大会常务委员会或者五分之一以上的全国人民代表大会代表提议，并由全国人民代表大会以全体代表的三分之二以上的多数通过。法律和其他议案由全国人民代表大会以全体代表的过半数通过。
2. **答案**：A。1999年通过的《宪法修正案》第13条规定，宪法第5条增加一款，作为第1款，规定："中华人民共和国实行依法治国，建设社会主义法治国家。"
3. **答案**：A。《宪法》第64条，宪法的修改，由全国人民代表大会常务委员会或者五分之一以上的全国人民代表大会代表提议，并由全国人民代表大会以全体代表的三分之二以上的多数通过。法律和其他议案由全国人民代表大会以全体代表的过半数通过。
4. **答案**：C。本题主要考查宪法修改的方式。
5. **答案**：C。本题主要考查美国宪法修改的内容。需注意的是"权利法案"仅指美国宪法修正案的前十条。
6. **答案**：D。党的十六届三中全会（2003年召开）《关于完善社会主义市场经济体制若干问题的决定》，对建立健全与经济发展水平相适应的社会保障制度作出了部署，在宪法中规定建立健全同经济发展水平相适应的社会保障制度，充分体现了以人为本的思想，反映了经济与社会协调发展的要求。所以，只有选项D符合题意。
7. **答案**：C。选项C表述不正确，《立法法》没有相应规定，而是由主席团公布。
8. **答案**：A。本题考查的是中国宪法修改的方式和程序。就宪法的修改方式而言，包括了全面修改、部分修改和无形修改三种方式。全面修改是指以新法取代旧法，对宪法整体进行变动；部分修改是指在保持原宪法基本内容与结构不变的同时，对宪法有关条款加以变动。无形修改是指在宪法条文未作变动的情况下，由于社会发展、国家权力的运作等，使宪法条文本来的含义发生变化。我国宪法共经过了三次全面修改，七次部分修改；现行宪法经过了五次部分修改。所以，A选项的表述是正确的。《宪法》第64条规定：宪法的修改，由全国人民代表大会常务委员会或者1/5以上的全国人民代表大会代表提议，并由全国人民代表大会以全体代表的2/3以上的多数通过。所以，B选项的表述是错误的。根据《宪法》第62条的规定，修宪主体只能是全国人民代表大会，其他任何主体都不具有修改宪法的权力。全国人民代表大会常务委员会仅具有解释宪法与监督宪法实施的权力。所以，C选项的表述是错误的。我国宪法并未明确规定宪法的修改方式，直至1982年宪法修改均是采用"直接修改"的方式，在1988年后宪法修改开始采用"宪法修正案"的方式，并且"宪法修正案"的方式由于有利于保持宪法的稳定性和权威性而延续下来，并被认为是中国重要的宪法惯例，所以D选项的表述也是错误的。
9. **答案**：B。A项错误，制宪权与修宪权是两种不同性质的权力。修宪权受制宪权的约束，不得违背制宪权的基本精神和原则。B项正确，人民作为制宪主体并不意味着人民直接参与制宪的过程，也可以通过对宪法草案发表意见来参与。C项错误，关于宪法的制定《宪法》本身没有规定，《宪法》第62条只规定了我国宪法的修改由全国人民代表大会以全体代表的2/3以上的多数通过。D项错误，1954年宪法是第一届全国人民代表大会第一次会议以中华人民共和国全国人民代表大会公告形式公布，自通过之日起生效。
10. **答案**：C。全国人大各专门委员会的主任委员、副主任委员和委员的人选，由主席团在代表中提名，大会通过。在大会闭会期间，全国人大常委会可以补充任命专门委员会的个别副主任委员和部分委员，由委员长会议提名，常务委员会会议通过。据此，宪法和法律委员会成员人选由全国人大或其常委会决定，而非由全国人大主席团决定，故A项错误。

    宪法和法律委员会由全国人大设立，而非全国人大常委会设立，故B项错误。

    根据《全国人民代表大会常务委员会关于全国人民代表大会宪法和法律委员会职责问题的决定》，宪法和法律委员会在继续承担统一审议法律草案等工作的基础上，增加推动宪法实施、开展宪法解释、推进合宪性审查、加强宪法监督、配合宪法宣传等工作职责。故C项正确。

    宪法和法律委员会有推进合宪性审查的工作职责，但并非专门的合宪性审查机关，仅享有提出、研究、审议和拟订有关议案的权限，不具有独立决定权。故D项错误。

二、多项选择题

1. 答案：AB。1988年通过的《宪法修正案》第1条规定，宪法第11条增加规定："国家允许私营经济在法律规定的范围内存在和发展。私营经济是社会主义公有制经济的补充。国家保护私营经济的合法权利和利益，对私营经济实行引导、监督和管理。"第2条规定，宪法第10条第4款"任何组织或者个人不得侵占、买卖、出租或者以其他形式非法转让土地。"修改为："任何组织或个人不得侵占、买卖或者以其他形式非法转让土地。土地的使用权可以依照法律的规定转让。"

2. 答案：ABC。本题主要考宪法修改的主要方式。

3. 答案：ABCD。本题主要考宪法修改的主要程序。

4. 答案：ABC。见1999年宪法修正案第12、13、15条。

5. 答案：AC。《宪法》第64条规定："宪法的修改，由全国人民代表大会常务委员会或者五分之一以上的全国人民代表大会代表提议，并由全国人民代表大会以全体代表的三分之二以上的多数通过。法律和其他议案由全国人民代表大会以全体代表的过半数通过。"因此宪法修正案的提出主体只能是全国人大常委会和1/5以上的全国人大代表，所以选AC。

6. 答案：ABD。本题考查1999年宪法修正案的情况。根据1999年《宪法修正案》第12、13、16条规定，将"发展社会主义市场经济""依法治国，建设社会主义法治国家""国家保护个体经济、私营经济的合法的权利和利益""农村集体经济组织实行家庭承包经营为基础、统分结合的双层经营体制"等内容写入了宪法。

7. 答案：AD。本题考查1993年宪法修正案的内容。1993年第八届全国人民代表大会第一次会议对现行宪法进行了第二次修正。

这一修正案突出了建设有中国特色社会主义理论和党的基本路线，根据十多年来我国社会主义现代化建设和改革开放的新经验，着重对经济制度的有关规定作了修改和补充。其主要内容包括：

第一，明确把"我国正处于社会主义初级阶段""建设有中国特色社会主义""坚持改革开放"写进宪法，是党的基本路线在宪法中得到集中、完整的表述。

第二，增加了"中国共产党领导的多党合作和政治协商制度将长期存在和发展"。

第三，把家庭联产承包责任制作为农村集体经济组织的基本形式确定下来。

第四，将社会主义市场经济确定为国家的基本经济体制，并对相关内容作了修改。

第五，把县级人民代表大会的任期由三年改为五年。

8. 答案：CD。2004年通过的《宪法修正案》第21条规定，宪法第十一条第二款"国家保护个体经济、私营经济的合法的权利和利益。国家对个体经济、私营经济实行引导、监督和管理。"修改为："国家保护个体经济、私营经济等非公有制经济的合法的权利和利益。国家鼓励、支持和引导非公有制经济的发展，并对非公有制经济依法实行监督和管理。"由此可知，答案为CD。

9. 答案：AD。《宪法修正案》第2条将《宪法》第10条第4款"任何组织或者个人不得侵占、买卖、出租或者以其他形式非法转让土地"修改为"任何组织或者个人不得侵占、买卖或者以其他形式非法转让土地。土地的使用权可以依照法律的规定转让"。第20条将《宪法》第10条第3款"国家为了公共利益的需要，可以依照法律规定对土地实行征用"修改为"国家为了公共利益的需要，可以依照法律规定对土地实行征收或者征用并给予补偿"。该两条修正案并未确定国家对土地使用权的支配权力，所以B不选。C项不是被修改的内容，也不选，综上，本题答案为AD。关于现行宪法对土地制度的两次修改应予熟记。

10. 答案：BCD。依法治国、建设社会主义法治国家虽然是1999年《宪法修正案》第13条的内容，但不属于经济制度，A选项错误。1993年《宪法修正案》第7条规定，国家实行社会主义市场经济，B选项正确。宪法第6条至第18条中，1988年《宪法修正案》对第10、11条进行了修改，1993年《宪法修正案》对第7、8、15、16、17条进行了修改，1999年《宪法修正案》对第6、8、11条进行了修改，2004年《宪法修正案》对第10、11、13、14条进行了修改，除第9、12、18条外，其他各条都进行过修改，C选项正确。1999年《宪法修正案》第15条规定，农村中的生产、供销、信用、消费等各种形式的合作经济，是社会主义劳动群众集体所有制经济，D选项正确。

11. 答案：BC。宪法修改是解决宪法规范与社会生活之间冲突的一种方式，但不是唯一方式，宪法解释也是解决方式之一。故A项错误。《宪法》第64条第1款规定："宪法的修改，由全国人民代表大会常务委员会或者五分之一以上的全国人民代表大会代表提议，并由全国人民代表大会以全体代表的三分之二以上的多数通过。”故 B 项正确。实践中，我国宪法修正案均由全国人大公告公布施行，故 C 项正确。1988 年《宪法修正案》规定：“土地的使用权可以依照法律的规定转让。”可知，土地使用权只能依照“法律”规定转让，不能依照“法规”转让，故 D 项错误。

三、名词解释

1. 答案：宪法修改是指在宪法实施过程中，随着社会现实的变化、发展，出现宪法的内容与社会现实不相适应的时候，由有权机关根据法定程序删除、增加、变更宪法内容的活动。

2. 答案：宪法的全面修改又称整体修改，是指在国家政权性质及制宪权根源没有发生变化的前提下，宪法修改机关依法对宪法的大部分内容（包括宪法的结构）进行调整、变动，通过或批准整部宪法并重新予以颁布的活动。

3. 答案：宪法的部分修改是指宪法修改机关根据宪法修改程序，以决议或者宪法修正案等方式，对宪法中的部分内容进行调整或变动的活动。

4. 答案：宪法的无形修改是指在宪法条文未作变动（包括修改、解释或者由宪法惯例加以补充）的情况下，由于社会的发展、国家权力的运作等，宪法条文本来的含义发生了变化。

5. 答案：宪法修正案，是指以修改宪法年代的先后重新设立条文，附于宪法典之后，或将其内容融于宪法典之中，而成为宪法典的组成部分。按照“新法优于旧法”或“后法优于前法”的原则，凡与新条文相抵触的旧条文一律无效。

四、简答题

1. 答案：宪法修改是宪法制定者或只是依照宪法的规定享有宪法修改权的国家机关或其他特定的主体对宪法规范中不符合宪法制定者利益的内容加以变更的宪法创制活动。在法理上，由宪法制定者所享有的宪法修改权的效力高于依照宪法规范的规定而获得的宪法修改权。前者是制宪者本身享有的一种原始性的修宪权，不受宪法规范规定的约束；后者是一种依照宪法规范的规定而产生的宪法修改权，是有限的，必须由宪法规定的修宪主体按照宪法规范所规定的程序、步骤作符合制宪者利益的变更。因此，宪法修改的限制通常有：

首先，宪法修改是对不符合宪法制定者利益的宪法规范所作的变更，所以修宪应当符合制宪者的意图。修改宪法规范包括变更宪法规范的形式，也包括变更宪法规范的内容，这种修改活动对宪法作出变更后应仍然能够保留原有的宪法典或者是宪法性法律基本内涵，一般亦不改变原有宪法规范所赖以存在的基本社会制度为界限。在我国，宪法修改活动必须能够准确地反映人民的利益和要求。

如果宪法本身有关于不可修改内容或条款的规定，即关于可修改范围的明确规定，修宪者应当予以遵守。

其次，宪法修改还应当具有修改的现实必要性。宪法作为国家的根本法，必须具有相当的稳定性，因此，只有在社会的发展和变化确实需要宪法规范作出适当的变更时，才对宪法作相应的修改。

再次，宪法修改权的主体是经宪法规范授权的。在我国，现行宪法确定了依照宪法规范的授权可以行使宪法修改权的主体是全国人民代表大会。

最后，宪法修改必须严格遵守宪法规范所规定的程序、步骤和方式。我国现行宪法规定，宪法的修改，由全国人民代表大会常务委员会或者五分之一以上的全国人民代表大会代表提议，并由全国人民代表大会以全体代表的三分之二以上通过。宪法修改的方式通常有通过修正案和重新制定两种方式。

2. 答案：我国宪法修改的程序包括以下几个步骤：

第一，提案。我国现行《宪法》第 64 条规定，全国人大常委会或者 1/5 以上的全国人大代表有权提议修改宪法。在我国修改宪法的实践中，通常是由中国共产党中央委员会首先提出修改宪法的建议案，然后由全国人大常委会或者 1/5 以上的全国人大代表接受，再向全国人大提出正式的宪法修正案草稿。

第二，公告。我国宪法虽然没有规定公告程序，但现行宪法通过以后的历次宪法修改，均公布了宪法修正案草案。

第三，议决。我国宪法规定，宪法的修改由全国人民代表大会以全体代表的 2/3 的多数通过。

第四，公布。我国宪法没有规定宪法修正案的公布机关，在实践中，一般是由全国人大主席团以全国人大公告的方式公布。我国没有规定宪法修正案的生效时间，从实践看，绝大多数情况下自宪法修正案公布之日起生效，有时自宪法修正案公布一段时间后生效。

3. 答案：宪法修改最基本和最主要的原因是为了使宪法的规定适应社会实际的发展和变化。事实上，导致宪法规定不适应社会发展的原因有很多，既有客观实际的发展，也有在制宪当初或修宪时，制宪者或修宪者对社会实际的认识和判断出现错误。同时，宪法规范作为法律规范的一种，其基本功能是协调、规范社会关系。因此，宪法规范只有与社会实际相适应，才能发挥其对社会关系的调整作用。由于社会实际总是处于发展变化之中，因此就必然要求对宪法作相应的修改。

宪法修改的另一重要原因是为了弥补宪法规范在实施过程中出现的漏洞，因为制宪者受主观因素和客观条件的限制，在形成宪法规范的过程中，极有可能因考虑不周，致使宪法规范存在某些缺漏，所以需要通过修改的方式加以补充和完备。

五、论述题

答案：宪法的全面修改，又称整体修改，是指在国家政权性质及制宪权根源没有发生变化的前提下，宪法修改机关依法对宪法的大部分内容（包括宪法的结构）进行调整、变动，通过或批准整部宪法并重新颁布的活动。全面修改有以下基本特征：一是宪法修改活动依据原宪法所规定的宪法修改程序进行，这是宪法全面修改与制定宪法的主要区别；二是宪法修改机关通过或者批准整部宪法并重新予以颁布，这是宪法全面修改与部分修改的主要区别。

宪法的部分修改是指宪法修改机关根据宪法修改程序，以决议或者宪法修正案等方式，对宪法中的部分内容进行调整或变动的活动。部分修改有两个基本特征：一是宪法修改机关的修改活动依据宪法修改程序进行，这是部分修改与制定宪法的主要区别；二是宪法修改机关并不重新通过或者批准整部宪法，而只是以通过决议或者宪法修正案等形式，修改宪法中的部分内容，这是部分修改与全面修改的主要区别。宪法部分修改的原因是，宪法在总体上仍然适应社会实际，只是其中的部分内容落后于社会实际。宪法的部分修改主要有以下三种具体方式：

第一，以决议的方式直接在宪法条文中以新内容代替旧内容，修改之后，重新公布宪法。这种修改宪法方式的优点是，修改的内容非常明确，哪些有效，哪些已经无效，一目了然；缺点是因为需要重新公布宪法，增加了宪法修改的频率。

第二，以决议的方式直接废除宪法条文中的某些规定，修改之后，也需要重新公布宪法。这种修改方式的优点和缺点与上一种修改方式相同。

第三，以宪法修正案的方式增删宪法的内容。宪法修正案是指以修改宪法年代的先后重新设立条文，附于宪法典之后，按照“新法优于旧法”或“后法优于前法”的原则，凡与新条文相抵触的旧条文一律无效。宪法修正案是宪法的组成部分之一。宪法修正案方式的优点在于，其不需要重新通过宪法或者重新公布宪法，因而能够保持宪法典的稳定性和完整性，进而强化宪法在人们心目中的权威性和尊严；其缺点在于，需要将后面的新条文与前面的旧条文相对照之后，才能确定实际有效的宪法规定，这在法律意识很弱的国度，或者没有法律意识的公民在确定宪法实际有效的内容时，可能带来一定的困难。

宪法的无形修改是指在宪法条文未作变动（包括修改、解释或者由宪法惯例加以补充）的情况下，由于社会的发展、国家权力的运作等，使宪法条文本来的含义发生了变化。宪法的无形修改不是宪法修改机关依据宪法规定的程序进行的一种有意识的活动，所以不包含在上述宪法修改的含义之中。但是，它可以使宪法条文的本来含义在事实上发生一定的变化，达到与修改宪法基本相同的效果，因而属于广义的宪法修改。

第二十一章　合宪性审查制度

基础知识图解

- 合宪性审查制度
  - 概述
    - 概念、特征
    - 合宪性审查与宪法监督和司法审查的区别
  - 主要模式
    - 司法机关审查模式
    - 立法机关审查模式
    - 专门机关审查模式
    - 复合审查模式
  - 违宪责任
    - 概念
    - 特征
      - 违法责任的承担主体虽有多重性，但主要是国家立法机关
      - 违宪责任是基于宪法关系而发生的
      - 违宪责任追究程序具有多元化
      - 违宪责任既有法律性质又有政治性质
      - 违宪责任的承担方式也不同于其他法律责任
    - 种类
      - 以主体为标准分：立法机关违宪责任、司法机关违宪责任、国家重要领导人的违宪责任、政党违宪责任
      - 依行为方式分：作为违宪责任、不作为违宪责任
      - 依行为性质分：抽象违宪责任、具体违宪责任
    - 形式：弹劾、罢免、撤销、宣告无效、拒绝适用、取缔政治组织
    - 归结：违宪事实、损害、因果关系、过错

配套测试

一、单项选择题

1. 由司法机关监督宪法的实施起源于(　　)

A. 英国　　B. 美国

C. 日本　　D. 法国

2. 根据法国宪法规定，哪一机关行使合宪性审查权？(　　)

A. 法国总统

B. 法国国民议会

C. 法国宪法委员会

D. 法国最高法院

3. 在宪法法院监督下，如果宪法法院认为某项法律与宪法相抵触，对该项法律可以采取哪些处理方法？(　　)

A. 予以撤销

B. 予以改变

C. 在案件中拒绝适用

D. 宣布无效并责令立法机关修改

4. 根据宪法的规定，全国人大常委会对国务院制定的同宪法、法律相抵触的行政法规、决定和命令具有哪些权力？(　　)

A. 有权予以改变

B. 有权予以撤销

C. 有权责令其改变

D. 有权拒绝适用

5. 现代意义的宪法监督制度起源于下列哪个年代、事件或法律文件？(　　)

A. 美国 1803 年的马伯里诉麦迪逊案

B. 1791 年的法国宪法

C. 1787 年的美国宪法

D. 英国1628年的权利请愿书

6. 我国现行宪法沿袭1954年宪法和1978年宪法的规定，实行下列哪种宪法监督制度？(　　)

A. 最高国家权力机关监督制度

B. 司法机关监督制度

C. 司法审查制度

D. 特设机关监督制度

7. 国家的最高监督权由(　　)行使。

A. 最高人民法院

B. 最高人民检察院

C. 全国人民代表大会

D. 全国人民代表大会常务委员会

二、多项选择题

1. 下列有关我国宪法监督体制的论述正确的是哪些？(　　)

A. 我国有权监督宪法实施的法定机关是全国人民代表大会及其常务委员会

B. 我国宪法监督的方式包括事先审查和事后审查

C. 我国全国人大常委会有权撤销国务院制定的同宪法、法律相抵触的行政法规

D. 全国人大常委会有权改变或撤销国务院制定的同宪法、法律相抵触的行政法规

2. 根据宪法和法律，下列哪些行为构成违宪？(　　)

A. 全国人大授权其常委会制定民法典

B. 全国人大授权国务院制定限制人身自由的强制措施和处罚

C. 中共中央军事委员会制定军事法规

D. 全国人大常委会改变国务院制定的与宪法和法律相抵触的行政法规

3. 根据宪法的规定，省、自治区、直辖市制定的地方性法规应当符合下列哪些要求？(　　)

A. 不得与宪法相抵触

B. 不得与法律相抵触

C. 不得与行政法规相抵触

D. 不得与自治条例和单行条例相抵触

4. 哪些国家设有专门的宪法法院？(　　)

A. 俄罗斯　　B. 德国

C. 法国　　D. 美国

5. 根据宪法的规定，国务院对地方各级国家行政机关的不适当的决定和命令具有以下哪些权力？(　　)

A. 有权予以改变　　B. 有权予以撤销

C. 有权责令其改变　　D. 有权拒绝适用

6. 根据宪法的规定，县级以上地方各级人民代表大会对本级人大常委会的不适当的决定具有哪些权力？(　　)

A. 有权予以改变　　B. 有权予以撤销

C. 有权责令其改变　　D. 有权拒绝适用

7. 在司法机关监督体制下，司法机关对某项法律进行合宪审查的必须具备以下哪些前提？(　　)

A. 该项法律已经实施

B. 发生了与该项法律有关的具体案件

C. 当事人向法院提了诉讼

D. 该项法律是该案件的审理依据

8. 目前世界各国设立的专门的宪法监督机关主要有以下哪几种类型？(　　)

A. 宪法法院

B. 宪法委员会

C. 宪法保障法院

D. 联邦最高法院

9. 根据我国宪法的规定，下列关于宪法监督制度的表述，哪些是正确的？(　　)

A. 全国人民代表大会常务委员会对省人大制定的地方性法规的撤销属于事后监督

B. 我国的宪法监督体制以附带性审查为主

C. 全国人民代表大会常务委员会有权撤销国务院制定的同宪法、法律相抵触的行政法规

D. 全国人民代表大会常务委员会批准自治区的自治条例属于事先监督

10. 根据《宪法》和法律，关于我国宪法监督方式的说法，下列选项正确的是：(　　)（司考2016.1.94）

A. 地方性法规报全国人大常委会和国务院备案，属于事后审查

B. 自治区人大制定的自治条例报全国人大常委会批准后生效，属于事先审查

C. 全国人大常委会应国务院的书面审查要求对某地方性法规进行审查，属于附带性审查

D. 全国人大常委会只有在相关主体提出对某规范性文件进行审查的要求或建议时才启动审查程序

三、名词解释

1. 宪法规范标准

2. 合宪性审查

3. 违宪责任

4. 附带性审查（中国人民公安大学2008年考研真题）

四、简答题

1. 我国的违宪制裁措施。（中国人民大学2008年考研真题）

2. 简述全国人大常委会进行合宪性审查的程序。

3. 试述法国宪法委员会的地位和主要职权。

4. 简述违宪责任的归结。

五、论述题

1. 论宪法监督制度。
2. 甲认为：宪法监督也称合宪性审查制度，是指特定国家机关，对立法活动是否合宪进行的审查。
   乙认为：司法审查亦称合宪性审查，是西方国家通过司法程序来审查和裁决立法和行政是否违宪的一种基本制度。
   问题：请就上述观点进行评述。
3. 简述合宪性审查的主要模式。
4. 论合宪性审查与违宪责任。

参考答案

一、单项选择题

1. 答案：B。美国宪法规定由联邦最高法院监督宪法的实施。

2. 答案：C。本题考法国宪法关于合宪性审查权行使的机关。

3. 答案：A。宪法法院对与宪法相抵触的法律采取的是予以撤销的监督方式。

4. 答案：B。《宪法》第67条，全国人民代表大会常务委员会行使下列职权：(七) 撤销国务院制定的同宪法、法律相抵触的行政法规、决定和命令。

5. 答案：A。宪法监督制度在社会主义国家一般称为"宪法监督制度"，资本主义国家通常称作"合宪性审查制度"或"合宪性立法审查制度"。现代意义的宪法监督制度起源于美国1803年的马伯里诉麦迪逊案，美国联邦最高法院通过这一案件开创了由其审查联邦国会制定的法律是否符合联邦宪法的先例。

6. 答案：A。参见《宪法》序言最后一段。《宪法》第62条规定，全国人民代表大会行使下列职权：……(二) 监督宪法的实施。

7. 答案：C。此题考查我国国家最高监督权的行使机关问题。在我国，全国人民代表大会是最高国家权力机关，行使国家最高监督权，其内容包括两个方面：(1) 监督各项法律、行政法规、地方性法规以及各种规章是否符合宪法的原则和条文的规定；(2) 监督一切国家机关、武装力量、各政党和社会团体、各企事业组织的行为是否违反宪法。因此选C。

二、多项选择题

1. 答案：ABC。《宪法》第62条，全国人民代表大会行使下列职权：……(二) 监督宪法的实施。第67条，全国人民代表大会常务委员会行使下列职权：(一) 解释宪法，监督宪法的实施；……(七) 撤销国务院制定的同宪法、法律相抵触的行政法规、决定和命令。

2. 答案：ABCD。《立法法》第8条，下列事项只能制定法律：……(五) 对公民政治权利的剥夺、限制人身自由的强制措施和处罚；……(八) 民事基本制度。第9条：本法第8条规定的事项尚未制定法律的，全国人民代表大会及其常务委员会有权作出决定，授权国务院可以根据实际需要，对其中的部分事项先制定行政法规，但是有关犯罪和刑罚、对公民政治权利的剥夺和限制人身自由的强制措施和处罚、司法制度等事项除外。《宪法》第67条，全国人民代表大会常务委员会行使下列职权：……(七) 撤销国务院制定的同宪法、法律相抵触的行政法规、决定和命令。

3. 答案：ABC。《立法法》第87条，宪法具有最高的法律效力，一切法律、行政法规、地方性法规、自治条例和单行条例、规章都不得同宪法相抵触。第88条，法律的效力高于行政法规、地方性法规、规章。行政法规的效力高于地方性法规、规章。

4. 答案：AB。俄罗斯和德国都设立了专门的宪法法院。

5. 答案：AB。《宪法》第89条，国务院行使下列职权：……(十四) 改变或者撤销地方各级国家行政机关的不适当的决定和命令。

6. 答案：AB。《宪法》第99条第2款，县级以上的地方各级人民代表大会审查和批准本行政区域内的国民经济和社会发展计划、预算以及它们的执行情况的报告；有权改变或者撤销本级人民代表大会常务委员会不适当的决定。

7. 答案：ABCD。本题主要考查司法机关监督体制下，司法机关对某项法律进行合宪性审查的前提条件。

8. 答案：ABC。本题主要考查世界各国宪法监督机关的设立。

9. 答案：ACD。《宪法》第67条规定："全国人民代表大会常务委员会行使下列职权：……(七) 撤销国务院制定的同宪法、法律相抵触的行政法规、决定和命令；(八) 撤销省、自治区、直辖市国家权力机关制定的同宪法、法律和行政法规相抵触的地方性法规和决议；……"第116条规定，"自治区的自治条例和单行条例，报全国人民代表大会常务委员会批准后生效"。事先监督和事后监督是以审查监督的时间为标准进行区分的，宪法监督机关在法律等规范性文件颁布以前进行审查的为事先监督，反之为事后监督。自治条例只有经批准后才能颁布生效，对它的监督是事先监督，而对撤销省人大制定的地方性法规则是在其生效之后进行的，为事后监督，并且我国对这些规范性文件的监督以抽象审查为主。由此可知，答案为ACD。

监督宪法实施的主要方式：事先审查、事后审查、附带性审查、宪法控诉。附带性审查是根据在监督法律、法规的合宪性过程中有无诉讼或纠纷而进行的一种分类或划分，又称为具体性审查或个案审查，区别于抽象审查。具体性审查是指司法机关或宪法法院等宪法监督机关在审理具体的诉讼过程中，因提出对所适用的法律、法规是否违宪的问题，而对该法律、法规进行审查的行为。宪法控诉是指公民个人有权就宪法所保障的基本权利受到侵害而向宪法法院提出控诉，要求宪法法院审查该项法律、法律性文件和行为是否合宪的一种制度。我国采用的是立法机关行使宪法监督职权，而且是以事后审查及主动审查为主，没有采用附带性审查和宪法控诉。

10. 答案：AB。事先审查又称预防性审查，指的是当法律、法规和法律性文件尚未正式颁布实施之前，由特定机关对其是否合宪所进行的审查。事后审查是指在法律、法规和法律性文件颁布实施以后，由特定机关对其是否合宪所进行的审查。我国采取事先审查和事后审查相结合的方式。事先审查主要体现为法规等规范性文件经批准后生效，事后审查主要体现为规范性文件的备案。故A、B正确。全国人大常委会可以应相关主体提出对某规范性文件进行审查的要求或建议时启动审查程序，也可以对报送备案的规范性文件进行主动审查，故D项错误。附带性审查是指司法机关在审理案件过程中，因提出对所适用的法律、法规和法律性文件是否违宪的问题，而对该法律、法规和规范性文件所进行的合宪性审查。附带性审查往往以争讼事件为前提，审查主体是司法机关。故C项错误。

三、名词解释

1. 答案：宪法规范标准是指对宪法实施进行评价所依据的宪法规范原则、内容及现实化程度等客观事实。

2. 答案：合宪性审查是指享有合宪性审查权的国家机关通过法定程序，以特定方式审查和裁决某项立法或某种行为是否合宪的制度。它是宪法监督的重要手段。

3. 答案：违宪责任是一种特殊的法律责任，它是指国家机关及其工作人员、各政党、社会团体、企事业单位和公民的言论或行为违背宪法的原则、精神和具体内容因而必须承担的法律责任。其特殊性表现在，它是一种政治上、领导上的责任。

4. 答案：附带性审查，是指司法机关在审理案件过程中，因涉及拟适用的法律、法规和法律文件是否违宪的问题，而对该法律、法规和法律性文件所进行的合宪性审查。由此可见，特定的诉案是附带性审查的前提，与诉讼有关的法律、法规和法律性文件是附带审查的对象。

四、简答题

1. 答案：按照现行宪法的规定，我国宪法的违宪制裁措施主要包括：(1) 撤销与宪法相冲突的法律和地方性法规，撤销有关机关的违宪决定。具体有以下几种情况：第一，全国人民代表大会有权改变或撤销全国人民代表大会常务委员会的违宪决定；第二，全国人大常委会有权撤销国务院制定的同宪法相抵触的行政法规和决议；第三，全国人大常委会有权撤销省、自治区、直辖市权力机关以及全国人大及其常委会授权的机关制定的同宪法相抵触的地方性法规；第四，地方各级人民代表大会撤销同级人大常委会的不适当决定，撤销本级人民政府不适当的决定和命令，以及地方各级人大常委会撤销下级人民代表大会及其常委会、本级人民政府的不适当决议和命令，也属于违宪制裁措施。(2) 不批准宪法案。具体包括：第一，全国人大常委会因自治区人民代表大会制定的自治条例和单行条例违宪而不予批准；省或自治区人民代表大会常委会因自治州、自治县制定的自治条例和单行条例违宪而不予批准。第二，省、自治区的人民代表大会常委会因省、自治区人民政府所在地的市和经国务院批准的较大的市的人民代表大会制定的地方性法规违宪而不予批准。(3) 罢免违宪责任者的职务。宪法规定了国家领导人违宪应当被罢免。

2. 答案：我国宪法确立的合宪性审查制度实际上是最高代表机关审查制。全国人大监督宪法的实施；同时全国人大常委会也有权监督宪法实施；全国人大之下各专门委员会协助全国人大及全国人大常委会行使监督宪法实施的权力。在我国，合宪性审查的主要任务是由全国人大常委会承担。立法法规定了全国人大常委会进行合宪性审查的程序：

(1) 规范性文件向全国人大常委会备案的期限和程序。《立法法》第 98 条规定，行政法规、地方性法规、自治条例和单行条例、规章应当在公布后的三十日内依照下列规定报有关机关备案：(一) 行政法规报全国人民代表大会常务委员会备案；(二) 省、自治区、直辖市的人民代表大会及其常务委员会制定的地方性法规，报全国人民代表大会常务委员会和国务院备案；设区的市、自治州的人民代表大会及其常务委员会制定的地方性法规，由省、自治区的人民代表大会常务委员会报全国人民代表大会常务委员会和国务院备案；(三) 自治州、自治县的人民代表大会制定的自治条例和单行条例，由省、自治区、直辖市的人民代表大会常务委员会报全国人民代表大会常务委员会和国务院备案；自治条例、单行条例报送备案时，应当说明对法律、行政法规、地方性法规作出变通的情况；（四）部门规章和地方政府规章报国务院备案；地方政府规章应当同时报本级人民代表大会常务委员会备案；设区的市、自治州的人民政府制定的规章应当同时报省、自治区的人民代表大会常务委员会和人民政府备案；（五）根据授权制定的法规应当报授权决定规定的机关备案；经济特区法规报送备案时，应当说明对法律、行政法规、地方性法规作出变通的情况。

（2）全国人大常委会审查规范性文件是否违宪的启动程序。《立法法》第99条根据主体的不同对全国人大常委会审查规范性文件是否违宪的启动程序作了两个方面的规定：A. 国务院、中央军事委员会、最高人民法院、最高人民检察院和各省、自治区、直辖市的人大常委会如果认为行政法规、地方性法规、自治条例和单行条例同宪法或者法律相抵触的，可以向全国人大常委会书面提出进行审查的要求，由全国人大常委会工作机构分送有关的专门委员会进行审查、提出意见；B. 上述国家机关的其他国家机关和社会团体、企业事业组织以及公民如果认为行政法规、地方性法规、自治条例和单行条例同宪法或者法律相抵触的，可以向全国人大常委会书面提出进行审查的建议，由全国人大常委会工作机构进行研究，必要时，送有关的专门委员会进行审查、提出意见。

上述两者的区别在于：中央国家机关（除国家主席外）和省级人大常委会提出要求，即启动全国人大常委会对行政法规、地方性法规、自治条例和单行条例是否符合宪法或者法律的审查程序；而此外的其他主体提出建议，不一定能够启动全国人大常委会对行政法规、地方性法规、自治条例和单行条例是否同宪法或者法律相抵触的审查程序，要由全国人大常委会的工作机构研究，视其“必要性”。

（3）全国人民代表大会专门委员会、常务委员会工作机构在审查、研究中认为行政法规、地方性法规、自治条例和单行条例同宪法或者法律相抵触的，可以向制定机关提出书面审查意见、研究意见；也可以由法律委员会与有关的专门委员会、常务委员会工作机构召开联合审查会议，要求制定机关到会说明情况，再向制定机关提出书面审查意见。制定机关应当在两个月内研究提出是否修改的意见，并向全国人民代表大会法律委员会和有关的专门委员会或者常务委员会工作机构反馈。

（4）全国人民代表大会法律委员会和有关的专门委员会审查认为行政法规、地方性法规、自治条例和单行条例同宪法或者法律相抵触而制定机关不予修改的，可以向委员长会议提出书面审查意见和予以撤销的议案，由委员长会议决定是否提请常务委员会会议审议决定。

3. 答案：根据法国宪法第七章第56～63条规定，成立的宪法委员会，是一个监督宪法实施的机关，它既具有宪法法院性的司法机构的性质，又是一个充当总统法律顾问和咨询性的政治机关。宪法委员会行使如下职权：

第一，保证和监督宪法的实施。这种保证和监督采用了预防性的审查，即事先审查其是否符合宪法。其审查的范围包括：各项组织法在颁布前，议会两院规章在执行以前必须事先提交宪法委员会审查；其他法律在颁布以前，如发生争议或有疑义时，可由共和国总统、总理、议会两院中任何一院的议长，或由60名国民议会议员，或由60名参议院议员提交宪法委员会进行审查；对国际协议和普通法律的权限进行审查。

第二，监督选举。包括总统、议员的选举和公民投票表决的进行和宣布选举结果。对有争议的选举是否有效作出裁决；对议员的兼职实行监督。

第三，宣布权和咨询权。宪法委员会可对某些重大政治问题发表意见，并发表公告和提供咨询。按照宪法规定，宪法委员会对总统能否行使职务进行确认；总统行使非常措施时，先应咨询宪法委员会的意见，当然宪法委员会的意见对总统无约束力，咨询的目的只是为了减少错误。

4. 答案：违宪责任的归结是指对违宪责任的有无以及由谁来承担的认定。认定违宪责任主要依据以下因素：（1）违宪事实，即违反宪法规定的客观情况。违宪事实的存在是确定违宪责任的首要条件。（2）损害，即受到的损失和不利影响。（3）因果关系，它是指违宪事实与损害之间存在因果关系，即损害的存在或可能发生的损害是违宪事实所造成或将要造成的。（4）过错，即责任主体对造成的损害是出于故意或过失。

五、论述题

1. 答案：九届全国人大二次会议通过的宪法修正案明确规定：“中华人民共和国实行依法治国，建设社会主义法治国家。”宪法的这一规定表明，法治已经成为我们治理国家的基本方略。依法治国实质上即依宪治国，因此宪法监督在社会主义法治国家建设中具有极为重要的作用。

（一）法治与宪法监督

（1）依宪治国是法治的灵魂。法治作为一种治国原则与模式，是同人治相对立的。二者的根本区别在于：“当法律与个人的意志发生矛盾冲突的时候，凡是法律权威高于个人意志的治国方式都是法治，凡是法律权威屈服于个人意志的治国方式都是人治。”尽管法治“是一个无比重要，但未被定义，也不是随便就能定义的概念”，但由宪法的地位和作用，我们完全可以看出，依宪治国是法治的灵魂。

①法治的根本是法律支配和控制权力，但离开了宪法和宪法的至上权威，权力绝不会服从法律。宪法的内容及其地位和作用，决定了宪法和宪法的至上权威是保证权力服从法律，从而实现法治的关键。②民主和人权是法治最核心的价值追求，但离开了宪法和宪法的至上权威，法治就丧失了生命和活力。法治并非法律、法规的简单累积，而是有着特定价值追求的社会组织模式。正是这种价值追求，才使法治充满生机和活力，而在法律体系中，真正对民主和人权进行系统明确规定的则是宪法。③法治有赖于不同层次的法律规范，但离开了宪法和宪法的至上权威，法治就没有了存在的前提。宪法是国家法律体系的基础，是一切法律、法规制定和实施的依据，任何法律、法规都不得与之相抵触。所以，“我们说的‘法治’应该是‘宪法之治’，而不应仅仅是一般的法律之治”。

（2）宪法监督是依宪治国的关键。“任何法律，即使是最好的法律，如果不能贯彻执行，不过是一张废纸。”有法不依，其后果是使法律形同虚设，甚至还不如无法可依。因为这不仅大大贬低了法律的尊严，使人们本已淡薄的法治观念更加匮乏，而且容易助长“人治”倾向。所以，保障法律特别是宪法的实施，是建设社会主义法治国家极其重要的课题，而宪法监督则是其关键环节。

宪法监督，是指国家和社会采取各种措施，以保证宪法得以全面、正确实施的制度。其目的在于保障宪法的实施，使宪法发挥最大限度的政治法律和社会效能。在社会主义法治国家建设中之所以要加强宪法监督，除了宪法的根本法地位以外，主要还有：

①加强宪法监督，从而保障国家各项工作都依宪进行，这是由宪法自身的性质与特点决定的。第一，宪法是国家的根本法，其内容具有根本性和全局性的特点，这使得宪法规范一般都比较原则、概括，需要制定其他法律把宪法的原则性规定具体化。而这些“依据”宪法所制定的法律是否真正合宪，就需要有一个权威机构来审查和裁决，以保证法制的统一。第二，宪法具有最高的法律效力，是“全国各族人民、一切国家机关和武装力量、各政党和各社会团体、企业事业组织根本的活动准则”。这就要求对上述主体行为的合宪性进行监督，并对其违宪行为进行制裁，以保障宪法的最高权威。第三，宪法是公民权利的保障书。当公民的宪法权利受到国家机关的非法侵害时，在依照其他程序仍不能得到保护的情况下，可提起宪法诉讼，以使公民的权利和自由能得到全面有效的保障。

②加强宪法监督，也是世界各国实践经验和教训的必然选择。美国通过“马伯里诉麦迪逊”案而建立起来的司法审查制度，对保障美国宪法的实施，实现权力制约，有举足轻重的作用。德国以宪法法院为核心的宪法控诉制度，成为公民权利的保护神。法国的宪法委员会，对维护国家统一稳定，保障国家机器的正常运作也有十分重要的意义。我国1957年至十一届三中全会的实践，则从反面证明，没有一套完整统一、具有权威性又便于操作的宪法监督制度，必然导致社会动荡和法制混乱。

如果说依宪治国是法治的灵魂，那么宪法监督则是依宪治国的关键。所以，加强宪法监督，对依法治国、建设社会主义法治国家有着巨大的推动作用，甚至可以说是能否真正建立起法治国家的关键。

（二）我国宪法监督制度的建立

纵观我国宪法发展的历史，中国的宪法监督和解释制度的发展主要经历了以下几个阶段。

第一个阶段以1954年宪法规定为代表。根据1954年宪法，全国人大有权“监督宪法的实施”；全国人大常委会有权“解释法律”以及“撤销国务院的同宪法、法律和法令相抵触的决议和命令”。虽然1954年宪法没有明确规定全国人大常委会有权监督宪法的实施，但却规定全国人大常委会拥有法律解释权，此处“解释法律”权应理解为立法解释。实践中，当时的立法解释制度在一定程度上起到了宪法解释的作用，全国人大常委会通过行使立法解释权对宪法中的存疑问题作出了解释和回答。因此，从宪法规定精神和内容看，全国人大及其常委会均行使宪法实施的监督权。因此，可以说1954年宪法确立了以立法解释为表现形式的宪法监督制度。但是该部宪法并没有明确规定宪法解释制度，未形成一个很完善的宪法监督体系。

第二个阶段以1978年宪法规定为代表。1978

年宪法规定，全国人大有权“监督宪法和法律实施”；全国人大常委会有权“解释宪法和法律，制定法令”以及“改变或撤销省、自治区、直辖市国家权力机关的不适当的决议”。由此可以看出，在宪法解释问题上，1978 年宪法明确建立了宪法解释制度，比 1954 年宪法有所进步。但 1978 年宪法只是规定全国人大常委会有权“改变或撤销省、自治区、直辖市国家权力机关的不适当的决议”，而没有像 1954 年宪法那样明确提及“同宪法……相抵触”，且针对的是“省、自治区、直辖市国家权力机关的决议”而非 1954 年宪法规定的“国务院的违宪法令和命令”。因此，可以说 1978 年宪法建立了以宪法解释为表现形式的宪法监督制度，但没有将宪法解释和宪法监督这两个职能分开，实际上也无法行使这一权力。

第三个阶段以 1982 年宪法规定为代表。1982 年宪法明确规定，全国人大有权“监督宪法的实施”，“改变或者撤销全国人大常委会不适当的决定”。全国人大常委会有权“解释宪法，监督宪法的实施”；有权“解释法律”；“撤销国务院制定的同宪法、法律相抵触的行政法规、决定和命令”；“撤销省、自治区、直辖市国家权力机关制定的同宪法、法律和行政法规相抵触的地方性法规和决议”。从上述规定可以看出，1982 年宪法通过宪法解释权制度与违宪法规等的撤销制度相结合的方式，已经形成比较完整意义上的合宪性审查制度。但是 1982 年宪法仍然没有明确规定全国人大及其常委会制定的违反宪法的法律的撤销与审查问题。因此，中国现行宪法监督制度仍然还不健全。宪法监督制度首先应当包括违宪立法审查权和撤销权。对全国人大及其常委会的立法违宪问题，在现行宪法监督制度下是难以解决的。全国人大及其常委会两个机构监督宪法的实施，但这两个机构没有办法监督其本身。在宪法之下的人大制定的基本法律和人大常委会制定的法律这两个层次，都没有被监督。所以，严格来讲，宪法监督制度在我国实际上并未真正建立起来。

（三）几种宪法监督制度模式

综观世界各国，关于宪法监督制度的确立主要有以下几种模式：

其一是由立法机关行使宪法监督权的模式。此种宪法监督制度以英国为代表。英国实行“议会至上”的宪法体制，内阁和法院由议会产生并对其负责，议会可以制定、修改和废止任何法律，包括各种宪法性文件；任何一部法律如果违宪，议会有权修正或废止。这种监督模式的最大的优点在于它的权威性和有效性，从而保证了立法机关制定的法律得以更有效的贯彻和执行。不过这种模式的缺点是显而易见的，其实质是立法机关自己审查自己，失去了合宪性审查的真正意义，达不到合宪性审查的效果。

其二是由司法机关即法院行使宪法监督权的模式。首创这种体制的是美国，其直接渊源是著名的“马伯里诉麦迪逊案”这一判例，由最高法院通过对法律的合宪性审查来监督宪法的实施。法院行使宪法监督权模式的优点在于法院通过合宪性审查权的行使，有效地制约了立法机关和行政机关，保证了权力的分立与制衡；法律和其他规范性文件的合宪性争议往往在处理具体案件中表现出来，使宪法得到了经常性的贯彻与监督，强化了宪法至上的观念。但司法活动本身也难保证是绝对客观中立的过程，法官选择与操作的过程中，其主观任意性决定法官要准确表达立宪者的意图是不可能的，因而该种模式也并不十分完善。

其三是由专门的宪法监督机关行使宪法监督权的模式。法国是实行这种体制的典型。法国现行宪法规定成立专门的宪法委员会，其主要职责是“监督共和国选举”，“各组织法在公布前，议会两院的规章在施行前，都必须提交宪法委员会，宪法委员会应就其是否符合宪法作出裁决”。这一制度兼具了议会审查和普通法院审查的优点，保障了合宪性审查权的统一，既避免了立法机关自己审查自己的尴尬，又可防止司法机关的主观任意性。但其缺点在于宪法委员会是政治机关，政治倾向性强，很难保证客观公正的监督。

其四是由宪法法院行使宪法监督权的模式。这种模式起源于奥地利。宪法法院职权通常包括：解释宪法；裁决国家机关之间的权限争议；审查各种法律、法规、法令的合宪性；审理或监督审理高级官员包括总统的弹劾案；审查公民个人提起的宪法诉讼等。这一制度兼具了议会审查和普通法院审查的优点，保障了合宪性审查权的统一。其缺点仍然在于主观性较强，易受政党的政策影响。

（四）我国宪法监督制度的完善

世界各国宪法监督制度对树立宪法的权威和维护国家法制的统一，对保障民主、法治与人权，维护国家政治与社会的稳定，都起了重要的作用，其具体经验值得我们借鉴。但是，在我国建立完善宪法监督制度，必须从我国的具体国情出发。人民代表大会制度是我国的根本政治制度，因此必须坚持立足于我国的政治体制来建立合宪性审查制度。具体而言，主要应从以下几个方面着手。

（1）应该在宪法中明确规定合宪性审查制度。

所谓“违宪”，是指一国的法律、行政法规、地方性法规、决议、决定、命令等规范性文件以及国家机关工作人员行使宪法、法律规定的职权职责行为与宪法的原则、内容及精神直接相违背。所谓“合宪性审查监督制度”，是指通过对一国的立法和行政行为是否符合宪法进行审查，对违宪行为予以纠正和制裁，以保证宪法的实施，维护宪法的尊严。合宪性审查的目的是通过建立一套行之有效的合宪性审查、纠正机制，保障宪法的真正贯彻与实施；通过对违宪行为的审查处理来保障公民权利和自由的实现，保证国家权力的运行符合宪法和人民的利益，维护宪法所确立的国家政治、经济和社会生活等方面的基本制度和基本原则。如前所述，目前我国宪法审查范围过窄，只规定了对立法的合宪性审查而没有规定对其他违宪行为的审查，也没有规定全国人大是否可以对自己的立法进行合宪性审查。完善我国的宪法监督制度，必须把合宪性审查置于首要的地位。依法治国，首先是依宪治国。如果缺乏有效的合宪性审查制度，违宪行为不能及时予以纠正，不仅会破坏法制的统一与尊严，不利于实现依法治国的目标，而且也会危及我国改革与开放所取得的成果和社会的稳定。

（2）设立专门的宪法监督机构，即宪法监督委员会。它受全国人民代表大会领导，向全国人民代表大会负责，独立于全国人大常委会。宪法监督委员会的职责包括：解释宪法；对宪法的修改提出意见和建议；对现行法律、行政法规、地方性法规、自治条例和单行条例是否同宪法相抵触，提出审查监督意见；对报送全国人民代表大会常务委员会批准或备案的地方性法规是否同宪法和法律相抵触，提出审查监督意见；对各级国家机关的重大政策和决策是否违宪，提出审查监督意见。合宪性审查监督可采取事先监督和事后审查相结合的方法。监督适用于全国人大和全国人大常委会制定的法律，也适用于其他一切国家机关通过的一切规范性文件。宪法监督委员会根据有关组织和人员的提议和申请受理宪法争议案件。也可以自行提起合宪性审查监督程序。有权提出争议案的组织和人员，与提出全国人大提案的主体的资格应一致，其程序也应相同。

2. 答案：题中观点分别涉及合宪性审查、宪法监督和司法审查三个概念，下面分别予以评析。

（1）甲的观点主要提到合宪性审查与宪法监督的关系，将宪法监督等同于合宪性审查是不科学的。合宪性审查是指拥有合宪性审查权的国家机关通过法定程序，以特定方式审查和裁决某项立法或某种行为是否合宪的制度。宪法监督是指立宪国家为促进宪法的贯彻落实而建立的制度和开展的活动的总称。合宪性审查只是宪法监督的一种。

具体说来，二者间的区别有：①从对象上看，宪法监督对象宽、合宪性审查对象窄，后者是前者的一部分；②从主体上看，宪法监督主体包括任何政党、组织和全体公民，合宪性审查主体则只是指享有合宪性审查权的国家机关；③在形式上，宪法监督既包括合宪性审查这种具有法律意义的监督，也包括舆论批评等不具法律意义的监督，而合宪性审查对立法或行政行为等所作的是否违宪的结论则都具有法律意义。

（2）乙的观点显然混淆了合宪性审查和司法审查的概念。合宪性审查有多种模式，司法审查只是其中的一种。同时在实行司法审查的国家中，司法审查既包括对合宪性的审查，也包括对违法的审查，如美国。这表明合宪性审查与司法审查的范围有时也不尽相同。

3. 答案：合宪性审查，是指由特定国家机关对某项立法或某种行为是否合宪所进行的审查和处理。纵览现代世界各国的合宪性审查体制，大体可以分为以下几种模式：（1）立法机关审查制，即由国家最高立法机关负责合宪性审查。该模式源于英国的议会监督制度，其审查方式通过立法程序进行，也就是当国家最高立法机关发现有违宪的法律、法规或规章时，可以对其进行修改或废除。英国是世界上最早产生资产阶级宪法的国家。在英国，议会决定内阁政府的组成，内阁只是议会的办事机构。议会行使立法权，可以制定、修改或废止任何法律。英国法院的组成和职能直接由议会决定，法院对议会负责，因此法院不能审查议会立法的合宪性，若有违宪，只能通过议会自己来修正或废止。（2）司法机关审查制，即由普通法院通过司法程序来审查和裁决立法、行政是否违宪。它首创于美国，其产生并非来源于美国宪法的明文规定，而是1803年联邦最高法院首席大法官马歇尔通过对“马伯里诉麦迪逊”一案的判决而确立的。美国的合宪性审查制度对各国的宪法发展都产生了巨大的影响，不少国家纷纷效仿。当然，由于各国国情不同，完全照搬美国的也不多。（3）专门机关审查制，即由专门设立的机关——宪法法院或宪法委员会行使合宪性审查权。这种审查模式产生于引进美国合宪性审查制度失败后的欧洲大陆，其基本理念是：随着政治实践的发展，需要打破国家权力的传统分类，去寻找一种凌驾于行政权、立法权和司法权之上的一种新的制衡力量即第四种权力，去负责监督前三种权力，以确保它们在宪法的范围内运行。宪法法院作为独立于国家传统权力之外行使宪法监督权的机关，最早于1920年在奥地利诞生，创始人是实证主义法学家凯尔森。

4. 答案：首先，合宪性审查制度，是指具有合宪性审查权的机构对违反宪法的行为（包括制定违宪的法律、规范性法律文件行为和其他违宪行为）进行合宪性审查，以裁定其是否合宪性的法律制度。

世界各国合宪性审查制度的设置，大体上可以分为四大类：

一是由立法机构负责合宪性审查。通常认为英国和苏联是采用这种方式的代表。英国实行“议会至上”的宪法体制，内阁和法院由议会产生并对其负责，议会可以制定、修改和废止任何法律，包括各种宪法性文件；任何一部法律如果违宪，也只能通过议会才能修正或废止。由于英国采用这种体制有其历史的特殊性，而这种体制有一重要缺点，即“自己监督自己”，因此西方国家效仿它的极少。

二是由司法机关负责合宪性审查。首创这种体制的是美国。它建立在分权制衡制的政治哲学基础上，它的直接渊源是著名的马伯里诉麦迪逊案这一判例。现在全世界效仿美国模式的有60多个国家。

三是由专门的政治机关负责合宪性审查。法国是实行这种体制的典型。法国现行宪法规定：“宪法委员会的成员为九人，任期九年，不得连任。宪法委员会成员每三年更新三分之一，其中三名由共和国总统任命，三名由国民议会议长任命，三名由参议会议长任命。除上述规定的九名成员外，各前任共和国总统是宪法委员会当然的终身成员。”其主要职责是“宪法委员会监督共和国选举”，“各组织法在公布前，议会两院的规章在施行前，都必须提交宪法委员会，宪法委员会应就其是否符合宪法作出裁决”。为了同样的目的，各个法律在公布前，可以由共和国总统、总理、国民议会议长、参议院议长、六十名国民议会议员或六十名参议院议员提交宪法委员会。此外，该委员会还有权裁决议会两院议员选举中的法律争议以及监督全民公决等。该委员会活动是秘密的，开会只公布结果，不公布理由和讨论内容。法国宪法委员会具有很强的政治性和很高的权威性，各国完全效仿的不多，但很重视它的某些长处和经验。

四是由宪法法院负责合宪性审查。这种模式由奥地利于1920年首创，后来很多国家相继效仿。奥地利的宪法法院由12名正式成员和6名替补成员组成。院长、副院长及6名正式成员和3名替补成员，由联邦政府提名；国民议院和联邦议院各提出3名正式成员，1名替补成员。以上名单均由总统任命。所有宪法法院的成员和替补成员均需有法学或政治学学历，并且担任法学或政治学专业职务不少于10年。奥地利宪法还规定：“任何政党的雇员或其他工作人员均不得被任命为宪法法院成员。”宪法法院职权通常包括：解释宪法；裁决国家机关之间的权限争议；审查各种法律、法规、法令的合宪性；审理或监督审理高级官员包括总统的弹劾案；审查公民个人提起的宪法诉讼；等等。

为了监督和保证宪法的实施，必须建立相应的合宪性审查制度，这已成为我国理论和实践的共识。在我国，尽管自1954年宪法起就有监督宪法实施的规定，但是作为宪法监督具体体现的合宪性审查机构至今未能建立起来，在现行宪法里找不到专司合宪性审查的机构，而且关于合宪性审查主体的规定模糊不清。

现行宪法规定，全国人民代表大会修改宪法，监督宪法实施，有权改变或者撤销全国人大常委会不适当的决定；全国人大常委会解释宪法，监督宪法实施，有权改变或者撤销国务院及省、自治区、直辖市国家权力机关制定的违宪及违法的行政法规、地方性法规及其他规范性文件。从宪法的这些规定来看，我国合宪性审查的主体应是全国人民代表大会及其他的常委会。但是，宪法又规定，国务院改变或者撤销各部、各委员会发布的不适当的命令、指示和规章，改变或者撤销地方各级国家行政机关的不适当的决定和命令；地方各级人民代表大会在本行政区域内保证宪法的遵守和执行，有权改变或者撤销本级人民代表大会委员会不适当的决定，县级以上的地方各级人民代表大会常务委员会有权撤销本级人民政府的不适当的决定和命令，撤销下一级人民代表大会的不适当的决议；县级以上地方各级人民政府有权改变或者撤销所属各工作部门和下级人民政府的不适当的决定。这些表面上非常健全的规定实际上矛盾百出：这些规定给人的印象首先是，似乎我国的合宪性审查权并不专属最高权力机关，国务院、地方权力机关及地方各级人民政府都享有一定的合宪性审查权，因为上面所谓的“不适当”的各种规范性文件当然而且首先指的是合宪性的规范性文件，但是，无论是国务院还是地方权力机关、地方行政机关都没有宪法解释权，我国的宪法解释权是归属全国人大常委会，而宪法解释权是合宪性审查权的前提，没有宪法解释权就无法审查规范性文件是否与宪法相抵触，因而，这些规定不仅使我国的合宪性审查权的归属变得模糊，而且在实践中无法操作，从而形成了合宪性审查“谁都可以管理，但实际上谁都不管”的局面。

不仅如此，就是当然享有宪法监督权的最高权力机关至今亦未实际建立起合宪性审查的机构，由最高权力机关监督宪法实施并不意味着合宪性审查权只能或者直接由其行使，合宪性审查的专业性、技术性、经常性及司法性与最高权力机关的职能及活动方式相去甚远，由最高权力机关直接行使合宪性审查权既不可能亦不现实，然而，我国的合宪性审查职能应由一个什么样的机构去履行至今仍在学者的讨论之中，而且要求突破现行宪法监督模式的呼声日渐高涨，有的主张设立独立的宪法法院，有的主张将合宪性审查权交与最高人民法院，还有的主张设立宪法委员会与最高人民法院合宪性审查庭并行的复合审查制，因此我国合宪性审查机构的设置至今未有定论。

此外，违宪责任是法律责任的一种，是违宪主体因违宪行为依照宪法必须承担的后果。宪法制裁是指有关国家机关对违宪主体依据其违宪责任所采取的制裁性措施。这里的违宪主体主要是指立法机关、行政机关及其各自的组成人员。因此，违宪责任可以分为违宪机关的责任和违宪人员的责任。各国对违宪机关的制裁，明确责任的一般做法是撤销违宪行为或宣告其无效，具有否决性。这显然主要是因为机关是非人格的实体。对违宪人员的制裁主要是弹劾、罢免、投不信任票等，一般是使之去职，严重的还要追究刑事责任，具有惩戒性。必须注意，不能将违宪责任与政治责任混为一谈，前者系因违宪而引起，后者则由政治原因而诱发。举例言之，议会制国家议会投内阁的不信任票，可以是因为不同意内阁的政策，这时内阁所承担的责任就是政治责任。宪法是一个国家的最高法律，如果发生违宪行为，违宪主体理应承当违宪责任。

第二十二章　宪法秩序

基础知识图解

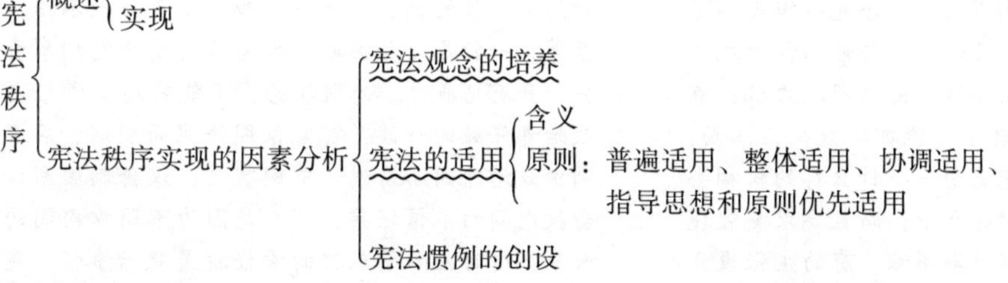

配套测试

一、不定项选择题

1. 在20世纪以后建立起来的欧洲司法审查制度中，承担司法审查职责的机关是（　　）
   A. 宪法委员会
   B. 联邦最高法院
   C. 宪法法院
   D. 州法院
2. 有关宪法秩序的表现形式，下列说法不正确的是（　　）
   A. 成文宪法是宪法秩序的第一要素
   B. 现实宪法是宪法秩序的核心
   C. 结构宪法是宪法秩序的框架
   D. 观念宪法是宪法秩序的关键因素
3. 宪法秩序的特点主要包括（　　）
   A. 合法性　　B. 合理性
   C. 动态性　　D. 过程性

二、名词解释

1. 宪法秩序
2. 宪法实现

三、简答题

1. 简述对宪法适用基本原则的理解。
2. 公民权利对于宪法秩序有什么重大意义？

四、论述题

1. 论述成文宪法、现实宪法、观念宪法与宪法秩序之间的关系。
2. 试论培养公民的宪法观念对宪法秩序实现的意义。

参考答案

一、不定项选择题

1. **答案**：C。本题考查欧洲承担司法审查职责的机关。
2. **答案**：C。一种社会的宪法秩序从形式上看，表现为该社会三种形式的宪法，即成文宪法、观念宪法和现实宪法的协调与和谐。
3. **答案**：ACD。本题考查宪法秩序的特点，从表面上看宪法秩序具有合法性、动态性和过程性。

二、名词解释

1. **答案**：宪法秩序是一种社会秩序，它是基于人们对一定社会规律的认识，通过制宪对该社会所需要的“一致性、连续性和确定性”进行确认，形成一种宪法上的（应然）秩序，再通过宪法的各种调整手段，而将宪法上的（应然）秩序转变成实际上的社会秩序。宪法秩序既可指应然宪法秩序，也可指实然宪法秩序。
2. **答案**：宪法实现即宪法规范和宪法价值的落实，是指宪法的规范要求转化为主体的行为，从而形成现实宪法关系的状态。作为一个过程，则指现实宪法经过观念宪法的抽象，通过一定的立宪程序上升为成文宪法，然后成文宪法再经过观念宪法的评价作用来调节现实宪法的一个循环过程。

三、简答题

1. **答案**：根据什么原则适用宪法，是宪法适用最为关键的问题。在我国改革开放向纵深发展的情况下，宪法适用必须遵循以下主要原则：

　　（1）普遍适用原则。普遍适用原则是由宪法的根本法属性决定的，包括适用地域的广泛性与适用对象的多样性两个方面。

　　（2）整体适用原则。宪法是内在结构和外部结构的统一体。因此，宪法的适用机关必须处理好宪法指导思想、宪法原则和宪法规范的关系，处理好宪法典、宪法性法律和宪法惯例的关系。

　　（3）协调适用原则。宪法的协调适用原则主要是由宪法适用方式的多样性决定的，因为不同的适用方式会产生不同的后果。

　　（4）宪法指导思想和原则优先适用原则。在一般情况下，宪法规范较为明确、具体，比较容易把握和适用。同时也往往容易与变革中的社会实际不一致。因此，在解决宪法纠纷时应当优先适用宪法指导思想和原则。

2. **答案**：公民权利对于宪法秩序的意义主要表现在：（1）公民权利及其所体现或反映的宪法原则，决定了宪法秩序的性质。我国公民享有的权利决定了我国的宪法秩序是旨在实现法律面前人人平等的社会主义社会秩序。（2）公民权利的范围及其实现程度，在一定意义上反映了宪法秩序的稳定程度和状态。（3）由宪法确认的公民权利在实现过程中促进了宪法体制的运行，从而推进了宪法秩序的实现。

四、论述题

1. **答案**：宪法秩序是一种社会秩序，它是基于人们对一定社会规律的认识，通过制宪对该社会所需要的“一致性、连续性和确定性”进行确认，形成一种宪法上的（应然）秩序，再通过宪法的各种调整手段，而将宪法上的（应然）秩序转变成实际上的社会秩序。

　　我们认为宪法以成文宪法、观念宪法和现实宪法三种形式存在着，因此一定社会的宪法秩序从形式上看，表现为该社会三种形式宪法的协调与和谐。虽然从历时性的角度看，不同时期、不同国家宪法秩序的内涵不尽相同：有的以个人主义为核心；有的以国家主义为立场；有的则既不以个人主义为核心，亦不以国家主义为立场，而是采取一种既有社会进步与发展的广阔空间，也为公民个人的完善与实现留有充分自由的原则，但从形式上看，都有三种形式的宪法相互协调与和谐的特色。

　　（1）成文宪法是宪法秩序的第一个要素。无论将成文宪法理解为统治阶级集中意志的法律化，还是把它看成社会成员间以及社会成员与政府间的契约，都表明人类社会发展到了一个能够理解个人与社会，或者公民与国家相互关系之根本所在的程度；意味着对个人自由与社会发展相协调的有意识的追求，并希望借助具有最高法律效力的根本法以实现这种追求，即通过规范游离于这种追求之外的行为，改变既存现实宪法中个人完善与社会发展不协调的因素。世界上几乎所有的成文宪法，都规定了基于这种追求的国家治理体制与公民基本权利保障方式。成文宪法的目的是指向现实宪法，希望现实宪法按照体现在成文宪法中的目的而有规律发展。

　　（2）现实宪法是宪法秩序的核心。现实宪法既是观念宪法、成文宪法的客观依据，又是成文宪法规范和调整的客体，因此，宪法秩序是围绕着现实宪法展开的。宪法秩序的形成是一个过程。

这个过程表现为：从现实宪法发端，经过观念宪法的发展并形成一定的宪法要求，到成文宪法的规范化与一体化，再经过观念宪法的评价与认同后作用于现实宪法。这种追求、形成宪法秩序的过程，可称之为宪法实现。既然现实宪法是一种现存的客观实在，那么人们一般可以根据经验，判断成文宪法与现实宪法是否协调一致，并据此进一步判断宪法秩序存在与否的可能性。因为一个国家的现实宪法与成文宪法不一致时，肯定不会出现宪法秩序，除非观念宪法通过宪法评价赋予成文宪法新的内容和意义。

(3) 观念宪法是宪法秩序的关键因素，没有观念宪法就不会有成文宪法，没有观念宪法的作用，就不会形成真正的宪法秩序。在理想的宪法实现过程中，观念宪法的协调功能举足轻重，一方面，它基于现实宪法的固有特性，产生相应的宪法要求，作为成文宪法产生的前提；另一方面，它能根据一定的价值准则对成文宪法进行评价，而且这种评价直接对人们参与社会关系的行为起着指引与导向作用。

对于成文宪法的遵守，不仅要靠国家权力的强制予以保证，而且还要靠培养宪法观念（要求和评价），使人们既能在辨别现实宪法的基础上，及时提出宪法要求，为宪法成文化作准备，又能对成文宪法进行认同与评价。可见培养宪法观念是观念宪法的重要内容，是形成宪法秩序的关键步骤。只有形成统一的观念宪法，才能及时提出宪法要求，制定或修改成文宪法，使成文宪法适应现实宪法，保持成文宪法的稳定性。这种稳定性是以宪法秩序为目标，以现实宪法和观念宪法为参照的稳定性。它是一种动态的稳定，是在观念宪法的作用下，成文宪法与现实宪法的适应。就其本质而言，是指成文宪法在与现实宪法和观念宪法构成宪法秩序过程中位置的平衡性。而适应现实宪法和观念宪法的发展要求，对成文宪法进行变动或修改，也是成文宪法稳定性的表现形式。由此可见，观念宪法中的宪法要求和宪法评价，无论是在成文宪法适应现实宪法的过程中，还是在成文宪法对现实宪法的规范与引导过程中，都起着调节作用，因而成为宪法秩序的构成要素。应该指出的是，上述情况是较为理想状态下三者的协调关系。实际情况可能是，大量宪法要求不能通过立法程序变成具有普遍约束力的成文宪法规范，即使宪法要求是绝大多数人意志的反映。

2. 答案：宪法秩序的实现，即指应然宪法秩序转化为实然宪法秩序的过程。而宪法观念的培养则既是宪法秩序实现过程中的重要因素，又是宪法秩序的重要构成要素。

我国多年的经验教训和宪法观念现状表明，大力培养广大公民的社会主义宪法观念仍然具有紧迫的现实意义和深远的历史意义。(1) 我国公民对宪法的认识有的还停留在表面层次，对宪法的深刻含义知之甚少，因此尽快培养公民的宪法观念成为实现宪法秩序的重要前提。(2) 有利于促进社会主义民主政治建设，发展社会主义市场经济。宪法观念的形成，使得广大人民在自觉遵守和维护宪法的同时，社会经济的各部门和社会关系的各主体都将宪法作为自己行为的最高准则，通过平衡和协调各种社会关系，从而最终促进社会经济健康有序地向前发展。(3) 有利于推动宪法理论的研究，形成我国的社会主义宪法文化。公民宪法观念的培养必然会推动宪法理论的不断发展和完善。因为宪法观念将使宪法主体形成有关宪法的固有心理、习惯和思维模式，而宪法理论既是宪法文化的载体，又构造着宪法文化，宪法文化的发展又将促进公民宪法观念的提高，从而形成一个良性循环。

期末测试题一

一、单项选择题

1. 下列哪一项被认为是近代宪法的起源地？(　　)

A. 美国　　B. 法国

C. 英国　　D. 希腊

2. 我国《宪法》规定，国家在必要时设立特别行政区。在特别行政区内实行的制度按照具体情况由下列选项中的哪一机关以法律规定？(　　)

A. 全国人大常委会

B. 全国人民代表大会

C. 国家

D. 国务院

3. 宪法规范调整有关社会制度、国家制度的根本原则和国家政权的组织以及公民的基本权利和义务的(　　)

A. 人身关系　　B. 财产关系

C. 社会关系　　D. 国家与公民的关系

4. 关于村民委员会，下列哪一说法是正确的？(　　)

A. 村民委员会实行村务公开制度，涉及财务的事项至少每年公布一次

B. 村民委员会决定问题，采取村民委员会主任负责制

C. 村民委员会根据需要设人民调解、治安保卫、公共卫生委员会

D. 村民委员会由主任、副主任和村民小组长若干人组成

5. 根据现行《宪法》规定，关于公民权利和自由，下列哪一选项是正确的？(　　)

A. 劳动、受教育和依法服兵役既是公民的基本权利又是公民的基本义务

B. 休息权的主体是全体公民

C. 公民在年老、疾病或者未丧失劳动能力的情况下，有从国家和社会获得物质帮助的权利

D. 2004 年《宪法修正案》规定，国家尊重和保障人权

6. 精神病患者不能行使选举权的，经下列选项中的哪一机关确认，不列入选民名单？(　　)

A. 同级人民政府

B. 选举委员会

C. 县级以上医院

D. 选民小组

7. 我国宪法规定了国家主席的替补制度，下列选项中对替补制度的表述哪个是错误的？(　　)

A. 主席缺位时由副主席代理

B. 主席缺位时由副主席继任

C. 副主席缺位时由全国人大补选

D. 主席和副主席都缺位且未及补选时由全国人大委员长代理

8. 根据省政府制定的地方规章，省质监部门对生产销售不合格产品的某公司予以行政处罚。被处罚人认为，该省政府规章违反《产品质量法》规定，不能作为处罚依据，遂向法院起诉，请求撤销该行政处罚。关于对该省政府规章是否违法的认定及其处理，下列哪一选项是正确的？(　　)

A. 由审理案件的法院进行审查并宣告其是否有效

B. 由该省人大审查是否违法并作出是否改变或者撤销的决定

C. 由国务院将其提交全国人大常委会进行审查并作出是否撤销的决定

D. 由该省人大常委会审查其是否违法并作出是否撤销的决定

9. 在我国，行政公署是(　　)

A. 我国一级地方行政机关

B. 地区一级国家权力机关

C. 省级人民政府的派出机关

D. 省级国家权力机关的派出机关

二、多项选择题

1. 根据宪法和法律，哪些是正确的？(　　)

A. 自治州的人大常委会组成人员 5 人以上联名，可以向本级人大常委会提出议案

B. 县级人大常委会组成人员 3 人以上联名，可以向本级人大常委会提出议案

C. 自治州的人大常委会组成人员 5 人以上联名，可以向本级人大常委会提出对本级政府、法院和检察院的质询案

D. 县级人大常委会组成人员 3 人以上联名，可以向本级人大常委会提出对本级政府、法院和检察院的质询案

2. 关于民族自治地方财政的说法，下列哪些选项符合《民族区域自治法》规定？(　　)

A. 国家财政体制下属于民族自治地方的财政收入，由自治机关自主地安排使用

B. 民族自治地方的财政预算支出，按国家规定设机动资金，但预备费在预算中不得高于一般地区

C. 自治机关对本地方的各项开支标准、定员、定额，按照国家规定的原则，结合本地方的实际情况，可以制定补充规定和具体办法，并须分别报国务院、省、自治区、直辖市批准

D. 民族自治地方在全国统一的财政体制下，通过国家实行的规范的财政转移支付制度，享受上级财政的照顾

3. 在我国，“公民”和“人民”是两个不同的概念。它们的区别主要有(　　)

A. 性质不同。公民是与外国人相对应的法律概念；人民是与敌人相对应的概念

B. 范围不同。公民的范围比人民的范围更加广泛，公民中除包括人民外，还包括敌人

C. 后果不同。所有的人民都享有宪法和法律规定的权利并履行相应的义务；但并非所有的公民都能享有宪法和法律规定的权利并履行相应的义务

D. 公民所表达的一般是个体概念，而人民所表达的往往是群体概念

4. 公民的基本权利也称宪法权利，它与一般权利相比较具有自身的法律特性。包括下列选项的哪些内容？(　　)

A. 它决定着公民在国家中的法律地位

B. 它是公民在社会生活中最主要、最基本而又不可缺少的权利

C. 它具有母体性，能派生出公民的一般权利

D. 它具有稳定性和排他性，是“不证自明”的权利

5. 在我国，所谓“特定人的权利”中的“特定人”，是指下列选项中的哪些人？(　　)

A. 妇女　　B. 烈士家属、军属

C. 老人、母亲和儿童　　D. 华侨、归侨和侨眷

6. 下列对全国人民代表大会专门委员会成员的代表职务被罢免的，其专门委员会成员的职务将受何种影响的表述，哪些是错误的？(　　)

A. 代表职务被撤销后，其专门委员会成员的职务不受影响

B. 代表职务被撤销后，其专门委员会成员的职务根据被罢免原因而定

C. 代表职务被撤销后，其专门委员会成员的职务相应被撤销

D. 代表职务被撤销后，其专门委员会成员的职务受较小影响

7. 我国宪法规定，全国人大代表享有不受法律追究的权利是指在(　　)

A. 全国人大各种会议上的发言

B. 各种会议上的发言

C. 全国人大各种会议上的表决

D. 进行视察活动时的一切行为

8. 根据宪法和法律规定，哪些事项由全国人大决定？(　　)

A. 兴建长江三峡大坝工程

B. 建立香港特别行政区

C. 设立重庆直辖市

D. 设立海南经济特区

9. 根据我国宪法的规定，下列选项中哪些是可以提出宪法修改有效议案的主体？(　　)

A. 全国人民代表大会常务委员会

B. 全国人民代表大会的一个代表团

C. 1/5 以上的全国人民代表大会代表

D. 全国人民代表大会主席团

三、名词解释

1. 宪法渊源

2. 国家结构形式

3. 附带性审查

4. 民族自治地方

四、简答题

1. 我国人大代表的罢免制度。

2. 言论自由的界限。

五、论述题

试论宪法实施所要遵循的基本原则。

参考答案

一、单项选择题

1. **答案**：C。1215 年英国的《自由大宪章》是近代意义上宪法的渊源。
2. **答案**：B。《宪法》第 31 条规定：国家在必要时得设立特别行政区。在特别行政区内实行的制度按照具体情况由全国人民代表大会以法律规定。
3. **答案**：C。A、B、D 选项均不够全面。
4. **答案**：C。选项 A 错误。《村民委员会组织法》第 30 条规定，村民委员会实行村务公开制度。一般事项至少每季度公布一次；集体财务往来较多的，财务收支情况应当每月公布一次。选项 B 错误。《村民委员会组织法》第 29 条规定，村民委员会决定问题，采取少数服从多数的原则。选项 C 正确。《村民委员会组织法》第 7 条规定，村民委员会根据需要设人民调解、治安保卫、公共卫生与计划生育等委员会。村民委员会成员可以兼任下属委员会的成员。人口少的村的村民委员会可以不设下属委员会，由村民委员会成员分工负责人民调解、治安保卫、公共卫生与计划生育等工作。选项 D 错误。《村民委员会组织法》第 6 条规定，村民委员会由主任、副主任和委员共三至七人组成。不包括村民小组长。
5. **答案**：D。根据《宪法》第 42 条第 1 款的规定，中华人民共和国公民有劳动的权利和义务。根据第 46 条第 1 款的规定，中华人民共和国公民有受教育的权利和义务。根据第 55 条的规定保卫祖国、抵抗侵略是中华人民共和国每一个公民的神圣职责。依照法律服兵役和参加民兵组织是中华人民共和国公民的光荣义务。可见，A 项错误。根据第 43 条规定，中华人民共和国劳动者有休息的权利。由于“劳动者”的内涵和外延不同于“全体公民”，所以 B 项错误。根据第 45 条第 1 款的规定，中华人民共和国公民在年老、疾病或者丧失劳动能力的情况下，有从国家和社会获得物质帮助的权利。国家发展为公民享受这些权利所需要的社会保险、社会救济和医疗卫生事业。可见，C 项错误。根据 2004 年《宪法修正案》第 24 条的规定，宪法第 33 条增加 1 款，作为第 3 款："国家尊重和保障人权。" 第 3 款相应地改为第 4 款。可见，D 项正确。
6. **答案**：B。《选举法》第 27 条第 2 款规定：精神病患者不能行使选举权利的，经选举委员会确认，不列入选民名单。
7. **答案**：A。《宪法》第 84 条规定：中华人民共和国主席缺位的时候，由副主席继任主席的职位。中华人民共和国副主席缺位的时候，由全国人民代表大会补选。中华人民共和国主席、副主席都缺位的时候，由全国人民代表大会补选；在补选以前，由全国人民代表大会常务委员会委员长暂时代理主席职位。
8. **答案**：D。选项 A 错误。我国法院并无宪法监督的权力，不能自行审查法律、法规或规章，并宣告其无效。选项 B 错误。根据我国《立法法》第 97 条第 5 项的规定，地方人大常委会有权撤销本级人民政府制定的不适当的规章，而无权改变之。从法理上说，我国宪法确立了国家机关之间的分工和制约原则，这意味着立法机关只能对行政机关进行监督，但无权取代行政机关去履行行政机关的职能，因此，地方人大只能撤销而不能改变地方政府的规章。选项 C 错误。根据《立法法》第 97 条第 2、3、5 项规定，全国人大常委会无权审查并撤销地方规章，地方规章的撤销权归属于国务院和同级地方人大常委会。选项 D 是正确的，为应选项。
9. **答案**：C。依据《地方各级人民代表大会和地方各级人民政府组织法》第 68 条的规定，省、自治区的人民政府在必要的时候，经国务院批准，可以设立若干派出机关。

二、多项选择题

1. **答案**：ABCD。根据《地方各级人民代表大会和地方各级人民政府组织法》，地方各级人民代表大会举行会议的时候，主席团、常务委员会、本级人民政府和代表（县级以上 10 人，乡、民族乡、镇 5 人以上），都可以提出议案。
2. **答案**：AD。根据《民族区域自治法》第 32 条第 2 款的规定，民族自治地方的自治机关有管理地方财政的自治权。凡是依照国家财政体制属于民族自治地方的财政收入，都应当由民族自治地方的自治机关自主地安排使用。可见 A 项正确。根据《民族区域自治法》第 32 条第 4 款的规定，民族自治地方的财政预算支出，按照国家规定，设机动资金，预备费在预算中所占比例高于一般地区。可见 B 项错误。根据《民族区域自治法》第 33 条的规定，民族自治地方的自治机关对本地方的各项开支标准、定员、定额，根据国家规定的原则，结合本地方的实际情况，可以制定补充规定和具体办法。自治区制定的补充规定和具体办法，报国务院备案；自治州、自治县制定的补充规定和具体办法，须报省、自治区、直辖市人民政府批准。可见C项错误。根据《民族区域自治法》第32条第3款的规定，民族自治地方在全国统一的财政体制下，通过国家实行的规范的财政转移支付制度，享受上级财政的照顾。可见D项正确。因此，本题的正确答案应当是A、D项。

3. **答案**：ABCD。本题主要考查人民与公民概念的区别。

4. **答案**：ABCD。本题主要考查宪法权利的法律特性。

5. **答案**：ABCD。《宪法》第45条规定：国家和社会保障残废军人的生活，抚恤烈士家属，优待军人家属。第48条规定：中华人民共和国妇女在政治的、经济的、文化的、社会的和家庭的生活等各方面享有同男子平等的权利。第49条规定：婚姻、家庭、母亲和儿童受国家的保护。第50条规定：中华人民共和国保护华侨的正当的权利和利益，保护归侨和侨眷的合法的权利和利益。宪法以专门条款对这些特定人进行保护。

6. **答案**：ABD。《选举法》第54条第1款规定：县级以上的各级人民代表大会常务委员会组成人员，县级以上的各级人民代表大会专门委员会成员的代表职务被罢免的，其常务委员会组成人员或者专门委员会成员的职务相应撤销，由主席团或者常务委员会予以公告。

7. **答案**：AC。此题考查全国人大代表享有的不受法律追究的权利的内容问题。我国《宪法》第75条规定，全国人民代表大会代表在全国人民代表大会各种会议上的发言和表决，不受法律追究。因此此题选AC。

8. **答案**：ABCD。《宪法》第62条规定：全国人民代表大会行使下列职权：……（十三）批准省、自治区和直辖市的建置；（十四）决定特别行政区的设立及其制度；……（十六）应当由最高国家权力机关行使的其他职权。

9. **答案**：AC。《宪法》第64条规定，宪法的修改，由全国人民代表大会常务委员会或者五分之一以上的全国人民代表大会代表提议，并由全国人民代表大会以全体代表的三分之二以上的多数通过。故A、C正确。

三、名词解释

1. **答案**：宪法渊源指一个国家中宪法规范所赖以存在的法律形式，既包括明示的宪法规范，也包括默示的宪法规范，被宪法制定者确认为可以承载宪法规范的法律形式才能成为宪法渊源。在世界范围内主要包括：宪法典、宪法性法律、宪法惯例、宪法判例、欧盟宪章。在我国主要是指宪法典、宪法修正案、全国人大常委会的宪法解释，其中最重要的是宪法典。

   【参考资料】许崇德、胡锦光主编：《宪法》（第五版），中国人民大学出版社2014年版。

2. **答案**：国家结构形式是指国家整体与其组成部分之间、中央政权与地方政权之间相互关系的形式。它的实质在于中央和地方或组成单位之间的权限划分问题。

3. **答案**：附带性审查，是指司法机关在审理案件过程中，因涉及拟适用的法律、法规和法律文件是否违宪的问题，而对该法律、法规和法律性文件所进行的合宪性审查。由此可见，特定的诉案是附带性审查的前提，与诉讼有关的法律、法规和法律性文件是附带审查的对象。

4. **答案**：民族自治地方是各少数民族聚居并实行区域自治的行政区域，是实行民族区域自治的基础。民族自治地方按行政地位，分为自治区、自治州、自治县。

四、简答题

1. **答案**：对人大代表的罢免既是行使选举权的重要方面，也是人民对人大代表进行监督最有力的措施。全国和地方各级人民代表大会的代表，受选民和原选举单位的监督。选民或者选举单位都有权罢免自己选出的代表。程序如下：

   （1）对于直接选举的代表：

   第一，对于县级的人民代表大会代表，原选区选民五十人以上联名，对于乡级的人民代表大会代表，原选区选民三十人以上联名，可以向县级的人民代表大会常务委员会书面提出罢免要求。罢免要求应当写明罢免理由。

   第二，被提出罢免的代表有权在选民会议上提出申辩意见，也可以书面提出申辩意见。县级的人民代表大会常务委员会应当将罢免要求和被提出罢免的代表的书面申辩意见印发原选区选民。

   第三，表决罢免要求，由县级的人民代表大会常务委员会派有关负责人员主持。罢免县级和乡级的人民代表大会代表，须经原选区过半数的选民通过。罢免代表采用无记名投票的表决方式。

   （2）对于间接选举的代表：

   第一，县级以上的地方各级人民代表大会举行会议的时候，主席团或者十分之一以上代表联名，可以提出对由该级人民代表大会选出的上一级人民代表大会代表的罢免案；在人民代表大会闭会期间，县级以上的地方各级人民代表大会常务委员会主任会议或者常务委员会五分之一以上组成人员联名，可以向常务委员会提出对由该级人民代表大会选出的上一级人民代表大会代表的罢免案。罢免案应当写明罢免理由。

第二，县级以上的地方各级人民代表大会举行会议的时候，被提出罢免的代表有权在主席团会议和大会全体会议上提出申辩意见，或者书面提出申辩意见，由主席团印发会议。县级以上的地方各级人民代表大会常务委员会举行会议的时候，被提出罢免的代表有权在主任会议和常务委员会全体会议上提出申辩意见，或者书面提出申辩意见，由主任会议印发会议。

第三，罢免案经会议审议后，分别由主席团提请大会全体会议或由主任会议提请常务委员会全体会议表决。罢免由县级以上的地方各级人民代表大会选出的代表，须经各级人民代表大会过半数的代表通过；在代表大会闭会期间，须经常务委员会组成人员的过半数通过。罢免代表采用无记名投票的表决方式。罢免的决议，须报送上一级人民代表大会常务委员会备案。

(3) 对于被罢免的代表的公告：

县级以上的各级人民代表大会常务委员会组成人员，全国人民代表大会和省、自治区、直辖市、设区的市、自治州的人民代表大会专门委员会成员的代表职务被罢免的，其常务委员会组成人员或者专门委员会成员的职务相应撤销，由主席团或者常务委员会予以公告。

乡、民族乡、镇的人民代表大会主席、副主席的代表职务被罢免的，其主席、副主席的职务相应撤销，由主席团予以公告。

2. 答案：言论自由是指公民有权通过各种语言形式，针对政治和社会生活中的各种问题表达其思想和见解的自由。由于言论自由是公民表达意愿，相互交流思想、传播信息的必要手段和工具，也是形成人民意志的基础，因而言论自由在公民的各项政治自由中居于首要地位。

言论自由有其自身的界限：(1) 行使言论自由不能侵犯他人的名誉权，否则就可能构成诽谤。(2) 行使言论自由不能侵犯他人的隐私权，否则就可能构成侵权行为。(3) 一定限度和一定方式上的猥亵性、淫秽性的言论必然受到限制或禁止。(4) 行使言论自由不能煽动或教唆他人实施违法行为。(5) 行使言论自由与保护国家秘密之间也可能存在冲突。

五、论述题

答案：宪法实施必须遵循以下原则：

(1) 最高权威性原则

宪法实施的最高权威性原则是由宪法作为国家根本大法的性质决定的。宪法的这种地位，决定了在实施宪法过程中，必须始终维护宪法的权威和尊严。这种维护既体现在宪法规范得到一切机关、组织和个人的一体遵行以及宪法的具体内容得到充分实施方面，也体现在一切法律、法规等规范性文件不得与宪法相抵触方面。如果宪法在实施过程中不能树立起应有的权威，或者说宪法实施主体未能切实贯彻宪法的最高权威性原则，有效实施宪法就是根本不可能的。

(2) 民主原则

宪法实施的民主原则是由宪法的本质内容决定的。近代宪法是资产阶级革命的产物，宪法是民主事实法律化的基本形式。尽管商品经济的普遍化发展是宪法产生的根本原因，但如果没有资产阶级民主思想的产生和传播，没有资产阶级民主事实的形成，没有民主主体至少在形式上的普遍化，也就不可能有宪法，因而宪法的精髓就在于民主。因此，在实施宪法过程中，民主应该成为贯穿宪法实施活动的一条红线。

(3) 合法原则

宪法实施的合法原则是指宪法实施主体的身份必须符合宪法和法律的规定，宪法实施主体的权限范围、行使权限的方式和方法以及宪法实施的具体程序等都应有宪法和法律依据。既然宪法实施是宪法实施主体的活动，那么无论是宪法实施主体本身，还是宪法实施主体的行为，都必须具有合法性基础。这实际上是宪法实施应有的最基本的前提。

(4) 程序原则

宪法实施的程序原则是指宪法本身必须有实施程序方面的规定，宪法实施主体必须依照法定程序实施宪法。从法理上讲，程序具有两个方面的价值：①程序是贯彻实体规定的手段，这是程序的工具性价值；②程序反映法律运作的客观规律，具有内在的正当性基础，这是程序的目的性价值。程序对于宪法也同样具有这两个方面的价值。宪法中的程序规范是实施宪法实体规范的必要条件；没有相应的程序规范作保障，实体规范的实施往往沦为空谈。同时，宪法实施遵循一定的程序也是宪法目的实现的客观要求，程序本身反映着宪法的基本价值取向。具体说来，宪法实施的程序原则有两个要求：①程序法定，即宪法在设定具体的实体规范时，要设立实施该实体规范的程序性规范，且这种程序性规范应该是科学的、必要的和充分的。②依照程序，即有关主体在实施宪法时，既要遵守宪法的实体性规范，又要遵守宪法的程序性规范，即通过严格遵守宪法的程序性规范来贯彻落实宪法的实体性规范。

（5）稳定原则

宪法实施的稳定原则是指实施宪法过程中必须保持宪法的相对稳定，不得朝令夕改。由于宪法是国家的根本大法，宪法的频繁变动不仅关系到整个国家和社会的稳定，而且关系到宪法能否保持应有的权威和尊严，因而宪法必须具有稳定性。但这种稳定性只是相对稳定性。随着社会历史条件的变化发展，宪法也要相应地变化发展。

（6）发展原则

宪法实施的发展原则是指在宪法实施过程中，应该根据各种客观形势的变化，对宪法的内容进行相应的修改和解释，以推动宪法本身的发展。如前所述，宪法的实施过程就是宪法不断丰富和完善的过程，或者说是重新塑造宪法的过程。因此，实施宪法就不仅应该切实贯彻落实宪法的条文内容，从而使书面宪法转化为现实宪法，而且要根据现实生活中各种新情况、新问题形成的客观需要来发展宪法。

必须明确的是，宪法实施除了必须遵循和贯彻上述六项主要原则以外，还必须遵循和贯彻宪法实施的公开原则、效益原则和监督原则等。

期末测试题二

一、单项选择题

1. 根据宪法分类理论，下列哪一选项是正确的？（　　）
A. 成文宪法也叫文书宪法，只有一个书面文件
B. 1215 年的《自由大宪章》是英国宪法的组成部分
C. 1830 年法国宪法是钦定宪法
D. 柔性宪法也具有最高法律效力

2. 根据我国《村民委员会组织法》的规定，关于村民委员会的范围调整，下列哪一选项是正确的？（　　）
A. 由村民委员会主任提出，经村民会议讨论同意后，报乡级人民政府批准
B. 由村民委员会主任提出，经村民会议讨论同意后，报乡级人民代表大会批准
C. 由乡级人民政府提出，经村民会议讨论同意后，报县级人民政府批准
D. 由乡级人民政府提出，经村民会议讨论同意后，报县级人民代表大会批准

3. 某村有年满 18 周岁以上村民 500 人，其中有 100 名村民联名提出罢免村委会主任。经村民会议投票表决，下列选项中哪个是罢免被通过的最低人数要求？（　　）
A. 125 人同意
B. 126 人同意
C. 250 人同意
D. 251 人同意

4. 现行宪法规定，自治区的自治条例和单行条例的审批权属于（　　）
A. 全国人民代表大会
B. 全国人大常委会
C. 国务院
D. 本级人民代表大会

5. 中华人民共和国确定国籍的原则是（　　）
A. 血统主义原则
B. 出生地主义原则
C. 出生入籍原则
D. 出生地主义和血统主义相结合的原则

6. 根据《集会游行示威法》的规定，如果集会、游行、示威的负责人对主管机关不许可的决定不服的，可以自接到决定通知书之日起在下列选项中的哪一个法定时间内向同级人民政府申请复议？（　　）
A. 2 日　　B. 3 日
C. 4 日　　D. 5 日

7. 县级以上各级人民代表大会选举下列选项中哪一级别的代表时，代表候选人不限于各该级人民代表大会的代表？（　　）
A. 上一级人民代表大会代表
B. 下一级人民代表大会代表
C. 同级人民代表大会代表
D. 全国人民代表大会代表

8. 根据我国《立法法》的规定，下列哪一机构可以向我国最高国家权力机关提出法律案？（　　）
A. 中央军事委员会
B. 省级人民代表大会常务委员会
C. 民族区域自治地方的人大常委会
D. 直辖市人大常委会

9. 根据《宪法》规定，关于全国人大的专门委员会，下列哪一选项是正确的？（　　）
A. 各专门委员会在其职权范围内所作决议，具有全国人大及其常委会所作决定的效力
B. 各专门委员会的主任委员、副主任委员由全国人大及其常委会任命
C. 关于特定问题的调查委员会的任期与全国人大及其常委会的任期相同
D. 全国人大及其常委会领导专门委员会的工作

二、多项选择题

1. 宪法具有最高法律效力。宪法的最高法律效力主要包括以下哪些方面的含义？（　　）
A. 宪法是制定普通法律的依据，任何普通法律、法规都不得与宪法相抵触
B. 宪法是一切国家机关、社会团体和全体公民的最高行为准则
C. 在制定和修改程序上，宪法比其他法律的要求更加严格
D. 在内容上，宪法规定国家最根本、最重要的问题

2. 现阶段我国公有制经济包括下列选项中的哪些成分？（　　）

A. 国有经济

B. 劳动群众集体所有制经济

C. 股份制经济

D. 合资企业

3. 根据我国现行《宪法》的规定，国家对个体经济、私营经济实行下列哪些策略？（　　）

A. 引导　　B. 鼓励

C. 监督　　D. 管理

4. 在我国，下列哪些机构的印章应当刻有中华人民共和国国徽图案？（　　）

A. 各级人民法院和人民检察院

B. 乡、民族乡、镇人民代表大会常务委员会和人民政府

C. 国家驻外使馆、领馆

D. 监狱

5. 根据《宪法》规定，下列哪些权利是公民享有的监督权？（　　）

A. 罢免权

B. 集会、游行、示威自由

C. 批评和建议的权利

D. 申诉、控告或者检举的权利

6. 依据有关法律规定，下列哪些机关所在地周边距离 10 米至 300 米内，不得举行集会、游行、示威？（　　）

A. 全国人大常委会

B. 国务院

C. 外国驻华使领馆

D. 中央军事委员会

7. 以下选项中关于有权通过对县级以上地方各级人民代表大会选出的代表的罢免案的说法，哪些是错误的？（　　）

A. 该级人民代表大会过 1/3 的代表

B. 该级人民代表大会常务委员会 1/2 的委员

C. 该级人民代表大会或其常务委员会过半数的代表

D. 该级人民代表大会过 1/4 的代表或其常务委员会过半数的委员

8. 根据法律规定，人民法院审理案件一律公开，但哪些案件除外？（　　）

A. 国家机密

B. 个人隐私

C. 商业秘密

D. 审判的时候被告人不满十八周岁的刑事案件

9. 根据宪法，国家主席的职权有：（　　）

A. 发布特赦令

B. 任免国务院总理

C. 授予军衔

D. 统率国家武装力量

三、名词解释

1. 协定宪法

2. 程序性规范

3. 差额选举

4. 言论自由

四、简答题

1. 宪法规范的结构及种类。

2. 简述我国公民人身自由的主要内容。

五、论述题

试比较民族区域自治制度与特别行政区自治制度的异同。

参考答案

一、单项选择题

1. **答案**：B。选项 A 错误。成文宪法是指一个或几个规定国家根本制度和根本任务的宪法性法律文件所构成的宪法典，因此，其并不是总是只有一个书面文件。选项 C 错误。所谓钦定宪法，是指由君主自上而下制定并颁布的宪法。它是封建君主迫于社会进步的压力而制定的，对民权只做了点缀式规定，而主要以宪法形式肯定至高无上的君权。其代表是 1889 年的日本明治宪法。而 1830 年法国宪法乃协定宪法，是由君主与人民或民选议会协商共同制定的宪法。实际上，在经过法国大革命洗礼后，复辟后的法国君主已经不再有制定钦定宪法的权威。选项 D 错误。所谓柔性宪法，是指制定和修改程序、法律效力与一般法律完全相同的宪法。因此，柔性宪法并无所谓更高的效力。
2. **答案**：C。村委会的设立、撤销、范围调整，直接涉及村民自治，应当由村民会议集体讨论同意，不能由村委会几个人说了算，也不能只由乡镇人民政府决定。根据《村民委员会组织法》第 3 条的规定，村民委员会根据村民居住状况、人口多少，按照便于群众自治，有利于经济发展和社会管理的原则设立。村民委员会的设立、撤销、范围调整，由乡、民族乡、镇人民政府提出，经村民会议讨论同意，报县级人民政府批准。村委会的设立、撤销、范围调整的具体程序：第一，乡镇人民政府提出方案。乡镇人民政府可以先让村民提出意见，由乡镇人民政府按照便于群众自治的原则进行研究后，再正式提出，交村民会议讨论同意；也可以由乡镇人民政府在征求各方面意见的基础上，按照便于群众自治的原则提出，交村民会议讨论同意。第二，乡镇人民政府提出意见后，要经过村民会议同意。要尊重村民的意愿，认真听取各种不同意见，真正按多数村民的意见办。第三，为了统筹全局，做好协调工作，村委会的设立、撤销、范围调整的意见在经村民会议讨论同意后，要报县人民政府批准。可见 C 项正确。
3. **答案**：D。《村民委员会组织法》第 21 条规定，村民会议由本村 18 周岁以上的村民组成。第 22 条规定，召开村民会议，应当有本村 18 周岁以上的村民的过半数参加，或者本村 2/3 以上的户的代表参加，所作决定应当经到会人员的过半数通过。该法第 16 条规定："本村五分之一以上有选举权的村民或者三分之一以上的村民代表联名，可以提出罢免村民委员会成员的要求，并说明要求罢免的理由……罢免村民委员会成员……须经投票的村民过半数通过。"因此选 D。
4. **答案**：B。《宪法》第 116 条规定：民族自治地方的人民代表大会有权依照当地民族的政治、经济和文化的特点，制定自治条例和单行条例。自治区的自治条例和单行条例，报全国人民代表大会常务委员会批准后生效。自治州、自治县的自治条例和单行条例，报省或者自治区的人民代表大会常务委员会批准后生效，并报全国人民代表大会常务委员会备案。
5. **答案**：D。《国籍法》第 4 条规定：父母双方或一方为中国公民，本人出生在中国，具有中国国籍。第 5 条规定：父母双方或一方为中国公民，本人出生在外国，具有中国国籍；但父母双方或一方为中国公民并定居在外国，本人出生时即具有外国国籍的，不具有中国国籍。第 6 条规定：父母无国籍或国籍不明，定居在中国，本人出生在中国，具有中国国籍。
6. **答案**：B。《集会游行示威法》第 13 条规定：集会、游行、示威的负责人对主管机关不许可的决定不服的，可以自接到决定通知之日起三日内，向同级人民政府申请复议，人民政府应当自接到申请复议书之日起三日内作出决定。
7. **答案**：A。《选举法》第 33 条规定：县级以上的地方各级人民代表大会在选举上一级人民代表大会代表时，代表候选人不限于各该级人民代表大会的代表。
8. **答案**：A。《立法法》第 14 条规定：全国人民代表大会主席团可以向全国人民代表大会提出法律案，由全国人民代表大会会议审议。全国人民代表大会常务委员会、国务院、中央军事委员会、最高人民法院、最高人民检察院、全国人民代表大会各专门委员会，可以向全国人民代表大会提出法律案，由主席团决定列入会议议程。第 26 条规定：委员长会议可以向常务委员会提出法律案，由常务委员会会议审议。国务院、中央军事委员会、最高人民法院、最高人民检察院、全国人民代表大会各专门委员会，可以向常务委员会提出法律案，由委员长会议决定列入常务委员会会议议程，或者先交有关的专门委员会审议、提出报告，再决定列入常务委员会会议议程。如果委员长会议认为法律案有重大问题需要进一步研究，可以建议提案人修改完善后再向常务委员会提出。

9. **答案**：D。全国人大各专门委员会是由全国人民代表大会产生，受全国人民代表大会领导，闭会期间受全国人大常委会领导的常设性工作机构。其主要职责是在全国人大及其常委会的领导下，研究、审议和拟定有关议案。全国人大各专门委员会由主任委员、副主任委员、委员组成。它们都是全国人大主席团从代表中提名，由大会通过。据此，A项表述是错误的，各专门委员会主要职责是对相关问题的提案进行研究、提出意见，其作为受全国人大及其常委会领导的工作机构，其决议的效力低于全国人大及其常委会所作决定。B选项是错误的，各专门委员会由主任委员、副主任委员人选由主席团在代表中提名，大会通过；在大会闭会期间，全国人民代表大会常务委员会可以补充任命专门委员会的个别副主任委员和部分委员，由委员长会议提名，常务委员会会议通过，所以并非由全国人大及其常委会任命的。C选项是错误的，特定问题调查委员会是全国人大及其常委会为查证某个重大问题而依照法定程序成立的临时性调查组织，其任期是由问题的查证情况决定的，而不是与全国人大及其常委会的任期相同。D项是正确的，全国人大各专门委员会受全国人民代表大会领导，闭会期间受全国人大常委会领导。

二、多项选择题

1. **答案**：AB。本题考查宪法的最高法律效力的主要体现。宪法是国家的根本法，具有最高的法律效力。《宪法》第5条规定，一切法律、行政法规和地方性法规都不得同宪法相抵触。一切国家机关和武装力量、各政党和各社会团体、各企业事业组织都必须遵守宪法和法律。这两者就是宪法的最高法律效力的主要体现。因此，正确答案为A、B。

2. **答案**：AB。《宪法》第6条第1款规定：中华人民共和国的社会主义经济制度的基础是生产资料的社会主义公有制，即全民所有制和劳动群众集体所有制。社会主义公有制消灭人剥削人的制度，实行各尽所能、按劳分配的原则。题目中并没有使用股份制经济的国有成分或集体成分这种表述方式。

3. **答案**：ABCD。《宪法》第11条第2款规定：国家保护个体经济、私营经济等非公有制经济的合法的权利和利益。国家鼓励、支持和引导非公有制经济，并对非公有制经济依法实行监督和管理。

4. **答案**：AC。注意应当有国徽图案印章的机构与应当悬挂国徽的机构的共同和不同之处。B项中应为县级以上人大常委会和人民政府，再者根据《宪法》规定，乡级人大不设人大常委会，因此B显然不对。D项中监狱的印章不刻有国徽图案，也不悬挂国徽。

5. **答案**：CD。监督权，是指宪法赋予公民监督国家机关和国家工作人员活动的权利，是公民作为国家管理活动的相对人对抗国家机关和国家工作人员违法失职行为的权利，其具体包括批评、建议、申诉、控告、检举权。监督权不仅是公民监督国家机关和国家工作人员履行职责的“监督性权利”，而且是公民受到国家机关和国家工作人员不公正对待时的“防御权”。监督权受到宪法的绝对保障，即使被判处刑罚的人也享有监督权，不得因公民行使监督权而带来不利后果。根据《宪法》第41条的规定，中华人民共和国公民对于任何国家机关和国家工作人员，有提出批评和建议的权利；对于任何国家机关和国家工作人员的违法失职行为，有向有关国家机关提出申诉、控告或者检举的权利，但是不得捏造或者歪曲事实进行诬告陷害。因此，本题的正确答案应当是CD。

6. **答案**：ABD。《集会游行示威法》第23条规定：在下列场所周边距离十米内至三百米内，不得举行集会、游行、示威，经国务院或者省、自治区、直辖市的人民政府批准的除外：(1) 全国人民代表大会常务委员会、国务院、中央军事委员会、最高人民法院、最高人民检察院的所在地；(2) 国宾下榻处；(3) 重要军事设施；(4) 航空港、火车站和港口。前款所列场所的具体周边距离，由省、自治区、直辖市的人民政府规定。

7. **答案**：ABD。《选举法》第53条规定：罢免县级和乡级的人民代表大会代表，须经原选区过半数的选民通过。罢免由县级以上的地方各级人民代表大会选出的代表，须经各该级人民代表大会过半数的代表通过；在代表大会闭会期间，须经常务委员会组成人员的过半数通过。罢免的决议，须报送上一级人民代表大会常务委员会备案。

8. **答案**：ABD。《民事诉讼法》第134条规定，人民法院审理民事案件，除涉及国家秘密、个人隐私或者法律另有规定的以外，应当公开进行。离婚案件，涉及商业秘密的案件，当事人申请不公开审理的，可以不公开审理。《行政诉讼法》第54条规定，人民法院公开审理行政案件，但涉及国家秘密、个人隐私和法律另有规定的除外。涉及商业秘密的案件，当事人申请不公开审理的，可以不公开审理。《刑事诉讼法》第188条第1款，人民法院审判第一审案件应当公开进行。但是有关国家秘密或者个人隐私的案件，不公开审理；涉及商业秘密的案件，当事人申请不公开审理的，可以不公开审理。因此，涉及国家机密和个人隐私的案件一律不公开审理，涉及商业秘密的案件需要当事人申请不公开审理，A、B选项当选，C选项不当选。《刑事诉讼法》第285条规定，审判的时候被告人不满十八周岁的案件，不公开审理。但是，经未成年被告人及其法定代理人同意，未成年被告人所在学校和未成年人保护组织可以派代表到场。因此，D选项当选，派代表到场并不意味着“公开审理”。

9. **答案**：AB。《宪法》第80条规定：中华人民共和国主席根据全国人民代表大会的决定和全国人民代表大会常务委员会的决定，公布法律，任免国务院总理、副总理、国务委员、各部部长、各委员会主任、审计长、秘书长，授予国家的勋章和荣誉称号，发布特赦令，宣布进入紧急状态，宣布战争状态，发布动员令。

三、名词解释

1. **答案**：根据制定宪法的机关为标准，分为钦定宪法、民定宪法和协定宪法。协定宪法是指君主与国民或者国民的代表机关协商制定的宪法。协定宪法是阶级妥协的产物。当新兴资产阶级尚无足够力量推翻君主统治，而封建君主又不能实行绝对专制统治的情况下，协定宪法也就成为必然。

2. **答案**：程序性规范是指具体规定宪法制度运行过程中的阶段、步骤等的规范，主要涉及国家机关活动程序方面的内容。它主要有两种表现形式：一是直接的程序性规范，即宪法典中对有关行为的程序做了具体规定；二是间接的程序性规范，即宪法典本身对程序不做具体规定，而通过法律保留形式规定具体程序。

3. **答案**：差额选举是指在选举中候选人的人数多于应选代表名额的选举。差额选举有利于选民根据自己的自由意志选举满意的候选人。

4. **答案**：言论自由是指公民有权通过各种语言形式，针对政治和社会生活中的各种问题表达其思想和见解的自由。由于言论自由是公民表达意愿，相互交流思想、传播信息的必要手段和工具，也是形成人民意志的基础，因而言论自由在公民的各项政治自由中居于首要地位。

四、简答题

1. **答案**：宪法规范是指具有宪法效力的法律规范。宪法规范具备以下几个要素：规范的主体，指宪法规范的制定者与宪法规范的遵守者；规范的客体，指宪法规范调整的是何种性质的社会关系；规范的对象，指受宪法规范所调整的社会关系的标的物；规范力的范围等。

首先，宪法规范是通过特定的逻辑结构来表示规范主体、规范客体、规范对象和规范力之间的逻辑关系的。这种逻辑关系一般包括规范发生的条件、规范形态和规范的调控方式。

（1）规范发生的条件是指将宪法规范中各种构成要素组合在一起的逻辑条件，包括时间条件、空间条件、事实条件以及行为条件等。

（2）规范形态是指宪法规范所要求的可能性、不可能性和必然性。

（3）宪法规范的规范调控方式是宪法规范对规范形态所作的条件限制，这种条件限制与宪法规范的发生条件不一样。

其次，从宪法规范的存在方式的一般特征来看，分为明示的宪法规范和默示的宪法规范两种。明示的宪法规范是以书面文字的形式表达出来的宪法规范。默示的宪法规范是指作为习惯而被共同遵循的宪法规范。

最后，依据宪法规范的内容不同，宪法规范主要可以分为以下几种情形：

（1）确认性规范。即宪法规范明确规定了的原则、制度和权力而不需引用其他规范加以说明。

（2）授权性规范。主要是指授予一定国家机关以某些职权的规范。

（3）禁止性规范。指一切国家机关、社会团体、公民不得作出的行为。

（4）权利义务性规范。主要指体现公民基本权利和义务的规范。

（5）程序性规范。主要指规定国家机关产生、组成、行使职权的活动规则与办法的规范。

2. **答案**：（1）人身自由是指公民的人身不受非法逮捕、拘禁、搜查和限制。

（2）根据宪法和法律的规定，在我国任何公民非经人民检察院批准或决定，或者非经人民法院决定，并由公安机关（包括国家安全机关）执行，不受逮捕。

（3）宪法还规定，禁止非法拘禁或者以其他方法限制、剥夺公民的人身自由，禁止非法搜查公民身体。

（4）对于违法逮捕、拘留和搜查公民的负责人员，应由人民检察院进行追究；如果这种违法行为出于陷害、报复、贪赃或者其他个人目的，则应追究刑事责任。

五、论述题

答案：(1) 自治是一个与现代民主思想与法治思想有密切联系的公法上的法律概念，具有民主性和法定性的特征。

民族区域自治，则是指民族自治地方的自治机关依照法律规定的权限，自主地管理本民族地方内部事务的权限。实行民族区域自治，赋予少数民族地区人民以自治权是中国共产党运用马列主义解决我国民族问题的基本政策。

为了解决香港、澳门回归问题，我国提出了“一国两制”的方针，根据香港、澳门特别行政区基本法的规定，中国政府在恢复对香港行使主权后，在港澳设立特别行政区，实行“港人治港”“澳人治澳”和“高度自治”。

(2) 民族区域自治与特别行政区自治的差异。

首先，授予自治权的宗旨或目的不同。这是两种自治权之间的最根本的区别，亦是决定其他不同点的基础。中央授予香港特别行政区以高度自治权的宗旨或根本目的是保持香港的继续繁荣和稳定。香港自沦为英国殖民统治以来的 100 多年里，一直实行资本主义制度，并形成了一套与大陆所不同的政治、法律制度，在经济上作为世界上的自由港和国际贸易、金融中心，通行着许多国际惯例。在这种情况下，要继续保持香港的繁荣和稳定，就必须尊重香港的历史与现实，赋予其高度的自治权。而民族区域自治权的宗旨或根本目的是解决历史上形成的民族差别与民族间事实上的不平等，促进各民族的平等、团结和共同繁荣。我国是一个多民族的国家，民族问题是我国社会和政治中的一个重要问题。国家赋予各少数民族地区人民以民族区域自治权的根本目的就是让各少数民族自主地管理本民族的内部事务，以加速少数民族地区经济和文化的发展，促进民族平等、团结和共同繁荣。由此可见，两种自治权所要解决的问题是完全不同的。

第二，权力来源的根据不同。香港特别行政区的自治权是根据《香港特别行政区基本法》取得的。《香港特别行政区基本法》规定了香港特别行政区的政治体制和社会制度的基本原则以及香港居民的基本权利和义务，同时它又是香港其他法律立法的根据，它与《宪法》相衔接，在香港地区起到补充宪法的作用。而民族区域自治权则来源于《民族区域自治法》，二者相比而言，《民族区域自治法》的地位及作用不及《香港特别行政区基本法》显著，它不能起到补充宪法的特殊作用。

第三，两种自治权的内容和范围及其自治的程度不同。香港特别行政区的自治权不仅内容丰富、范围广大，而且自治的程度较之民族区域自治权要高。在立法权方面，香港特别行政区拥有全面的立法权。根据《香港特别行政区基本法》的规定，香港特别行政区不得制定有关国防、外交和其他按《香港特别行政区基本法》规定不属于香港特别行政区自治范围内的法律。除此以外，香港特别行政区可以制定它应该制定的法律，包括刑法、民法、商法和诉讼法等。而民族自治地方只能制定自治条例、单行条例及地方性法规。在行政权方面，香港特别行政区的行政事务管理权也是非常广泛的，包括政策制定权、人事任免权、财政独立权、金融管理权、货币发行权、贸易管理权等 20 多种权利。而民族自治地方的行政管理权仅限于地方财政、经济建设、教育、科技文化、卫生、体育、设立地方公安部队、使用少数民族语言文字等方面的事务管理权。在司法权方面，香港特别行政区还拥有独立的司法权和终审权。终审权是司法的核心，是司法权完整、独立及充分发挥作用的最集中表现。香港特别行政区不仅保留原有的司法体制，适用除与基本法相抵触外的原有法律，而且拥有终审权。这些权利不仅是民族自治地方所不曾拥有的，而且即使在处于英国统治时期的香港也是不存在的。在对外事务方面，香港特别行政区亦拥有相当程度的自治权。香港特别行政区可以“中国香港”的名义在经济、贸易、金融等领域，单独地同其他国家、地区或有关国际组织保持和发展关系、签订和履行有关协议。即使在以国家为单位的国际组织和国际会议上或在同香港特别行政区直接有关的外交谈判中，特别行政区都可以“中国香港”的名义参加或以中国代表团成员的身份派代表参与，并以“中国香港”的名义发表意见等，这些权利也是民族自治地方所不享有的。

第四，自治权的行使方式及保障程度不同。在民族自治地方，行使自治权的机关是自治地方的人民代表大会和人民政府。而香港特别行政区的自治权则由特别行政区的立法机关、行政机关和司法机关分别在自己的职权范围内行使。为保障民族自治权的行使，《民族区域自治法》规定，自治地方行政机关的正职行政首长由实行区域自治的民族的公民担任，而在香港特别行政区则完全实行“港人治港”的方针，除中央政府派驻必要的驻港部队外，中央政府一概不派驻干部到特别行政区任职。在财政上，民族自治地方除入不敷出外，还要定额上交上级财政，而香港特别行政区的财政收入全部用于自身需要，不上缴中央政府，中央政府亦不在香港地区征税。另外，民族自治地方的机关具有双重性：一方面表现为国家的一级地方机构，享有与其他一般行政区域机构相同的地方性权力，并受上级国家机构的领导和监督，对上级机构负责；另一方面民族自治地方的机构又是自治机关，具有一般地方机关不具有的自治权，包括财政、经济、文体、组织地方公安部队的权力，体现出自治地方机构的特殊性。而香港特别行政区并未纳入国家一般的行政区域范围，而将其作为特别行政区单独规定。其机构设置非常独特，并不像其他行政区域那样在中央的统一领导和监督之下，香港特别行政区的机构始终是享有高度自治权的自治机关。

第五，自治效力范围的比较。香港特别行政区的自治效力范围，主要体现在空间上的效力，即自治效力限于香港特别行政区（包括香港岛、九龙、新界三部分）。凡此区域内发生的一切行政、立法、司法事件和行为均由香港特别行政区以《香港特别行政区基本法》和香港法律管辖与处理。而对人的效力并无限制。在香港特别行政区范围内的所有居民，不论是否为永久性居民，根据《香港特别行政区基本法》第4、6条的规定，都享有在香港特别行政区内的特别待遇，香港法律对他们均无差别地加以适用。但需指出，根据港人治港的原则，《香港特别行政区基本法》第3条又规定，香港特别行政区的行政机关和立法机关必须由香港永久性居民依法组成。根据《宪法》和《民族区域自治法》的规定，民族区域自治则是民族自治和区域自治的结合。这种自治，不仅只对特定民族有效，而且该民族必须聚居于特定的区域方能最终享有。民族因素和区域因素，构成了自治的两个必备要素，体现了自治的空间效力和对人的效力的统一。我国《宪法》和《民族区域自治法》确立的三级民族自治地方，都是民族自治和区域自治相结合的具体体现。以民族为本位的单纯民族自治，或以地域为标准的区域自治，都不成其为民族区域自治。

第六，自治权行使的环境或条件不同。民族区域自治地方的自治权是在社会主义的政治、经济、法律制度的基础上行使的，它的行使必须坚持社会主义制度，必须服从中央的统一领导，必须维护社会主义法制的统一与完整。而香港特别行政区的自治权是在遵守基本法的前提下，在资本主义的政治、经济、法律制度下行使的。两种自治权行使的政治、经济、法律环境是截然不同的。

(3) 特别行政区自治权与民族区域自治权二者之间在性质上是一样的：

第一，无论实行的是“一国两制”，还是“一国一制”，自治均以一国为前提。民族自治地方始终是国家不可分割的组成部分，以维护国家主权和领土完整为己任。香港特别行政区虽然实行高度自治，但作为中央人民政府直辖的一个行政区，也是国家不可分割的组成部分。

第二，在国内，两者都不具有最高性，都是全国的一个行政区域。民族自治地方的机构具有双重性，需服从上级机构和中央机构的统一领导和监督。香港特别行政区非一般的国家行政区域，其机构享有高度自治权，不具有双重性，但中央权力机构和行政机构仍是香港特别行政区的上级机构，在某些重大问题上受到国家最高权力机关和中央人民政府的监督和制约，故香港特别行政区在一国以内，不具有最高性。而且，具有最高性的《宪法》也无例外地适用于民族区域自治地方和特别行政区。

第三，一个最为重要的共同点就是，它们在性质上都是属于统一的单一制国家中的地方性自治权。民族区域自治权属地方性自治权，自不待言。香港特别行政区所享有的高度自治权在性质上也应属于地方性自治权。中央与香港特别行政区的关系是中央政权与地方政权的关系，而不是联邦制国家中联邦与其成员国的关系。这表现在：①香港特别行政区的高度自治权来源于中央的授予，而非其本身所固有的权力。《香港特别行政区基本法》第2条规定，“全国人民代表大会授权香港特别行政区依照本法规定实行高度自治”。②香港特别行政区不存在任何所谓“剩余权力”，法律未明确的权力属于中央而不属于香港。因此，香港特别行政区的权力从来源上说具有派生性和非本原性的特征。③《宪法》和在香港特别行政区起着宪法补充作用的《香港特别行政区基本法》从性质上看属于中央立法，而不是地方立法。

附录一：名牌法学院校研究生入学考试宪法学部分历年真题[①]

中国人民大学

2020 年

一、材料题

1. 什么是生态文明建设？生态文明建设在社会文明建设中处于什么地位？

2. 我国 1982 年宪法及其修正案关于社会文明建设规定的发展？

3. 宪法规定生态文明建设有何意义？

二、论述题

论述宪法规定的人格尊严。

2019 年

一、材料分析（一）

材料一：全国人民代表大会宪法和法律委员会关于《中华人民共和国人民法院组织法（修订草案）》审议结果的报告中抽取的几段话。

材料二：《中华人民共和国人民法院组织法》修订新增的有关司法责任制的规定。

问题：

（1）“基本法律”是指什么？

（2）宪法对全国人大常委会修改基本法律有何限制？材料中全国人大常委会对《法院组织法》的修改是否符合该限制性规定？

（3）宪法和法律委员会的性质和职责？

二、材料分析（二）

材料一：《中华人民共和国网络安全法》中对网络用户发布的信息及其相关网络活动进行管理和处置的规定。

材料二：《中华人民共和国监察法》中监察机关对职务犯罪实施技术调查措施的有关规定。

问题：

（1）材料一种的规定可能会对公民的什么基本权利形成限制？对该基本权利宪法规定的限制条件是什么？

（2）材料二中的“有关机关”是指哪些机关？为什么？

2018 年

一、材料分析

材料为十九大报告中一段关于依法治国的讲话。

问题：

（1）宪法在良法善治中的作用？

（2）我国合宪性审查的构成？

（3）全国人大及其常委会制定的法律是否可能违反宪法？为什么？

二、论述

试论检察机关的宪法地位和职权。

2017 年

一、材料分析

一段关于 2012 年衡阳贿选的案例。

问题：

1. 我国《选举法》规定的选举保障制度由哪几方面构成？

2. 追究破坏选举行为的主要途径有哪些？

3. 贿选的危害及其防范措施？

二、论述

论述国务院总理负责制与民主集中制的关系。

2016 年

一、比较下列概念

1. 宪法序言与宪法总纲

2. 总统制与内阁制

3. 集体自由与结社自由

二、分析

试论《中华人民共和国宪法》第 5 条规定“一

① 编者注：考研真题来源于网络，可能并不完全精确，仅供参考。

切国家机关和武装力量、各政党和各社会团体、各企业事业组织都必须遵守宪法和法律。一切违反宪法和法律的行为，必须予以追究。任何组织或者个人都不得有超越宪法和法律的特权”。

三、论述

试论述紧急状态下对公民的基本权利与自由的限制。

2015 年

一、名词解释

1. 宪法结构
2. 宪法渊源
3. 全国人大专门委员会
4. 宪法诉讼

二、简答

简述宪法解释的基本原则。

三、论述

试述依宪治国在依法治国中的作用。

2014 年

一、名词解释

1. 言论免责权 2. 受庇护权 3. 宪法惯例
4. 结社自由

二、简答

简述宪法解释与宪法修改的关系。

三、论述

论述违宪及合宪性审查的启动机制。

2013 年

一、名词解释

1. 宪法渊源　　2. 行政区域划分
3. 人身特别保护权　　4. 自治条例

二、简答

简述我国人民代表的罢免制度。

三、论述

试述宪法文本中的“人权条款”的含义和意义。

2012 年

一、名词解释

1. 议会制
2. 宪法修正案
3. 民族自治地方
4. 劳动权

二、简答

简述教育权利业务的基本关系。

三、论述

试论平等权的合理差异。

2011 年

一、名词解释

1. 人格尊严　　2. 宪法解释
3. 单行条例　　4. 社会权

二、简答

简述宗教信仰自由的基本内容。

2010 年

一、名词解释

1. 宪法规范　　2. 全国人大常委会
3. 国家结构形式　4. 人大代表人身特别保护权

二、简答

简述人权与基本权利的关系。

2009 年

一、名词解释

1. 政教分离 2. 表达自由 3. 宪法判例

二、简答

1. 选举权的平等性原则。
2. 宪法监督的专门机关监督机制。

三、论述

论自由权和社会权的联系与区别。

2008 年

一、名词解释

1. 弹劾 2. 选举委员会

二、简答

1. 我国的宪法监督体制。
2. 教育权的性质。
3. 检察机关的宪法地位。

三、论述

论社会权和社会建设的关系。

2007 年

一、名词解释

1. 规范宪法 2. 穷尽法律救济原则 3. 全国人

大常委会委员长会议

二、简答

1. 简述公民在法律面前一律平等原则的具体内涵。
2. 违宪与违法的联系与区别。
3. 制宪权的界限。
4. 宪法与条约的关系。

2006 年

一、名词解释

1. 宪法变迁
2. 合宪性推定原则
3. 结社自由
4. 通讯自由

二、简答

1. 简述宪法规范变动的基本形式。
2. 简述港澳基本法的保障机制。
3. 简述我国中央人民政府对特别行政区行使的权利。

2005 年

一、名词解释

1. 司法审查
2. 宪法关系
3. 生命权
4. 地方性法规
5. 宪法解释
6. 国家结构形式
7. 人大代表人身特别保护权

二、简答

1. 宪法修正案关于财产权保护的规定。
2. 简述人民法院依法独立行使职权的内涵。
3. 我国民族自治地方与特别行政区的主要区别。

三、论述

宪法修改与非公有制经济发展的关系。

清华大学

2021 年

一、名词解释

1. 中国特色社会主义法律体系

二、论述题

请概述法治和人治的区别主要在哪几个方面

三、判断题

1. 形式意义上的宪法很难真正保障公民基本权
2. “freedom from state” 是指国家授权的自由权利
3. 耶利内克的“主观性公权”是指个人可以向国家主张的权利
4. 基本权利的相对保障方式比折中型保障方式更能保障公民基本权利

四、问答题

1. 私企老板崇尚传统美德，认为一位部门经理甲不孝顺，心中不悦，借故将其降职，并任为另职；并认为另一名员工乙很讲义气，将其提拔顶替了原经理的位置。请问私企老板做法是否违反宪法的平等原则？
2. 国家法秩序自同说的代表性学者是谁？主要观点是什么？

2020 年

1. 论述基本权利的保障方式及其特点。
2. 什么是宪法变迁？其产生规范效力的条件是什么？

2019 年

一、简答题

1. 有人说，人人生而不平等，只有死了才平等，所以宪法上的人人平等是一句空话。你怎么理解这句话？
2. 合宪性限定解释是不是宪法解释的方法？

二、论述题

我国宪法保障制度的具体规定。

2018 年

一、简答题

1. 什么是“共和制”？共和制有什么具体类型？
2. 宪法最重要的保障制度是什么？
3. 国家法人说的主要观点有哪些？

二、论述

谈谈我国现行宪法对基本权利的保障。

2017 年

一、简答题

1. 不同人对宪法同一条文的理解差异很大，说明了什么？正当的宪法解释应该怎么做？

2. 限制公民的基本权利必须通过法律，和行政机关可以用行政法规和命令限制基本权利相比，哪种模式更好？是不是最好的？

二、论述题

有人说制宪权没有界限，你认为对吗？给出自己的观点。(不少于500字)

2016 年

一、简述题

有人说：所谓立宪主义的宪法，就是规范宪法。你是否认同这种观点？为什么？

二、论述题

我国《宪法》第1条规定："中华人民共和国是工人阶级领导的、以工农联盟为基础的人民民主专政的社会主义国家。"有人说：这里的"人民民主专政"，尤其是"专政"，表明人民民主是不受法律约束的。对于这种看法，你是否赞同？请给出你的观点。

2015 年

一、判断题

1. 宪法上应该把个人的能力和品德作为禁止的无差事由。

2. 我国《宪法》第13条规定"公民的合法的私有财产不受侵犯"。这里的"合法"二字在学理上是多余的。

3. （略）

4. （略）

5. 宪法就像两面神，一面限制公权力，一面保障私权利。

6. 实行合宪性审查的必经程序是宪法解释。

7. 规范宪法（normative constitution）是为了限制宪法权利，实行合宪性审查。

二、论述题

当谈到中华人民共和国成立以后有几部宪法，有人说是四部，有人说是两部，有人说是一部，你觉得是几部，为什么？

2009 年

1. 简述1949年以来我国宪法的创制和修改情况。

2. 简述全国人大的职权及其与其他国家机关的关系。

3. 简述我国宪法关于平等权的规定及其特点。

2008 年

1. 分析我国宪法解释制度与司法制度的关系。

2. 《劳动合同法》明确了劳动合同双方的权利和义务关系……劳动者可以向法院申请支付令，法院应发给支付令，参照我国宪法及2004年宪法修正案，从宪法学角度论述《劳动合同法》作出该规定的意义。

3. 论述宪法与行政法的关系。

中国政法大学

2021 年

一、名词解释

法律保留

宪法解释

代议制

二、简答题

我国选举制度的原则

三、论述题

宪法监督模式及其优劣

2020 年

一、名词解释

1. 宪法的效力

2. 人身权利

3. 全国人民代表大会的言论免责权

二、简答

我国的精神文明建设的内容。

三、分析题

结合监察法相关规定，分析宪法法条：国家监察委员会对全国人民代表大会及其常务委员会负责；地方各级监察委员会对产生它的国家机关和上一级监察委员会负责（宪法126条）。

2019 年

一、名词解释

1. 联邦制
2. 宪法性法律文件
3. 专门人民法院

二、简答

简述我国宪法对于非公有制经济的保护。

三、论述

论我国宪法对公民人身权利的保护。

2018 年

一、名词解释

1. 特别行政区行政长官
2. 基本法律
3. 宗教信仰自由

二、简答

简述我国行政区域的划分。

三、论述

论宪法至上。

2017 年综合卷

一、名词解释

1. 总统制
2. 选举委员会
3. 政治权利

二、简答题

全国人大和全国人大常委会在立法权上的区别。

三、分析题

宪法第2条。

2012 年综合卷

一、单项选择题

1. 被马克思称为“世界上第一个人权宣言”的是(　　)

A. 1689年英国的《权利法案》

B. 1776年美国的《独立宣言》

C. 1789年法国的《人权与公民权利宣言》

D. 1848年的《共产党宣言》

2. 2004年全国人民代表大会通过的《中华人民共和国宪法修正案》对社会保障问题是如何规定的？(　　)

A. 逐步建立系统完善的社会保障制度

B. 以社会投入为主，国家建立健全社会保障制度

C. 国家建立健全全面的社会保障制度

D. 国家建立健全同经济发展水平相适应的社会保障制度

3. 总统制是当今世界很多国家采用的政权组织形式。下列哪个国家是采用这一体制的？(　　)

A. 瑞士　　B. 英国

C. 德国　　D. 巴西

4. 根据宪法和法律，下列选项中的哪个职务必须由实行区域自治的民族的公民担任？(　　)

A. 自治县的人大常委会主任

B. 自治区的人民政府主席

C. 民族乡的人民代表大会主席

D. 自治州的财政局局长

5. 因诉讼当事人的特殊地位和诉讼案件的特殊性质而设立的法院是(　　)

A. 专门法院　　B. 最高法院

C. 宪法法院　　D. 地方法院

6. 下列各项中哪一项是全国人民代表大会的职权？(　　)

A. 决定国家财政预算的部分调整

B. 根据国务院总理的提名决定国务委员

C. 决定大赦

D. 批准条约

7. 根据我国1954年宪法的相关规定，下列哪一机构是中华人民共和国武装力量的领导机构？(　　)

A. 中央军事委员会

B. 中央军事委员会主席

C. 国防委员会

D. 中国人民革命军事委员会

8. 下列哪个组织是我国城市居民的自治组织？(　　)

A. 居民委员会

B. 区公所

C. 街道办事处

D. 行政公署

9. 根据现行宪法和法律，下列哪个机构或人员不可以提出对全国人大常委会组成人员的罢免案？(　　)

A. 500 名全国人大代表联名
B. 全国人大 5 个代表团联名
C. 全国人大主席团
D. 全国人大法律委员会

10. 根据我国宪法和法律，下列哪个国家机关不向全国人民代表大会报告工作？(　　)
A. 中央军委主席
B. 全国人大常委会
C. 国务院
D. 最高人民法院

二、简答题

1. 简述我国宪法对公民平等权保障的主要内容。
2. 简述我国宪法对公民财产权的保障制度。

三、论述与分析题

2003 年河南洛阳市中院法官李某在审理案件中发现河南省地方性法规《河南省农作物种子管理条例》的有关条款与《中华人民共和国种子法》冲突。该法官在判决书中宣布：《河南省农作物种子管理条例》作为法律位阶较低的地方性法规，其与《中华人民共和国种子法》相冲突的条款自然无效。这一判决引起了重大争议。

（1）根据我国宪法及法律中有关中级人民法院与权力机关关系的规定，分析李某行为的合法性。

（2）除直接宣告地方性法规无效外（不论其是否合法），我国《立法法》及其他法律为本案法官提供了几种处理规范冲突的方式？试分析各种方式的利弊，并说明理由。

2011 年

一、单项选择题

1. 中国历史上第一部宪法性文件是(　　)
A.《钦定宪法大纲》
B.《中华民国临时约法》
C. 1923 年《中华民国宪法》
D.《中华苏维埃共和国宪法大纲》

2. 明确提出“凡权利无保障，分权未确立的社会就没有宪法”的是下列哪个宪法文件(　　)
A. 1776 年美国《独立宣言》
B. 1918 年苏联《苏俄宪法》
C. 1789 年法国《人权宣言》
D. 1689 年英国《权利法案》

3. 根据我国宪法和法律规定，下列选项中哪个是正确的(　)
A. 我国城市的基层群众性组织包括街道办事处和居民委员会
B. 民族乡的人大和人民政府不属于民族自治机关
C. 村民委员会与居民委员会受基层政权组织的领导
D. 我国基层政权组织包括村民委员会与居民委员会

4. 不以诉讼活动为前提的对合宪性审查称之为(　　)
A. 宪法控诉
B. 个案审查
C. 抽象性审查
D. 附带性审查

5. 下列表述错误的是(　　)
A. 罢工自由是我国 1975 年宪法所确认的公民基本权利
B. 迁徙自由是我国 1954 年宪法所确认的公民基本权利
C. 我国现行宪法规定我国公民有劳动和休息的权利
D. 我国公民有受教育的权利和义务

6. 根据我国现行选举法规定，我国乡级人大的人大代表名额总数为(　　)
A. 40～60 名
B. 40～200 名
C. 可以少于 40 名，最多不超过 160 名
D. 必须多于 40 名

7. 下列表述中，不正确的是(　　)
A. 我国实行地域代表制与职业代表制相结合，以地域代表制为主的方式产生全国人大代表
B. 中华人民共和国主席、中央军委主席任期均不得超过两届
C. 各级人民检察院检察长统一领导检察院工作
D. 全国人大常委会有权解释宪法和法律

8. 根据宪法规定，国务院审计署在(　　)的领导下，依法独立行使审计监督权。
A. 国务院总理
B. 审计长
C. 财务部长
D. 全国人大财经委员会

9. 我国宪法规定，民族自治地方的自治机关可以组织本地方维护社会治安的公安部队，但必须经由(　　)批准。
A. 全国人大常委会
B. 中央军事委员会
C. 国务院
D. 全国人大

10. 我国公民享有结社自由的权利。根据法律规定，公民成立社团的登记管理机关为(　　)
A. 各级工商部门

B. 各级人大常委会

C. 各级公安部门

D. 各级民政部门

二、多项选择题

1. 我国公民人身权利的范围包括(　　)

A. 人身自由不受侵犯

B. 人格尊严受法律保护

C. 住宅不受非法侵犯

D. 通信自由和通信秘密受法律保护

2. 下列各项中，哪些表述是不正确的(　　)

A. 张某作为市人大代表，在各种场合可自由发表言论，不受法律追究

B. 服兵役是公民的基本义务，但依法被剥夺政治权利的公民没有服兵役的资格

C. 全国人大常委会可向全国人大提出国民经济和社会发展计划的议案

D. 国务院决定港澳特别行政区进入紧急状态

3. 我国选举法规定，投票选举可以由以下哪些方式进行？(　　)

A. 召开选举大会

B. 设立投票站

C. 设立流动投票箱

D. 邮寄投票

4. 下列有关中国人民政治协商会议的表述，正确的是(　　)

A. 中国人民政治协商会议是国家机构的重要组成部分

B. 中国人民政治协商会议是爱国统一战线的重要组织形式

C. 中国人民政治协商会议是共产党领导的多党合作和政治协商的重要组织形式

D. 全国政协委员会与地方各级政协委员会是领导关系

5. 下列哪些国家是实行联邦制的国家？(　　)

A. 英国　　B. 德国

C. 印度　　D. 瑞士

三、简答题

1. 简述我国宪法中关于公共财产的规定。

2. 简析我国公民的劳动权利。

四、分析题

试析权力分立与制衡的宪法原则。

2010 年

一、选择题

1. 我国相当多的学者主张宪法不能司法化，以下法理相关正确的是(　　)

A. 由于可诉性是法律的特征，因为宪法不能司法化，因此宪法不是法律

B. 宪法不能司法化，并不意味着宪法法律部门不能司法化

C. 宪法不能司法化，意味着宪法不作为法律渊源的一部分

D. 宪法不能司法化，意味着宪法在实际司法中不能发挥影响

2. 2005 年 8 月全国人大常委会对《妇女权益保障法》进行了修正，增加了“禁止对妇女实施性骚扰”的规定，但没有对“性骚扰”予以具体的界定。2007 年 4 月，某省人大常委会通过《实施〈中华人民共和国妇女权益保障法〉办法》，规定“禁止以言论、文字、电子信息、肢体等形式对妇女实施性骚扰。”关于该《办法》，下列哪一个选项不能成立？(　　)

A.《妇女权益保障法》是一般法，该《办法》是特别法

B. 该省的法官在界定“性骚扰”时，必须援引该《办法》作为裁判依据

C. 在没有制定此类《办法》的省，法官审理相关案件时，不能以法律没有规定为理由拒绝裁判

D. 在没有制定此类《办法》的省，法官审理相关案件时，需要借助自由裁量来界定“性骚扰”的具体含义

3. 以下哪一项内容不能作为支持体系解释成立的理由？(　　)

A. 解释学原则

B. 法律体系理论

C. 禁止拒绝裁判原则

D. 法律原则对于法律规则的指导作用

4. 下列各项中，有关中国人民政治协商会议性质的表述正确的是(　　)

A. 中国人民政治协商会议是我国的爱国统一战线组织

B. 中国人民政治协商会议全国委员会是我国的上议院

C. 中国人民政治协商会议是行使国家立法权的机构

D. 中国人民政治协商会议是各级人民代表大会的一个附属机构

5. 下列有关我国经济制度的表述正确的是(　　)

A. 我国经济制度的基础是生产资料的公有制和非公有制

B. 非公有制经济是我国社会主义市场经济的有益补充

C. 国家对非公有制经济的政策是引导、监督和管理

D. 我国的森林和草原等自然资源属于国家所有，依照法律属于集体所有的除外

6. 总统制是当今世界很多国家采用的政权组织形式。下列哪个国家不是采用这一体制的？(　　)

A. 美国　　B. 墨西哥

C. 德国　　D. 巴西

7. 某选区有选民 600 人，在人大代表选举中，共有 310 位选民参加投票，有效票共 295 张，候选人张某如果当选，则其获得的赞成票最低是多少票？(　　)

A. 148

B. 156

C. 301

D. 选举无效，张某无论得到多少赞成票都不能当选

8. 根据《集会游行示威法》，集会、游行、示威的主管机关是活动举行地的(　　)

A. 公安机关　　B. 民政机关

C. 交通机关　　D. 人民政府

9. 1997 年中国政法签署了《经济、社会、文化权利国际公约》，2001 年这一条约被我国相关机关批准，正式对我国生效。根据我国宪法规定，有权批准这一条约的国家机关是(　　)。

A. 全国人民代表大会

B. 全国人大常委会

C. 国务院

D. 中华人民共和国主席

10. 根据《全国人民代表大会组织法》，下列哪个机构或人员不可以提出对于全国人大常委会的组成人员，中华人民共和国主席、副主席，国务院和中央军事委员会的组成人员，最高人民法院院长和最高人民检察院检察长的罢免案？(　　)

A. 全国人大 3 个以上的代表团

B. 全国人大 1/10 以上的代表

C. 全国人大主席团

D. 全国人大各专门委员会

11. 根据现行宪法和法律，下列各项表述正确的是(　　)

A. 吴某今年 18 周岁，他有权作为选民去参加其所在的自治州的人民代表大会代表的选举投票

B. 杨律师是全国人大代表，他在各种会议上的发言和表决，不受法律追究

C. 张某是香港特别行政区永久性居民，他有权参加香港特别行政区立法会议员选举的投票

D. 李某是北京市人民代表大会代表，非经市人大主席团或常委会的许可，他不受民事审判

12. 根据现行宪法和法律，下列哪一项不属于县级人民政府的组成人员？(　　)

A. 县长　　B. 副县长

C. 秘书长　　D. 财政局局长

13. 张某是某市人大常委会主任。根据现行宪法和法律，他不能担任下列哪一项职务？(　　)

A. 某中学校长

B. 某法院审判委员会委员

C. 某人民团体负责人

D. 某国有企业的董事长

二、简答题

1. 我国宪法的战争权的行使程序。

2. 公民批评建议权与申诉控告权的异同。

三、论述题

分析中华人民共和国检察院是国家的法律监督机关。

2009 年

一、单选题（略）

二、多选题（略）

三、简答题

1. 剥夺政治权利的范围以及依据。

2. 地方性法规与民族自治地方法规的区别。

四、分析题

分析宪法规范“中华人民共和国全国人民代表大会是最高国家权力机关”，“全国人民代表大会和全国人民代表大会常务委员会行使国家立法权”。

北京大学

2021 年

一、简述政体的含义及我国政体的基本内容

二、简述我国宪法中关于公民通信自由和通信秘密权利的原则性规定

2020 年

1. 我国宪法经历了几次修正？分别概述其内容。

2. 宪法修改是否需要遵循一定的实体限制？

2017 年

1. 辽宁省人大代表集体贿选事件，说明了什么问题，如何从制度上防止贿选事件的发生。

2. 成文宪法、不成文宪法、宪法惯例的含义及区别？

3. 如何理解依法治国首先要依宪治国？

2015 年

1. 党的十八届四中全会提出，要完善确保依法独立公正行使审判权和检察权的制度，试述会有哪些措施来确保？

2. 试述我国宪法中有关隐私权的规定有哪些？

2014 年

1.《宪法》第 6 条规定："国家在社会主义初级阶段，坚持公有制为主体、多种所有制经济共同发展的基本经济制度。"这里的多种所有制经济具体是指哪些经济形式？请分别做简单说明。

2. 试述言论自由和结社自由有哪些相同点和不同点。

2013 年

1. 2008 年最高法院取消了"齐玉玲"案的批复，并未告知理由。请用中国宪法的基础知识分析"宪法司法化"的合法性。

2. 国家与政党的关系原则应该是什么？国家对政党的财政支持应该处于什么态度？我国的国家与政党的关系特点是什么？

2012 年

1. 论述中国宪法上平等权在基本权利体系中的地位和特点。

2. 简述民族自治地方自治机关的组成原则。

2011 年

1. 我国现行宪法规定的公民基本权利有哪些？

2. 我国现行宪法涉及诉讼程序的相关规范有哪些？

2010 年

案例题

某行政机关在某次打黄扫非行动中公布的一张照片一起了广泛争议。"光头"警察抓住一"卖淫女"的头发，"卖淫女"双手护胸，一脸惶恐，而她的衣服就在一边。旁边还有嫖客一干人等。请结合宪法条文：

（1）公布"卖淫女"裸照是否违法，说明理由（5 分）

（2）"光头"警察对"卖淫女"的行为是否违法，说明理由。

2009 年

1. 全国人大常委会专门委员会有哪些？

2. 试论立法权的特征。

武汉大学

2021 年综合卷

简答题

平等权在我国宪法中的体现

2013 年综合卷

一、名词解释

1. 五五宪草

2. 宪法惯例

3. 人性尊严

4. 比例代表制
5. 国务院常务会议

二、简答题

简述专门政治机关审查模式的特点及法国宪法委员会的职权。

2012 年综合卷

一、名词解释

1. 宪法形式
2. 社会权
3. 自治权
4. 宪法权力

二、简答题

1. 简述宪法修改与宪法解释的关系。

2011 年综合卷

一、名词解释

1. 规范宪法
2. 宪法性法律
3. 隐私权
4. 地方制度

二、简答题

简述人民检察院的性质与职权。

2011 年专业卷

一、辨析题

1. 确认性宪法规范与禁止性宪法规范。
2. 规范宪法与名义宪法。
3. 人权与基本权利。
4. 宪法惯例与宪法判例。

二、简答题

1. 简述公民基本义务的实现方式与具体内容。
2. 简述立法机关活动的民主原则。

三、论述题

1. 论宪法与行政法的关系。

四、法条分析题

1.《中华人民共和国宪法》第 67 条规定：全国人民代表大会常务委员会行使下列职权：

（1）解释宪法，监督宪法的实施。

（2）解释法律。

请结合上述法条的规定，回答下列问题：

（1）全国人大常委会监督宪法实施的方法和途径是什么？

（2）全国人大常委会解释宪法和解释法律的方法有哪些？

2.《中华人民共和国宪法》第 13 条规定：公民合法的私有财产不受侵犯。

国家依照法律规定保护公民的私有财产权和继承权。

国家为了公共利益的需要，可以依照法律规定对公民的私有财产实行征收或者征用并给予补偿。

请结合上述法条规定，回答下列问题：

（1）本条所指“公民合法的私有财产”是何含义？

（2）私有财产与继承权的联系与区别是什么？

（3）给予补偿的条件和内容是什么？

五、宪法事例评析题

2004 年，重庆南隆房地产开发有限公司与重庆智润置业有限公司共同对九龙坡区鹤兴路片区进行开发，拆迁工作从 2004 年 9 月开始，该片区 280 户已搬迁，仅剩一户未搬迁，这幢户主为杨某、吴某夫妇居住的两层小楼一直伫立在工地上。2004 年 10 月，该夫妇居住的房屋被断水；2005 年 2 月房屋被断电；施工队进场后，房屋与外界的道路也被阻断。2005 年 2 月，开发商向九龙坡区房管局提出拆迁行政裁决，要求裁决被拆迁人限期搬迁。九龙坡区房管局于 2007 年 1 月 11 日下达了拆迁行政裁决，并于 2 月 1 日向九龙坡区人民提出了先予强制拆迁申请，法院受理了此案。3 月 19 日，九龙坡区法院组织九龙坡区房管局、吴某、重庆南隆房地产开发有限公司进行了庭审，并当庭裁定限吴某夫妇在 3 月 22 日前自动搬迁。3 月 20 日，九龙坡区人民法院发布公告，责令吴某夫妇在 2007 年 4 月 10 日自动搬迁，并将九龙坡区鹤兴路区 17 号房屋交重庆南隆房地产开发有限公司拆迁，否则法院将依法强制拆除。4 月 2 日，重庆智润置业有限公司和吴某夫妇达成自愿搬迁协议，吴某夫妇获得 90 万元营业损失补偿。至此，吴某夫妇的房屋历经 3 年终被拆迁，因此被人称为“钉子户”。

请根据上述事实回答下列问题：

1. 如何确定城市房屋拆迁中的公共利益？
2. 宪法在城市房屋拆迁中应该发挥什么作用？

2010 年综合卷

一、名词解释

1. 宪法形式
2. 行政机关

3. 劳动权

4. 生命权

二、简答题

简述我国宪法关于特别行政区高度自治权的规定。

2006 年

名词解释

1. 不成文宪法

2. 宪法适用

3. 法治原则

简答

1. 简述中央政府在特别行政区的权限。

2. 简述我国地方各级人大在法制方面的权限。

3. 简述宪法规范作用的主要方式。

4. 简述合宪性审查的主要模式。

判断

1. 根据我国宪法和法律的规定，地方各级人民检察院检察长由上级人民检察院检察长提请该级人民代表大会常务委员会任免。

2. 根据我国《宪法》第 89 条的规定，国务院有权依照法律规定决定省、自治区、直辖市的范围内部分地区进入紧急状态。

3. 根据我国《宪法》第 67 条之规定，全国人民代表大会常务委员会有权改变或者撤销国务院制定的同宪法、法律相抵触的行政法规、决定和命令。

4. 根据我国宪法规定，民族自治地方的人民代表大会及其常委会有权依照当地民族的政治、经济和文化的特点，制定自治条例和单行条例。

5. 张某现任某县法院院长，今年又当选为县人大常委会副主任。请问是否符合我国宪法的规定。

论述

1. 试论权力制约原则在资本主义国家宪法中的体现。

2. 试论我国 2004 年修宪的主要内容。

2005 年

简答题

1. 简述罗斯福“新政”对美国宪法的影响。

2. 简述宪法序言的法律效力。

3. 简述宪法修改的必要性。

论述题

1. 论宪法与政治文明。

2. 论我国宪法规定的“公民的合法的私有财产不受侵犯”。

3. 论坚持和完善共产党领导的多党合作制度。

4. 论建立中国特色的合宪性审查制度。

分析题

1. 在论述宪法与人权的相互关系过程中，有学者提出“宪法是人权的根本保障书”，请你就此论断进行分析。

2. 人民代表大会制度在我国已经走过了五十余年的历程，但人们对人民代表大会制度的地位和作用普遍感到还不理想，请你分析一下导致这一状况的原因以及我们应有的对策。

西南政法大学

2016 年

一、判断分析题

1. 现代汉语“宪法”一词源于中国古代，此时即有根本法的含义。

2. 每个国家的宪法都蕴含着或直接表达着特定的政治哲学思想。

3. 在现代合宪性审查制度中，公民的个人行为可以成为审查对象。

二、简述题

1. 简述制宪权的特征。

2. 简述宪法解释体制的种类。

三、材料分析题

托马斯·潘斯说：“宪法之要义不只在于名，更在于实。它不是一种理念，而是一种真实的存在；如果它不是以一种可见的方式被创建，就什么也不是。宪法先于政府而存在，而政府只是宪法的创造物。一个国家的宪法不是政府的行为，而是人民创建政府的行为。”

阅读该材料后，根据该材料表达的中心思想，自己拟定一个题目，写出你阅读后的感想或见解。

2015 年

一、判断分析题

1. 宪法是“母法”，表达了宪法与普通法律之间的渊源关系。

2. “国家尊重和保障人权”的规定既表明国家对人权存在的肯定，也表明国家对人权承担着法定的义务。

3. 从各国的宪法规定来看，合宪性审查只针对本国法律的合宪性进行审查。

二、简述题

1. 简述宪法解释的原因。

2. 简述宪法对国家权力限制的主要表现。

三、材料题

有学者指出：“宪法效力的至高无上也可以从宪法的正式通过和正式修正的方式上看出来。确实，只有极少数国家的宪法是经由普通的立法程序通过或修正的。但大多数国家，宪法 f 内通过和修正的程序各不相同，有些是由专门为此目的而设立的特殊机关，如制宪会议、制宪国民大会进行的，有些通过特别的立法程序，有些则由各种形式的公民复决或其他的方法进行的。”

仔细阅读上段材料，指出该段材料中明确总结出了几种宪法通过或修正的方式？然后发表你对我国现行宪法通过或修正方式的见解。

2014 年

一、判断分析题

1. 宪法中人民所具有的基本权利，也应当是该国政府所应承担的义务。

2. 我国现行宪法典是我国的专门制宪机关指定的。

3. 1946 年的《中华民国宪法》规定：中华民国“基于三民主义，为民生、民权、民族之民主共和国。”

4. 我国现行宪法规定，在特别行政区内实行的制度由中央人民政府规定。

二、简述题

1. 简述宪法对国家权力限制的主要表现。

2. 简述我国 1979 年宪法修改的内容。

三、材料题

2012 年 12 月 4 日，国家主席习近平在首都各界纪念现行宪法公布实施 30 周年大会上发表讲话。在讲话中，他指出：公民的基本权利和义务是宪法的核心内容，宪法是每个公民享有的权利、履行义务的根本保证，宪法的根基在于人民发自内心的拥护，宪法的伟力在于人民出自真诚的信仰。只有保证公民在法律面前一律平等，尊重和保障人权，保证人民依法享有广泛的权利和自由，宪法才能深入民心，走进人民群众，宪法实施才能真正成为全体人民的自觉行动。

要求：阅读该资料后，根据该资料表达的中心思想，自己拟定一个题目，写出你的感想或见解。字数不得少于 400 字。

2013 年

一、概念比较题

1. 宪法典与宪法性法律

2. 制宪权与立法权

3. 人权与公民权

二、辨析题

1. 宪法是各种政治力量竞争的产物。

2. 言论自由是一切自由的基础。

3. 宪法解释是宪法生命的源泉。

西北政法大学

2020 年

一、简答题

1. 简述我国现行宪法中民主集中制原则的内容

2. 简述清末立宪失败的原因

3. 简述你对我国现行宪法中规定的平等权、受教育权、科学研究自由等内容的理解

二、论述题

论述 2018 宪法修正案将“中国共产党的领导是中国特色社会主义制度的本质特征”写进宪法在理论和实践上的意义。

2019 年

一、简答

1. 简述宪法的功能

2. 人民主权原则

3. 宪法中公民政治权利

二、论述

监察委的性质，宪法中关于监察委与审判机关、检察机关、执法部门的关系的表述及内涵。

2017 年

1. 我国宪法关于公民宗教信仰的规定。

2. 公民和人民的区别。

3. 我国国家主席的职权。

论述题

论述民族区域自治与特别行政区自治的区别。

2016 年

1. 宪法关系？宪法关系的主体有哪些？

2. 我国有几部宪法典，现行宪法共有几次修正案，计划经济改为社会主义市场经济是哪一次修宪？国家保障公民人权是哪一次宪法？

论述

试论我国公民的基本权利和义务。

2015 年

一、简答题

1. 中央和特别行政区关于权力的划分（即哪些事务归中央管，哪些事务归特别行政区管）。

2. 2004 宪法修正案的内容。

3. 根据《宪法》和《立法法》，人大及其常委会对宪法监督的具体规定。

二、案例题

案例：齐玉苓姓名权案

1. 案例中侵犯了齐玉苓宪法上的什么权利？宪法权利的实现。

2. 我国宪法实施的保障机制是什么？实际运行中有哪些不足？

华东政法大学

2018 年综合卷

一、简答题

简述全国人大常委会的主要职权

二、辨析题

我国部分城市在网约车经营服务管理办法中要求司机系本地户籍、车辆为本地牌照，试从宪法学角度对该规定进行评析。

2017 年综合卷

一、简答题

简述国家权力配置遵循的宪法原则。

二、辨析题

公民控告权和检举权的异同。

2016 年综合卷

一、简答题

简述选举权行使的基本原则。

二、辨析题

现行《宪法》第 2 条第 1 款规定“中华人民共和国的一切权利属于人民。”第 33 条第 2 款规定“中华人民共和国公民在法律面前一律平等”，请从人民和公民关系角度对以上两款的关系予以分析。

2015 年综合卷

一、简答题

简述我国行政区域变更的审批程序。

二、辨析题

有人认为，我国选民在直接选举人大代表时，选民可到登记站进行选民登记并领取选民证，只能在自己居住地选举人大代表。选民可以自我推荐作为独立候选人参加选举，并通过各种途径和方式向选民作自我介绍以争取选民的支持。只要获得参加选举的选民的过半数选票即可当选为人大代表。请辨析以上说法的合法性。

2014 年综合卷

一、简答题

我国现行宪法对自然资源和土地所有权的规定。

二、辨析题

根据我国现行宪法规定，中华人民共和国的一切权力来自人民。人民行使国家权力的机关是全国人民代表大会及其常务委员会。可见，人民代表大会制度是我国的根本制度，请逐句分析上述说法的正误，并说明理由。

2013 年综合卷

一、简答题

人民代表大会制度设计的特点。

2011 年综合卷

一、名词解释

人格尊严

二、简答题

我国宪法对限制人身自由措施的规制情形

2010 年综合卷

一、概念题

宪法监督

二、简答题

简述 2004 年宪法修正涉及的经济方面的主要内容。

2009 年综合卷

一、名词解释

合宪性审查

二、简答题

简述宪法解释的主要体制。

2008 年综合卷

一、名词解释

消费者的结社权

二、简答题

全国人大有哪些基本职权？

2007 年综合卷

一、名词解释

结社自由

二、简答题

怎样正确理解和认识公民的平等权？

2006 年综合卷

简答题

第四次宪法修正案关于经济发面的内容有哪些？

2005 年

一、概念题

1. 权力制约原则
2. 国家结构形式
3. 直接选举
4. 公民权利
5. 言论自由

二、简答题

1. 2004 年宪法修正案对公民私有财产做了哪些方面的修改？有什么意义？
2. 怎样理解“公民在法律面前一律平等”？
3. 全国人民代表大会的基本职权有哪些？

中国人民公安大学

2014 年

一、名词解释

1. 名义性宪法
2. 代议制度原则
3. 《独立宣言》
4. 宪法判例
5. 表达自由

二、简答

1. 我国采用单一制国家结构形式的原因。
2. 我国宪法的渊源。
3. 人民代表大会制度的优越性。
4. 选举制度平等性原则的体现。
5. 宪法解释的原则。

三、论述

1. 宪法对法制建设的作用。
2. 论述我国公民权利和义务的统一。

复旦大学

2021 年

论述人民代表大会制度的优越性和可完善之处。

2020 年

一、名词解释

国家结构形式

二、简答

1. 简述宪法监督的涵义及类型。

2. 我国上位法与下位法的效力等级关系。

2019 年

一、名词解释

国体

二、简答

简述我国宪法的历史沿革。

2018 年

一、名词解释

权力制约原则

二、简答

论述我国宪法规定的公民的基本权利。

2016 年

一、名词解释

1. 法律渊源

2. 民族区域自治

3. 行政立法

二、简答题

1. 法律的效力范围。

2. 中国选举制度的基本原则。

三、论述题

法治的形式性原理。

2015 年

一、名词解释

1. 钦定宪法大纲

2. 法律体系

二、论述题

论法律与执政党的政策的相互关系

2014 年

一、名词解释

任意性规范

二、简答题

简述我国行政区域划分制度。

2013 年

一、名词解释

规章

二、简答题

简述我国国家机关工作责任制的原则。

三、论述题

如何理解权利和义务是法的核心内容和基本要素？

2012 年

一、简答

1. 特别行政区自治与民族区域自治制度的区别。

2. 全国人大和全国人大常委会的立法权分工。

3. 为什么说宪法是国家的根本大法？

二、论述

1. 非公有制经济成分宪法地位的变革。（1982 年宪法说起）

2. 论我国宪法的解释制度。

附录二：宪法学习所涉及的主要法律文件

一、综合

中华人民共和国宪法

中华人民共和国宪法修正案（1988 年）

中华人民共和国宪法修正案（1993 年）

中华人民共和国宪法修正案（1999 年）

中华人民共和国宪法修正案（2004 年）

中华人民共和国宪法修正案（2018 年）

二、自治制度

中华人民共和国民族区域自治法

中华人民共和国村民委员会组织法

中华人民共和国城市居民委员会组织法

三、国家机构

中华人民共和国全国人民代表大会组织法（2021 年修正）

中华人民共和国国务院组织法

中华人民共和国地方各级人民代表大会和地方各级人民政府组织法

中华人民共和国人民法院组织法

中华人民共和国人民检察院组织法

四、立法制度

中华人民共和国立法法

五、选举制度

中华人民共和国全国人民代表大会和地方各级人民代表大会选举法（2020 年修正）

中华人民共和国全国人民代表大会和地方各级人民代表大会代表法

六、特别行政区

中华人民共和国香港特别行政区基本法

中华人民共和国澳门特别行政区基本法

图书在版编目（CIP）数据

宪法配套测试 / 教学辅导中心组编 . —10 版 . —北京：中国法制出版社，2021.7

高校法学专业核心课程配套测试

ISBN 978 - 7 - 5216 - 2074 - 0

Ⅰ. ①宪… Ⅱ. ①教… Ⅲ. ①宪法 - 中国 - 高等学校 - 习题集 Ⅳ. ①D921 - 44

中国版本图书馆 CIP 数据核字（2021）第 145452 号

责任编辑　黄会丽　　封面设计　杨泽江

宪法配套测试（第十版）

XIANFA PEITAO CESHI（DI - SHI BAN）

组编/教学辅导中心

经销/新华书店

印刷/三河市国英印务有限公司

开本/787 毫米 × 1092 毫米　16 开　　印张/ 15.5　字数/ 420 千

版次/2021 年 7 月第 10 版　　2021 年 7 月第 1 次印刷

中国法制出版社出版

书号 ISBN 978 - 7 - 5216 - 2074 - 0　　定价：46.00 元

北京市西城区西便门西里甲 16 号西便门办公区

邮政编码 100053　　传真：010 - 63141852

网址：http：//www. zgfzs. com　　**编辑部电话：010 - 63141785**

市场营销部电话：010 - 63141612　　**印务部电话：010 - 63141606**

（如有印装质量问题，请与本社印务部联系。）